KB211511

譯註 禮記集說大全
中庸

編　　陳澔(元)

附　　正義 · 集註

譯註 禮記集說大全
中庸

編　陳澔 (元)

附　正義・集註

鄭秉燮 譯

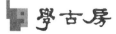

역자서문

『예기』「중용(中庸)」편은 사서(四書)의 『중용』으로 널리 알려져 왔고 또 많이 읽혀왔다. 따라서 「중용」편에 대한 설명은 생략한다.

역자는 본 『예기집설대전』 완역을 계획하면서 이 부분에 대해 잠시 고민을 하였다. 본래 『대전본(大全本)』에는 「중용」편과 「대학(大學)」편이 사서로 분리되어 수록되어 있지 않다. 따라서 책 제목에 있어서도 본래는 『예기집설대전』이라는 명칭이 사용될 수 없다. 본 역서는 『예기정의』에 수록된 「중용」편의 기록을 저본으로 삼아 주자의 『집주』를 함께 첨부한 번역서이다. 그러므로 책 제목에 있어서도 "역주 예기정의 - 중용 부 『집주』"로 정해야 옳지만, 기존의 역서들과 통일성의 문제가 발생하여, 기존의 체제에 따라 출판한다. 『예기집설대전』에 「중용」편이 수록되어 있지 않음에도, 역자가 「중용」편을 출판하게 된 것은 국내에는 「중용」에 대한 수많은 번역서들이 이미 출판된 상태이지만, 주자의 『집주』이전 주석들에 대해서는 번역이 전무한 상태이기 때문이다. 역자의 실력으로 국내 학계 사정에 대해 비판할 수 있는 처지는 아니지만, 본 역서를 통해 「중용」에 대한 다양한 논의가 진행되었으면 하는 바람이다.

사서 중 하나인『중용』과 본래『예기』에 속한「중용」은 문장은 동일하지만, 그 해석에 있어서는 큰 차이가 있다. 주자는 유학의 도(道)를 설명하기 위해『중용』을 매우 중시했고, 그 내용을 모든 인간에게 적용되는 것으로 풀이했다. 그러나 정현의 주석은 군주에 초점이 맞춰져 있다. 즉 군주가 정책을 결정하거나 시행하려고 할 때의 방법론으로「중용」편을 풀이하고 있다. 따라서 성리학(性理學)이 태동하기 이전에는「중용」편은 큰 주목을 받지 못했고, 유가의 통치사상을 설명하는 문헌으로 분류되었다. 이러한 두 가지 시각을 견지한 상태에서, 본 역서를 읽어보면 다양한 논의거리가 도출될 것이라 생각된다.

다시 세상에 한 권의 번역서를 내놓는다. 매번 오역을 운운하며 자기변명을 늘어놓는데, 역자의 실력이 부족하여 발생한 문제이니, 독자분들께 죄송스럽다. 본 역서에 나온 오역과 역자의 부족함에 대해 일갈을 해주실 분들이 있다면, bbaja@nate.com 으로 연락을 주시거나 출판사에 제 연락처를 문의하셔서 가르침을 주신다면, 부족한 실력이지만 가르침을 받도록 최선을 다할 것이다.

역자는 성균관 대학교에서 유교철학(儒敎哲學)을 전공했으며, 예악학(禮樂學) 전공으로 박사논문을 작성했다. 역자가 처음『예기』를 접한 것은 경서연구회(經書硏究會)의 오경강독을 통해서이다. 이 모임을 만들어 후배들에게 경전에 대한 이해를 넓혀주신 임옥균 선생님, 경서연구회 역대 회장님인 김동민, 원용준, 김종석, 길훈섭 선배님께도 감사를 드리고, 현재 함께 경서연구회를 하고 있는 김회숙, 손정민, 김아랑, 임용균, 김현태, 하나 회원님께도 감사를 드린다. 끝으로「중용」편을 출판할 수 있도록 허락해주신 학고방의 하운근 사장님께도 감사를 전한다.

일러두기 ≫

1. 본 책은 역주서(譯註書)로써, 『예기집설대전(禮記集說大全)』의 「중용(中庸)」편을 완역하고, 자세한 주석을 첨부했다. 본래 『대전본(大全本)』에는 「중용」편이 사서(四書)로 분리되어 『사서대전』으로 편찬되었기 때문에, 수록되어 있지 않다. 『예기훈찬(禮記訓纂)』과 『예기집해(禮記集解)』 또한 「중용」에 대한 주석을 생략하였기 때문에, 본 역서는 『예기정의(禮記正義)』를 정본으로 삼고, 주자의 『집주(集註)』를 첨부하였다.

2. 『예기』 경문(經文)의 경우, 의역으로만 번역하면 문장을 번역한 방식을 확인하기 어렵고, 보충 설명 없이 직역으로만 번역하면 내용을 이해하기 힘들다. 따라서 경문에 한하여 직역과 의역을 함께 수록하였다. 나머지 주석들에 대해서는 의역을 위주로 번역하였다.

3. 『예기』 경문에 대한 해석은 정현(鄭玄)의 주석에 근거하였다.

4. 본 역서가 저본으로 삼은 책은 다음과 같다.
  『禮記正義』 1~4(전4권, 『十三經注疏 整理本』 12~15), 北京 : 北京大學出版社, 초판 2000
  『經書』, 서울 : 成均館大學校出版部, 초판 1998

5. 본 책은 『예기』의 경문, 정현의 주, 육덕명의 『경전석문』, 공영달의 소, 주자의 『집주』
순으로 번역하였다.

6. 본래 『예기』 「중용」편은 목차가 없으며, 내용 구분에 있어서도 학자들마다 의견차이가
있다. 다만 일반적으로 통용되는 것은 주자가 장구(章句)를 분절한 방식이므로, 그에
따른다.

7. 본 책의 뒷부분에는 《中庸 人名 및 用語 辭典》을 수록하였다. 본문에 처음으로 등장
하는 용어 및 인명에 대해서는 주석처리를 하였다. 이후에 같은 용어가 등장할 때마다
동일한 주석처리를 할 수 없어서, 뒷부분에 사전으로 수록한 것이다. 가나다순으로
기록하여, 번역문을 읽는 도중 앞부분에서 설명했던 고유명사나 인명 등에 대해서
쉽게 찾아볼 수 있도록 하였다.

【1661上】

天命之謂性, 率性之謂道, 修道之謂教.

　　【1661上】 등과 같이 【 】 안에 숫자가 기입되어 있는 것은 『예기』의 '경문'을 뜻한다. '1661'은 북경대학출판사(北京大學出版社)판본의 페이지를 말한다. '上'은 상단에 기록되어 있다는 표시이다.

◆ **鄭注** 天命, 謂天所命生人者也, 是謂性命.

　"**鄭注**"로 표시된 것은 『예기정의(禮記正義)』에 수록된 정현(鄭玄)의 주(注)를 뜻한다.

◆ **釋文** 率, 所律反. 知音智, 下"知者"·"大知"皆同.

　"**釋文**"으로 표시된 것은 『예기정의』에 수록된 육덕명(陸德明)의 『경전석문(經典釋文)』을 뜻한다. 『경전석문』의 내용은 글자들의 음을 설명하고, 간략한 풀이를 한 것인데, 육덕명 당시의 음가로 기록이 되었기 때문에, 현재의 음과는 맞지 않는 부분이 많다. 단순히 참고만 하기 바란다.

◆ **孔疏** ●"天命"至"育焉". ○正義曰: 此節明中庸之德, 必脩道而行.

　"**孔疏**"로 표시된 것은 『예기정의』에 수록된 공영달(孔穎達)의 소(疏)를 뜻한다. 공영달의 주석은 경문과 정현의 주에 대해서 세분화하여 기록되어 있다. 따라서 '●'으로 표시된 부분은 공영달이 경문에 대해 주석을 한 부분이고, '◎'으로 표시된 부분은 정현의 주에 대해 주석을 한 부분이다. 한편 'O'으로 표시된 부분은 공영달의 주석 부분이다.

◆ **集註** 命, 猶令也. 性, 卽理也.

"**集註**" 로 표시된 것은 주자의 『중용장구(中庸章句)』에 수록된 주석이다.

◆ 원문 및 번역문 중 '▼'로 표시된 부분은 한글로 표기할 수 없는 한자를 기록한 부분이다. 예를 들어 '▼(囧/皿)'의 경우 맹(盟)자의 이체자인데, '明'자 대신 '囧'자가 들어간 한자를 프로그램상 삽입할 수가 없어서, '▼(囧/皿)'으로 표시한 것이다. 즉 '▼(A/B)'의 형식으로 기록된 경우, A에 해당하는 글자가 한 글자의 상단 부분에 해당하고, B에 해당하는 글자가 한 글자의 하단 부분에 해당한다는 표시이다. 또한 '▼(A+B)'의 형식으로 기록된 경우, A에 해당하는 글자가 한 글자의 좌측 부분에 해당하고, B에 해당하는 글자가 한 글자의 우측 부분에 해당한다는 표시이다. 또한 '▼((A-B)/C)'의 형식으로 기록된 경우, A에 해당하는 글자에서 B 부분을 뺀 글자가 한 글자의 상단 부분에 해당하고, C에 해당하는 글자가 한 글자의 하단 부분에 해당한다는 표시이다.

목차

그림목차

경문목차

【1661上】
中庸 第三十一 / 「증용」 제31편

孔疏 陸曰: 鄭云: "以其記中和之爲用也. 庸, 用也. 孔子之孫子思作之, 以昭明聖祖之德也."

번역 육덕명[1]이 말하길, 정현[2]은 "중화(中和)를 쓰임으로 삼는다는 뜻을 기록했기 때문이다. '용(庸)'자는 '용(用)'자의 뜻이다. 공자의 손자인 자사가 지어서, 성인인 조부의 덕을 밝게 드러냈다."라고 했다.

孔疏 正義曰: 按鄭目錄云: "名曰中庸者, 以其記中和之爲用也. 庸, 用也. 孔子之孫子思作之, 以昭明聖祖之德. 此於別錄屬通論."

번역 『정의』[3]에서 말하길, 정현의 『목록』[4]을 살펴보면, "편명을 '중용(中庸)'으로 지은 것은 중화(中和)를 쓰임으로 삼는다는 뜻을 기록했기 때문이다. '용(庸)'자는 '용(用)'자의 뜻이다. 공자의 손자인 자사가 지어서, 성

---

1) 육덕명(陸德明, A.D.550~A.D.630) : =육원랑(陸元朗). 당대(唐代)의 경학자이다. 이름은 원랑(元朗)이고, 자(字)는 덕명(德明)이다. 훈고학에 뛰어났으며, 『경전석문(經典釋文)』 등을 남겼다.

2) 정현(鄭玄, A.D.127~A.D.200) : =정강성(鄭康成)・정씨(鄭氏). 한대(漢代)의 유학자이다. 자(字)는 강성(康成)이다. 『주역(周易)』, 『상서(尙書)』, 『모시(毛詩)』, 『주례(周禮)』, 『의례(儀禮)』, 『예기(禮記)』, 『논어(論語)』, 『효경(孝經)』 등에 주석을 하였다.

3) 『정의(正義)』는 『예기정의(禮記正義)』 또는 『예기주소(禮記注疏)』를 뜻한다. 당(唐)나라 때에는 태종(太宗)이 공영달(孔穎達) 등을 시켜서 『오경정의(五經正義)』를 편찬하였는데, 이때 『예기정의』에는 정현(鄭玄)의 주(注)와 공영달의 소(疏)가 수록되었다. 송대(宋代)에는 『오경정의』와 다른 경전(經典)에 대한 주석서를 포함한 『십삼경주소(十三經注疏)』가 편찬되어, 『예기주소』라는 명칭이 되었다.

4) 『목록(目錄)』은 정현이 찬술했다고 전해지는 『삼례목록(三禮目錄)』을 가리킨다. 『십삼경주소(十三經注疏)』에서 인용되고 있지만, 이 책은 『수서(隋書)』가 편찬될 당시에 이미 일실되어 존재하지 않았다. 『수서』「경적지(經籍志)」편에는 "三禮目錄一卷, 鄭玄撰, 梁有陶弘景注一卷, 亡."이라는 기록이 있다.

인인 조부의 덕을 밝게 드러냈다.「중용」편을『별록』5)에서는 '통론(通論)' 항목에 포함시켰다."라고 했다.

集註 中者, 不偏不倚無過不及之名. 庸, 平常也.

번역 '중(中)'은 편벽되거나 치우치지도 않고 지나치거나 모자람도 없다는 명칭이다. '용(庸)'자는 평상적이라는 뜻이다.

集註 子程子曰: 不偏之謂中, 不易之謂庸. 中者, 天下之正道, 庸者, 天下之定理. 此篇乃孔門傳授心法, 子思恐其久而差也, 故筆之於書, 以授孟子. 其書始言一理, 中散爲萬事, 末復合爲一理, 放之則彌六合, 卷之則退藏於密, 其味無窮, 皆實學也. 善讀者玩索而有得焉, 則終身用之, 有不能盡者矣.

번역 정자가 말하길, 편벽되지 않음을 '중(中)'이라 부르고, 바뀌지 않는 것을 '용(庸)'이라 부른다. '중(中)'은 천하의 바른 도이며, '용(庸)'은 천하의 확정된 이치이다.「중용」편은 공자문하에서 전수해온 심법(心法)인데, 자사는 그것이 오래되어 차이가 생길까를 염려했기 때문에, 문서에 기록하여 맹자에게 전수하였다. 이 문헌은 처음에는 하나의 이치를 말하고 있는데, 중간에는 그 내용이 모든 사안을 다루고 있고, 끝에서는 다시 합치 되어 하나의 이치로 모아지니, 이것을 풀어두면 육합(六合)6)에 가득차고, 거둬들이면 은밀한 곳에 숨으니, 그 맛이 무궁하며 이 모두는 진실된 학문이다. 이 책을 잘 읽는 자가 완미하여 터득함이 있다면 평생토록 그 도리를 사용하더라도 다하지 못할 것이다.

참고 『한서(漢書)』「예문지(藝文志)·유가류(儒家類)」

---

5)『별록(別錄)』은 후한(後漢) 때 유향(劉向)이 찬(撰)했다고 전해지는 책이다. 현재는 일실되어 존재하지 않으며,『한서(漢書)』「예문지(藝文志)」편을 통해서 대략적인 내용만을 추측해볼 수 있다.
6) 육합(六合)은 천지(天地)와 사방(四方)을 뜻하는 용어이다. 우주처럼 거대한 공간을 비유하는 용어로 사용된다.

원문 子思二十三篇.

번역 『자사』 총 23편이 있다.

本注 名伋, 孔子孫, 爲魯繆公師.

번역 자사(子思)의 이름은 '급(伋)'이고, 공자의 손자이며, 노(魯)나라 목공(繆公: =穆公)의 스승이 되었다.

참고 『한서(漢書)』「예문지(藝文志)·예류(禮類)」

원문 中庸說二篇.

번역 『중용설』 총 2편이 있다.

顔注 師古曰: 今禮記有中庸一篇, 亦非本禮經, 蓋此之流.

번역 안사고[7]가 말하길, 현행본『예기』에는「중용」한 편이 있는데, 이 또한 본래의『예경』이 아니며, 아마도『중용설』의 일부가 이곳에 수록되었을 것이다.

---

7) 안사고(顔師古, A.D.581~A.D.645) : 당(唐)나라 때의 학자이다. 자(字)는 주(籒)이다. 안지추(顔之推)의 손자이다. 훈고학(訓詁學)에 뛰어났다. 오경(五經)의 문자를 교정하여, 『오경정본(五經定本)』을 찬술하기도 하였다.

● 그림 0-1 ◉ 공자(孔子)의 가계도(家系圖)

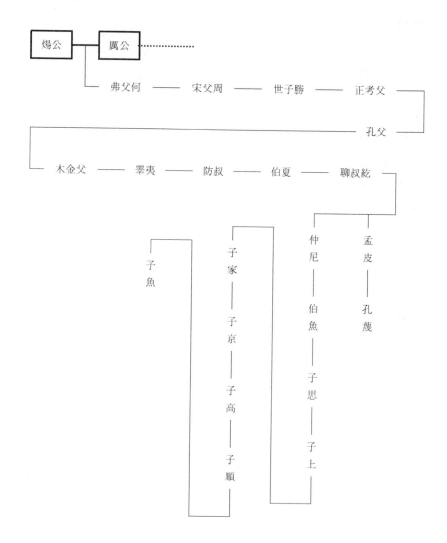

※ 출처: 『역사(繹史)』 1권 「역사세계도(繹史世系圖)」

그림 0-2 ▣ 공자(孔子)

先 聖 別 像

※ 출처:『삼재도회(三才圖會)』「인물(人物)」4권

그림 0-3 ▣ 자사(子思)

像　　思　　子

※ 출처: 『삼재도회(三才圖會)』「인물(人物)」 4권

• 제 1 장 •

天命之謂性, 率性之謂道, 修道之謂教

직역 天命을 性이라 謂하고, 性을 率함을 道라 謂하며, 道를 修함을 敎라 謂한다.

의역 하늘이 명령한 것을 성(性)이라 부르고, 성에 따르는 것을 도(道)라고 부르며, 도를 다스려서 널리 전파하는 것을 교(敎)라고 부른다.

鄭注 天命, 謂天所命生人者也, 是謂性命. 木神則仁, 金神則義, 火神則禮, 水神則信, 土神則知. 孝經說曰: "性者, 生之質命, 人所稟受度也." 率, 循也. 循性行之, 是謂道. 脩, 治也. 治而廣之, 人放傚之, 是曰"敎".

번역 '천명(天命)'은 하늘이 명령하여 사람을 태어나게 한 것을 뜻하니, 이것을 '성명(性命)'이라고 부른다. 오행(五行) 중 목(木)의 신은 인(仁)에 해당하고, 금(金)의 신은 의(義)에 해당하며, 화(火)의 신은 예(禮)에 해당하고, 수(水)의 신은 신(信)에 해당하며, 토(土)의 신은 지(知)에 해당한다. 『효경설』에서는 "성(性)이라는 것은 태어날 때의 본바탕이니, 사람이 부여받은 법도이다."라고 했다. '솔(率)'자는 "따르다[循]."는 뜻이다. 성(性)에 따라 시행하니, 이것을 도(道)라고 부른다. '수(脩)'자는 "다스린다[治]."는 뜻이다. 다스리고 넓혀서 사람들이 모방하여 본받는 것을 '교(敎)'라고 부른다.

釋文 率, 所律反. 知音智, 下"知者"·"大知"皆同. 放, 方往反. 傚, 胡敎反.

번역 '率'자는 '所(소)'자와 '律(율)'자의 반절음이다. '知'자의 음은 '智(지)'이며, 아래문장에 나오는 '知者'·'大知'에서의 '知'자도 모두 그 음이 이와 같다. '放'자는 '方(방)'자와 '往(왕)'자의 반절음이다. '儌'자는 '胡(호)'자와 '教(교)'자의 반절음이다.

孔疏 ●"天命"至"育焉". ○正義曰: 此節明中庸之德, 必脩道而行; 謂子思欲明中庸, 先本於道.

번역 ●經文: "天命"~"育焉". ○이곳 문단은 중용(中庸)의 덕은 반드시 도(道)를 다듬어서 시행해야 함을 나타내고 있으니, 자사가 중용은 우선적으로 도에 근본을 두어야 함을 나타내고자 했다는 뜻이다.

孔疏 ●"天命之謂性"者, 天本無體, 亦無言語之命, 但人感自然而生, 有賢愚吉凶, 若天之付命遣使之然, 故云"天命". 老子云: "道本無名, 强名之曰道." 但人自然感生, 有剛柔好惡, 或仁·或義·或禮·或知·或信, 是天性自然, 故云"之謂1)性".

번역 ●經文: "天命之謂性". ○하늘은 본래 고정된 형체가 없으니 또한 직접적인 말로 내리는 명령도 없다. 다만 사람은 자연의 기운에 감응하여 태어나는데, 현명하거나 어리석고 또 길하거나 흉한 차이가 있으니, 이것은 마치 하늘이 명령을 부여하여 세상에 내보내서 그처럼 만든 것과 같다. 그렇기 때문에 '천명(天命)'이라고 부른다. 『노자』에서는 "도는 본래 명칭이 없는데, 억지로 그 이름을 붙여 '도(道)'라고 부른다."라고 했다. 다만 사람은 자연적으로 자연의 기운에 감응하여 태어나서 굳세거나 부드럽고 좋거나 나쁜 차이가 있어서, 어떤 자는 인(仁)이 많고 어떤 자는 의(義)가 많으

---

1) '지위(之謂)'에 대하여. '지위'는 본래 '위지(謂之)'로 기록되어 있었는데, 완원(阮元)의 『교감기(校勘記)』에서는 "혜동(惠棟)의 『교송본(校宋本)』에는 '지위'로 기록되어 있으니, 이곳 판본은 '지위'라는 두 글자를 뒤바꾸어 기록한 것이다."라고 했다.

며 어떤 자는 예(禮)가 많고 어떤 자는 지(知)가 많으며 어떤 자는 신(信)이
많으니, 이것은 하늘이 부여한 성(性)에 따라 자연적으로 그처럼 된 것이다.
그렇기 때문에 "그것을 성(性)이라 부른다."라고 했다.

孔疏 ●"率性之謂道", 率, 循也; 道者, 通物之名. 言依循性之所感而行,
不令違越, 是之曰"道". 感仁行仁, 感義行義之屬, 不失其常, 合於道理, 使得
通達, 是"率性之謂道".

번역 ●經文: "率性之謂道". ○'솔(率)'자는 "따른다[循]."는 뜻이며, 도
(道)는 사물을 통괄하는 명칭이다. 즉 성(性)이 감응한 것에 따라서 시행하
여 어기거나 벗어나지 않게끔 하는데, 이것을 '도(道)'라고 부른다는 뜻이
다. 인(仁)에 감응하여 인(仁)을 시행하고, 의(義)에 감응하여 의(義)를 시
행하는 부류는 상도(常道)를 잃지 않아서 도리에 합치 되게 하여 두루 통달
하게끔 하니, 이것이 "성(性)에 따르는 것을 도(道)라고 부른다."는 뜻이다.

孔疏 ●"脩道之謂敎", 謂人君在上脩行此道以敎於下, 是"脩道之謂敎"
也.

번역 ●經文: "脩道之謂敎". ○군주가 위정자의 자리에 있으며 이러한
도를 다듬고 시행하여 천하 사람들에게 교화를 펼치니, 이것이 "도(道)를
다스리는 것을 교(敎)라고 부른다."는 뜻이다.

孔疏 ◎注"天命"至"曰敎". ○正義曰: 云"天命, 謂天所命生人者也, 是謂
性命", 按易·乾·象云"乾道變化, 各正性命", 是也. 云"木神則仁"者, 皇氏云
"東方春, 春主施生", 仁亦主施生. 云"金神則義"者, 秋爲金, 金主嚴殺, 義亦
果敢斷決也. 云"火神則禮"者, 夏爲火, 火主照物而有分別, 禮亦主分別. 云
"水神則信", 冬主閉藏, 充實不虛, 水有內明, 不欺於物, 信亦不虛詐也. 云"土
神則知"者, 金·木·水·火, 土無所不載, 土所含義者多, 知亦所含者衆, 故云"土
神則知". 云"孝經說曰: 性者, 生之質命, 人所稟受度也", 不云命者, 鄭以通解

性命爲一, 故不復言命. 但性情之義, 說者不通, 亦略言之. 賀瑒云: "性之與情, 猶波之與水, 靜時是水, 動則是波; 靜時是性, 動則是情." 按左傳云天有六氣, 降而生五行. 至於含生之類, 皆感五行生矣. 唯人獨稟秀氣, 故禮運云: 人者五行之秀氣, 被色而生. 旣有五常仁·義·禮·智·信, 因五常而有六情, 則性之與情, 似金與鐶印, 鐶印之用非金, 亦因金而有鐶印. 情之所用非性, 亦因性而有情, 則性者靜, 情者動. 故樂記云: "人生而靜, 天之性也. 感於物而動, 性之欲也." 故詩序云"情動於中", 是也. 但感五行, 在人爲五常, 得其淸氣備者則爲聖人, 得其濁氣簡者則爲愚人. 降聖以下, 愚人以上, 所稟或多或少, 不可言一, 故分爲九等. 孔子云: "唯上智與下愚不移." 二者之外, 逐物移矣, 故論語云: "性相近, 習相遠也." 亦據中人七等也.

번역 ◎鄭注: "天命"~"曰敎". ○정현이 "'천명(天命)'은 하늘이 명령하여 사람을 태어나게 한 것을 뜻하니, 이것을 '성명(性命)'이라고 부른다."라고 했는데, 『역』「건괘(乾卦)·단전(彖傳)」을 살펴보면, "건도가 변화함에 각각 성명을 바르게 한다."[2]라고 했다. 정현이 "목(木)의 신은 인(仁)에 해당한다."라고 했는데, 황간[3]은 "동쪽은 봄에 해당하고 봄은 만물을 태어나게 함을 위주로 한다."라고 했으니, 인(仁) 또한 만물을 태어나게 함을 위주로 한다. 정현이 "금(金)의 신은 의(義)에 해당한다."라고 했는데, 가을은 금(金)에 해당하고 금은 엄숙함과 숙살함을 위주로 하는데, 의(義) 또한 과감하게 결단하는 성향을 지닌다. 정현이 "화(火)의 신은 예(禮)에 해당한다."라고 했는데, 여름은 화(火)에 해당하고 화는 만물을 비춰주는 것을 위주로 하지만 분별하는 성향이 있고, 예(禮) 또한 분별함을 위주로 한다. 정현이

---

2) 『역』「건괘(乾卦)·단전(彖傳)」: 象曰, 大哉乾元! 萬物資始, 乃統天. 雲行雨施, 品物流形. 大明終始, 六位時成, 時乘六龍以御天. <u>乾道變化, 各正性命</u>, 保合太和, 乃利貞. 首出庶物, 萬國咸寧.

3) 황간(皇侃, A.D.488~A.D.545): =황씨(皇氏). 남조(南朝) 때 양(梁)나라의 경학자이다. 『주례(周禮)』, 『의례(儀禮)』, 『예기(禮記)』 등에 해박하여, 『상복문구의소(喪服文句義疏)』, 『예기의소(禮記義疏)』, 『예기강소(禮記講疏)』 등을 지었지만, 현재는 전해지지 않는다. 그 일부가 마국한(馬國翰)의 『옥함산방집일서(玉函山房輯佚書)』에 수록되어 있다.

"수(水)의 신은 신(信)에 해당한다."라고 했는데, 겨울은 닫고 보관함을 위주로 하고 가득 채우고 비우지 않는데, 수(水)는 내적으로 밝히며 사물을 속이지 않고, 신(信) 또한 허위로 속이지 않는다. 정현이 "토(土)의 신은 지(知)에 해당한다."라고 했는데, 금(金)·목(木)·수(水)·화(火)에 대해서 토(土)는 실어주지 않는 것이 없고, 토(土)가 포함하고 있는 뜻은 많고 지(知) 또한 포함하고 있는 것이 많다. 그렇기 때문에 "토(土)의 신은 지(知)에 해당한다."라고 했다. 정현이 "성(性)이라는 것은 태어날 때의 본바탕이니, 사람이 부여받은 법도이다."라고 했는데, 명(命)에 대해서 언급하지 않은 것은 정현이 성(性)과 명(命)에 대해 통괄적으로 해석하여 하나로 여겼기 때문이다. 그렇기 때문에 명(命)에 대해서 재차 언급하지 않았다. 다만 성(性)과 정(情)의 뜻에 대해서는 학자마다 의견이 다르니, 이 또한 간략하게만 언급하였다. 하창[4]은 "성(性)과 정(情)의 관계는 파도와 물의 관계와 같으니, 고요할 때에는 물에 해당하지만 움직이게 되면 파도가 된다. 따라서 고요할 때에는 성(性)에 해당하고 동요하면 정(情)이 된다."라고 했다. 『좌전』을 살펴보면 하늘에는 육기(六氣)[5]가 있는데, 이것이 내려와 오행(五行)을 낳았다고 했다.[6] 명령을 받아서 태어나는 부류에 있어서도, 모두 오행에 감응하여 생겨난다. 다만 사람만이 뛰어난 기를 받기 때문에『예기』「예운(禮運)」편에서는 "사람은 오행 중에서도 가장 빼어난 기운을 타고난

---

4) 하창(賀瑒, A.D.452~A.D.510) : 남조(南朝) 때의 학자이다. 남조의 제(齊)나라와 양(梁)나라에서 각각 활동하였다. 자(字)는 덕연(德璉)이다.『예기신의소(禮記新義疏)』등을 찬술하였다.
5) 육기(六氣)는 자연 기후의 변화 속에 나타나는 여섯 가지 주요 현상을 뜻한다. 음기(陰氣), 양기(陽氣), 바람[風], 비[雨], 어둠[晦], 밝음[明]을 뜻한다.『춘추좌씨전』「소공(昭公) 1년」편에는 "六氣曰陰·陽·風·雨·晦·明也."라는 기록이 있고,『장자(莊子)』「재유(在宥)」편에는 "天氣不和, 地氣鬱結, 六氣不調, 四時不節."이라는 기록이 있는데, 이에 대한 성현영(成玄英)의 소(疏)에서는 "陰·陽·風·雨·晦·明, 此六氣也."라고 풀이했으며, 또『국어(國語)』「주어하(周語下)」편에 대한 위소(韋昭)의 주에서는 "六氣, 陰陽風雨晦明也."라고 풀이했다.
6) 『춘추좌씨전』「소공(昭公) 1년」 : 天有六氣, 降生五味, 發爲五色, 徵爲五聲. 淫生六疾.

존재이다."7)라고 했고, "의복의 색깔을 분별할 줄 아는 존재로 태어났다."8) 라고 했다. 이미 오상(五常)에 해당하는 인(仁)・의(義)・예(禮)・지(智)・신(信) 을 갖추고 있고, 이러한 오상에 따라 육정(六情)9)을 갖췄다면, 성(性)과 정 (情)의 관계는 금(金)과 고리 및 도장의 관계와 같으니, 고리와 도장을 활용 하는 것은 금(金) 자체는 아니지만, 이 또한 금(金)에서 비롯되어 고리와 도장을 만든 것이다. 따라서 정(情)의 작용은 성(性) 자체는 아니지만, 이 또한 성(性)에 따라서 정(情)이 발생한 것이니, 성(性)은 고요한 것이고 정 (情)은 움직이는 것이다. 그래서『예기』「악기(樂記)」편에서는 "사람은 태 어나면서부터 고요하니, 하늘이 부여한 성(性)에 해당한다. 마음은 외부 사 물을 느껴서 움직이게 되니, 성(性)에서 나타난 욕망이다."10)라고 했고,『시』 의「모서(毛序)」에서는 "정(情)은 마음에서 움직인다."11)라고 한 것이다. 다만 오행에 감응하게 되면 사람에게 있어서는 오상이 되는데, 제대로 갖 춰진 맑은 기를 얻게 되면 성인이 되고, 미비하고 탁한 기를 얻게 되면 어리 석은 자가 된다. 성인 아래와 어리석은 자 위에 해당하는 사람들은 부여받 은 것이 많기도 하고 적기도 하여 동일하게 말할 수 없다. 그렇게 때문에 구등(九等)12)으로 구분한 것이다. 공자는 "오직 상등에 해당하는 지혜로운

---

7)『예기』「예운(禮運)」【280b】: 故人者, 其天地之德・陰陽之交・鬼神之會・五行之 秀氣也.
8)『예기』「예운(禮運)」【282c～d】: 故人者, 天地之心也, 五行之端也, 食味別聲 被色而生者也.
9) 육정(六情)은 인간이 가지고 있는 기본적인 여섯 가지 감정을 뜻한다. 즉 기 쁘고, 화나고, 슬퍼하고, 즐거워하고, 사랑하고, 싫어하는 희(喜), 노(怒), 애 (哀), 낙(樂), 애(愛), 오(惡)를 뜻한다.『백호통(白虎通)』「성정(性情)」편에는 "六情者, 何謂也? 喜・怒・哀・樂・愛・惡, 謂六情."이라는 기록이 있다.
10)『예기』「악기(樂記)」【459c】: 人生而靜, 天之性也. 感於物而動, 性之欲也. 物至 知知.
11)『시』「주남(周南)・관저(關雎)」의「모서(毛序)」: 情動於中而形於言, 言之不足, 故嗟歎之, 嗟歎之不足, 故永歌之, 永歌之不足, 不知手之舞之足之蹈之也.
12) 구등(九等)은 사람을 아홉 등급으로 구분한 것이다. 상상(上上)은 성인(聖人) 이고, 상중(上中)은 인인(仁人)이며, 상하(上下)는 지인(智人)이다. 이후 일반 인들은 중상(中上)・중중(中中)・중하(中下)・하상(下上)・하중(下中)・하하(下下) 로 분류되며, 하하(下下)는 우인(愚人)으로 지칭되기도 한다.

자와 하등에 속하는 어리석은 자만은 변화시킬 수 없다."¹³⁾라고 했는데,
두 부류 이외의 자들은 사물에 따라 변화시킬 수 있다. 그렇기 때문에『논
어』에서는 "성(性)은 서로 비슷하지만 습관에 의해 서로 멀어지게 된다."¹⁴⁾
라고 한 것이니, 이것은 또한 가운데 해당하는 일곱 등급의 사람들을 기준
으로 한 말이다.

集註 命, 猶令也. 性, 卽理也. 天以陰陽五行化生萬物, 氣以成形, 而理亦
賦焉, 猶命令也. 於是人物之生, 因各得其所賦之理, 以爲健順五常之德, 所謂
性也. 率, 循也. 道, 猶路也. 人物各循其性之自然, 則其日用事物之間, 莫不各
有當行之路, 是則所謂道也. 脩, 品節之也. 性道雖同, 而氣稟或異, 故不能無
過不及之差, 聖人因人物之所當行者而品節之, 以爲法於天下, 則謂之敎, 若
禮樂刑政之屬是也. 蓋人知己之有性, 而不知其出於天, 知事之有道, 而不知
其由於性, 知聖人之有敎, 而不知其因吾之所固有者裁之也, 故子思於此首發
明之, 而董子所謂道之大原出於天, 亦此意也.¹⁵⁾

번역 '명(命)'자는 "명령하다[令]."는 뜻이다. '성(性)'자는 이치[理]를 뜻
한다. 하늘은 음양과 오행을 통해 만물을 화생하는데 기를 통해 형체를 이
루며 이치 또한 부여하니, 이것은 명령(命令)을 내리는 것과 같다. 이에 사
람과 사물이 태어나며, 각각 부여받은 이치에 따라서 이것을 굳세고 유순
한 오상(五常)의 덕으로 삼으니, 이른바 성(性)이라는 것이다. '솔(率)'자는

---

13) 『논어』「양화(陽貨)」: 子曰, "唯上知與下愚不移."
14) 『논어』「양화(陽貨)」: 子曰, "性相近也, 習相遠也."
15) '蓋人知己之有性, …… 亦此意也.'에 대하여. 이 문장을 다른 판본에서는 "蓋
人之所以爲人, 道之所以爲道, 聖人之所以爲敎, 原其所自, 無一不本於天而備
於我. 學者知之, 則其於學知所用力而自不能已矣. 故子思於此首發明之, 讀者
所宜深體而默識也."라고도 기록한다. 즉 "사람이 사람이 되는 이유와 도가
도가 되는 이유와 성인이 가르침을 펼치는 것은 스스로 하는 것에 근원하며,
추호라도 하늘에 근본을 두지 않거나 나에게 구비되지 않은 것이 없다. 학생
들이 이러한 사실을 안다면, 학문에 대해서 힘써야 함을 알아서 스스로 그만
둘 수 없게 된다. 그렇기 때문에 자사는 「중용」첫 부분에 그 사실을 드러냈
으니, 이 글을 읽는 자는 마땅히 깊이 체득하고 익혀야 한다."는 뜻이다.

"따르다[循]."는 뜻이다. '도(道)'자는 길[路]이라는 뜻이다. 사람과 사물이 각기 자기 성(性)의 자연스러움에 따른다면 일상생활 속에서 각각 마땅히 시행해야 할 길이 없지 않으니, 이것을 '도(道)'라고 부른다. '수(脩)'자는 등급에 따라 절제함을 뜻한다. 성(性)과 도(道)가 비록 동일하더라도 부여 받은 기에 있어서는 간혹 차이가 있다. 그렇기 때문에 지나치거나 미치지 못하는 차이가 없을 수 없으니, 성인은 사람과 사물이 마땅히 시행해야 하는 것에 따라서 등급에 따라 절제하여, 천하의 모범으로 삼으니, 이것을 '교(敎)'라고 부르는 것이며, 예(禮)・악(樂)・형(刑)・정(政)의 부류가 여기에 해당한다. 사람은 자신이 성(性)을 가지고 있다는 것만 알고, 그것이 하늘에서 비롯되었음을 모르며, 사안에 있어 그것의 도(道)가 있다는 것만 알고, 그것이 성(性)에서 비롯되었는지 모르며, 성인의 가르침이 있는 것만 알고, 그것이 내가 고유하게 가지고 있는 것에 따라 절제하는 것임을 모른다. 그렇기 때문에 자사는「중용」첫 부분에 그 사실을 드러내었으니, 동중서16) 가 "도의 큰 본원은 하늘에서 비롯된다."17)라고 한 말 또한 이러한 의미를 나타낸다.

【1661上】

道也者, 不可須臾離也, 可離非道也.

직역 道라는 者는 須臾라도 離함이 不可하니, 離가 可라면 道가 非이다.

의역 도(道)라는 것은 도로와 같아서 잠시도 벗어날 수 없으니, 벗어날 수 있다

16) 동중서(董仲舒, B.C.179~B.C.104) : 전한(前漢) 때의 유학자이다. 호(號)는 계암자(桂巖子)이다. 『공양전(公羊傳)』을 공부하여, 박사(博士)를 지냈으며, 유학의 관학화에 기여를 하였다. 저서로는『춘추번로(春秋繁露)』,『동자문집 (董子文集)』등이 있다.
17) 『한서(漢書)』「동중서전(董仲舒傳)」: 道之大原出於天, 天不變, 道亦不變, 是以 禹繼舜, 舜繼堯, 三聖相受而守一道, 亡救弊之政也, 故不言其所損益也.

면 도(道)에 따른 것이 아니다.

鄭注 道, 猶道路也, 出入動作由之, 離之惡乎從也?

번역 '도(道)'자는 도로라는 뜻이니, 출입하거나 움직일 때 이곳을 경유하는데, 여기에서 벗어날 수 있다면 어떻게 따르겠는가?

釋文 離, 力智反, 下及注同. 惡音烏.

번역 '離'자는 '力(력)'자와 '智(지)'자의 반절음이며, 아래문장 및 정현의 주에 나오는 글자도 그 음이 이와 같다. '惡'자의 음은 '烏(오)'이다.

孔疏 ●"道也者, 不可須臾離也"者, 此謂聖人脩行仁·義·禮·知·信以爲敎化. 道, 猶道路也. 道者, 開通性命, 猶如道路開通於人, 人行於道路, 不可須臾離也. 若離道則礙難不通, 猶善道須臾離棄則身有患害而生也. "可離非道也"者, 若荒梗塞澀之處是可離棄, 以非道路之所由. 猶如凶惡邪辟之行是可離棄, 以亦非善道之行, 故云"可離非道也".

번역 ●經文: "道也者, 不可須臾離也". ○이 내용은 성인이 인(仁)·의(義)·예(禮)·지(知)·신(信)을 다듬고 시행하여 교화로 삼는다는 뜻이다. '도(道)'자는 도로라는 뜻이다. 도(道)는 성명(性命)을 인도하고 통하게 하니, 마치 도로가 사람의 통행을 인도하고 통하게 하는 것과 같은데, 사람이 도로를 통해 움직이므로, 잠시도 벗어날 수 없는 것이다. 만약 도로에서 벗어난다면 막히고 험난하게 되어 통할 수 없으니, 이것은 마치 선한 도를 잠시라도 내버리거나 벗어나게 된다면 본인에게 우환과 재앙이 생겨나는 것과 같다.

孔疏 ●"可離非道也"者, 若荒梗塞澀之處是可離棄, 以非道路之所由. 猶如凶惡邪辟之行是可離棄, 以亦非善道之行, 故云"可離非道也".

번역 ●經文: "可離非道也". ○험준하거나 막혀 있는 곳은 벗어날 수 있으니, 이것은 정식 도로를 통해 간 것이 아니다. 마치 흉악하고 사벽한 행실은 내버릴 수 있으니, 이 또한 선한 도로써 시행한 것이 아니기 때문임과 같다. 그렇기 때문에 "벗어날 수 있다면 도에 따른 것이 아니다."라고 했다.

集註 道者, 日用事物當行之理, 皆性之德而具於心, 無物不有, 無時不然, 所以不可須臾離也. 若其可離, 則豈率性之謂哉?18)

번역 '도(道)'는 일상생활에서 마땅히 시행해야 하는 이치이니, 모두 성(性)의 덕이 되며 마음에 갖춰져 있어서 이것을 갖추지 않은 사물이 없고, 이것에 따라 그렇지 않은 때도 없으니, 이것이 잠시도 떠날 수 없는 이유이다. 만약 떠날 수 있다면 어찌 성(性)에 따른 것이라 할 수 있겠는가?

【1661下】

是故君子戒愼乎其所不睹, 恐懼乎其所不聞.

직역 是故로 君子는 그 不睹한 所에 戒愼하고, 그 不聞한 所에 恐懼한다.

의역 이러한 까닭으로 군자는 아무도 보지 못하는 곳에서도 삼가고, 아무도 듣지 못하는 곳에서도 조심한다.

鄭注 小人閒居爲不善, 無所不至也. 君子則不然, 雖視之無人, 聽之無聲, 猶戒愼恐懼自脩正, 是其不須臾離道.

---

18) '若其可離, 則豈率性之謂哉'에 대하여. 이 문장은 다른 판본에 "若其可離, 則爲外物而非道矣."라고 기록되어 있다. 즉 "만약 떠날 수 있다면 외부 사물에 의한 것이며 도에 따른 것이 아니다."는 뜻이다.

번역 소인은 한가롭게 거처할 때 선하지 못한 일을 저지르며 이르지 못할 데가 없다. 군자는 그렇지 않으니, 비록 살펴보아 아무도 없는 것을 확인하고 귀를 기울여 아무 소리도 들리지 않는 것을 확인하더라도, 여전히 삼가고 두려워하여 스스로 가다듬고 바르게 하니, 이것은 잠시도 도에서 벗어날 수 없기 때문이다.

釋文 睹, 丁古反. 恐, 匡勇反, 注同. 閒音閑, 下同.

번역 '睹'자는 '丁(정)'자와 '古(고)'자의 반절음이다. '恐'자는 '匡(광)'자와 '勇(용)'자의 반절음이며, 정현의 주에 나오는 글자도 그 음이 이와 같다. '閒'자의 음은 '閑(한)'이며, 아래문장에 나오는 글자도 그 음이 이와 같다.

孔疏 ●"是故君子戒愼乎其所不睹"者, 言君子行道, 先慮其微. 若微能先慮, 則必合於道, 故君子恒常戒於其所不睹之處. 人雖目不睹之處猶戒愼, 況其惡事睹見而肯犯乎? 故君子恒常戒愼之.

번역 ●經文: "是故君子戒愼乎其所不睹". ○군자가 도를 시행할 때에는 우선적으로 은미한 것에 대해서도 염려한다는 뜻이다. 만약 은미한 것에 대해 우선적으로 염려할 수 있다면, 반드시 도에 부합하게 된다. 그렇기 때문에 군자는 항상 보이지 않는 곳에서도 경계한다. 사람들이 비록 보지 못하는 곳에서도 오히려 경계하고 삼가는데, 하물며 악한 일처럼 훤히 드러나는 것에 대해서 범할 수 있겠는가? 그러므로 군자는 항상 경계하고 조심한다.

孔疏 ●"恐懼乎其所不聞"者, 言君子恒恐迫畏懼於所不聞之處. 言雖耳所不聞, 恒懷恐懼之, 不睹不聞猶須恐懼, 況睹聞之處恐懼可知也.

번역 ●經文: "恐懼乎其所不聞". ○군자는 항상 들리지 않는 곳에서도 두려워하고 조심한다는 뜻이다. 비록 들리지 않는 곳이더라도 항상 두려워하고 조심한다는 뜻이니, 보이지 않는 곳과 들리지 않는 곳에서도 오히려 조심하고 두려워할 수 있으므로, 보이거나 들리는 곳에서도 조심하고 두려워한다는 사실을 알 수 있다.

集註 是以君子之心常存敬畏, 雖不見聞, 亦不敢忽, 所以存天理之本然, 而不使離於須臾之頃也.

번역 이러한 까닭으로 군자의 마음은 항상 외경함을 보존하고 있어서, 비록 보거나 듣지 못하더라도 감히 소홀히 하지 않으니, 이것이 천리의 본연성을 보존하여 잠시라도 도에서 떠나지 않게 하는 것이다.

【1661下】

莫見乎隱, 莫顯乎微, 故君子愼其獨也.

직역 隱보다 見함이 莫하고, 微보다 顯함이 莫하니, 故로 君子는 그 獨을 愼한다.

의역 가려진 곳보다 드러나는 것이 없고, 미미한 것보다 나타나는 것이 없으니, 그러므로 군자는 홀로 한가롭게 있을 때의 행동을 조심한다.

鄭注 愼獨者, 愼其間居之所爲. 小人於隱者, 動作言語, 自以爲不見睹不見聞, 則必肆盡其情也. 若有佔聽之者, 是爲顯見, 甚於衆人之中爲之.

번역 '신독(愼獨)'은 한가롭게 머물 때의 행동을 조심한다는 뜻이다. 소인은 가려진 곳에서 행동하고 말하는 것들을 스스로 아무도 보지 못하고 듣지 못한다고 판단한다면, 반드시 제멋대로 자신의 감정을 모두 분출한다. 만약 엿보거나 그 소리를 듣는 자가 있다면, 이것은 훤히 드러나는 것이니, 일반인들 속에 섞여 있을 때 행동하는 것보다 심하게 드러난다.

釋文 見, 賢遍反, 注"顯見"同, 一音如字. 佔, 敕廉反.

번역 '見'자는 '賢(현)'자와 '遍(편)'자의 반절음이며, 정현의 주에 나오는 '顯見'에서의 '見'자도 그 음이 이와 같은데, 다른 음은 글자대로 읽기도 한다. '佔'자는 '敕(칙)'자와 '廉(렴)'자의 반절음이다.

孔疏 ●"莫見乎隱, 莫顯乎微"者, 莫, 無也. 言凡在衆人之中, 猶知所畏, 及至幽隱之處, 謂人不見, 便卽恣情, 人皆佔聽, 察見罪狀, 甚於衆人之中, 所以恒須愼懼如此. 以罪過恣失無見於幽隱之處, 無顯露於細微之所也.

번역 ●經文: "莫見乎隱, 莫顯乎微". ○'막(莫)'자는 "없다[無]."는 뜻이다. 즉 일반인들 속에 섞여 있을 때에는 오히려 두려워해야 함을 알지만, 조용하고 가려진 곳에 가게 되면, 사람들이 보지 못한다고 여겨서 곧 제멋대로 감정에 따라 행동하는데, 사람들은 모두 엿보고 엿듣게 되어 일반인들 속에 섞여 있을 때보다 그 죄상이 심하다는 사실을 깨닫게 된다. 따라서 이처럼 항상 조심하고 두려워해야 한다. 그 이유는 죄와 과실은 조용하고 가려진 곳보다 더 잘 드러나는 것이 없고, 은미하고 세세한 곳보다 더 잘 나타나는 것이 없기 때문이다.

孔疏 ●"故君子愼其獨也"者, 以其隱微之處, 恐其罪惡彰顯, 故君子之人恒愼其獨居. 言[19]雖曰獨居, 能謹愼守道也.

번역 ●經文: "故君子愼其獨也". ○은미한 곳에서도 죄가 드러나게 될까 염려하기 때문에 군자는 항상 홀로 있을 때 조심한다. 즉 비록 홀로 있다

---

19) '언(言)'자에 대하여. '언'자는 본래 '언언(言言)'으로 기록되어 있었는데, 완원(阮元)의 『교감기(校勘記)』에서는 "『민본(閩本)』·『감본(監本)』·『모본(毛本)』에는 '언'자를 중복해서 기록하지 않았으니, 이곳 판본은 잘못하여 중복 기록한 것이다."라고 했다.

고 하지만, 삼가고 조심하여 도를 지킬 수 있다는 뜻이다.

集註 隱, 暗處也. 微, 細事也. 獨者, 人所不知而己所獨知之地也. 言幽暗之中, 細微之事, 跡雖未形而幾則已動, 人雖不知而己獨知之, 則是天下之事無有著見明顯而過於此者. 是以君子旣常戒懼, 而於此尤加謹焉, 所以遏人欲於將萌, 而不使其滋長於隱微之中, 以至離道之遠也.

번역 '은(隱)'자는 어두운 곳이다. '미(微)'자는 세세한 일이다. '독(獨)'은 사람들이 모르고 자신만 알고 있는 장소를 뜻한다. 어두운 장소나 세세한 일에 있어서 그 자취가 비록 드러나지 않더라도 그 기미가 이미 움직였고, 사람들이 비록 알지 못하지만 자신이 알고 있다면, 천하의 일 중에 현격히 드러나는 것에는 이보다 심한 것이 없다. 이러한 까닭으로 군자는 항상 경계하면서도 이러한 부분에 대해서는 더욱 신중을 기하니, 싹이 트려고 할 때 인욕을 막아서 은미한 곳에서 자라나 도에서 멀리 떨어지는 지경에 이르지 않게끔 하는 것이다.

참고 구문비교

출　　처	내　　용
『禮記』「中庸」	故君子愼其獨也.
『禮記』「禮器」	是故君子愼其獨也.
『大學』「傳 6장」	故君子必愼其獨也.
『淮南子』「繆稱訓」	故君子愼其獨也.

【1661下~1662上】

喜怒哀樂之未發謂之中, 發而皆中節謂之和. 中也者, 天下之大本也. 和也者, 天下之達道也.

직역 喜怒哀樂이 發을 未함을 中이라 謂하고, 發하여 皆히 節에 中함을 和라 謂한다. 中이라는 者는 天下의 大本이다. 和라는 者는 天下의 達道이다.

의역 기쁨·성냄·슬픔·즐거움이 아직 나타나지 않은 것을 중(中)이라 부르고, 나타나서 모두 절도에 맞는 것을 화(和)라 부른다. 중(中)이라는 것은 천하의 큰 근본이다. 화(和)라는 것은 천하의 통용되는 도이다.

鄭注 中爲大本者, 以其含喜怒哀樂, 禮之所由生, 政敎自此出也.

번역 중(中)이 큰 근본이 되는 것은 그것이 기쁨·성냄·슬픔·즐거움을 포함하며 예(禮)가 생겨나게 되는 원인이고, 정치와 교화도 이로부터 나오기 때문이다.

釋文 樂音洛, 注同. 中, 丁仲反, 下注"爲之中"同.

번역 '樂'자의 음은 '洛(낙)'이며, 정현의 주에 나오는 글자도 그 음이 이와 같다. '中'자는 '丁(정)'자와 '仲(중)'자의 반절음이며, 아래 정현의 주에 나오는 '爲之中'에서의 '中'자도 그 음이 이와 같다.

孔疏 ●"喜怒哀樂之未發謂之中"者, 言喜怒哀樂緣事而生, 未發之時, 澹然虛靜, 心無所慮而當於理, 故"謂之中".

번역 ●經文: "喜怒哀樂之未發謂之中". ○기쁨·성냄·슬픔·즐거움은 사안에 따라서 발생하는데, 아직 나타나지 않았을 때에는 조용하고 고요하니, 마음에 고려해야할 것이 없어서 이치에 합당하다. 그렇기 때문에 "중(中)이라고 부른다."라고 했다.

孔疏 ●"發而皆中節謂之和"者, 不能寂靜而有喜怒哀樂之情, 雖復動發, 皆中節限, 猶如鹽梅相得, 性行和諧, 故云"謂之和".

번역 ●經文: "發而皆中節謂之和". ○고요히 있을 수 없어서 기쁨·성냄·슬픔·즐거움 등의 감정이 발생하는데, 비록 재차 움직여서 나타난다 하더라도 모두가 절도와 한계에 적합하다면, 오히려 소금과 매실이 서로 궁합이 맞는 것과 같아서 성(性)과 행동이 조화롭게 된다. 그렇기 때문에 "화(和)라고 부른다."라고 했다.

孔疏 ●"中也者, 天下之大本也"者, 言情欲未發, 是人性初本, 故曰"天下之大本也".

번역 ●經文: "中也者, 天下之大本也". ○정욕이 아직 나타나지 않은 것은 인성의 최초 본원에 해당한다. 그렇기 때문에 "천하의 큰 근본이다."라고 했다.

孔疏 ●"和也者, 天下之達道也"者, 言情欲雖發而能和合, 道理可通達流行, 故曰"天下之達道也".

번역 ●經文: "和也者, 天下之達道也". ○정욕이 비록 나타났지만 조화롭고 성(性)에 부합할 수 있다면, 도리가 두루 통하며 시행될 수 있다. 그렇기 때문에 "천하의 통용되는 도이다."라고 했다.

集註 喜怒哀樂, 情也. 其未發, 則性也, 無所偏倚, 故謂之中. 發皆中節, 情之正也, 無所乖戾, 故謂之和. 大本者, 天命之性, 天下之理皆由此出, 道之體也. 達道者, 循性之謂, 天下古今之所共由, 道之用也. 此言性情之德, 以明道不可離之意.

번역 기쁨·성냄·슬픔·즐거움은 정(情)에 해당한다. 그것이 아직 나타나지 않았다면 성(性)에 해당하여, 치우친 것이 없다. 그렇기 때문에 '중(中)'이라고 부른다. 나타났는데 모두 절도에 맞는 것은 정(情) 중에서도 바른 것이니, 어긋나는 바가 없기 때문에 '화(和)'라고 부른다. '대본(大本)'은 하늘이 명령한 성(性)이니, 천하의 이치는 모두 여기에서 비롯되어, 도(道)의 본체가 된다. '달도(達道)'는 성(性)에 따른다는 뜻이니, 천하의 모든 사물과 고금의 모든 사물이 말미암는 바로, 도(道)의 작용이 된다. 이것은 성(性)과 정(情)의 덕을 말하여, 도를 떠날 수 없다는 뜻을 나타내었다.

참고 구문비교

출 처	내 용
『禮記』「中庸」	喜怒哀樂.
『禮記』「禮運」	喜怒哀懼愛惡欲.
『禮記』「樂記」	哀樂喜怒.
『春秋左氏傳』「昭公 25」	好惡喜怒哀樂.
『淮南子』「齊俗訓」	喜怒哀樂.
『孔子家語』「禮運」	喜怒哀懼愛惡欲.

【1662上】

致中和, 天地位焉, 萬物育焉.

직역 中和를 致하면, 天地가 位하고, 萬物이 育한다.

의역 중(中)과 화(和)에 따라 행동을 지극히 하면, 천지가 바르게 되며, 만물이 생장한다.

鄭注 致, 行之至也. 位, 猶正也. 育, 生也, 長也.

번역 '치(致)'자는 행동의 지극함을 뜻한다. '위(位)'자는 "바르게 되다[正]."는 뜻이다. '육(育)'자는 "생겨나다[生]."는 뜻이며, "성장한다[長]."는 뜻이다.

釋文 長, 丁丈反.

번역 '長'자는 '丁(정)'자와 '丈(장)'자의 반절음이다.

孔疏 ●"致中和, 天地位焉, 萬物育焉", 致, 至也. 位, 正也. 育, 生長也. 言人君所能至極中和, 使陰陽不錯, 則天地得其正位焉. 生成得理, 故萬物其養育焉.

번역 ●經文: "致中和, 天地位焉, 萬物育焉". ○'치(致)'자는 "지극하다[至]."는 뜻이다. '위(位)'자는 "바르게 되다[正]."는 뜻이다. '육(育)'자는 생장한다는 뜻이다. 즉 군주가 중화(中和)를 지극히 하여 음양이 착오를 일으키지 않게끔 할 수 있다면, 천지는 바른 자리를 얻게 된다는 뜻이다. 생성함도 이치를 얻기 때문에 만물이 양육된다.

集註 致, 推而極之也. 位者, 安其所也. 育者, 遂其生也. 自戒懼而約之, 以至於至靜之中, 無少偏倚, 而其守不失, 則極其中而天地位矣. 自謹獨而精之, 以至於應物之處, 無少差謬, 而無適不然, 則極其和而萬物育矣. 蓋天地萬物本吾一體, 吾之心正, 則天地之心亦正矣, 吾之氣順, 則天地之氣亦順矣. 故其效驗至於如此. 此學問之極功聖人之能事, 初非有待於外, 而修道之敎亦在其中矣. 是其一體一用雖有動靜之殊, 然必其體立而後用有以行, 則其實亦非有兩事也. 故於此合而言之, 以結上文之意.

번역 '치(致)'자는 미루어서 지극히 한다는 뜻이다. '위(位)'자는 그 자리를 편안히 여긴다는 뜻이다. '육(育)'자는 생장함을 이룬다는 뜻이다. 스스로 경계하고 조심하여 가다듬어서, 지극히 고요한 가운데에 조금이라도 편벽됨이 없고 지킴을 잃지 않는 경지에 도달한다면, 그 중(中)을 지극히 하여 천지가 자신의 자리에서 편안하게 여기게 된다. 스스로 홀로 있을 때 삼가고 정밀히 시행하여, 사물과 호응하는 곳에서 조금이라도 착오를 일으킴이 없고 가는 곳마다 그렇지 않음이 없는 경지에 도달한다면, 그 화(和)

를 지극히 하여 만물이 생장하게 된다. 천지와 만물은 본래 나와 한 몸이니, 내 마음이 바르다면 천지의 마음 또한 바르게 되고, 내 기운이 순응한다면 천지의 기운 또한 순응하게 된다. 그러므로 그 효과가 이러한 경지에 도달하는 것이다. 이것은 학문의 지극한 공덕이며 성인이 할 수 있는 일인데, 애초에 외부에서 찾을 것이 없고, 도를 다스리는 가르침 또한 그 안에 포함되어 있다. 이것은 하나의 본체와 하나의 작용에 있어서 비록 움직이거나 고요한 차이가 있더라도 반드시 그 본체가 확립된 이후에야 작용도 시행될 수 있는 것이지만, 실상은 또한 각기 다른 별개의 사안이 아니다. 그렇기 때문에 이곳에서 함께 언급하여, 앞 문장의 뜻을 결론 맺었다.

集註 右第一章. 子思述所傳之意以立言. 首明道之本原出於天而不可易, 其實體備於己而不可離, 次言存養省察之要, 終言聖神功化之極. 蓋欲學者於此反求諸身而自得之, 以去夫外誘之私, 而充其本然之善, 楊氏所謂一篇之體要, 是也. 其下十章, 蓋子思引夫子之言, 以終此章之義.

번역 여기까지는 제 1장이다. 자사가 전수받은 뜻을 조술하여 글로 지었다. 처음에는 도의 본원이 하늘에서 비롯되어 바꿀 수 없고, 그 실체는 자신에게 갖춰져 있어서 떠날 수 없음을 밝혔으며, 그 다음에는 마음을 보존하고 본성을 기르며 스스로를 돌이켜보는 요점을 언급했으며, 마지막으로 성신(聖神)의 공업과 교화가 지극함을 언급했다. 학생들이 이를 통해 자신을 돌이켜보아 스스로 터득하고, 이를 통해 외적인 유혹의 사사로움을 제거하고 본연의 선함을 확충하길 바란 것이니, 양씨[20]가 이것은 「중용」편의 요체라고 한 말은 옳다. 그 뒤의 10개 장은 자사가 공자의 말을 인용하여 이 장의 뜻을 결론 맺은 것이다.

---

20) 양시(楊時, A.D.1053~A.D.1135) : =구산양씨(龜山楊氏)·양씨(楊氏)·양중립(楊中立). 북송(北宋) 때의 학자이다. 자(字)는 중립(中立)이고, 호는 구산(龜山)이다. 저서로는 『구산집(龜山集)』·『구산어록(龜山語錄)』·『이정수언(二程粹言)』 등이 있다.

참고 구문비교

출　처	내　용
『禮記』「中庸」	萬物育焉.
『禮記』「樂記」	萬物育焉.

• 제 2 장 •

【1664上】

仲尼曰, "君子中庸, 小人反中庸. 君子之中庸也, 君子而時中.
小人之中庸也, 小人而無忌憚也."

직역 仲尼가 曰, "君子는 中庸하고, 小人은 中庸을 反한다. 君子의 中庸함은
君子이면서 時中한다. 小人의 中庸함은 小人이면서 忌憚이 無한다."

의역 공자가 말하길, "군자는 중(中)에 따르는 것을 상도(常道)로 삼고, 소인은
중용을 반대로 한다. 군자가 중용을 함은 군자답고 때에 맞게 중(中)으로 절제하는
것이다. 소인이 중용을 한다는 것은 소인스럽고 두려워하거나 어려워함이 없는 것
이다."라고 했다.

鄭注 庸, 常也. 用中爲常, 道也. "反中庸"者, 所行非中庸, 然亦自以爲中
庸也. "君子而時中"者, 其容貌君子, 而又時節其中也. "小人而無忌憚", 其容
貌小人, 又以無畏難爲常行, 是其"反中庸"也.

번역 '용(庸)'자는 항상[常]을 뜻한다. 중(中)에 따름을 항상으로 삼으니
도(道)에 해당한다. "중용을 반대로 한다."는 말은 행동하는 것들이 중용에
맞지 않는데도, 또한 스스로 중용에 맞다고 여긴다는 뜻이다. '군자이시중
(君子而時中)'은 그 용모가 군자답고 또 때마다 그 중(中)에 따라 절제한다
는 뜻이다. '소인이무기탄(小人而無忌憚)'은 그 모습이 소인스럽고 또 두려
워하거나 어려워함이 없는 것을 항상된 행실로 삼는다는 뜻이니, 이것이
"중용을 반대로 한다."는 뜻이다.

釋文　"小人之中庸也", 王肅本作"小人之反中庸也". 忌憚, 徒旦反. 忌, 畏也. 憚, 難也. 難, 乃旦反. 行, 下孟反.

번역　'小人之中庸也'를 『왕숙본』에서는 '小人之反中庸也'라고 기록했다. '忌憚'에서의 '憚'자는 '徒(도)'자와 '旦(단)'자의 반절음이다. '忌'자는 두려워한다는 뜻이다. '憚'자는 어려워한다는 뜻이다. '難'자는 '乃(내)'자와 '旦(단)'자의 반절음이다. '行'자는 '下(하)'자와 '孟(맹)'자의 반절음이다.

孔疏　●"仲尼"至"矣夫". ○正義曰: 此一節是子思引仲尼之言, 廣明中庸之行, 賢者過之, 不肖者不及也; 中庸之道, 鮮能行之.

번역　●經文: "仲尼"~"矣夫". ○이곳 문단은 자사가 공자의 말을 인용하여 중용에 따른 행실을 폭넓게 나타내고 있는데, 현명한 자는 지나치고 불초한 자는 미치지 못하니, 중용의 도를 잘 시행할 수 있는 자가 드물다.

孔疏　●"君子中庸"者, 庸, 常也. 君子之人用中以爲常, 故云"君子中庸".

번역　●經文: "君子中庸". ○'용(庸)'자는 항상[常]이라는 뜻이다. 군자는 중(中)에 따르는 것을 항상됨으로 삼는다. 그렇기 때문에 "군자는 중(中)을 항상 따른다."라고 했다.

孔疏　●"小人反中庸"者, 小人則不用中爲常, 是"反中庸"也.

번역　●經文: "小人反中庸". ○소인은 중(中)을 따르는 것을 항상됨으로 삼지 않으니, 이것이 "중용을 반대로 한다."는 뜻이다.

孔疏　●"君子之中庸也, 君子而時中"者, 此覆說君子中庸之事, 言君子之爲中庸, 容貌爲君子, 心行而時節其中, 謂喜怒不過節也, 故云君子而時中.

번역　●經文: "君子之中庸也, 君子而時中". ○이 문장은 군자가 중(中)

을 항상 따른다는 사안에 대해서 재차 설명한 것이니, 군자가 중(中)을 항상 따른다는 것은 용모가 군자다우며, 마음에 따라 행동함에 그 때에 따라 중(中)으로 절제한다는 뜻으로, 기쁨이나 성냄이 절도를 벗어나지 않는다는 의미이다. 그렇기 때문에 "군자답고 때에 맞게 중(中)을 지킨다."라고 했다.

孔疏 ●"小人反中庸也, 小人而無忌憚也"者, 此覆說小人反中庸之事, 言小人爲中庸, 形貌爲小人, 而心行無所忌憚, 故云"小人而無忌憚也". 小人將此以爲常, 亦以爲中庸, 故云"小人之中庸也".

번역 ●經文: "小人反中庸也, 小人而無忌憚也". ○이 문장은 소인이 중용을 반대로 하는 사안에 대해서 재차 설명한 것이니, 소인이 중(中)을 따른다는 것은 용모가 소인스럽고 마음에 따라 행동함에 두려워하거나 어려워하는 점이 없다는 뜻이다. 그렇기 때문에 "소인스럽고 두려워하거나 어려워함이 없다."라고 말했다. 소인은 이러한 것을 항상됨으로 삼고 또 이것을 중용이라고 여긴다. 그렇기 때문에 "소인의 중용이다."라고 했다.

孔疏 ◎注"反中"至"庸也". ○正義曰: "反中庸者, 所行非中庸者", 言用非中以爲常, 是"反中庸", 故云"所行非中庸". 云"亦自以爲中庸也", 解經"小人之中庸", 雖行惡事, 亦自謂爲中庸. 云"其容貌君子, 而又時節其中也", 解經"君子而時中". 云"其容貌小人, 又以無畏難爲常行"者, 解經"小人而無忌憚". 旣無忌憚, 則不時節其中庸也.

번역 ◎鄭注: "反中"~"庸也". ○정현이 "'중용을 반대로 한다.'는 말은 행동하는 것들이 중용에 맞지 않는다."라고 했는데, 즉 중(中)이 아닌 것에 따르고 이것을 항상됨으로 여기니, 이것을 "중용을 반대로 한다."고 부른다는 뜻이다. 그렇기 때문에 "행동하는 것들이 중용이 아니다."라고 했다. 정현이 "또한 스스로 중용에 맞다고 여긴다."라고 했는데, 경문에 나온 '소인의 중용'을 풀이한 말이니, 악한 일을 시행하면서도 스스로 중용을 한다고 여긴다는 뜻이다. 정현이 "그 용모가 군자답고 또 때마다 그 중(中)에 따라 절제한다는 뜻이다."라고 했는데, 경문의 '군자이시중(君子而時中)'을 풀이한 말이다. 정현이 "그 모습이 소인스럽고 또 두려워하거나 어려워함이 없는 것을 항상된 행실로 삼는다."라고 했는데, 경문의 '소인이무기탄(小人而無忌憚)'을 풀이한 말이다. 이미 두려워하거나 어려워함이 없다면, 때에 맞게 중용으로 절제하지 못한다.

集註 中庸者, 不偏不倚無過不及, 而平常之理, 乃天命所當然, 精微之極致也. 惟君子爲能體之, 小人反是.

번역 중용이라는 것은 편벽되지 않고 치우치지 않으며 지나치거나 미치지 못함이 없어서, 항상 따르는 이치이니, 천명의 당연한 바이며, 정밀하고 은미함이 지극한 것이다. 오직 군자만이 이것을 체득할 수 있고 소인은 이와 반대로 한다.

集註 王肅本作"小人之反中庸也", 程子亦以爲然. 今從之.

번역 『왕숙본』에는 '소인지반중용야(小人之反中庸也)'라고 기록되어 있고, 정자 또한 그것이 옳다고 여겼다. 이곳에서는 그에 따른다.

集註 君子之所以爲中庸者, 以其有君子之德, 而又能隨時以處中也. 小人之所以反中庸者, 以其有小人之心, 而又無所忌憚也. 蓋中無定體, 隨時而在, 是乃平常之理也. 君子知其在我, 故能戒謹不睹恐懼不聞, 而無時不中. 小人不知有此, 則肆欲妄行, 而無所忌憚矣.

번역 군자가 중용을 시행하는 이유는 군자의 덕을 갖추고 있고 또 때에 따라 중(中)에 알맞을 수 있기 때문이다. 소인이 중용을 반대로 하는 이유는 소인의 마음을 갖추고 있고 또 거리낌이 없기 때문이다. 중(中)은 고정된 본체가 없고 때에 따라 존재하니, 이것은 항상 따르는 이치가 된다. 군자는 그것이 나에게 있음을 알았기 때문에, 보지 못하는 곳에서도 삼가고 듣지 못하는 곳에서도 두려워하여 때에 따라 중(中)에 맞지 않는 경우가 없다. 소인은 이것을 지니고 있음을 몰라서 욕심에 따라 망령되게 행동하며 거리낌이 없다.

集註 右第二章. 此下十章, 皆論中庸以釋首章之義. 文雖不屬, 而意實相承也. 變和言庸者, 游氏曰, “以性情言之, 則曰中和, 以德行言之, 則曰中庸”, 是也. 然中庸之中, 實兼中和之義.

번역 여기까지는 제 2장이다. 그 이하의 10개 장은 모두 중용을 논의하여 첫 장의 뜻을 풀이하였다. 문맥이 비록 연결되지 않더라도 그 의미는 실제로 서로 이어진다. ‘화(和)’자를 바꿔서 용(庸)자로 기록한 것에 대해 유씨[1]는 “성정(性情)으로 말을 한다면 중화(中和)라고 부르며, 덕행(德行)으로 말을 한다면 중용(中庸)이라고 부른다.”라고 했다. 그러나 ‘중용(中庸)’의 중(中)자에는 실제로 중화(中和)의 의미가 포함되어 있다.

---

1) 유초(游酢, A.D.1053~A.D.1123) : =광평유씨(廣平游氏)·유씨(游氏)·유정부(游定夫). 북송(北宋) 때의 학자이다. 자(字)는 정부(定夫)이고, 호(號)는 광평(廣平)이다. 저서로는 『논어맹자잡해(論語孟子雜解)』·『역설(易說)』·『중용의(中庸義)』등이 있다.

제3장

【1664上】

子曰, "中庸其至矣乎! 民鮮能久矣."

직역 子가 曰, "中庸은 그 至인져! 民에는 能히 久함이 鮮이라."

의역 공자가 말하길, "중용의 도는 지극히 아름답구나! 그러나 백성들 중에는 오래도록 지속할 수 있는 자가 드물다."라고 했다.

鄭注 鮮, 罕也. 言中庸爲道至美, 顧人罕能久行.

번역 '선(鮮)'자는 "드물다[罕]."는 뜻이다. 중용의 도(道)는 지극히 아름다운데, 사람들을 살펴보니 오래도록 지속할 수 있는 자가 드물다는 의미이다.

釋文 "中庸其至矣乎", 一本作"中庸之爲德, 其至矣乎". 鮮, 息淺反, 下及注同. 罕, 胡坦反, 希也, 少也.

번역 '中庸其至矣乎'을 다른 판본에서는 '中庸之爲德, 其至矣乎'라고 기록했다. '鮮'자는 '息(식)'자와 '淺(천)'자의 반절음이며, 아래문장 및 정현의 주에 나오는 글자도 그 음이 이와 같다. '罕'자는 '胡(호)'자와 '坦(탄)'자의 반절음이며, 드물다는 뜻이며, 적다는 뜻이다.

孔疏 ●"子曰中庸, 其至矣乎", 前旣言君子·小人不同, 此又歎中庸之美, 人寡能久行, 其中庸之德至極美乎!

번역 ●經文: "子曰中庸, 其至矣乎". ○앞에서는 이미 군자와 소인의 다른 점을 언급했고, 이곳에서는 또한 중용의 아름다움에 대해서 탄미하였으니, 사람들 중 오래도록 지속할 수 있는 자가 드문 것은 중용의 덕이 지극히 아름답기 때문이다.

孔疏 ●"民鮮能久矣"者, 但寡能長久而行. 鮮, 罕也. 言中庸爲至美, 故人罕能久行之.

번역 ●經文: "民鮮能久矣". ○다만 오래도록 시행할 수 있는 자가 드물다는 뜻이다. '선(鮮)'자는 "드물다[罕]."는 뜻이다. 즉 중용은 지극히 아름답기 때문에 사람들 중에 오래도록 지속할 수 있는 자가 드물다는 의미이다.

集註 過則失中, 不及則未至, 故惟中庸之德爲至. 然亦人所同得, 初無難事, 但世敎衰, 民不興行, 故鮮能之, 今已久矣. 論語無能字.

번역 지나치면 중(中)을 잃고, 미치지 못하면 이르지 못한다. 그렇기 때문에 오직 중용의 덕만이 지극함이 된다. 그러나 또한 사람이 동일하게 얻은 것이므로, 애초에는 어려울 일이 없지만, 세상의 교화가 쇠퇴하고 백성들이 잘 따르지 않았기 때문에, 잘 할 수 있는 자가 드물게 된 것이 이미 오래되었다. 『논어』에는 '능(能)'자가 없다.[1]

集註 右第三章.

번역 여기까지는 제 3장이다.

참고 구문비교

출 처	내 용
『禮記』「中庸」	子曰, 中庸其至矣乎!　　　　民鮮能久矣.
『論語』「雍也」	子曰, 中庸之爲德也, 其至矣乎! 民鮮能久矣.

---

1) 『논어』「옹야(雍也)」: 子曰, "中庸之爲德也, 其至矣乎! 民鮮久矣."

• 제 4 장 •

【1664上】

子曰, "道之不行也, 我知之矣, 知者過之, 愚者不及也. 道之不明也, 我知之矣, 賢者過之, 不肖者不及也. 人莫不飮食也, 鮮能知味也."

직역 子가 曰, "道가 不行함을 我는 知라, 知者는 過하고, 愚者는 不及이라. 道가 不明함을 我는 知라, 賢者는 過하고, 不肖者는 不及이라. 人에는 飮食을 不함이 莫이나, 能히 味를 知함이 鮮이라."

의역 공자가 말하길, "도가 시행되지 않는 이유를 나는 알고 있으니, 지혜로운 자는 지나치고 어리석은 자는 미치지 못하기 때문이다. 도가 밝혀지지 않는 이유를 나는 알고 있으니, 현명한 자는 지나치고 불초한 자는 미치지 못하기 때문이다. 사람들 중에 음식을 먹지 않는 자가 없지만, 그 맛을 제대로 아는 자는 드물다."라고 했다.

鄭注 罕知其味, 謂"愚者所以不及也". 過與不及, 使道不行, 唯禮能爲之中.

번역 그 맛을 아는 자가 드물다는 말은 "어리석은 자는 미치지 못한다."는 뜻이다. 지나치거나 미치지 못한 경우는 모두 도를 시행치 못하도록 하니, 오직 예(禮)만이 그것을 중(中)에 맞게 할 수 있다.

釋文 知音智, 下文"大知也"·"予知", 注"有知"皆同. 肖音笑, 下同.

번역 '知'자의 음은 '智(지)'이며, 아래문장에 나오는 '大知也'·'予知'에서의 '知'자와, 정현의 주에 나오는 '有知'에서의 '知'자는 모두 그 음이 이와 같다. '肖'자의 음은 '笑(소)'이며, 아래문장에 나오는 글자도 그 음이 이와 같다.

孔疏 ●"子曰: 道之不行也, 我知之矣"者, 此覆說人寡能行中庸之事. 道之所以不行者, 言我知其道之不行所由, 故云"我知之矣".

번역 ●經文: "子曰: 道之不行也, 我知之矣". ○이 문장은 사람들 중 중용의 일을 시행할 수 있는 자가 적다는 뜻을 재차 풀이한 것이다. 도가 시행되지 않는 것에 대해 나는 도가 시행되지 않는 이유를 안다는 뜻이다. 그렇기 때문에 "나는 알고 있다."라고 했다.

孔疏 ●"知者過之, 愚者不及也", 以輕於道, 故過之. 以遠於道, 故不及.

번역 ●經文: "知者過之, 愚者不及也". ○도에 대해서 경시하므로 지나치게 된다. 도와 동떨어졌기 때문에 미치지 못하게 된다.

孔疏 ●"道之不明也, 我知之矣"者, 言道之所以不顯明, 我亦知其所由也.

번역 ●經文: "道之不明也, 我知之矣". ○도가 드러나지 않는 것에 대해서도 나는 그 이유를 알고 있다는 뜻이다.

孔疏 ●"賢者過之, 不肖者不及也", 言道之不行爲易, 故"知者過之, 愚者不及"; 道之不明爲難, 故云"賢者過之, 不肖者不及". 是以變知稱賢, 變愚稱不肖, 是賢勝於智, 不肖勝於愚也.

번역 ●經文: "賢者過之, 不肖者不及也". ○도가 시행되지 않는다고 했는데, 도의 시행은 상대적으로 쉬운 일이다. 그렇기 때문에 "지혜로운 자는 지나치고 어리석은 자는 미치지 못한다."라고 했다. 반면 도가 드러나지 않는다고 했는데, 도가 드러나는 것은 상대적으로 어려운 일이다. 그렇기 때문에 "현명한 자는 지나치고 불초한 자는 미치지 못한다."라고 했다. 이러한 까닭으로 지혜로운 자를 바꿔서 현명한 자라고 했고, 어리석은 자를 바꿔서 불초한 자라고 했으니, 현명한 자는 지혜로운 자보다 낫고 불초한 자는 어리석은 자보다 낫기 때문이다.

孔疏 ●"人莫不飮食也, 鮮能知味也"者, 言飮食, 易也; 知味, 難也. 猶言人莫不行中庸, 但鮮能久行之. 言知之者易, 行之者難, 所謂愚者不能及中庸也. 按異義云: 張華辨鮓, 師曠別薪, 符朗爲靑州刺史, 善能知味, 食雞知棲半露, 食鵝知其黑白. 此皆晉書文也.

번역 ●經文: "人莫不飮食也, 鮮能知味也". ○음식이라고 말했는데, 음식을 먹는 것은 상대적으로 쉬운 일이며, 맛을 안다고 했는데, 맛을 아는 것은 상대적으로 어려운 일이라는 뜻이다. 이것은 마치 사람들 중 중용을 시행하지 못하는 자가 없지만, 오래도록 지속할 수 있는 자가 드문 경우와 같다. 즉 도를 아는 것은 상대적으로 쉬운 일이지만 그것을 시행하는 것은 어려운 일이니, 어리석은 자가 중용에 미치지 못하는 것을 말한다.『이의』를 살펴보면, 장화(張華)는 젓갈을 변별했고, 사광(師曠)은 초목을 변별했으며, 부낭(符朗)은 청주자사(靑州刺史)가 되었는데, 그 맛을 잘 감별하여 닭을 먹고서는 서반로(棲半露)임을 알았고, 거위를 먹고서는 그 색깔을 알았다고 했다. 이러한 것들은 모두『진서』에 나오는 기록이다.

集註 道者, 天理之當然, 中而已矣. 知愚賢不肖之過不及, 則生稟之異而失其中也. 知者知之過, 旣以道爲不足行; 愚者不及知, 又不知所以行, 此道之所以常不行也. 賢者行之過, 旣以道爲不足知; 不肖者不及行, 又不求所以知, 此道之所以常不明也. 道不可離, 人自不察, 是以有過不及之弊.

번역 도(道)는 천리의 당연함인데 중(中)일 따름이다. 지혜롭고 어리석으며 현명하고 불초한 자들이 지나치거나 미치지 못한다면, 태어날 때 부여받은 것이 다르고 중(中)을 잃어버린 것이다. 지혜로운 자는 지혜가 지나쳐서 이미 도(道)에 대해 족히 행할 것이 못된다고 여기고, 어리석은 자는 지혜가 미치지 못하고 또 행하는 방법도 모르니, 이것은 도가 항상 시행되지 않는 이유이다. 현명한 자는 행실이 자니치고 이미 도(道)에 대해 족히 알 것이 못된다고 여기고, 불초한 자는 행실이 미치지 못하고 또 알 수 있는 방법을 찾지 않으니, 이것은 도가 항상 드러나지 않는 이유이다. 도는 떠날 수 없지만 사람 스스로 살피지 않으니, 이러한 이유로 지나치거나 미치지 못하는 폐단이 발생한다.

集注 右第四章.

번역 여기까지는 제 4장이다.

참고 구문비교

출　처	내　용
『禮記』「中庸」	道之不行也, 我知之矣.
『論語』「微子」	道之不行, 　已知之矣.

참고 구문비교

출　처	내　용
『禮記』「中庸」	知者過之, 　愚者不及也.
『呂氏春秋』「不二」	智者不得巧, 愚者不得拙.

참고 구문비교

출　처	내　용
『禮記』「中庸」	賢者過之, 　不肖者不及也.
『禮記』「喪服四制」	賢者不得過, 不肖者不得不及.

• 제5장 •

【1664上~下】

子曰, "道其不行矣夫."

직역 子가 曰, "道는 그 不行인져."

의역 공자가 말하길, "도는 시행되지 못하겠구나."라고 했다.

鄭注 閔無明君敎之.

번역 현명한 군주가 교화를 시키지 못함을 염려한 것이다.

釋文 夫音扶.

번역 '夫'자의 음은 '扶(부)'이다.

孔疏 ●"子曰: 道其不行久矣夫"者, 夫子旣傷道之不行, 又哀閔傷之, 云時無明君, 其道不復行也.

번역 ●經文: "子曰: 道其不行久矣夫". ○공자는 이미 도가 시행되지 않는 것에 상심하였고, 더욱 근심하고 슬퍼하였으니, 당시 현명한 군주가 없어서 그 도가 다시 시행되지 못한다고 말한 것이다.

集註 由不明, 故不行.

번역 밝지 못하는 것에서 비롯되기 때문에 시행되지 못한다.

集註 右第五章. 此章承上章而擧其不行之端, 以起下章之意.

번역 여기까지는 제 5장이다. 이 장은 앞장의 내용을 이어서 시행되지 않는다는 단서를 들어 뒷장의 뜻을 이끌어냈다.

제 6 장

【1665上】

子曰, "舜其大知也與. 舜好問而好察邇言, 隱惡而揚善, 執
其兩端, 用其中於民, 其斯以爲舜乎!"

직역 子가 曰, "舜은 그 大知로다. 舜은 問을 好하고 言을 邇하고 察하길 好하
며, 惡을 隱하고 善을 揚하며, 그 兩端을 執하여, 民에게 그 中을 用하니, 그 斯에
舜이라 爲인져!"

의역 공자가 말하길, "순임금은 큰 지혜를 갖춘 분이구나. 순임금은 묻기를 좋
아하셔서 천근한 말이라도 살피기를 좋아하셨고, 그 말의 나쁜 점은 가려주고 좋은
점은 드러냈으며, 양 끝단을 잡고서 백성들에게는 알맞은 것을 사용하셨으니, 이러
한 이유로 순임금이라 부르는 것이구나!"라고 했다.

鄭注 邇, 近也. 近言而善, 易以進人, 察而行之也. "兩端", 過與不及也.
"用其中於民", 賢與不肖皆能行之也. 斯, 此也. 其德如此, 乃號爲"舜", 舜之
言"充"也.

번역 '이(邇)'자는 "가깝다[近]."는 뜻이다. 천근한 말이라도 그것이 선
하다면 수월히 그 자를 등용시켰고 자세히 살펴서 시행했다. '양단(兩端)'이
라고 했는데, 지나치거나 미치지 못함을 뜻한다. "백성에게 그 중(中)을 쓴
다."라고 했는데, 현명한 자와 불초한 자도 모두 시행할 수 있다는 뜻이다.
'사(斯)'자는 이것[此]이라는 뜻이다. 그 덕이 이와 같으니, 곧 순임금이라
부르는 것이며, '순(舜)'자는 "가득하다[充]."는 뜻이다.

釋文 與音餘, 下“强與”皆同. 好, 呼報反, 下同. 易, 以豉反.

번역 ‘與’자의 음은 ‘餘(여)’이며, 아래문장에 나오는 ‘强與’에서의 ‘與’자도 모두 그 음이 이와 같다. ‘好’자는 ‘呼(호)’자와 ‘報(보)’자의 반절음이며, 아래문장에 나오는 글자도 그 음이 이와 같다. ‘易’자는 ‘以(이)’자와 ‘豉(시)’자의 반절음이다.

孔疏 ●“子曰”至“舜乎”. ○正義曰: 此一經明舜能行中庸之行, 先察近言而後至於中庸也.

번역 ●經文: “子曰”~“舜乎”. ○이곳 경문은 순임금이 중용에 따른 행동을 실천할 수 있었는데, 우선적으로 천근한 말이라도 잘 살피고 그 이후에 중용에 도달했음을 나타내고 있다.

孔疏 ●“舜其大知也與”者, 旣能包於大道, 又能察於近言, 卽是“大知”也.

번역 ●經文: “舜其大知也與”. ○이미 큰 도를 포용할 수 있고, 또 천근한 말이라도 잘 살필 수 있으니, 곧 ‘큰 지혜’에 해당한다.

孔疏 ●“執其兩端, 用其中於民”者, 端, 謂頭緒, 謂“知者過之, 愚者不及”, 言舜能執持愚·知兩端, 用其中道於民, 使愚·知俱能行之.

번역 ●經文: “執其兩端, 用其中於民”. ○‘단(端)’자는 단서를 뜻하니, “지혜로운 자는 지나치고 어리석은 자는 미치지 못한다.”는 것을 가리킨다. 즉 순임금은 어리석거나 지혜로운 경우의 두 단서를 지니고서 백성에게 알맞은 도를 사용할 수 있었으니, 어리석거나 지혜로운 자라도 모두 그것을 시행할 수 있게 되었다는 뜻이다.

孔疏 ●“其斯以爲舜乎”者, 斯, 此也, 以其德化如此, 故號之爲“舜”.

번역 ●經文: "其斯以爲舜乎". ○'사(斯)'자는 이것[此]이라는 뜻이니, 그의 덕에 따른 교화가 이와 같았기 때문에 '순(舜)'이라고 부른다는 뜻이다.

孔疏 ◎注"舜之言充也". ○正義曰: 按諡法云: "受禪成功曰舜." 又云: "仁義盛明曰舜." 皆是道德充滿之意, 故言舜爲"充"也.

번역 ◎鄭注: "舜之言充也". ○『시법』을 살펴보면, "선양한 지위를 받아 공적을 완성하여 '순(舜)'이라고 부른다."라고 했고, 또 "인(仁)과 의(義)가 융성하게 밝으면 '순(舜)'이라고 부른다."라고 했다. 이 모두는 도덕이 충만했다는 뜻이 된다. 그렇기 때문에 '순(舜)'자는 "가득하다[充]."는 뜻이라고 했다.

集註 舜之所以爲大知者, 以其不自用而取諸人也. 邇言者, 淺近之言, 猶必察焉, 其無遺善可知. 然於其言之未善者則隱而不宣, 其善者則播而不匿, 其廣大光明又如此, 則人孰不樂告以善哉. 兩端, 謂衆論不同之極致. 蓋凡物皆有兩端, 如小大厚薄之類, 於善之中又執其兩端, 而量度以取中, 然後用之, 則其擇之審而行之至矣. 然非在我之權度精切不差, 何以與此? 此知之所以無過不及, 而道之所以行也.

번역 순임금이 크게 지혜로운 자가 될 수 있는 이유는 자기만의 지혜를 쓰지 않고 남의 지혜를 취했기 때문이다. '이언(邇言)'은 천근한 말인데도, 오히려 반드시 살폈으니, 선을 남겨두는 일이 없었음을 알 수 있다. 그런데 그 말 중에서 선하지 못한 것은 숨겨주어 드러내지 않았고, 선한 것은 전파해서 가려두지 않았으니, 광대하고 밝음이 또한 이와 같았으므로, 사람들 중 그 누가 선을 즐거이 고하지 않았겠는가? '양단(兩端)'은 중론이 일어나 의견이 다를 때의 양 끝점을 뜻한다. 모든 사물들은 모두 양 극단을 가지고 있으니, 작고 큼 두텁고 얇은 등의 부류와 같은 것으로, 선한 것 가운데에서도 또한 양 극단을 잡고서 자세히 헤아려 중(中)을 취했고, 그런 뒤에야 사용을 했으니, 선택함이 자세하였고 시행함이 지극하였다. 그러나 자신에게 있는 헤아림과 간절한 노력에 어긋나지 않는 자가 아니라면 어떻게 이처럼 하겠는가? 이것은 지나치거나 미치지 못함이 없는 이유와 도가 시행되는 이유를 알고 있었기 때문이다.

集註 右第六章.

번역 여기까지는 제 6장이다.

그림 6-1 ■ 제순(帝舜) 유우씨(有虞氏)

氏 虞 有 舜 帝

※ **출처**: 『삼재도회(三才圖會)』「인물(人物)」 1권

• 제 7 장 •

【1666上】

子曰, "人皆曰予知, 驅而納諸罟擭陷阱之中, 而莫之知辟也.
人皆曰予知, 擇乎中庸, 而不能期月守也."

직역 子가 曰, "人은 皆히 曰 予가 知라한데, 驅하여 罟擭과 陷阱의 中에 納이
라도, 辟을 知함이 莫이라. 人은 皆히 曰 予가 知라한데, 中庸을 擇하더라도, 期月
의 守를 不能이라."

의역 공자가 말하길, "사람들은 모두 자신이 지혜롭다고 하는데, 그를 몰아 그
물이나 함정에 빠트리더라도 피할 줄을 모른다. 또 사람들은 모두 자신이 지혜롭다
고 하는데, 중용을 택하여 시행하더라도 몇 개월을 지켜내지 못한다."라고 했다.

鄭注 予, 我也. 言凡人自謂有知, 人使之入罟, 不知辟也. 自謂擇中庸而爲
之, 亦不能久行, 言其實愚又無恒.

번역 '여(予)'자는 본인[予]을 뜻한다. 즉 모든 사람들은 스스로 자신이
지혜를 가지고 있다고 하는데, 다른 사람이 그를 그물로 몰아넣어도 피할
줄 모른다는 뜻이다. 또 스스로 중용을 택하여 그것을 시행한다고 하는데,
또한 오래도록 지속할 수 없으니, 실제로는 어리석고 또한 항상됨도 없음
을 말한다.

釋文 罟音古, 罔之總名. 擭, 胡化反, 尚書傳云: "捕獸機檻." 陷, 陷沒之陷.
阱, 才性反, 本或作穽, 同. 阱, 穿地陷獸也. 說文云: "穽或爲阱字也." 辟音避,
注"知辟"·"辟害"皆同. 期音基.

번역 '罟'자의 음은 '古(고)'이며, 그물을 총칭하는 말이다. '擭'자는 '胡(호)'자와 '化(화)'자의 반절음이며, 『상서전』에서는 "짐승을 사로잡는 기구이다."라고 했다. '陷'자는 '함몰(陷沒)'이라고 할 때의 '陷'자이다. '阱'자는 '才(재)'자와 '性(성)'자의 반절음이며, 판본에 따라서는 또한 '穽'자로도 기록하는데, 그 음은 동일하다. '阱'은 땅을 파서 짐승을 빠트리는 것이다. 『설문』에서는 "穽을 혹은 阱자로도 기록한다."라고 했다. '辟'자의 음은 '避(피)'이며, 정현의 주에 나오는 '知辟'와 '辟害'에서의 '辟'자도 그 음이 모두 이와 같다. '期'자의 음은 '基(기)'이다.

孔疏 ●"子曰"至"守也". ○正義曰: 此一經明無知之人行中庸之事. 予, 我也. 世之愚人, 皆自謂言我有知.

번역 ●經文: "子曰"~"守也". ○이곳 경문은 지혜를 갖추지 못한 자가 중용을 시행하는 사안을 나타내고 있다. '여(予)'자는 본인[予]을 뜻한다. 즉 세상의 어리석은 사람들은 모두들 스스로가 "나는 지혜를 갖추고 있다."라고 말한다는 뜻이다.

孔疏 ●"驅而納諸罟擭陷阱之中, 而莫之知辟也"者, 此謂無知之人設譬也. 罟, 網也. 擭, 謂柞楀也. 陷阱, 謂坑也. 穿地爲坎, 豎鋒刃於中以陷獸也. 言禽獸被人所驅, 納於罟網·擭陷阱之中, 而不知違辟, 似無知之人爲嗜欲所驅, 入[1]罪禍之中而不知辟, 卽下文是也.

번역 ●經文: "驅而納諸罟擭陷阱之中, 而莫之知辟也". ○이 문장은 지혜가 없는 자에 대해 비유를 든 것이다. '고(罟)'자는 그물[網]을 뜻한다. '확(擭)'자는 덫을 뜻한다. '함정(陷阱)'은 구덩이를 뜻한다. 땅을 파서 구덩이

---

1) '입(入)'자에 대하여. '입'자는 본래 없던 글자인데, 완원(阮元)의 『교감기(校勘記)』에서는 "『민본(閩本)』·『감본(監本)』 및 혜동(惠棟)의 『교송본(校宋本)』에는 '죄(罪)'자 앞에 '입'자가 기록되어 있고, 위씨(衛氏)의 『집설(集說)』에도 동일하게 기록되어 있다. 『모본(毛本)』에는 이곳 판본과 동일하게 '입'자가 누락되어 있다."라고 했다.

를 만들고 그 안에 뾰족한 것을 세워서 짐승이 빠지도록 하는 것이다. 즉 짐승이 사람에게 쫓겨 그물이나 함정에 들어가게 되는데도 피할 줄 모르니, 이것은 마치 지혜가 없는 자가 욕심에 내몰려 죄나 재앙에 빠지더라도 피할 줄 모르는 것과 같다는 뜻으로, 아래문장의 내용이 여기에 해당한다.

孔疏 ●"擇乎中庸, 而不能期月守也"者, 鄭云: "自謂擇中庸而爲之, 亦不能久行, 言其實愚又無恒也." 小人自謂選擇中庸, 而心行亦非中庸. 假令偶有中庸, 亦不能期匝一月而守之, 如入陷阱也.

번역 ●經文: "擇乎中庸, 而不能期月守也". ○정현이 "스스로 중용을 택하여 그것을 시행한다고 하는데, 또한 오래도록 지속할 수 없으니, 실제로는 어리석고 또한 항상됨도 없음을 말한다."라고 했는데, 소인은 스스로 중용을 택해서 한다고 여기지만, 마음에 따른 행실은 또한 중용에 해당하지 않는다. 가령 어쩌다가 중용에 맞게 하더라도 몇 개월을 지켜낼 수 없으니, 마치 함정에 빠지는 것과 같다.

集註 罟, 網也; 擭, 機檻也; 陷阱, 坑坎也; 皆所以掩取禽獸者也. 擇乎中庸, 辨別衆理, 以求所謂中庸, 卽上章好問用中之事也. 期月, 匝一月也. 言知禍而不知辟, 以況能擇而不能守, 皆不得爲知也.

번역 '고(罟)'자는 그물[網]을 뜻한다. '확(擭)'자는 덫을 뜻한다. '함정(陷阱)'은 구덩이이다. 이 모두는 짐승을 포획하기 위한 것이다. 중용을 택하는 것은 여러 이치들을 변별하여 중용에 해당하는 것을 구한다는 뜻이니, 곧 앞에서 묻기를 좋아하고 중(中)을 쓴다는 일에 해당한다. '기월(期月)'은 만 1개월이다. 즉 재앙인 것을 알면서도 피하지 못한다고 말하여, 중용을 택했지만 지키지 못함을 비유하였으니, 이 모두는 지혜로운 자라 할 수 없다.

集註 右第七章. 承上章大知而言, 又擧不明之端, 以起下章也.

번역 여기까지는 제 7장이다. 앞장에 나온 큰 지혜를 이어서 한 말이며,

또한 드러나지 않는 단서를 제시하여 뒷장의 뜻을 이끌어냈다.

• 제8장 •

【1666下】

> 子曰, "回之爲人也, 擇乎中庸, 得一善, 則拳拳服膺而弗失
> 之矣."

직역 子가 曰, "回의 人이 爲함은 中庸을 擇하여, 一善을 得하면, 拳拳히 服膺
하여 失함을 弗이라."

의역 공자가 말하길, "안회의 사람됨은 중용을 택하여, 한 가지 선을 얻게 된다
면 받들고 그것을 지키고 마음에 간직하여 잃지 않는다."라고 했다.

鄭注 拳拳, 奉持之貌.

번역 '권권(拳拳)'은 받들고 지니고 있는 모습을 뜻한다.

釋文 拳音權, 又起阮反, 徐羌權反. 膺, 徐音應, 又於陵反. 奉, 芳勇反.

번역 '拳'자의 음은 '權(권)'이며, 또한 '起(기)'자와 '阮(완)'자의 반절음
도 되고, 서음(徐音)은 '羌(강)'자와 '權(권)'자의 반절음이다. '膺'자의 서음
은 '應(응)'이며, 또한 '於(어)'자와 '陵(릉)'자의 반절음도 된다. '奉'자는 '芳
(방)'자와 '勇(용)'자의 반절음이다.

孔疏 ●"子曰"至"能也". ○正義曰: 此一節是夫子明顏回能行中庸, 言中
庸之難也.

번역 ●經文: "子曰"~"能也". ○이곳 문단은 안회가 중용을 잘 실천했

음을 공자가 나타낸 것이니, 중용의 어려움을 의미한다.

孔疏 ●“得一善, 則拳拳服膺而弗失之矣”者, 言顔回選擇中庸而行, 得一善事, 則形貌拳拳然奉持之. 膺, 謂胸膺, 言奉持守於善道, 弗敢棄失.

번역 ●經文: “得一善, 則拳拳服膺而弗失之矣”. ○안회는 중용을 선택하여 시행하고, 한 가지 선한 일이라도 얻게 된다면 그 모습이 조심스럽게 받들고 지니려고 한다는 뜻이다. ‘응(膺)’자는 가슴을 뜻하니, 선한 도를 받들고 고수하여 감히 잃어버리지 않는다는 의미이다.

集註 回, 孔子弟子顔淵名. 拳拳, 奉持之貌. 服, 猶著也. 膺, 胸也. 奉持而著之心胸之間, 言能守也. 顔子蓋眞知之, 故能擇能守如此, 此行之所以無過不及, 而道之所以明也.

번역 ‘회(回)’는 공자의 제자인 안연의 이름이다. ‘권권(拳拳)’은 받들고 지니고 있는 모습이다. ‘복(服)’자는 “부착하다[著].”는 뜻이다. ‘응(膺)’자는 가슴[胸]을 뜻한다. 받들고 지녀서 마음에 붙여두니, 잘 지킨다는 의미이다. 안연은 참으로 이러한 것들을 알았기 때문에, 이처럼 중용을 택하여 잘 지킬 수 있었으니, 이것은 행동에 지나치거나 미치지 못함이 없어서 도가 드러나게 되는 이유이다.

集註 右第八章.

번역 여기까지는 제 8장이다.

그림 8-1 ▣ 안자(顔子)

像 子 顔

※ 출처: 『삼재도회(三才圖會)』「인물(人物)」 1권

• 제 9 장 •

【1666下】

子曰, "天下國家可均也, 爵祿可辭也, 白刃可蹈也, 中庸不可能也."

직역 子가 曰, "天下와 國家는 可히 均하며, 爵祿도 可히 辭하고, 白刃도 可히 蹈이나, 中庸은 能이 不可라."

의역 공자가 말하길, "천하와 제후국 및 경대부의 영지도 균평히 다스릴 수 있으며, 작위와 녹봉도 사양할 수 있고, 시퍼런 칼날도 밟을 수 있지만, 중용은 잘 할 수 없다."라고 했다.

鄭注 言中庸難爲之難.

번역 중용은 시행하기 어려운 것 중에서도 어렵다는 뜻이다.

釋文 蹈音悼, 又徒報反.

번역 '蹈'자의 음은 '悼(도)'이며, 또한 '徒(도)'자와 '報(보)'자의 반절음이다.

孔疏 ●"子曰: 天下國家可均也", "天下", 謂天子, "國", 謂諸侯, "家", 謂卿大夫也.

번역 ●經文: "子曰: 天下國家可均也". ○'천하(天下)'는 천자가 다스리는 영역을 뜻한다. '국(國)'은 제후가 다스리는 영역을 뜻한다. '가(家)'는 경과 대부가 다스리는 영역을 뜻한다.

孔疏 ●“白刃可蹈也”者, 言白刃雖利, 尙可履蹈而行之.

번역 ●經文: “白刃可蹈也”. ○시퍼런 칼날은 비록 날카롭더라도 오히려 밟고서 지나갈 수 있다는 뜻이다.

孔疏 ●“中庸不可能”也, 言在上諸事, 雖難猶可爲之, 唯中庸之道不可能也. 爲知者過之, 愚者不及, 言中庸難爲之難也.

번역 ●經文: “中庸不可能”. ○앞서 언급한 여러 사안들은 비록 어려운 일이지만 오히려 할 수 있다. 그러나 오직 중용의 도만은 잘 할 수 없다는 뜻이다. 지혜로운 자는 지나치고 어리석은 자는 미치지 못하기 때문이니, 중용은 시행하기 어려운 것 중에서도 어렵다는 의미이다.

集註 均, 平治也. 三者亦知仁勇之事, 天下之至難也, 然皆倚於一偏, 故資之近而力能勉者, 皆足以能之, 至於中庸, 雖若易能,[2] 然非義精仁熟, 而無一毫人欲之私者, 不能及也. 三者難而易, 中庸易而難, 此民之所以鮮能也.

번역 ‘균(均)’자는 균평하게 다스린다는 뜻이다. 세 가지 일들은 또한 지(知)・인(仁)・용(勇)에 해당하는 일이며, 천하에서 지극히 어려운 것들로 뽑힌다. 그러나 이 모두는 한쪽에 치우쳐 있기 때문에 부여받은 자질이 해당 사안과 가깝고 열심히 노력할 수 있는 자라면 모두 할 수 있다. 그러나 중용에 있어서는 비록 잘하기 쉬울 것 같지만, 의(義)와 인(仁)이 무르익어서 추호라도 인욕의 삿됨이 없는 자가 아니라면 미치지 못한다. 세 가지 사안

---

2) ‘然皆倚於一偏, …… 雖若易能’을 다른 판본에서는 “然不必其合於中庸, 則質之近似者皆能以力爲之. 若中庸, 則雖不必皆如三者之難.”이라고 기록하기도 한다. 즉 “그러나 중용에는 반드시 합치될 필요가 없으니, 자질이 그에 가까운 자들은 모두 노력하여 할 수 있다. 중용과 같은 것은 비록 모두 세 사안의 어려움과 같을 필요가 없다.”는 뜻이다.

들은 어려워 보이지만 실제로는 쉽고, 중용은 쉬워 보이지만 실제로는 어려우니, 이것이 백성들 중 잘 할 수 있는 자가 드문 이유이다.

集註 右第九章. 亦承上章以起下章.

번역 여기까지는 제 9장이다. 이 또한 앞장의 뜻을 이어서 뒷장의 뜻을 이끌어냈다.

제 10 장

【1667上】

子路問强.

직역 子路가 强을 問이라.

의역 자로가 강함에 대해 질문하였다.

鄭注 强, 勇者所好也.

번역 강함은 용맹한 자가 좋아하는 대상이다.

釋文 强, 其良反, 下同. 好, 呼報反.

번역 '强'자는 '其(기)'자와 '良(량)'자의 반절음이며, 아래문장에 나오는 글자도 그 음이 이와 같다. '好'자는 '呼(호)'자와 '報(보)'자의 반절음이다.

孔疏 ●"子路"至"哉矯". ○正義曰: 此一節明中庸之道, 亦兼中國之强. 子路聞孔子美顔回能擇"中庸", 言己有强, 故問之, 問强中亦兼有中庸否? 庾氏云: 問强中之中庸者. 然此問之, 亦如論語云"子謂顔淵曰: '用之則行, 舍之則藏, 唯我與爾有是夫!' 子路曰'子行三軍, 則誰與?'"之類, 是也.

번역 ●經文: "子路"~"哉矯". ○이곳 문단은 중용의 도는 또한 천하의 강함이라는 것도 포함하고 있음을 나타내고 있다. 공자는 안연이 중용을 잘 택할 수 있다고 칭찬했는데, 자로가 이 말을 듣고서, 자신에게는 강함이 있다고 여겼기 때문에 질문한 것이니, 강함 중에는 또한 중용도 포함되는 것이 아니냐고 물어본 것이다. 유울지[1]는 굳셈 중의 중용에 대해 물어본 것이라고 했다. 그러므로 이곳의 질문은 또한 『논어』에서 "공자가 안연에 대해 '써주면 시행하고 내버리면 숨는 것은 오직 나와 너만이 할 수 있을 것이다!'라고 말하자 자로가 '선생님께서 삼군을 호령하신다면 누구와 함께 하시겠습니까?'"[2]라고 했던 부류에 해당한다.

集註 子路, 孔子弟子仲由也. 子路好勇, 故問强.

번역 '자로(子路)'는 공자의 제자인 중유(仲由)를 뜻한다. 자로는 용맹함을 좋아했기 때문에 강함에 대해서 질문하였다.

---

1) 유울지(庾蔚之, ?~?) : =유씨(庾氏). 남조(南朝) 때 송(宋)나라 학자이다. 저서로는 『예기약해(禮記略解)』, 『예론초(禮論鈔)』, 『상복(喪服)』, 『상복세요(喪服世要)』, 『상복요기주(喪服要記注)』 등을 남겼다.
2) 『논어』「술이(述而)」: 子謂顏淵曰, "用之則行, 舍之則藏, 唯我與爾有是夫!" 子路曰, "子行三軍, 則誰與?" 子曰, "暴虎馮河, 死而無悔者, 吾不與也. 必也臨事而懼, 好謀而成者也."

그림 10-1 ▣ 자로(子路)

※ **출처**: 『성현상찬(聖賢像贊)』

【1667上】

子曰, "南方之强與? 北方之强與? 抑而强與?"

직역 子가 日, "南方의 强인가? 北方의 强인가? 抑이면 而의 强인가?"

의역 공자가 말하길, "남방의 강함을 말하는 것인가? 북방의 강함을 말하는 것인가? 아니면 네가 살고 있는 중원의 강함을 말하는 것인가?"라고 했다.

鄭注 言三者所以爲强者異也. 抑, 辭也. "而"之言"女"也, 謂中國也.

번역 세 가지가 강함으로 삼는 것이 다르다는 뜻이다. '억(抑)'자는 어조사이다. '이(而)'자는 너[女]라는 뜻이니, 중원[中國]을 의미한다.

釋文 女音汝, 下"抑女"同.

번역 '女'자의 음은 '汝(여)'이며, 아래문장에 나오는 '抑女'에서의 '女'자도 그 음이 이와 같다.

孔疏 ●"子曰: 南方之强與, 北方之强與, 抑而强與"者, 抑, 語助也, "而"之言"女"也; 女, 子路也. 夫子將答子路之問, 且先反問子路, 言强有多種, 女今所問, 問何者之强, 爲南方, 爲北方, 爲中國, 女所能之强也. 子路之强, 行中國之强也.

번역 ●經文: "子曰: 南方之强與, 北方之强與, 抑而强與". ○'억(抑)'자는 어조사이며, '이(而)'자는 너[女]라는 뜻이니, '여(女)'는 곧 자로를 의미한다. 공자는 자로의 질문에 대답하며, 우선적으로 자로에게 반문을 했던 것이니, 강함에는 여러 종류가 있는데, 네가 지금 질문한 것은 어떤 강함을 말하는 것이냐? 남방의 강함이 되느냐 북방의 강함이 되느냐 중원의 강함이 되느냐. 네가 잘할 수 있는 강함이냐. 자로의 강함은 곧 중원의 강함을 시행하는 것이다.

集註 抑, 語辭. 而, 汝也.

번역 '억(抑)'자는 어조사이다. '이(而)'자는 너[汝]를 뜻한다.

【1667上】

"寬柔以教, 不報無道, 南方之强也, 君子居之."

직역 "寬柔하여 教하고, 無道에 不報함은 南方의 强이니, 君子가 居라."

의역 공자가 계속하여 말하길, "관대함과 너그러움으로 가르치고, 무도한 자에게 보복하지 않는 것은 남방에서 강함으로 여기는 것이니, 군자가 머무는 곳이다."라고 했다.

鄭注 南方以舒緩爲强. "不報無道", 謂犯而不校也.

번역 남방에서는 관대하고 너그러운 것을 강함으로 삼는다. "무도함에 보답하지 않는다."는 말은 자신을 범하더라도 보복하지 않는다는 뜻이다.

釋文 校, 交孝反, 報也.

번역 '校'자는 '交(교)'자와 '孝(효)'자의 반절음이며, 보복한다는 뜻이다.

孔疏 ●"寬柔以教, 不報無道, 南方之强也, 君子居之"者, 反問旣竟, 夫子遂爲歷解之. 南方, 謂荊陽之南, 其地多陽. 陽氣舒散, 人情寬緩和柔, 假令人有無道加己, 己亦不報, 和柔爲君子之道, 故云"君子居之".

번역 ●經文: "寬柔以敎, 不報無道, 南方之强也, 君子居之". ○반문하는 것이 끝나자 공자는 결국 차례대로 열거하여 풀이를 해준 것이다. '남방(南方)'은 형주(荊州)와 양주(陽州) 남쪽을 뜻하는데, 그 지역은 대체로 양기가 많다. 양기는 펼쳐지니 사람의 정감도 관대하고 온화하게 되어 사람들로 하여금 무도한 자가 자신에게 해를 가함이 있더라도 본인은 또한 보복하지 않게끔 만드는 것으로, 온화함은 군자의 도가 된다. 그렇기 때문에 "군자가 머문다."라고 했다.

集註 寬柔以敎, 謂含容巽順以誨人之不及也. 不報無道, 謂橫逆之來, 直受之而不報也. 南方風氣柔弱, 故以含忍之力勝人爲强, 君子之道也.

번역 "관대함과 너그러움으로 가르친다."는 말은 관대함과 유순함을 통해 남의 미치지 못하는 점을 가르쳐준다는 뜻이다. "무도함에 보복하지 않는다."는 말은 잘못되고 거스르는 것이 오더라도 받기만 하고 보복하지 않는다는 뜻이다. 남방의 기풍은 부드럽기 때문에 포용하고 참는 힘이 남보다 뛰어난 것을 강함으로 삼으니, 군자의 도에 해당한다.

● 그림 10-2 ◼ 구주(九州)-『서』「우공(禹貢)」

※ 출처: 『흠정사고전서(欽定四庫全書)』「도서편(圖書編)」 31권

●그림 10-3 ▣ 구주(九州)-『주례』

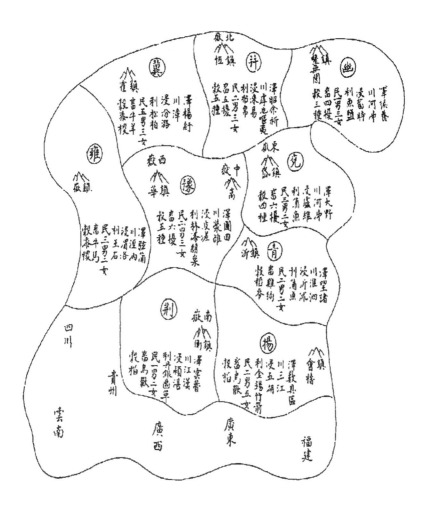

※ **출처**: 『주례도설(周禮圖說)』 상권

● 그림 10-4 ▣ 형주(荊州)

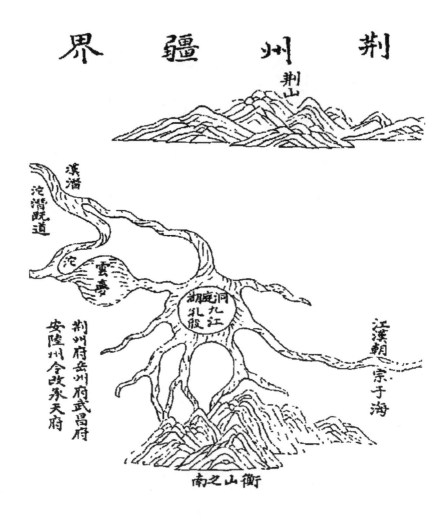

※ 출처:『흠정사고전서(欽定四庫全書)』「도서편(圖書編)」31권

그림 10-5 ▣ 양주(楊州)

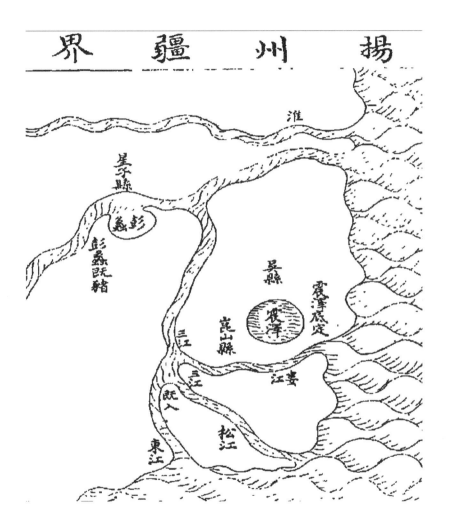

※ **출처:** 『흠정사고전서(欽定四庫全書)』「도서편(圖書編)」 31권

【1667上】

"衽金革, 死而不厭, 北方之强也, 而强者居之."

직역 "金革을 衽하여, 死하더라도 不厭함은 北方의 强이니, 强者가 居라."

의역 공자가 계속하여 말하길, "병기와 갑옷을 깔고 자며 죽더라도 꺼려하지 않는 것은 북방에서 강함으로 여기는 것이니, 용맹한 자가 머무는 곳이다."라고 했다.

鄭注 衽猶席也. 北方以剛猛爲强.

번역 '임(衽)'자는 "자리를 깔다[席]."는 뜻이다. 북방에서는 굳세고 용맹한 것을 강함으로 삼는다.

釋文 衽, 而忍反, 又而鴆反. 厭, 於艶反.

번역 '衽'자는 '而(이)'자와 '忍(인)'자의 반절음이며, 또한 '而(이)'자와 '鴆(짐)'자의 반절음도 된다. '厭'자는 '於(어)'자와 '艶(염)'자의 반절음이다.

孔疏 ●"衽金革, 死而不厭, 北方之强也, 而强者居之"者, 衽, 臥席也. 金革, 謂軍戎器械也. 北方, 沙漠之地, 其地多陰. 陰氣堅急, 故人生剛猛, 恒好鬪爭, 故以甲鎧爲席, 寢宿於中, 至死不厭, 非君子所處, 而强梁者居之. 然唯云南北, 不云東西者, 鄭沖云: "是必南北互擧, 蓋與東西俗同, 故不言也."

번역 ●經文: "衽金革, 死而不厭, 北方之强也, 而强者居之". ○'임(衽)'자는 누울 때 쓰는 자리를 뜻한다. '금혁(金革)'은 병장기들을 뜻한다. 북방은 사막(沙漠) 지대로, 그 지역은 대체로 음기가 많다. 음기는 굳세고 빠르기 때문에 사람들은 태어날 때부터 굳세고 용맹하여, 항상 다투기를 좋아한다. 그래서 갑옷을 자리로 삼고 그 위에서 잠을 자며, 죽게 되더라도 꺼려하지 않으니, 군자가 머무는 곳이 아니며 굳세고 노략질을 잘하는 자들이 머무는 곳이다. 그런데 오직 남방과 북방만 말하고 동방과 서방에 대해서 말을 하지 않았는데, 그 이유에 대해 정충3)은 "이곳에서는 기어코 남방과 북방을 상호 대비되도록 제시하였으니, 아마도 동방이나 서방의 풍속도 이와 같았을 것이기 때문에 언급하지 않았을 것이다."라고 했다.

集註 衽, 席也. 金, 戈兵之屬. 革, 甲冑之屬. 北方風氣剛勁, 故以果敢之力勝人爲强, 强者之事也.

번역 '임(衽)'자는 "자리를 깔다[席]."는 뜻이다. '금(金)'자는 창이나 칼과 같은 부류를 뜻한다. '혁(革)'자는 갑옷이나 투구와 같은 부류를 뜻한다. 북방의 기풍은 굳세고 강경하기 때문에 과감한 힘이 남보다 뛰어난 것을 강함으로 삼으니, 강한 자가 일삼는 것이다.

【1667上】

"故君子和而不流, 强哉矯; 中立而不倚, 强哉矯; 國有道, 不變塞焉, 强哉矯; 國無道, 至死不變, 强哉矯."

직역 "故로 君子는 和하되 不流하니, 强이로다 矯함이여; 中立하여 不倚하니, 强이라도 矯함이여; 國에 道가 有하면, 塞을 不變하니, 强이로다 矯함이여; 國에 道가 無하면, 死에 至라도 不變하니, 强이로다 矯함이여."

의역 공자가 계속하여 말하길, "그러므로 군자는 조화를 이루되 다른 곳으로 빠지지 않으니, 굳세구나, 강함이여. 중립을 지키며 기울지 않으니, 굳세구나, 강함이여. 나라에 도가 있을 때에는 충만한 덕행을 변치 않으니, 굳세구나, 강함이여.

---

3) 정충(鄭沖, ?~A.D.274) : 서진(西晉) 때의 학자이다. 자(字)는 문화(文和)이고, 시호(諡號)는 성(成)이다. 저서로는 『논어집해(論語集解)』 등이 있다.

나라에 도가 없을 때에는 죽게 되더라도 변하지 않으니, 굳세구나, 강함이여."라고
했다.

鄭注 此抑女之强也. 流, 猶移也. 塞, 猶實也. 國有道, 不變以趨時. 國無道,
不變以辟害. 有道·無道一也. 矯, 强貌. 塞, 或爲"色".

번역 이것은 바로 중원의 강함을 뜻한다. '유(流)'자는 "옮기다[移]."는
뜻이다. '색(塞)'자는 "충만하다[實]."는 뜻이다. 나라에 도가 있을 때에는
시류에 따라 변하지 않는다. 도가 있거나 없어도 동일하게 따른다. '교(矯)'
자는 굳센 모습을 뜻한다. '색(塞)'자를 다른 판본에서는 '색(色)'자로 기록
하기도 한다.

釋文 矯, 居表反, 下同. 倚, 依彼反, 徐其蟻反.

번역 '矯'자는 '居(거)'자와 '表(표)'자의 반절음이며, 아래문장에 나오는
글자도 그 음이 이와 같다. '倚'자는 '依(의)'자와 '彼(피)'자의 반절음이며,
서음(徐音)은 '其(기)'자와 '蟻(의)'자의 반절음이다.

孔疏 ●"故君子和而不流, 强哉矯", 此以下, 皆述中國之强也. 流, 移也.
矯亦强貌也. 不爲南北之强, 故性行和合而不流移, 心行强哉, 形貌矯然.

번역 ●經文: "故君子和而不流, 强哉矯". ○이곳 구문으로부터 그 이하
의 내용들은 모두 중원의 강함에 대해서 조술한 것이다. '유(流)'자는 "옮기
다[移]."는 뜻이다. '교(矯)'자 또한 굳센 모습을 뜻한다. 남방이나 북방의
강함이 아니기 때문에, 본성에 따른 행실이 조화롭고 방탕하게 흐르지 않
으니, 마음에 따른 행실이 굳센 것이고, 그 모습 또한 굳건한 것이다.

孔疏 ●"中立而不倚, 强哉矯"者, 中正獨立而不偏倚, 志意强哉, 形貌矯然.

번역 ●經文: "中立而不倚, 强哉矯". ○알맞고 바르게 하여 홀로 서 있으

며 치우치거나 기울지 않으니, 뜻이 굳센 것이고, 그 모습 또한 굳건한 것이다.

孔疏 ●"國有道, 不變塞焉, 强哉矯"者, 若國有道, 守直不變, 德行充實, 志意强哉, 形貌矯然.

번역 ●經文: "國有道, 不變塞焉, 强哉矯". ○만약 나라에 도가 있으면 곧음을 지키며 변치 않고 덕행이 충만하니, 뜻이 굳센 것이고, 그 모습 또한 굳건한 것이다.

孔疏 ●"國無道, 至死不變, 强哉矯"者, 若國之無道, 守善至死, 性不改變, 志意强哉, 形貌矯然.

번역 ●經文: "國無道, 至死不變, 强哉矯". ○만약 나라에 도가 없으면 선을 지키다가 죽게 되더라도 본성에 따른 것을 바꾸지 않으니, 뜻이 굳센 것이며, 그 모습 또한 굳건한 것이다.

孔疏 ◎注"此抑"至"强貌". ○正義曰: "此抑女之强也", 何以知之? 上文既說三種之强, 又見南方之强, 又見北方之强, 唯"抑而之强"未見, 故知此經所云者, 是"抑女之强也". 云"流, 移也"者, 以其性和同, 必流移隨物, 合和而不移, 亦中庸之德也. 云"國有道, 不變以趨時"者, 國雖有道, 不能隨逐物以求榮利. 今不改變己志, 以趨會於時也. 云"矯, 强貌"者, 矯是壯大之形, 故云"强貌"也.

번역 ◎鄭注: "此抑"~"强貌". ○정현이 "이것은 바로 중원의 강함을 뜻한다."라고 했는데, 어떻게 이러한 사실을 알 수 있는가? 앞 문장에서는 이미 세 종류의 강함에 대해서 설명하였고, 또 남방의 강함을 드러내고 또 북방의 강함을 드러냈으니, 오직 "아니면 너의 강함이냐."라고 한 말에 대해서만 그 설명이 나타나지 않는다. 그렇기 때문에 이곳 경문에서 언급한 내용이 "아니면 너의 강함이냐."라고 한 말에 해당함을 알 수 있다. 정현이 "'유(流)'자는 '옮기다[移].'는 뜻이다."라고 했는데, 본성이 온화하고 남과 동화되기를 바라면 반드시 방탕하게 흘러서 외부 대상을 따르게 되는데, 화합하면서도 옮기지 않으니 이것은 또한 중용의 덕에 해당한다. 정현이 "나라에 도가 있을 때에는 시류에 따라 변하지 않는다."라고 했는데, 나라에 비록 도가 있더라도 외부 대상에 따라서 영리를 추구하지 않는다. 현재 자신의 뜻을 바꿔서 시류에 편승하는 것을 따르지 않는다. 정현이 "'교(矯)'자는 굳센 모습을 뜻한다."라고 했는데, '교(矯)'는 장대한 모습을 뜻한다. 그렇기 때문에 "굳센 모습이다."라고 했다.

集註 此四者, 汝之所當强也. 矯, 强貌. 詩曰矯矯虎臣, 是也. 倚, 偏著也. 塞, 未達也. 國有道, 不變未達之所守; 國無道, 不變平生之所守也. 此則所謂中庸之不可能者, 非有以自勝其人欲之私, 不能擇而守也. 君子之强, 孰大於是? 夫子以是告子路者, 所以抑其血氣之剛, 而進之以德義之勇也.

번역 이 네 가지는 네가 마땅히 강함으로 삼아야 할 대상이다. '교(矯)'자는 굳센 모습을 뜻한다. 『시』에서 "굳세고 굳센 용맹한 신하여."[4]라고 한 말이 이러한 사실을 나타낸다. '의(倚)'자는 치우치고 편승한다는 뜻이다. '색(塞)'자는 아직 영달하지 못하다는 뜻이다. 나라에 도가 있다면 영달하지 못했을 때 지키던 것을 바꾸지 않고, 나라에 도가 없다면 평소에 지키던 것을 바꾸지 않는다. 이것은 곧 "중용은 잘 할 수 없다."는 뜻으로, 스스로 인욕의 삿됨을 이겨내지 못한다면 그것을 고집하여 지킬 수 없다. 군자의 강함이란 무엇이 이보다 크겠는가? 공자가 이러한 사실을 자로에게 알려주었던 것은 혈기의 굳셈을 억눌러서 덕과 의(義)에 따른 용맹함으로 나아가게끔 한 것이다.

集註 右第十章.

번역 여기까지는 제 10장이다.

---

4) 『시』「노송(魯頌)·반수(泮水)」: 明明魯侯, 克明其德. 旣作泮宮, 淮夷攸服. 矯矯虎臣, 在泮獻馘. 淑問如皐陶, 在泮獻囚.

제 11 장

【1668上~下】

子曰, “素隱行怪, 後世有述焉, 吾弗爲之矣.”

직역 子가 曰, “隱을 素하고 怪를 行함을 後世에는 述이 有이나, 吾는 之를 爲함을 弗이라.”

의역 공자가 말하길, “숨기는 쪽으로 자신을 향해야 하는데, 교묘한 짓을 벌여서 후세에 명성을 남긴다 하더라도 나는 그러한 짓을 하지 않겠다.”라고 했다.

鄭注 “素”讀如攻城攻其所儦之“儦”, 儦, 猶鄕也. 言方鄕辟害隱身, 而行詭譎以作後世名也. “弗爲之矣”, 恥之也.

번역 ‘소(素)’자는 “성을 공경할 때에는 향하는 쪽을 공경한다.”라고 했을 때의 ‘소(儦)’자처럼 해석하니, ‘소(儦)’자는 “향한다[鄕].”는 뜻이다. 즉 해악을 피해 자신을 숨기는 쪽으로 향해야 하는데, 교묘하고 간사한 짓을 벌여서 후세에 명성을 남긴다는 뜻이다. “그것을 시행함을 하지 않는다.”는 말은 부끄럽게 여겼기 때문이다.

釋文 儦音素. 鄕, 本又作“嚮”, 許亮反, 下皆同. 傀, 久委反, 下同. 譎音決.

번역 ‘儦’자의 음은 ‘素(소)’이다. ‘鄕’자는 판본에 따라서 또한 ‘嚮’자로도 기록하는데, ‘許(허)’자와 ‘亮(량)’자의 반절음이며, 아래문장에 나오는 글자는 모두 그 음이 이와 같다. ‘傀’자는 ‘久(구)’자와 ‘委(위)’자의 반절음이며, 아래문장에 나오는 글자도 그 음이 이와 같다. ‘譎’자의 음은 ‘決(결)’이다.

孔疏 ●"子曰"至"天地". ○正義曰: 此一節論夫子雖隱遯之世, 亦行中庸. 又明中庸之道, 初則起於匹夫匹婦, 終則徧於天地.

번역 ●經文: "子曰"~"天地". ○이곳 문단은 공자가 비록 은둔해야 할 세상이라도 중용을 시행해야 함을 논의하고 있다. 또 중용의 도는 처음에는 부부 사이에서 비롯되어 끝내 천지에 가득 차게 됨을 나타내고 있다.

孔疏 ●"素隱行怪, 後世有述焉"者, 素, 鄉也. 謂無道之世, 身鄉幽隱之處, 應須靜默. 若行怪異之事, 求立功名, 使後世有所述焉.

번역 ●經文: "素隱行怪, 後世有述焉". ○'소(素)'자는 "향한다[鄕]."는 뜻이다. 무도한 세상이라면, 본인은 숨을 수 있는 곳을 향하여 마땅히 묵묵히 기다려야 한다는 뜻이다. 괴이한 짓을 벌이는 것은 공명을 세워 후세 사람들로 하여금 자신을 조술하도록 원하는 것이다.

孔疏 ●"吾弗爲之矣"者, 恥之也. 如此之事, 我不能爲之, 以其身雖隱遯而名欲彰也.

번역 ●經文: "吾弗爲之矣". ○부끄럽게 여기기 때문이다. 이와 같은 일들을 나는 할 수 없으니, 몸은 비록 은둔해 있는데, 명성이 드러나기를 구하기 때문이다.

孔疏 ◎注"素讀如攻城攻其所傃之傃". ○正義曰: 司馬法文. 言身隱而行佹譎, 以作後世之名, 若許由洗耳之屬, 是也.

번역 ◎鄭注: "素讀如攻城攻其所傃之傃". ○『사마법』의 문장이다. 즉 몸을 숨기고 있으면서도 교묘하고 간사한 짓을 벌여서 후세에 명성을 남기고자 하니, 마치 허유가 귀를 씻었던 부류가 이러한 경우에 해당한다.

集註 素, 按漢書當作索, 蓋字之誤也. 索隱行怪, 言深求隱僻之理, 而過爲
詭異之行也. 然以其足以欺世而盜名, 故後世或有稱述之者. 此知之過而不擇
乎善, 行之過而不用其中, 不當强而强者也, 聖人豈爲之哉!

번역 '소(素)'자에 대해 『한서』를 살펴보니 마땅히 '색(索)'자로 기록해
야 하며,[1] 자형이 비슷해서 생긴 오류일 것이다. '색은행괴(索隱行怪)'는
은둔하는 이치를 깊이 찾고 괴이한 행실을 지나치게 함을 뜻한다. 그런데
이것은 세상을 기만하고 명성을 훔치기에 충분하기 때문에 후세에는 간혹
그를 칭찬하며 조술하는 자가 있다. 이것은 지혜가 지나쳐서 선을 택하지
못하고 행실이 지나쳐서 중(中)에 따르지 못한 것이니, 마땅히 강하게 하지
않아야 하는데도 강하게 하는 자인데, 성인이 어찌 이러한 일을 하겠는가!

참고 구문비교

출　　처	내　　용
『禮記』「中庸」	子曰,　素隱行怪, 後世有述焉, 吾弗爲之矣.
『漢書』「藝文志」	孔子曰, 索隱行怪, 後世有述焉, 吾不爲之矣.

【1668下】

"君子遵道而行, 半塗而廢, 吾弗能已矣."

직역 "君子가 道를 遵하여 行하다가, 半塗에서 廢함을 吾는 已를 能함을 弗이
라."

---

1) 『한서(漢書)』「예문지(藝文志)」 : 神僊者, 所以保性命之眞, 而游求於其外者也.
聊以盪意平心, 同死生之域, 而無怵惕於胸中. 然而或者專以爲務, 則誕欺怪迂
之文彌以益多, 非聖王之所以敎也. 孔子曰, "索隱行怪, 後世有述焉, 吾不爲之
矣."

의역 공자가 계속하여 말하길, "군자라는 사람이 도를 준수하여 행동하다가 중도에서 그만두니, 나는 그만두기를 할 수 없다."라고 했다.

鄭注 廢, 猶罷止也. "弗能已矣", 汲汲行道, 而不爲時人之隱行.

번역 '폐(廢)'자는 멈춘다는 뜻이다. "그만두기를 할 수 없다."는 말은 도를 시행하는데 급급하며, 당시 사람들이 숨어서 행동했던 것을 따르지 않는다는 뜻이다.

釋文 汲音急. 隱行, 下孟反.

번역 '汲'자의 음은 '急(급)'이다. '隱行'에서의 '行'자는 '下(하)'자와 '孟(맹)'자의 반절음이다.

孔疏 ●"君子遵道而行, 半塗而廢"者, 言君子之人, 初旣遵循道德而行, 當須行之終竟. 今不能終竟, 猶如人行於道路, 半塗而自休廢. 廢, 猶罷止也.

번역 ●經文: "君子遵道而行, 半塗而廢". ○군자라는 사람이 초반에 도를 준수하며 행동하는데, 마땅히 그 행실을 끝까지 유지해야만 한다. 그런데 현재 끝까지 유지하지 못하니, 이것은 마치 사람이 길을 갈 때 중도에서 스스로 휴식을 취하며 그만두는 경우와 같다는 의미이다. '폐(廢)'자는 멈춘다는 뜻이다.

孔疏 ●"吾弗能已矣", 已, 猶止也. 吾弗能如時人半塗而休止, 言汲汲行道無休已也.

번역 ●經文: "吾弗能已矣". ○'이(已)'자는 "그치다[止]."는 뜻이다. 나는 당시 사람들처럼 중도에 그치기를 할 수 없으니, 급급히 도를 시행하여 그침이 없다는 뜻이다.

孔疏 ◎注"不爲時人之隱行". ○正義曰: 謂作佹譎求名是也. 君子以隱終始, 行道不能止也.

번역 ◎鄭注: "不爲時人之隱行". ○교묘하고 간사한 짓을 벌여서 명성을 구한다는 뜻이다. 군자는 처음부터 끝까지 은둔하더라도 도를 시행하는 것에 대해서는 그쳐서는 안 된다.

集註 遵道而行, 則能擇乎善矣; 半塗而廢, 則力之不足也. 此其知雖足以及之, 而行有不逮, 當强而不强者也. 已, 止也. 聖人於此, 非勉焉而不敢廢, 蓋至誠無息, 自有所不能止也.

번역 도를 따라 시행한다면 선을 택할 수 있는 것이며, 중도에 폐지한다면 힘이 부족한 것이다. 이것은 지혜가 비록 미치기에 충분하더라도 행실에 미치지 못하는 점이 있다는 뜻으로, 마땅히 강하게 해야 하는데도 강하게 하지 않는 자이다. '이(已)'자는 "그치다[止]."는 뜻이다. 성인은 이러한 것들에 대해 억지로 힘써서 감히 폐지하지 않는 것이 아니니, 지극히 성실하여 그침이 없어서, 스스로 그만둘 수 없는 것이다.

【1668下~1669上】

"君子依乎中庸, 遯世不見知而不悔, 唯聖者能之."

직역 "君子는 中庸에 依하며, 世를 遯하여 知를 不見이라도 不悔하니, 唯히 聖者라야 之를 能하다."

의역 공자가 계속하여 말하길, "군자는 중용의 덕에 따라 행동하며, 세상을 피하여 남들이 알아주지 않아도 후회하지 않아야 하니, 오직 순임금과 같은 성인만이 이처럼 할 수 있다."라고 했다.

鄭注 言隱者當如此也. 唯舜爲能如此.

번역 은둔하는 자는 마땅히 이처럼 해야 한다는 뜻이다. 오직 순임금만 이 이처럼 할 수 있었다.

釋文 遯, 本又作"遁", 同徒頓反.

번역 '遯'자는 판본에 따라서 또한 '遁'자로도 기록하는데, 두 글자는 모두 '徒(도)'자와 '頓(돈)'자의 반절음이다.

孔疏 ●"君子"至"能之". ○言君子依行中庸之德, 若値時無道隱遯於世, 雖有才德, 不爲時人所知, 而無悔恨之心, 如此者非凡人所能, 唯聖者能然. 若不能依行中庸者, 雖隱遯於世, 不爲人所知, 則有悔恨之心也.

번역 ●經文: "君子"~"能之". ○군자는 중용의 덕에 따라 행동하니, 만약 무도한 시기에 처하여 세상을 등지고 숨게 된다면 비록 재주와 덕이 있더라도 당시 사람들에게 인정을 받지 못해도 후회하는 마음이 없으니, 이처럼 할 수 있는 것은 일반인들이 할 수 있는 대상이 아니며, 오직 성인만이 이처럼 할 수 있다. 만약 중용의 덕에 따라 시행할 수 없는 자라면, 비록 세상을 피해 은둔하더라도 사람들에게 인정을 받지 못한다면, 후회하는 마음이 생긴다.

孔疏 ◎注"唯舜爲能如此". ○正義曰: 知者, 史記云: "舜耕於歷山, 漁於雷澤, 陶於河濱." 是不見知而不悔.

번역 ◎鄭注: "唯舜爲能如此". ○이 말이 사실임을 알 수 있는 이유는 『사기』에서 "순임금은 역산에서 농사를 지었고, 뇌택에서 물고기를 잡았으며, 황하의 강변에서 질그릇을 구웠다."[2]라고 했으니, 이것은 남들이 알아

---

2) 『사기(史記)』「오제본기(五帝本紀)」: 舜耕歷山, 漁雷澤, 陶河濱, 作什器於壽丘, 就時於負夏.

주지 않아도 후회하지 않음에 해당한다.

集註 不爲索隱行怪, 則依乎中庸而已. 不能半塗而廢, 是以遯世不見知而不悔也. 此中庸之成德, 知之盡·仁之至, 不賴勇而裕如者, 正吾夫子之事, 而猶不自居也. 故曰唯聖者能之而已.

번역 은둔할 곳을 찾고 괴이한 짓을 하지 않는다면 중용에 따를 뿐이다. 중도에 폐지할 수 없으니, 이러한 까닭으로 세상을 피해 은둔하여 남들이 알아주지 않아도 후회하지 않는다. 이것은 중용의 융성한 덕으로, 지혜가 지극하고 인자함이 지극하여, 용맹함에 힘입지 않더라도 충분한 자로, 바로 공자가 시행한 일에 해당하지만 오히려 스스로 자처하지 않았다. 그렇기 때문에 "오직 성인만이 할 수 있다."라고 말한 것일 뿐이다.

集註 右第十一章. 子思所引夫子之言, 以明首章之義者止此. 蓋此篇大旨, 以知仁勇三達德爲入道之門. 故於篇首, 卽以大舜·顔淵·子路之事明之. 舜, 知也; 顔淵, 仁也; 子路, 勇也: 三者廢其一, 則無以造道而成德矣. 餘見第二十章.

번역 여기까지는 제 11장이다. 자사가 공자의 말을 인용하여, 첫 장의 뜻을 나타내었는데 그 내용이 여기에서 그친다. 「중용」편의 큰 뜻은 지(知)·인(仁)·용(勇)이라는 삼달덕(三達德)을 도로 들어가는 문으로 삼은 것이다. 그렇기 때문에 「중용」편의 첫 부분에서는 순임금·안연·자로에 대한 일화로 그 사안을 나타내었다. 순임금은 지(知)에 해당하고, 안연은 인(仁)에 해당하며, 자로는 용(勇)에 해당한다. 세 가지 것들 중 하나라도 폐지한다면 도로 나아가 덕을 이룰 수 없다. 나머지는 제 20장에 나온다.

그림 11-1 ◼ 역산왕전도(歷山往田圖)

※ 출처:『흠정서경도설(欽定書經圖說)』3권「역산왕전도(歷山往田圖)」

제 12 장

【1669上】

"君子之道, 費而隱."

직역 "君子의 道는 費하면 隱하다."

의역 공자가 계속하여 말하길, "군자의 도는 세상의 도가 어긋났다면 은둔하는 것이다."라고 했다.

鄭注 言可隱之節也. 費, 猶俉也. 道不費則仕.

번역 은둔할 수 있는 절도를 뜻한다. '비(費)'자는 "어그러지다[俉]."는 뜻이다. 도가 어긋나지 않았다면 벼슬을 한다.

釋文 費, 本又作"拂", 同扶弗反, 徐音弗, 注同.

번역 '費'자는 판본에 따라서 또한 '拂'자로도 기록하는데, 두 글자 모두 '扶(부)'자와 '弗(불)'자의 반절음이며, 서음(徐音)은 '弗(불)'이고, 정현의 주에 나오는 글자도 그 음이 이와 같다.

孔疏 ●"君子之道, 費而隱", ◎注云: "言可隱之節. 費, 猶俉也" 言君子之人, 遭値亂世, 道德違費則隱而不仕. 若道之不費, 則當仕也.

번역 ●經文: "君子之道, 費而隱", ◎鄭注: "言可隱之節. 費, 猶俉也". ○군자가 난세를 접하여 세상의 도덕이 어긋났다면 은둔하며 벼슬하지 않는다. 만약 도가 어긋나지 않았다면 마땅히 벼슬을 해야 한다.

集註 費, 用之廣也. 隱, 體之微也.

번역 '비(費)'자는 작용이 광대하다는 뜻이다. '은(隱)'자는 본체가 은미하다는 뜻이다.

【1669上】

"夫婦之愚, 可以與知焉, 及其至也, 雖聖人亦有所不知焉. 夫婦之不肖, 可以能行焉, 及其至也, 雖聖人亦有所不能焉."

직역 "夫婦의 愚라도, 與하여 知함이 可이나, 그 至에 及해서는 雖히 聖人이라도 亦히 不知한 所가 有하다. 夫婦의 不肖라도, 能히 行함이 可이나, 그 至에 及해서는 雖히 聖人이라도 亦히 不能한 所가 有하다."

의역 공자가 계속하여 말하길, "평범한 남자나 여자처럼 어리석은 자라도 참여하여 알 수 있는데, 그 지극함에 있어서는 비록 성인이라 하더라도 또한 알지 못하는 점이 있다. 평범한 남자나 여자처럼 불초한 자라도 시행할 수 있는데, 그 지극함에 있어서는 비록 성인이라 하더라도 또한 잘하지 못하는 점이 있다."라고 했다.

鄭注 "與"讀爲贊者皆與之"與". 言匹夫匹婦愚耳, 亦可以其與有所知, 可以其能有所行者. 以其知行之極也, 聖人有不能如此. 舜好察邇言, 由此故與.

번역 '여(與)'자는 "도와주는 자가 모두 참여한다."라고 했을 때의 '여(與)'자처럼 해석한다. 즉 평범한 남자와 여자는 어리석을 따름인데도 또한 참여하여 알 수 있는 점이 있을 수 있고, 그 능력에 시행할 수 있는 것이 있을 수 있다. 지혜와 행실의 지극함에 대해서는 성인도 이처럼 잘하지 못하는 점이 있다. 순임금이 천근한 말이라도 살피기를 좋아했던 것은 이와 같은 이유 때문일 것이다.

釋文 以與音預, 注"皆與之與"·"以其與"同. 好, 呼報反. 故與音餘.

번역 '以與'에서의 '與'자는 그 음이 '預(예)'이며, 정현의 주에 나오는 '皆與之與'와 '以其與'에서의 '與'자도 그 음이 이와 같다. '好'자는 '呼(호)'자와 '報(보)'자의 반절음이다. '故與'에서의 '與'자는 그 음이 '餘(여)'이다.

孔疏 ●"夫婦之愚, 可以與知焉", 言天下之事, 千端萬緒, 或細小之事, 雖夫婦之愚, 偶然與知其善惡, 若蒭蕘之言有可聽用, 故云"與知".

번역 ●經文: "夫婦之愚, 可以與知焉". ○천하의 일들은 수많은 단서가 있으니 간혹 미미하고 작은 일에 대해서 비록 평범한 남녀처럼 어리석은 자일지라도 우연히 그것에 대해 선악을 판별할 수 있으니, 초목을 베는 자의 말이라도 듣고서 쓸 만한 것들이 있다. 그렇기 때문에 "참여하여 안다."라고 했다.

孔疏 ●"及其至也, 雖聖人亦有所不知焉"者, 言道之至極, 如造化之理, 雖聖人不知其所由, 故云"及其至也, 雖聖人亦有所不知焉".

번역 ●經文: "及其至也, 雖聖人亦有所不知焉". ○도의 지극함 즉 조화로운 이치와 같은 것들은 비록 성인일지라도 그 연유를 알지 못한다. 그렇기 때문에 "그 지극함에 대해서는 비록 성인이라 하더라도 또한 알지 못하는 점이 있다."라고 했다.

孔疏 ●"夫婦之不肖, 可以能行焉", 以行之至極故也. 前文據其知, 此文據其行, 以其知·行有異, 故別起其文. 但知之易, 行之難. 知之易[1], 故上文云"夫婦之愚". 行之難, 故此經云"夫婦之不肖". 不肖勝於愚也.

---

1) '지지이(知之易)'에 대하여. 이 세 글자는 본래 없던 글자인데, 완원(阮元)의 『교감기(校勘記)』에서는 "혜동(惠棟)의 『교송본(校宋本)』에는 '행지난(行之難)'자 뒤에 '지지이'라는 세 글자가 기록되어 있다. 따라서 이곳 판본에는 이 세 글자가 누락된 것이다."라고 했다.

번역 ●經文: "夫婦之不肖, 可以能行焉". ○행실의 지극함이기 때문이다. 앞에서는 그 지혜를 기준으로 말한 것이고, 이곳 문장은 행실의 어려움을 제시하였는데, 지혜와 행실에는 차이점이 있기 때문에 그 문장을 별도로 기록한 것이다. 다만 지혜는 상대적으로 갖추기가 쉽지만 행실은 어렵다. 지혜는 갖추기가 쉽기 때문에 '평범한 남자와 여자 중의 어리석은 자'라고 말한 것이다. 반면 행실은 어렵기 때문에 이곳 경문에서는 '평범한 남자와 여자 중의 불초한 자'라고 말한 것이다. 즉 불초한 자가 어리석은 자보다 낫다.

孔疏 ●"及其至也, 雖聖人亦有所不能焉"者, 知之與行之皆是至極, 旣是至極, 故聖人有不能也.

번역 ●經文: "及其至也, 雖聖人亦有所不能焉". ○지혜와 행실이 모두 지극한 것인데, 지극한 것이기 때문에 성인도 잘하지 못하는 점이 있다.

孔疏 ◎注"與讀爲贊者皆與之與". ○正義曰: 士冠禮云"其饗冠者, 贊者皆與", 謂于與也. 云"舜好察邇言, 由此故與"者, 卽愚夫愚婦有所識知故也. 與, 語助也.

번역 ◎鄭注: "與讀爲贊者皆與之與". ○『의례』「사관례(士冠禮)」편에서는 "관례를 치른 자에게 연회를 베풀 때에는 참여하여 도왔던 자들도 모두 참여한다."[2]라고 했으니, 참여한다는 의미이다. 정현이 "순임금이 천근한 말이라도 살피기를 좋아했던 것은 이와 같은 이유 때문일 것이다."라고 했는데, 어리석은 남자나 여자라도 알고 있는 점이 있기 때문이다. '여(與)'자는 어조사이다.

集註 君子之道, 近自夫婦居室之間, 遠而至於聖人天地之所不能盡, 其大

---

2) 『의례』「사관례(士冠禮)」: 乃醴賓以壹獻之禮. 主人酬賓, 束帛·儷皮. 贊者皆與. 贊冠者爲介.

無外, 其小無內, 可謂費矣. 然其理之所以然, 則隱而莫之見也. 蓋可知可能者, 道中之一事, 及其至而聖人不知不能, 則擧全體而言, 聖人固有所不能盡也. 侯氏曰, "聖人所不知, 如孔子問禮問官之類; 所不能, 如孔子不得位·堯舜病博施之類."

번역 군자의 도는 비근하게는 부부가 집에 거처하는 사이로부터 원대하게는 성인과 천지가 다할 수 없는 점에 이르니, 그 큼에는 밖이 없고 그 미세함에는 안이 없어서, 비(費)라고 평할 수 있다. 그러나 이치의 그러한 까닭은 은미하여 드러나지 않는다. 알 수 있고 할 수 있는 것은 도(道) 중에서도 한 가지 사안이며, 지극함에 있어서는 성인도 알지 못하고 할 수 없는 것이 있으니, 그 전체를 들어서 말한 것으로, 성인이라도 진실로 다할 수 없는 점이 있다. 후씨3)는 "성인도 알지 못한다는 것은 공자가 예에 대해서 묻고 관직에 대해서 물었던 부류와 같고, 하지 못한다는 것은 공자가 지위를 얻지 못하고 요임금과 순임금이 널리 베풀지 못함을 근심하였던 부류와 같다."라고 했다.

---

3) 후중량(侯仲良, ?~?) : =하동후씨(河東侯氏)·후씨(侯氏). 북송(北宋) 때의 학자이다. 자(字)는 사성(師聖)·성희(希聖)이고, 호(號)는 형문(荊門)이다. 저서로는 『논어설(論語說)』·『후자아언(侯子雅言)』 등이 있다.

● 그림 12-1 ▣ 제요(帝堯) 도당씨(陶唐氏)

※ 출처: 『삼재도회(三才圖會)』「인물(人物)」 1권

【1669上】

"天地之大也, 人猶有所憾."

직역 "天地의 大함에, 人은 猶히 憾한 所가 有하다."

의역 공자가 계속하여 말하길, "천지는 지극히 큰데도 사람들은 오히려 원망하는 마음이 있다."라고 했다.

郑注 憾, 恨也. 天地至大, 無不覆載, 人尙有所恨焉, 況於聖人能盡備之乎?

번역 '감(憾)'자는 "원망하다[恨]."는 뜻이다. 천지는 지극히 커서 덮어주거나 실어주지 않음이 없는데, 사람들은 오히려 원망하는 마음을 품으니, 하물며 성인이 모두 갖출 수 있었겠는가?

釋文 憾, 本又作"感", 胡暗反, 注同.

번역 '憾'자는 판본에 따라서 또한 '感'자로도 기록하니, '胡(호)'자와 '暗(암)'자의 반절음이며, 정현의 주에 나오는 글자도 그 음이 이와 같다.

孔疏 ●"天地之大也, 人猶有所憾"者, 憾, 恨也. 言天地至大, 無物不養, 無物不覆載, 如冬寒夏暑, 人猶有怨恨之, 猶如聖人之德, 無善不包, 人猶怨之, 是不可備也. 中庸之道, 於理爲難, 大小兼包, 始可以備也.

번역 ●經文: "天地之大也, 人猶有所憾". ○'감(憾)'자는 "원망하다[恨]."는 뜻이다. 즉 천지는 지극히 커서 사물을 길러주지 않는 경우가 없고 사물을 덮어주거나 실어주지 않는 경우가 없는데, 겨울의 추위나 여름의 더위에 대해서는 사람들이 오히려 원망하는 마음을 품는다. 이것은 마치 성인의 덕에 있어서 선을 포함하지 않음이 없는데도 사람들은 오히려 원망하는 것과 같으니, 이것이 갖출 수 없었던 이유이다. 중용의 도는 이치상 어려워서 크고 작음을 모두 포함하고 있어야만 비로소 갖출 수 있다.

集註 愚謂: 人所憾於天地, 如覆載生成之偏, 及寒暑災祥之不得其正者.

번역 내가 생각하기에, 사람이 천지에 대해 원망을 하는 것은 덮어주고 실어주며 태어나게 하고 완성시켜줌에 있어서 나타나는 편벽됨이나 추위와 더위 및 재앙과 상서로움이 바름을 얻지 못한 것을 뜻한다.

"故君子語大, 天下莫能載焉; 語小, 天下莫能破焉."

직역　"故로 君子가 大를 語하면, 天下는 能히 載함을 莫하고; 小를 語하면, 天下는 能히 破함을 莫한다."

의역　공자가 계속하여 말하길, "그러므로 군자가 선왕의 도를 설명하면, 천하 사람들은 그것을 싣지 못하고, 평범한 남녀가 알거나 행할 수 있는 것들을 설명하면, 천하 사람들은 깨뜨리지 못한다."라고 했다.

鄭注　語猶說也. 所說大事, 謂先王之道也. 所說小事, 謂若愚·不肖夫婦之知行也. 聖人盡兼行.

번역　'어(語)'자는 "설명하다[說]."는 뜻이다. 설명한 것이 큰 사안이라는 것은 선왕의 도를 뜻한다. 설명한 것이 작은 사안이라는 것은 어리석거나 불초한 남녀라도 알거나 행할 수 있는 것들을 뜻한다. 성인은 모두 겸하여 시행한다.

孔疏　●"故君子語大, 天下莫能載焉"者, 語, 說也; 大, 謂先王之道. 言君子語說先王之道, 其事旣大, 天下之人無能勝載之者.

번역　●經文: "故君子語大, 天下莫能載焉". ○'어(語)'자는 "설명하다[說]."는 뜻이다. '대(大)'자는 선왕의 도를 뜻한다. 즉 군자가 선왕의 도를 설명하게 되면, 그 사안이 거대하므로 천하 사람들 중에는 그것을 짊어질 수 있는 자가 없다는 뜻이다.

孔疏 ●“語小, 天下莫能破焉”者, 若說細碎小事, 謂愚不肖, 事旣纖細, 天下之人無能分破之者. 言事似秋毫, 不可分破也.

번역 ●經文: “語小, 天下莫能破焉”. ○미미하고 자잘한 일들을 설명하는 것과 같으니, 어리석거나 불초한 자에 대한 내용으로, 그 사안이 미미하고 자잘한 것이지만 천하 사람들 중에는 그것을 깨뜨릴 수 있는 자가 없다. 즉 그 사안이 가을 무렵의 짐승 털처럼 가늘어서 쪼갤 수 없다는 뜻이다.

孔疏 ◎注“聖人盡兼行”. ○正義曰: 謂兼行大·小之事. 小事則愚夫愚婦所知行, 大事則先王之道. 前文云雖聖人有所不知·不能, 此云大事聖人兼行之者, 前云有所“不知”·“不能”, 謂於小事不勝匹夫匹婦耳, 非謂大事不能也, 故此云盡兼行之.

번역 ◎鄭注: “聖人盡兼行”. ○크고 작은 일을 모두 시행한다는 뜻이다. 작은 일은 어리석은 남녀라도 알거나 시행할 수 있는 것이며, 큰일은 선왕의 도에 해당한다. 앞에서는 비록 성인이라도 알지 못하거나 잘하지 못하는 점이 있다고 했는데, 이곳에서는 큰일을 성인이 모두 시행한다고 했다. 앞에서 알지 못하거나 잘하지 못하는 점이 있다고 한 말은 작은 일에 있어서는 평범한 남녀보다 못하다는 뜻일 뿐이지, 큰일을 하지 못한다는 뜻이 아니다. 그렇기 때문에 이곳에서는 모두 겸하여 시행한다고 했다.

【1669上~下】

“詩云, ‘鳶飛戾天, 魚躍于淵.’ 言其上下察也.”

직역 “詩에서 云, ‘鳶이 飛하여 天에 戾하고, 魚가 淵에서 躍하니.’ 그 上下가 察함을 言이라.”

의역 공자가 계속하여 말하길, "『시』에서는 '솔개가 날아올라 하늘에 이르고, 물고기가 연못에서 뛰논다.'라고 했으니, 성인의 덕이 위아래로 밝게 드러남을 뜻한다."라고 했다.

鄭注 察, 猶著也. 言聖人之德至於天, 則"鳶飛戾天"; 至於地, 則"魚躍于淵", 是其著明於天地也.

번역 '찰(察)'자는 "드러나다[著]."는 뜻이다. 즉 성인의 덕은 하늘에 이르므로 "솔개가 날아올라 하늘에 이른다."는 뜻에 해당하고, 땅에 이르므로 "물고기가 연못에서 뛰논다."는 뜻에 해당하니, 천지에 그 밝음이 드러난다는 의미이다.

釋文 鳶, 悅專反, 字又作"鸢". 戾, 力計·呂結二反. 躍, 羊灼反. 著, 張慮反, 下同.

번역 '鳶'자는 '悅(열)'자와 '專(전)'자의 반절음이며, 그 글자는 또한 '鸢'자로도 기록한다. '戾'자는 '力(력)'자와 '計(계)'자의 반절음이고, '呂(려)'자와 '結(결)'자의 반절음도 된다. '躍'자는 '羊(양)'자와 '灼(작)'자의 반절음이다. '著'자는 '張(장)'자와 '慮(려)'자의 반절음이며, 아래문장에 나오는 글자도 그 음이 이와 같다.

孔疏 ●"詩云: 鳶飛戾天, 魚躍于淵, 言其上下察也"者, 詩·大雅·旱麓之篇, 美文王之詩. 引之者, 言聖人之德上至於天, 則"鳶飛戾天", 是翶翔得所. 聖人之德下至於地, 則"魚躍于淵", 是游泳得所. 言聖人之德, 上下明察. 詩本文云"鳶飛戾天", 喩惡人遠去; "魚躍于淵", 喩善人得所. 此引斷章, 故與詩義有異也.

번역 ●經文: "詩云: 鳶飛戾天, 魚躍于淵, 言其上下察也". ○이 시는 『시』「대아(大雅)·한록(旱麓)」편으로,[4] 문왕(文王)을 찬미한 시이다. 이 시를 인

용한 것은 성인의 덕이 위로는 하늘에 이르니, "솔개가 날아올라 하늘에 이른다."는 뜻에 해당한다는 의미로, 곧 날아올라 제자리를 얻는다는 뜻이다. 또 성인의 덕은 아래로 땅에 이르니, "물고기가 연못에서 뛰논다."는 뜻에 해당한다는 의미로, 헤엄쳐서 제자리를 얻는다는 뜻이다. 성인의 덕이 상하로 밝게 드러난다는 의미이다. 『시』의 본문에서는 "솔개가 날아올라 하늘에 이른다."라고 했는데, 이것은 악한 자가 멀리 떠나감을 비유한 말이고, "물고기가 연못에서 뛰논다."라고 했는데, 이것은 선한 자가 제자리를 얻는 것을 비유한 말이다. 이곳의 인용문은 단장취의한 것이므로, 『시』의 본래 의미와는 차이가 있다.

集註 詩大雅旱麓之篇. 鳶, 鴟類. 戾, 至也. 察, 著也. 子思引此詩以明化育流行, 上下昭著, 莫非此理之用, 所謂費也. 然其所以然者, 則非見聞所及, 所謂隱也. 故程子曰, "此一節, 子思喫緊爲人處, 活潑潑地", 讀者其致思焉.

번역 이 시는 『시』「대아(大雅)·한록(旱麓)」편이다. '연(鳶)'은 솔개[鴟]의 부류이다. '여(戾)'자는 "~에 이르다[至]."는 뜻이다. '찰(察)'자는 "드러나다[著]."는 뜻이다. 자사는 이 시를 인용하여 화육함이 두루 흘러 상하로 밝게 드러남에 그 이치의 쓰임이 아닌 것들이 없다는 것을 나타내었으니, 이른바 비(費)에 해당한다. 그런데 그렇게 되는 까닭은 보거나 들을 수가 없으니, 이른바 은(隱)에 해당한다. 그래서 정자는 "이 문단은 자사가 사람들을 위해 긴요하게 설명한 곳으로 활기가 넘치는 대목이다."라고 했으니, 이 글을 읽는 자들은 생각을 지극히 해봐야 한다.

참고 『시』「대아(大雅)·한록(旱麓)」

瞻彼旱麓, (첨피한록) : 저 한산(旱山)의 기슭을 보건대,
榛楛濟濟. (진호제제) : 개암나무와 싸리나무가 무성하구나.

---

4) 『시』「대아(大雅)·한록(旱麓)」 : 鳶飛戾天, 魚躍于淵. 豈弟君子, 遐不作人.

豈弟君子, (개제군자) : 화락하고 평이(平易)한 군자여,
干祿豈弟. (간록개제) : 녹봉을 구함에도 화락하고 평이하구나.

瑟彼玉瓚, (슬피옥찬) : 깨끗한 저 규찬(圭瓚)이여,
黃流在中. (황류재중) : 검은 기장으로 만든 울창주가 그 안에 있도다.
豈弟君子, (개제군자) : 화락하고 평이한 군자여,
福祿攸降. (복록유강) : 녹과 녹봉이 내리는구나.

鳶飛戾天, (연비려천) : 솔개가 날아올라 하늘로 떠나버리고,
魚躍于淵. (어약우연) : 물고기는 연못에서 뛰놀아 제자리를 얻도다.
豈弟君子, (개제군자) : 화락하고 평이한 군자여,
遐不作人. (하불작인) : 멀리 사람을 새로이 진작시킴이 아니로다.

淸酒旣載, (청주기재) : 청주(淸酒)5)를 술동이에 담아놨거늘,
騂牡旣備. (성모기비) : 붉은 수소를 갖추는구나.
以享以祀, (이향이사) : 이것으로 흠향을 드리며 제사를 지내니,
以介景福. (이개경복) : 이것으로 큰 복을 얻게끔 돕는구나.

瑟彼柞棫, (슬피작역) : 무성한 저 떡갈나무와 상수리나무는,
民所燎矣. (민소료의) : 백성들이 불 때는 바로다.
豈弟君子, (개제군자) : 화락하고 평이한 군자여,
神所勞矣. (신소로의) : 신이 도와주는 바로다.

莫莫葛藟, (막막갈류) : 얼기설기 자라나는 칡덩굴이여,
施于條枚. (시우조매) : 나뭇가지에 얽혀 있구나.
豈弟君子, (개제군자) : 화락하고 평이한 군자여,

---

5) 청주(淸酒)는 삼주(三酒) 중 하나이다. 제사에서 사용하는 술이며, 삼주 중 가장 맑은 술에 해당하므로 '청주'라고 부른다. '청주'는 중산(中山) 지역에서 겨울에 술을 담가서 여름쯤 다 익은 술을 뜻한다.

求福不回. (구복불회) : 복을 구함에 선조의 도를 어기지 않는구나.

毛序 旱麓, 受祖也. 周之先祖世脩后稷公劉之業, 大王王季申以百福干祿焉.

모서 「한록(旱麓)」편은 선조의 과업을 받았음을 읊은 시이다. 주나라의 선조는 대대로 후직과 공유의 공업을 닦아서, 태왕과 왕계는 거듭 모든 복과 녹봉을 받게 되었다.

그림 12-2 ■ 주(周)나라 문왕(文王)

王　文　周

※ **출처**: 『삼재도회(三才圖會)』「인물(人物)」 1권

그림 12-3 ◼ 후직(后稷)

像　稷　后

※ 출처: 『삼재도회(三才圖會)』「인물(人物)」 4권

그림 12-4 ◼ 주(周)나라 세계도(世系圖) Ⅰ

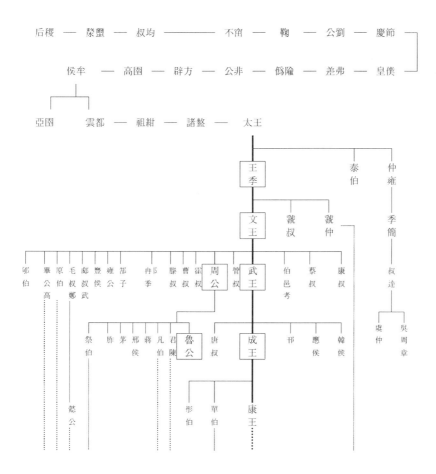

※ 출처: 『역사(繹史)』1권 「역사세계도(繹史世系圖)」

그림 12-5 ◨ 규찬(圭瓚)

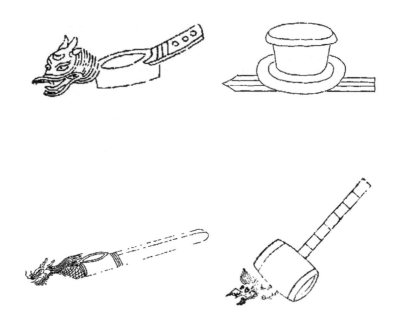

※ **출처**: 상좌-『삼례도집주(三禮圖集注)』 14권 ; 상우-『삼례도(三禮圖)』 3권
　　　　하좌-『육경도(六經圖)』 2권 ; 하우-『삼재도회(三才圖會)』「기용(器用)」
　　　　　1권

● 그림 12-6 ▣ 연(鳶)

鳶鴟類摩風回翔曲禮前有塵埃
則載鳴者鳶鳴則將風故也禽經
云鷹鵃鳴即小雨朝鳶鳴即大雨

鳶

※ 출처: 『삼재도회(三才圖會)』「조수(鳥獸)」 2권

【1669下】

"君子之道, 造端乎夫婦, 及其至也, 察乎天地"

직역 "君子의 道는 夫婦에서 造端하나, 그 至에 及해서는 天地에 察한다."

의역 공자가 계속하여 말하길, "군자의 도는 평범한 남녀가 알 수 있거나 시행할 수 있는 것에서 그 단서를 세우지만, 그 지극함에 이르러서는 천지에 밝게 드러난다."라고 했다.

鄭注 夫婦, 謂匹夫匹婦之所知·所行.

번역 '부부(夫婦)'는 평범한 남녀가 알고 있거나 시행한 것들을 뜻한다.

釋文 造, 在老反.

번역 '造'자는 '在(재)'자와 '老(로)'자의 반절음이다.

孔疏 ●"君子之道, 造端乎夫婦"者, 言君子行道, 初始造立端緖, 起於匹夫匹婦之所知所行者.

번역 ●經文: "君子之道, 造端乎夫婦". ○군자가 도를 시행하며 처음으로 그 단서를 세울 때, 평범한 남녀가 알 수 있고 시행할 수 있는 것에서 일으킨다는 뜻이다.

孔疏 ●"及其至也, 察乎天地"者, 言雖起於匹夫匹婦所知所行, 及其至極之時, 明察於上下天地也.

번역 ●經文: "及其至也, 察乎天地". ○비록 평범한 남녀가 알 수 있고 시행할 수 있는 것에서 일으키지만, 그것이 지극해질 때가 되면 상하 및 천지에 밝게 드러난다는 뜻이다.

集註 結上文.

번역 앞 문장의 뜻을 결론 맺은 것이다.

集註 右第十二章. 子思之言, 蓋以申明首章道不可離之意也. 其下八章, 雜引孔子之言以明之.

번역 여기까지는 제 12장이다. 자사의 말이니, 첫 장에서 "도는 잠시도 떠날 수 없다."고 했던 뜻을 거듭 나타낸 것이다. 그 아래의 8개 장은 공자의 말을 뒤섞어 인용하여 그 사실을 밝힌 것이다.

• 제 13 장 •

【1671上】

子曰, "道不遠人, 人之爲道而遠人, 不可以爲道."

직역 子가 曰, "道는 人을 不遠한데, 人이 道를 爲하고도 人을 遠한다면, 道라 爲하기가 不可하다."

의역 공자가 말하길, "도는 사람과 멀리 떨어져 있지 않은데, 사람이 도를 시행하면서 사람을 멀리 한다면 도라고 할 수 없다."라고 했다.

鄭注 言道卽不遠於人, 人不能行也.

번역 도(道)는 즉 사람과 거리를 멀리 두지 않은데도 사람들이 잘 시행하지 못한다는 뜻이다.

孔疏 ●"子曰"至"徽幸". ○正義曰: 此一節明中庸之道去人不遠, 但行於己則外能及物.

번역 ●經文: "子曰"~"徽幸". ○이곳 문단은 중용의 도는 사람과 멀리 떨어져 있지 않으니, 단지 자신을 통해 시행한다면 밖으로 사물에게까지 미칠 수 있음을 나타내고 있다.

孔疏 ●"道不遠人"者, 言中庸之道不遠離於人身, 但人能行之於己, 則中庸也.

번역 ●經文: "道不遠人". ○중용의 도는 사람과 멀리 떨어져 있지 않으니, 단지 사람이 본인을 통해 그것을 잘 시행할 수 있다면 중용이 된다는 뜻이다.

孔疏 ●“人之爲道而遠人, 不可以爲道”, 言人爲中庸之道, 當附近於人, 謂人所能行, 則己所行可以爲道. 若違理離遠, 則不可施於己, 又不可行於人, 則非道也, 故云“人之爲道而遠人, 不可以爲道也”.

번역 ●經文: “人之爲道而遠人, 不可以爲道”. ○사람이 중용의 도를 시행할 때에는 마땅히 남들과 가까이 두어야 한다는 뜻으로, 남들이 잘 시행할 수 있는 것이라면, 자신이 시행하는 것 또한 도로 삼을 수 있다는 의미이다. 만약 이치를 어기고 멀리 떨어진다면 자신에게 적용할 수 없고 또 남에게도 시행할 수 없으니 도가 아니다. 그렇기 때문에 “사람이 도를 시행하면서 사람을 멀리 한다면 도라 할 수 없다.”라고 했다.

集註 道者, 率性而已, 固衆人之所能知能行者也, 故常不遠於人. 若爲道者, 厭其卑近以爲不足爲, 而反務爲高遠難行之事, 則非所以爲道矣.

번역 ‘도(道)’는 성(性)에 따르는 것일 뿐이니, 진실로 일반인들도 잘 알 수 있고 잘 시행할 수 있는 것들이다. 그렇기 때문에 항상 사람에게서 멀리 떨어져 있지 않다. 만약 도를 시행하는 자가 비근함을 싫어하여 족히 행할 것이 못된다고 여기고, 반대로 고원하고 시행하기 어려운 일에만 힘쓴다면, 도를 시행하는 것이 아니다.

【1671上】

“詩云, ‘伐柯伐柯, 其則不遠.’ 執柯以伐柯, 睨而視之, 猶以爲遠.”

직역 "詩에서 云, '柯를 伐함이여 柯를 伐함이여, 그 則이 不遠이라.' 柯를 執하고서 柯를 伐함에, 睨하여 視한데, 猶히 遠이라 爲한다."

의역 공자가 계속하여 말하길, "『시』에서는 '도끼자루를 벰이여 도끼자루를 벰이여, 그 법칙이 멀리 떨어져 있지 않구나.'라고 했으니, 도끼자루를 잡고 도끼자루로 쓸 나무를 베며, 곁눈질로 살펴보면 되는데도 오히려 멀다고 여긴다."라고 했다.

鄭注 則, 法也. 言持柯以伐木, 將以爲柯, 近以柯爲尺寸之法, 此法不遠人, 人尙遠之, 明爲道不可以遠.

번역 '칙(則)'자는 법도[法]를 뜻한다. 즉 도끼자루를 잡고서 나무를 베어 이것으로 도끼자루를 만드는데, 가까이에 있는 잡고 있는 도끼자루를 길이의 표준으로 삼는 것이다. 이러한 법칙은 사람과 멀리 떨어져 있지 않은데도 사람들은 오히려 멀다고 여긴다는 뜻이니, 도를 시행할 때 멀다고 여겨서는 안 됨을 나타내고 있다.

釋文 柯, 古何反. 睨, 徐音詣, 睥睨也.

번역 '柯'자는 '古(고)'자와 '何(하)'자의 반절음이다. '睨'자의 서음(徐音)은 '詣(예)'이며, 흘겨본다는 뜻이다.

孔疏 ●"詩云'伐柯伐柯, 其則不遠.' 執柯以伐柯, 睨而視之, 猶以爲遠", 此豳風·伐柯之篇, 美周公之詩. 柯, 斧柄也. 周禮云: "柯長三尺, 博三寸." 則, 法也. 言伐柯, 斫也. 柯柄長短, 其法不遠也, 但執柯睨而視之, 猶以爲遠. 言欲行其道於人, 其法亦不遠, 但近取法於身, 何異持柯以伐柯? 人猶以爲遠, 明爲道之法亦不可以遠. 卽所不願於上, 無以交於下; 所不願於下, 無以事上. 況是在身外, 於他人之處, 欲以爲道, 何可得乎? 明行道在於身而求道也.

번역 ●經文: "詩云'伐柯伐柯, 其則不遠.' 執柯以伐柯, 睨而視之, 猶以爲遠". ○이 시는 『시』「빈풍(豳風)·벌가(伐柯)」편으로,[1] 주공(周公)을 찬미한

시이다. '가(柯)'자는 도끼자루를 뜻한다. 『주례』에서는 "자루의 길이는 3척 (尺)이고, 너비는 3촌(寸)이다."[2]라고 했다. '칙(則)'자는 법도[法]를 뜻한다. 즉 벌가(伐柯)는 벤다는 뜻이다. 도끼자루의 길이에 있어서 그 법칙은 멀리 떨어져 있지 않으니, 단지 자신이 잡고 있는 도끼자루를 곁눈질로 살펴보면 되는데도 오히려 멀다고 여긴다는 의미이다. 즉 사람에 대해서 그 도를 시행하고자 한다면 그 법칙은 또한 멀리 떨어져 있는 것이 아니며, 단지 가까이 자신에게서 법칙을 취하면 되는데, 이것은 도끼자루를 잡고 도끼자루로 쓸 나무를 베는 것과 무엇이 다르겠는가? 사람들이 오히려 멀다고 여긴다는 것은 도를 시행하는 법칙 또한 멀다고 여겨서는 안 된다는 뜻을 나타낸다. 윗사람에게서 바라지 않는 것을 가지고 아랫사람과 교류해서는 안 되며, 아랫사람에게서 바라지 않는 것을 가지고 윗사람을 섬겨서는 안 된다. 하물며 이것이 자기 밖에 있다고 하여 남에게 적용하는 것을 도라고 여기고자 한다면 어떻게 얻을 수 있겠는가? 즉 도를 시행하는 것은 자신에게 달려 있고, 그 속에서 도를 구해야 함을 나타내고 있다.

集註 詩豳風伐柯之篇. 柯, 斧柄. 則, 法也. 睨, 邪視也. 言人執柯伐木以爲柯者, 彼柯長短之法, 在此柯耳. 然猶有彼此之別, 故伐者視之猶以爲遠也.

번역 이 시는 『시』「빈풍(豳風)·벌가(伐柯)」편이다. '가(柯)'자는 도끼자루를 뜻한다. '칙(則)'자는 법도[法]를 뜻한다. '예(睨)'자는 비스듬히 보는 것이다. 즉 사람이 도끼자루를 잡고 나무를 베어 도끼자루를 만드는데, 앞으로 만들게 될 도끼자루의 길이를 정하는 법칙은 자신이 잡고 있는 도끼자루에 달려 있을 뿐이라는 뜻이다. 그런데도 여전히 저것과 이것의 구별이 있기 때문에, 나무를 베는 자가 그것을 바라보며 오히려 멀다고 여긴다는 뜻이다.

---

1) 『시』「빈풍(豳風)·벌가(伐柯)」: <u>伐柯伐柯, 其則不遠</u>. 我覯之子, 籩豆有踐.
2) 『주례』「동관고공기(冬官考工記)·거인(車人)」: 車人爲車, <u>柯長三尺, 博三寸</u>, 厚一寸有半, 五分其長, 以其一爲之首.

참고 『시』「빈풍(豳風)・벌가(伐柯)」

伐柯如何, (벌가여하) : 도끼자루를 베려면 어찌해야 하는가,

匪斧不克. (비부불극) : 도끼가 아니라면 벨 수가 없느니라.

取妻如何, (취처여하) : 아내를 들이려면 어찌해야 하는가,

匪媒不得. (비매불득) : 중매가 아니라면 들일 수가 없느니라.

伐柯伐柯, (벌가벌가) : 도끼자루를 베고 도끼자루를 벰이여,

其則不遠. (기칙불원) : 그 법칙은 멀리 있지 않느니라.

我覯之子, (아구지자) : 내 이 사람을 만나보니,

籩豆有踐. (변두유천) : 변(籩)과 두(豆)에 음식을 차려내어 향연을 시행하
　　　　　　　　　　　도다.

毛序 伐柯, 美周公也, 周大夫刺朝廷之不知也.

모서 「벌가(伐柯)」편은 주공(周公)을 찬미한 시이니, 주나라 대부가 조
정의 신하들이 주공을 알아보지 못함을 풍자한 것이다.

그림 13-1 ◼ 주공(周公)

※ **출처**: 『삼재도회(三才圖會)』「인물(人物)」 4권

● 그림 13-2 ▣ 변(籩)

※ **출처:** 상좌-『삼례도집주(三禮圖集注)』 13권 ; 상우-『삼례도(三禮圖)』 4권
　　　하좌-『육경도(六經圖)』 6권 ; 하우-『삼재도회(三才圖會)』「기용(器用)」
　　　2권

그림 13-3 ◼ 두(豆)

※ **출처:** 상좌-『육경도(六經圖)』6권; 상우-『삼례도(三禮圖)』4권

　　　 하좌-『삼례도집주(三禮圖集注)』13권; 하우-『삼재도회(三才圖會)』「기용

　　　 (器用)」1권

【1671上】

"故君子以人治人, 改而止."

직역 "故로 君子는 人으로 人을 治하고, 改하고 止한다."

의역 공자가 계속하여 말하길, "그러므로 군자는 인도(人道)로 남의 잘못을 다스리고, 그 사람이 잘못을 고친다면 바로잡는 것을 그치고 용서한다."라고 했다.

鄭注 言人有罪過, 君子以人道治之, 其人改則止赦之, 不責以人所不能.

번역 사람에게 죄가 있다면 군자는 인도(人道)로 다스리고, 그 사람이 잘못을 고친다면 바로잡는 것을 그치고 용서하며, 그 사람이 잘하지 못하는 것으로 책망하지 않는다는 뜻이다.

孔疏 ●"故君子以人治人, 改而止"者, 以道去人不遠, 言人有過, 君子當以人道治此有過之人.

번역 ●經文: "故君子以人治人, 改而止". ○도는 사람과 멀리 떨어져 있지 않기 때문이니, 곧 어떤 사람에게 잘못이 있다면, 군자는 마땅히 인도(人道)에 따라서 잘못을 범한 사람을 다스려야 한다는 뜻이다.

孔疏 ●"改而止", 若人自改而休止, 不須更責不能之事. 若人所不能, 則己亦不能, 是行道在於己身也.

번역 ●經文: "改而止". ○만약 그 자가 스스로 잘못을 그치게 된다면 바로잡는 것도 그치며, 재차 그 사람이 잘하지 못하는 일로 책망해서는 안 된다. 그 사람이 잘하지 못하는 것이라면 자신 또한 잘하지 못하는 것이니, 이것은 도를 시행하는 것이 자신에게 달려 있음을 나타낸다.

集註 若以人治人, 則所以爲人之道, 各在當人之身, 初無彼此之別. 故君子之治人也, 卽以其人之道, 還治其人之身. 其人能改, 卽止不治. 蓋責之以其所能知能行, 非欲其遠人以爲道也. 張子所謂"以衆人望人則易從", 是也.

번역 만약 인도(人道)로 사람을 다스린다면, 사람이 되는 도는 각각 자신의 몸에 있으니, 애초에 피차의 구별이 없다. 그러므로 군자가 남을 다스릴 때에는 곧 그 사람의 도로써 다시 그 사람을 다스린다. 그 사람이 고칠 수 있다면 그치고 다스리지 않는다. 그 사람이 잘 알 수 있고 잘 시행할 수 있는 것을 통해 책망하는 것이지, 사람과 멀리 동떨어진 것을 도로 여기려고 하는 것이 아니다. 장자[3]가 "일반인들이 따르는 것으로 남에게 바란다면 따르기가 쉽다."라고 한 말도 이러한 뜻에 해당한다.

참고 구문비교

출 처	내 용
『禮記』「中庸」	故君子以人治人, 改而止.
『春秋繁露』「基義」	故曰, 君子以人治人, 僅能愿.

【1671下】

"忠恕違道不遠, 施諸己而不願, 亦勿施於人."

직역 "忠恕는 道를 違함이 不遠하니, 己에게 施하여 不願함을 亦히 人에게 施하길 勿한다."

---

3) 장재(張載, A.D.1020~A.D.1077) : =장자(張子)·장횡거(張橫渠). 북송(北宋) 때의 유학자이다. 북송오자(北宋五子) 중 한 사람으로 칭해진다. 자(字)는 자후(子厚)이다. 횡거진(橫渠鎭) 출신으로, 이곳에서 장기간 강학을 했기 때문에 횡거선생(橫渠先生)으로 일컬어지기도 한다.

의역 공자가 계속하여 말하길, "충(忠)과 서(恕)는 도와 거리가 멀지 않으니, 자신에게 시행하여 원하지 않는다면, 또한 남에게도 시행해서는 안 된다."라고 했다.

鄭注 違猶去也.

번역 '위(違)'자는 "거리를 두다[去]."는 뜻이다.

孔疏 ●"忠恕違道不遠"者, 忠者, 內盡於心, 恕者, 外不欺物. 恕, 忖也. 忖度其義於人. 違, 去也. 言身行忠恕, 則去道不遠也.

번역 ●經文: "忠恕違道不遠". ○'충(忠)'은 내적으로 자신의 마음을 다하는 것이며, '서(恕)'는 외적으로 사물을 속이지 않는 것이다. '서(恕)'자는 곧 "미루어 생각하다[忖]."는 뜻이다. 남에 대해서 그 의미를 미루어 생각하는 것이다. '위(違)'자는 "거리를 두다[去]."는 뜻이다. 즉 자신이 충서를 시행한다면 도와의 거리가 멀지 않다는 뜻이다.

孔疏 ●"施諸己而不願, 亦勿施於人"者, 諸, 於也. 他人有一不善之事施之於己, 己所不願, 亦勿施於人, 人亦不願故也.

번역 ●經文: "施諸己而不願, 亦勿施於人". ○'저(諸)'자는 어(於)자의 뜻이다. 다른 사람이 자신에 대해서 하나라도 선하지 못한 일을 시행한다면, 자신이 바라는 것이 아니므로, 또한 남에게도 시행해서는 안 되니, 남 또한 바라는 것이 아니기 때문이다.

集註 盡己之心爲忠, 推己及人爲恕. 違, 去也, 如春秋傳"齊師違穀七里"之違. 言自此至彼, 相去不遠, 非背而去之之謂也. 道, 卽其不遠人者, 是也. 施諸己而不願, 亦勿施於人, 忠恕之事也. 以己之心度人之心, 未嘗不同, 則道之不遠於人者可見. 故己之所不欲, 則勿以施之於人, 亦不遠人以爲道之事. 張子所謂"以愛己之心愛人則盡仁", 是也.

번역 자신의 마음을 다하는 것이 충(忠)이며, 자신의 마음을 미루어서 남의 마음까지도 미루어보는 것이 서(恕)이다. '위(違)'자는 "거리를 두다 [去]."는 뜻이니, 『춘추전』에서 "제(齊)나라 군대가 곡(穀) 땅에서 7리(里) 쯤 떨어져 있다."[4]라고 했을 때의 '위(違)'자와 같다. 이곳으로부터 저곳까지 서로 떨어져 있는 거리가 멀지 않다는 의미이니, 서로 등지고서 떠난다는 뜻이 아니다. 도(道)는 곧 사람에게서 멀리 떨어져 있지 않다고 한 말이 이러한 뜻을 나타낸다. 자신에게 시행하여 원하지 않는 것을 또한 남에게도 시행하지 말아야 하니, 충서(忠恕)의 일에 해당한다. 자신의 마음을 기준으로 남의 마음을 헤아려서 일찍이 같지 않음이 없다면, 도가 사람과 멀리 떨어져 있지 않다는 사실을 확인할 수 있다. 그러므로 자신이 바라지 않는 것이라면 남에게도 시행하지 말아야 하니, 이 또한 사람과 멀리 떨어지지 않은 것을 도로 여기는 일에 해당한다. 장자가 "자신을 사랑하는 마음으로 남을 사랑한다면 인(仁)을 다하게 된다."라고 한 말이 바로 이러한 뜻을 나타낸다.

참고 구문비교

출　처	내　용
『禮記』「中庸」	施諸己而不願, 亦勿施於人.
『論語』「顏淵」	己所不欲,　　勿施於人.
『論語』「衛靈公」	己所不欲,　　勿施於人.
『孟子』「離婁上」	所惡勿施爾也.
『說苑』「敬愼」	己所不欲,　　勿施於人.
『韓詩外傳』「9권」	己所不欲,　　勿施於人.

---

4) 『춘추좌씨전』「애공(哀公) 27년」: 齊師將興, 陳成子屬孤子三日朝. …… 及留舒, 違穀七里, 穀人不知.

【1671下】

"君子之道四, 丘未能一焉. 所求乎子以事父, 未能也. 所求乎臣以事君, 未能也. 所求乎弟以事兄, 未能也. 所求乎朋友先施之, 未能也."

직역 "君子의 道는 四이나, 丘는 一을 未能이라. 子에게 求하는 所로 父를 事하길 未能이라. 臣에게 求하는 所로 君을 事하길 未能이라. 弟에게 求하는 所로 兄을 事하길 未能이라. 朋友에게 求하는 所로 先히 施하기를 未能이라."

의역 공자가 계속하여 말하길, "군자의 도는 네 가지인데, 나는 그 중 하나라도 잘하지 못한다. 자식에게 바라는 것으로 부친 섬기기를 잘하지 못한다. 신하에게 바라는 것으로 군주 섬기기를 잘하지 못한다. 동생에게 바라는 것으로 형 섬기기를 잘하지 못한다. 벗에게 바라는 것을 내가 먼저 베푸는 것을 잘하지 못한다."라고 했다.

鄭注 聖人而曰我未能, 明人當勉之無已.

번역 성인인데도 "나는 아직 잘하지 못한다."라고 말한 것은 사람이라면 마땅히 힘써서 그침이 없어야 한다는 사실을 나타낸다.

孔疏 ●"所求乎子以事父, 未能也", 言此四者, 欲明求之於他人, 必先行之於己, 欲求其子以孝道事己, 己須以孝道事父母, 故云"所求乎子以事父, 未能也". 恐人未能行之. 夫子, 聖人, 聖人猶曰我未能行, 凡人當勉之無已.

번역 ●經文: "所求乎子以事父, 未能也". ○여기에서 말한 네 가지 것들은 다른 사람에게 바라는 것들은 반드시 자신에게 먼저 시행해야만 함을 나타내고자 한 것이다. 즉 효도로 자신을 섬기기를 자식에게 바란다면 자신이 효도로 부모를 섬겨야만 한다. 그렇기 때문에 "자식에게 바라는 것으로 부친 섬기기를 잘하지 못한다."라고 했다. 사람들이 잘하지 못하는 것을 염려한 것이다. 공자는 성인인데, 성인이면서도 오히려 "나는 잘하지 못한다."라고 했으니, 일반인들은 마땅히 힘써 노력하며 그치지 말아야 한다.

孔疏 ●"所求乎臣以事君, 未能也", 譬如己是諸侯, 欲求於臣以忠事己, 己當先行忠於天子及廟中事尸, 是全臣道也.

번역 ●經文: "所求乎臣以事君, 未能也". ○자신이 제후라면, 충(忠)으로써 자신을 섬기도록 신하에게 바라는 경우, 자신도 마땅히 신하보다 앞서 천자 및 종묘에서 시동을 섬기는 일에 충(忠)을 시행해야만 신하의 도를 온전히 유지할 수 있음을 비유한 것이다.

孔疏 ●"所求乎朋友先施之, 未能也", 欲求朋友以恩惠施己, 則己當先施恩惠於朋友也.

번역 ●經文: "所求乎朋友先施之, 未能也". ○자신에게 은혜를 베풀어 줄 것을 벗에게 바란다면, 자신도 마땅히 그보다 앞서서 벗에게 은혜를 베풀어야 한다는 뜻이다.

集註 求, 猶責也. 道不遠人, 凡己之所以責人者, 皆道之所當然也, 故反之以自責而自修焉.

번역 '구(求)'자는 "요구하다[責]."는 뜻이다. 도는 사람과 멀리 떨어져 있지 않으니, 무릇 자신이 남에게 요구하는 것들은 모두 도의 당연한 것들이다. 그렇기 때문에 반대로 스스로 바라는 것으로 스스로를 수양해야만 한다.

【1671下】

"庸德之行, 庸言之謹, 有所不足, 不敢不勉, 有餘不敢盡, 言顧行, 行顧言."

직역 "庸德의 行과 庸言의 謹에, 不足한 所가 有하면, 敢히 不勉하기를 不하며, 餘가 有하면 敢히 盡하길 不하니, 言은 行을 顧하고, 行은 言을 顧한다."

의역 공자가 계속하여 말하길, "항상 덕에 따라 시행하고 항상 말을 할 때에는 조심해야 하는데, 부족한 점이 있다면 감히 노력하지 않을 수가 없고, 지나친 점이 있다면 감히 다하지 않으니, 말은 행실을 돌아보고 행실은 말을 돌아본다."라고 했다.

鄭注 庸猶常也, 言德常行也, 言常謹也. 聖人之行, 實過於人, "有餘不敢盡", 常爲人法, 從禮也.

번역 '용(庸)'자는 항상[常]이라는 뜻이니, 덕은 항상 시행해야 하며, 말은 항상 조심해야 한다는 뜻이다. 성인의 행동은 실제로 일반인보다 지나치니, "남음이 있으면 감히 다하지 않는다."라고 한 것으로, 항상 사람들의 모범이 되어 예에 따라야 한다는 의미이다.

釋文 行行, 皆下孟反, 注"聖人之行"同, 或一讀皆如字.

번역 '行行'에서 두 글자 모두 '下(하)'자와 '孟(맹)'자의 반절음이며, 정현의 주에 나오는 '聖人之行'에서의 '行'자도 그 음이 이와 같은데, 혹은 두 글자 모두 글자대로 읽기도 한다.

孔疏 ●"庸德之行, 庸言之謹", 庸, 常也. 謂自修己身, 常以德而行, 常以言而謹也.

번역 ●經文: "庸德之行, 庸言之謹". ○'용(庸)'자는 항상[常]이라는 뜻이다. 스스로 자신을 수양하여 항상 덕에 따라 시행하고 항상 말을 하며 조심해야 한다는 의미이다.

孔疏 ●"有所不足, 不敢不勉", 謂己之才行有所不足之處, 不敢不勉而行之.

번역 ●經文: "有所不足, 不敢不勉". ○자신의 재주와 행실에 부족한 점이 있다면 감히 노력하며 시행하지 않을 수 없다는 뜻이다.

孔疏 ●"有餘不敢盡", 謂己之才行有餘, 於人常持謙退, 不敢盡其才行以過於人.

번역 ●經文: "有餘不敢盡". ○자신의 재주와 행실에 지나친 점이 있다면 남에 대해서 항상 겸손함을 견지하여, 감히 자신의 재주와 행실을 다해서 남보다 지나쳐서는 안 된다는 의미이다.

孔疏 ●"言顧行"者, 使言不過行, 恒顧視於行.

번역 ●經文: "言顧行". ○말을 행실보다 지나치지 않게 하여 항상 행실에 견주도록 만든다는 뜻이다.

孔疏 ●"行顧言"者, 使行副於言, 謂恒顧視於言也.

번역 ●經文: "行顧言". ○행실을 말에 버금가도록 하니, 항상 말에 견주도록 한다는 뜻이다.

集註 庸, 平常也. 行者, 踐其實. 謹者, 擇其可. 德不足而勉, 則行益力; 言有餘而訒, 則謹益至. 謹之至則言顧行矣; 行之力則行顧言矣.

번역 '용(庸)'자는 평상적이라는 뜻이다. '행(行)'은 그 실질을 실천하는 것이다. '근(謹)'은 옳은 것을 택하는 것이다. 덕이 부족하여 노력한다면 행실이 더욱 힘써질 것이며, 말에 지나친 점이 있어서 참는다면 조심스러움은 더욱 지극해질 것이다. 조심스러움이 지극하다면 말은 행실을 돌아보게 되고, 행실이 더욱 힘써진다면 행실은 말을 돌아보게 된다.

참고 구문비교

출 처	내 용
『禮記』「中庸」	有所不足,　不敢不勉.
『春秋公羊傳』「定公 8」	有力不足, 臣何敢不勉.

참고 구문비교

출 처	내 용
『禮記』「中庸」	言顧行,　行顧言.
『孟子』「盡心下」	言不顧行, 行不顧言.

【1667下】

"君子胡不慥慥爾."

직역 "君子가 胡히 慥慥함이 不이리오."

의역 공자가 계속하여 말하길, "군자가 어찌 착실하지 않겠는가?"라고 했다.

鄭注 君子, 謂衆賢也. 慥慥, 守實言行相應之貌.

번역 '군자(君子)'는 뭇 현자들을 뜻한다. '조조(慥慥)'는 실질을 지키며 말과 행실이 서로 호응하는 모습을 뜻한다.

釋文 慥, 七到反. 行, 下孟反. 應, 於陵反, 舊音應對之應.

번역 '慥'자는 '七(칠)'자와 '到(도)'자의 반절음이다. '行'자는 '下(하)'자와 '孟(맹)'자의 반절음이다. '應'자는 '於(어)'자와 '陵(릉)'자의 반절음이며, 구음(舊音)은 '응대(應對)'라고 할 때의 '應'자이다.

孔疏 ●"君子胡不慥慥爾", "慥慥, 守實言行相應之貌". 胡, 猶何也. 旣顧言行相副, 君子何得不慥慥然守實言行相應之道也.

번역 ●經文: "君子胡不慥慥爾". ○정현이 "'조조(慥慥)'는 실질을 지키며 말과 행실이 서로 호응하는 모습을 뜻한다."라고 했다. '호(胡)'자는 하(何)자와 같다. 이미 말과 행실이 서로 돌아보며 부합된다고 했는데, 군자가 어찌 착실하지 않게 실질을 지키며 말과 행실이 서로 호응하지 않는 도를 얻을 수 있겠는가.

集註 慥慥, 篤實貌. 言君子之言行如此, 豈不慥慥乎, 贊美之也. 凡此皆不遠人以爲道之事. 張子所謂"以責人之心責己則盡道", 是也.

번역 '조조(慥慥)'는 독실한 모습이다. 군자의 말과 행실이 이와 같은데 어찌 착실하지 않을 수 있겠느냐는 뜻이니, 찬미한 말에 해당한다. 무릇 이러한 것들은 모두 사람과 멀리 떨어지지 않는 것을 도로 여기는 일에 해당한다. 장자가 "남에게 바라는 마음으로 자신을 책한다면 도를 다하게 된다."라고 한 말이 이러한 뜻을 나타낸다.

集註 右第十三章. 道不遠人者, 夫婦所能, 丘未能一者, 聖人所不能, 皆費也. 而其所以然者, 則至隱存焉. 下章放此.

번역 여기까지는 제 13장이다. 도는 사람과 멀리 떨어져 있지 않으니, 평범한 남녀라도 시행할 수 있지만, 공자가 하나라도 잘하지 못한다고 한 것은 성인이라도 잘 할 수 없는 것이니 모두 비(費)에 해당한다. 그 이유는 지극한 은미함이 있기 때문이다. 아랫장도 이와 같다.

• 제 14 장 •

【1671下~1672上】

“君子素其位而行, 不願乎其外. 素富貴行乎富貴, 素貧賤行
乎貧賤, 素夷狄行乎夷狄, 素患難行乎患難. 君子無入而不自
得焉.”

직역 “君子는 그 位에 素하여 行하고, 그 外에서 不願한다. 富貴에 素하면 富貴
에서 行하고, 貧賤에 素하면 貧賤에서 行하며, 夷狄에 素하면 夷狄에서 行하고, 患
難에 素하면 患難에서 行한다. 君子는 入하여 自히 得함을 不하길 無하다.”

의역 공자가 계속하여 말하길, “군자는 그 지위를 향하며 그에 따른 일을 시행
하고, 지위 밖의 일을 원해서는 안 된다. 부귀한 곳으로 향하게 되면 부귀함 속에서
도 도를 시행하고, 빈천한 곳으로 향하게 되면 빈천함 속에서도 도를 시행하며,
오랑캐 땅으로 향하게 되면 오랑캐 땅에서도 도를 시행하고, 환란이 발생한 곳으로
향하게 되면 혼란스러운 상황 속에서도 도를 시행한다. 군자는 들어가는 곳마다
스스로 도를 얻지 못하는 일이 없다.”라고 했다.

鄭注 素皆讀爲傃1). “不願乎其外”, 謂思不出其位也. “自得”, 謂所鄕不失
其道.

번역 ‘소(素)’자는 모두 “향한다.”는 뜻의 ‘소(傃)’자로 풀이한다. “밖에

---

1) ‘소개독위소(素皆讀爲傃)’에 대하여. 이 구문은 본래 ‘소개독위소(素皆讀爲
素)’로 기록되어 있었는데, 완원(阮元)의 『교감기(校勘記)』에서는 “혜동(惠
棟)의 『교송본(校宋本)』에는 ‘소개독위소(素皆讀爲傃)’로 기록되어 있고, 『송
감본(宋監本)』·『악본(岳本)』·『가정본(嘉靖本)』도 동일하게 기록되어 있다.
『고문(考文)』에서 인용하고 있는 『고본(古本)』도 동일하게 기록되어 있으니,
이곳 판본은 ‘소(傃)’자와 ‘소(素)’자를 뒤바꿔 잘못 기록하였다.”라고 했다.

서 원하지 않는다."라고 했는데, 그 생각이 자신의 지위에서 벗어나지 않는다는 뜻이다. "스스로 얻는다."는 말은 향한 곳에서 그 도를 잃지 않는다는 뜻이다.

釋文 難, 乃旦反, 下同.

번역 '難'자는 '乃(내)'자와 '旦(단)'자의 반절음이며, 아래문장에 나오는 글자도 그 음이 이와 같다.

孔疏 ●"君子素其位而行不願乎其外"至"行乎患難", 素, 鄉也. 鄉其所居之位, 而行其所行之事, 不願行在位外之事. 論語云: "君子思不出其位也." 鄉富貴之中, 行道於富貴, 謂不驕·不淫也. 鄉貧賤之中, 則行道於貧賤, 謂不諂·不慴也. 鄉夷狄之中, 行道於夷狄, 夷狄雖陋, 雖隨其俗而守道不改. 鄉難患之中, 行道於患難, 而臨危不傾, 守死於善道也.

번역 ●經文: "君子素其位而行不願乎其外"~"行乎患難". ○'소(素)'자는 "향한다[鄉]."는 뜻이다. 자신이 머무는 지위를 향하며 행동해야 할 일을 시행하고, 지위 밖의 일에 대해 시행하길 바라지 않는다. 『논어』에서는 "군자의 생각은 그 지위에서 벗어나지 않는다."[2]라고 했다. 부귀한 곳으로 향하게 되면 부귀함 속에서 도를 시행하니, 교만하지 않고 음란하지 않다는 뜻이다. 빈천한 곳으로 향하게 되면 빈천함 속에서 도를 시행하니, 아첨하지 않고 겁내지 않는다는 뜻이다. 오랑캐가 있는 곳으로 향하게 되면 오랑캐 속에서 도를 시행하니, 오랑캐가 비록 비루하더라도 그 풍속에 따르지만 도를 지키며 바꾸지 않는다는 뜻이다. 환란이 발생한 곳으로 향하게 되면 혼란스러운 상황 속에서도 도를 시행하고 위태로움에 임해서도 흔들리지 않고 선한 도를 지키는데 목숨을 걸어야 한다는 뜻이다.

---

2) 『논어』「헌문(憲問)」: 曾子曰, "君子思不出其位."

孔疏 ●"君子無入而不自得焉"者, 言君子所入之處, 皆守善道.

번역 ●經文: "君子無入而不自得焉". ○군자가 가는 곳에서는 모두 선한 도를 지키게 된다는 뜻이다.

集註 素, 猶見在也. 言君子但因見在所居之位而爲其所當爲, 無慕乎其外之心也.

번역 '소(素)'자는 현재라는 뜻이다. 군자는 단지 현재 자신이 머물고 있는 자리에 따라 마땅히 시행해야 할 것을 행하고, 그 이외의 것을 사모하는 마음이 없어야 한다는 뜻이다.

集註 此言素其位而行也.

번역 네 가지 사안들은 현재 처한 자리에 따라서 행동해야 한다는 뜻이다.

【1672上】

"在上位不陵下, 在下位不援上."

직역 "上位에 在하면 下를 不陵하고, 下位에 在하면 上을 不援한다."

의역 공자가 계속하여 말하길, "윗자리에 있으면 아랫사람을 업신여겨서는 안 되고, 아랫자리에 있으면 윗사람을 잡아끌어서는 안 된다."라고 했다.

鄭注 援, 謂牽持之也.

번역 '원(援)'자는 잡아끈다는 뜻이다.

釋文 援音園, 注同.

번역 '援'자의 음은 '園(원)'이며, 정현의 주에 나오는 글자도 그 음이 이와 같다.

孔疏 ●"在上位不陵下", 此"素富貴行富貴"也. 若身處富貴, 依我常正之性, 不使富貴以陵人. 若以富貴陵人, 是不行富貴之道.

번역 ●經文: "在上位不陵下". ○이것은 "부귀한 곳으로 향하게 되면 부귀함 속에서 도를 시행한다."는 뜻이다. 만약 자신이 부귀해졌다면, 자신이 가지고 있는 항상되고 바른 본성에 따라야 하며 부귀함만 믿고 남을 업신여겨서는 안 된다. 만약 부귀함으로 남을 업신여기게 된다면, 이것은 부귀함 속에서 도를 시행하는 것이 아니다.

孔疏 ●"在下位不援上"者, 此"素貧賤行貧賤"也. 援, 牽持也. 若身處貧賤則安之, 宜令自樂, 不得援牽富貴. 若以援牽富貴, 是不行貧賤之道.

번역 ●經文: "在下位不援上". ○이것은 "빈천한 곳으로 향하게 되면 빈천함 속에서 도를 시행한다."는 뜻이다. '원(援)'자는 잡아끈다는 뜻이다. 만약 본인이 빈천한 지경에 처하게 된다면 그곳을 편안하게 여기며 마땅히 스스로 안락하게 여겨야만 하며, 부귀함을 집착해서 안 된다. 만약 부귀함을 집착한다면, 이것은 빈천함 속에서 도를 시행하는 것이 아니다.

【1672上】

"正己而不求於人, 則無怨. 上不怨天, 下不尤人."

직역 "己를 正하고 人에게 不求하면, 怨이 無하다. 上으로는 天을 不怨하고,

下로는 人을 不尤한다."

의역 공자가 계속하여 말하길, "자신을 바르게 하고 남에게서 찾지 않는다면, 원망하는 자가 없게 된다. 위로는 하늘을 원망하지 않고 아래로는 남을 탓하지 않는다."라고 했다.

鄭注 "無怨", 人無怨之者也. 論語曰: "君子求諸己, 小人求諸人."

번역 "원망함이 없다."는 남들 중 그를 원망하는 자가 없다는 뜻이다. 『논어』에서는 "군자는 자신에게서 찾으며, 소인은 남에게서 찾는다."[3]라고 했다.

釋文 己音紀. 怨, 於願反, 又於元反, 下及注並同.

번역 '己'자의 음은 '紀(기)'이다. '怨'자는 '於(어)'자와 '願(원)'자의 반절음이며, 또한 '於(어)'자와 '元(원)'자의 반절음도 되고, 아래문장 및 정현의 주에 나오는 글자도 모두 그 음이 이와 같다.

孔疏 ●"正己而不求於人, 則無怨", 此"素夷狄行夷狄"也. 若身入夷狄, 夷狄無禮義, 當自正己而行, 不得求於彼人, 則被人無怨己者. 論語云: "言忠信, 行篤敬, 雖之夷狄, 不可棄."

번역 ●經文: "正己而不求於人, 則無怨". ○이것은 "오랑캐 땅으로 향하게 되면 오랑캐 땅에서도 도를 시행한다."는 뜻이다. 만약 본인이 오랑캐 땅으로 들어가게 된다면, 오랑캐는 예의가 없지만 마땅히 스스로 자신을 바르게 하여 도를 시행하고 남에게서 구하지 않는다면, 자신을 원망하는 자가 없게 된다. 『논어』에서는 "말은 진실되고 미덥게 하며 행동은 독실하고 공경스럽게 하는 것은 비록 오랑캐 땅으로 가게 되더라도 버릴 수 없다."[4]라고 했다.

---

3) 『논어』「위령공(衛靈公)」: 子曰, "君子求諸己, 小人求諸人."

孔疏   ●"上不怨天, 下不尤人", 此"素患難行患難"也. 尤, 過也, 責也. 苟皆應之患難, 則亦甘爲, 不得上怨天下尤人, 故論語云"不怨天, 不尤人" 是也.

번역   ●經文: "上不怨天, 下不尤人". ○이것은 "환란이 발생한 곳으로 향하게 되면 혼란스러운 상황 속에서도 도를 시행한다."는 뜻이다. '우(尤)' 자는 "나무라다[過]."는 뜻이며, "책망하다[責]."는 뜻이다. 만약 모든 상황이 환란에 빠진 경우라면, 또한 감내하며 시행해야 하고, 위로 하늘을 원망하거나 아래로 남을 탓해서는 안 된다. 그렇기 때문에 『논어』에서는 "하늘을 원망하지 않고 남을 탓하지 않는다."5)라고 했다.

集註   此言不願乎其外也.

번역   이것은 자기 지위 밖의 것을 원하지 않는다는 뜻이다.

참고   구문비교

출 처	내 용
『禮記』「中庸」	上不怨天, 下不尤人.
『論語』「憲問」	不怨天, 不尤人.
『孟子』「公孫丑下」	君子不怨天, 不尤人.
『說苑』「至公」	不怨天, 不尤人.
『論衡』「刺孟」	君子不怨天, 不尤人.

---

4) 『논어』「위령공(衛靈公)」: 子張問行. 子曰, "言忠信, 行篤敬, 雖蠻貊之邦, 行矣. 言不忠信, 行不篤敬, 雖州里, 行乎哉? 立則見其參於前也, 在輿則見其倚於衡也, 夫然後行." 子張書諸紳.

5) 『논어』「헌문(憲問)」: 子曰, "莫我知也夫! 子貢曰, "何爲其莫知子也?" 子曰, "不怨天, 不尤人, 下學而上達. 知我者其天乎!"

【1672上】

"故君子居易以俟命, 小人行險以徼幸."

직역 "故로 君子는 易에 居하여 命을 俟하고, 小人은 險을 行하여 幸을 徼한다."

의역 공자가 계속하여 말하길, "그러므로 군자는 편안한 곳에 머물며 천명을 기다리고, 소인은 위태로운 도를 시행하여 요행을 바란다."라고 했다.

鄭注 易, 猶平安也. 俟命, 聽天任命也. 險, 謂傾危之道.

번역 '이(易)'자는 편안하다는 뜻이다. "명을 기다린다."는 하늘의 분부에 따라 그 명령을 떠맡는다는 뜻이다. '험(險)'은 위태로운 도를 뜻한다.

釋文 易, 以豉反, 注同. 徼, 古堯反.

번역 '易'자는 '以(이)'자와 '豉(시)'자의 반절음이며, 정현의 주에 나오는 글자도 그 음이 이와 같다. '徼'자는 '古(고)'자와 '堯(요)'자의 반절음이다.

孔疏 ●"故君子居易以俟命"者, 易, 謂平安也. 言君子以道自處, 恒居平安之中, 以聽待天命也.

번역 ●經文: "故君子居易以俟命". ○'이(易)'자는 편안하다는 뜻이다. 즉 군자는 도로써 스스로 처신하여 항상 편안한 곳에 머물며, 이를 통해 천명을 기다린다.

孔疏 ●"小人行險以徼幸", 小人以惡自居, 恒行險難傾危之事以徼求榮幸之道, 論語曰"不仁者, 不可以久處約", 是也.

번역 ●經文: "小人行險以徼幸". ○소인은 악함으로 자처하여 항상 위태로운 일을 시행하고, 이를 통해 요행의 도를 구하니, 『논어』에서 "인(仁)하지 못한 자는 오래도록 곤궁한 곳에 머물 수 없다."6)라고 한 말에 해당한다.

集註 易, 平地也. 居易, 素位而行也. 俟命, 不願乎外也. 徼, 求也. 幸, 謂所不當得而得者.

번역 '이(易)'자는 평지를 뜻한다. "평지에 머문다."는 말은 현재 그 지위에 따라 시행한다는 뜻이다. "명을 기다린다."는 말은 지위 밖의 것을 바라지 않는다는 뜻이다. '요(徼)'자는 "구하다[求]."는 뜻이다. '행(幸)'은 마땅히 얻어서는 안 되는 것인데도 얻음을 말한다.

참고 구문비교

출　처	내　용
『禮記』「中庸」	故君子居易以俟命, 小人行險以徼幸.
『大戴禮記』「曾子本孝」	居易以俟命,　　不興險行以徼幸.
『論衡』「幸偶」	君子處易以俟命,　　小人行險以徼幸.

【1674上】

子曰, "射有似乎君子, 失諸正鵠, 反求諸其身."

직역 子가 曰, "射에는 君子와 似함이 有하니, 正鵠에서 矢하면, 反하여 그 身에게서 求한다."

───────────────

6) 『논어』「이인(里仁)」 : 子曰, "不仁者不可以久處約, 不可以長處樂. 仁者安仁, 知者利仁."

의역 공자가 말하길, "활쏘기에는 군자와 닮은 점이 있으니, 정곡을 벗어나게 되면 남을 탓하지 않고 돌이켜 자신에게서 원인을 찾는다."라고 했다.

鄭注 反求於其身, 不以怨人. 畫曰正, 棲皮曰鵠.

번역 "자신에게 돌이켜서 찾는다."는 말은 이를 통해 남을 원망하지 않는다는 뜻이다. 천에 그림을 그린 과녁을 '정(正)'이라고 부르며, 가죽을 덧댄 과녁을 '곡(鵠)'이라고 부른다.

釋文 正音征, 注同. 鵠, 古毒反, 注同. 正·鵠皆鳥名也, 一曰正, 正也; 鵠, 直也. 大射則張皮侯而棲鵠, 賓射張布侯而設正也. 棲, 細兮反.

번역 '正'자의 음은 '征(정)'이며, 정현의 주에 나온 글자도 그 음이 이와 같다. '鵠'자는 '古(고)'자와 '毒(독)'자의 반절음이며, 정현의 주에 나온 글자도 그 음이 이와 같다. '正'과 '鵠'은 모두 새의 이름인데, 한편에서는 '正'은 바르다는 뜻이며; '鵠'은 곧다는 뜻이라고 한다. 대사례(大射禮)[7]를 치른다면 가죽 과녁을 설치하고 곡(鵠)을 덧대며, 빈사례(賓射禮)[8]를 치른다면

---

7) 대사례(大射禮)는 제사를 지낼 때, 제사를 돕는 자들을 채택하기 위해 시행하는 활쏘기 대회이다. 천자의 경우에는 '교외 및 종묘[郊廟]'에서 제사를 지낼 때, 제후 및 군신(群臣)들과 미리 활쏘기를 하여, 적중함이 많은 자를 채택하고, 채택된 자로 하여금 천자가 주관하는 제사에 참여하도록 하는 의례(儀禮)이다. 『주례』「천관(天官)·사구(司裘)」편에는 "王大射, 則共虎侯, 熊侯, 豹侯, 設其鵠."이라는 기록이 있는데, 이에 대한 정현의 주에서는 "大射者, 爲祭祀射. 王將有郊廟之事, 以射擇諸侯及群臣與邦國所貢之士可以與祭者. …… 而中多者得與於祭."라고 풀이하였다. 한편 각 계급에 따라 '대사례'의 예법에는 차등이 있었는데, 예를 들어 천자가 시행하는 '대사례'에서는 표적으로 호후(虎侯), 웅후(熊侯), 표후(豹侯)가 사용되었고, 표적지에는 곡(鵠)을 설치했다. 그리고 제후가 시행하는 '대사례'에서는 웅후(熊侯), 표후(豹侯)가 사용되었고, 표적지에 곡(鵠)을 설치했다. 경(卿)과 대부(大夫)의 경우에는 미후(麋侯)를 사용하였고, 표적지에 곡(鵠)을 설치했다.
8) 빈사례(賓射禮)는 천자가 오랜 벗과 함께 연회를 한 후 시행하는 활쏘기를 뜻한다. 또한 제후들이 천자를 찾아뵙거나 또는 제후들끼리 서로 회동을 할 때, 활쏘기를 하며 연회를 베푸는 것을 뜻하기도 한다.

포로 된 과녁을 설치하고 정(正)을 설치한다. '椶'자는 '細(세)'자와 '兮(혜)'
자의 반절음이다.

孔疏 ●"子曰"至"妻帑". ○正義曰: 以上言9)行道在於己身, 故此一節覆
明行道在身之事, 以射譬之.

번역 ●經文: "子曰"~"妻帑". ○앞에서는 도를 시행하는 것은 자신에
게 달렸다고 말했다. 그렇기 때문에 이곳 문단에서는 도를 시행하는 것이
자신에게 달렸다는 사안에 대해서 재차 설명하며, 활쏘기를 통해서 비유한
것이다.

孔疏 ●"射有似乎君子"者, 言凡人之射, 有似乎君子之道.

번역 ●經文: "射有似乎君子". ○무릇 사람들이 활을 쏘는 것에 있어서,
군자의 도와 유사한 점이 있다는 뜻이다.

孔疏 ●"失諸正鵠, 反求諸其身"者, 諸, 於也; 求, 責也. 正, 謂賓射之侯;
鵠, 謂大射之侯. 言射者失於正鵠, 謂矢不中正鵠. 不責他人, 反鄕自責其身,
言君子之人, 失道於外, 亦反自責於己.

번역 ●經文: "失諸正鵠, 反求諸其身". ○'저(諸)'자는 어(於)자의 뜻이
며, '구(求)'자는 "책망하다[責]."는 뜻이다. '정(正)'은 빈사례(賓射禮) 때 설
치하는 과녁이며, '곡(鵠)'은 대사례(大射禮) 때 설치하는 과녁이다. 즉 활을
쏘는 자가 정곡에서 벗어났다는 말이니, 화살이 정곡을 맞히지 못했다는
의미이다. 남을 탓하지 않고 돌이켜서 스스로 자신을 책망하는 것이니, 군
자가 밖에서 도를 잃게 되면, 또한 돌이켜 스스로 자신을 책망한다는 의미
이다.

---

9) '언(言)'자에 대하여. '언'자는 본래 '수(雖)'자로 기록되어 있었는데, 완원(阮
元)의 『교감기(校勘記)』에서는 "포당(浦鏜)은 '수'자가 아마도 '언'자를 잘못
기록한 것이라고 했다."라고 했다.

集註 畫布曰正, 棲皮曰鵠, 皆侯之中, 射之的也. 子思引此孔子之言, 以結上文之意.

번역 포에 그림을 그린 과녁을 '정(正)'이라고 부르고, 가죽을 덧댄 과녁을 '곡(鵠)'이라고 부르는데, 이 모두는 과녁 중에서도 중앙에 해당하며, 활을 쏠 때의 표적이 된다. 자사는 이러한 공자의 말을 인용하여 앞 문장의 뜻을 결론 맺었다.

集註 右第十四章. 子思之言也. 凡章首無子曰字者放此.

번역 여기까지는 제 14장이다. 자사의 말에 해당한다. 무릇 각 장의 첫 부분에 '자왈(子曰)'이라는 글자가 없는 것은 모두 여기에 따른다.

그림 14-1 ▣ 대사례(大射禮)의 곡(鵠)과 과녁[侯]

侯

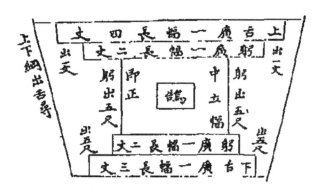

※ 출처: 곡(鵠)-『주례도설(周禮圖說)』하권
후(侯)-『삼례도(三禮圖)』4권

• 제 **15** 장 •

【1674上】

"君子之道, 辟如行遠必自邇, 辟如登高必自卑."

직역 "君子의 道는 辟하면 遠에 行함에 必히 邇로 自함과 如하고, 辟하면 高에 登함에 必히 卑로 自함과 如하다."

의역 공자가 계속하여 말하길, "군자의 도는 비유하자면 먼 길을 갈 때 반드시 가까운 곳으로부터 출발해야 함과 같고, 비유하자면 높은 곳에 오를 때 반드시 낮은 곳으로부터 출발해야 함과 같다."라고 했다.

鄭注 自, 從也. 邇, 近也. 行之以近者·卑者, 始以漸致之高遠.

번역 '자(自)'자는 "~로부터[從]"라는 뜻이다. '이(邇)'자는 "가깝다[近]."는 뜻이다. 길을 갈 때 가까운 곳과 낮은 곳으로부터 해야 비로소 점진적으로 높고 먼 곳으로 가게 된다.

釋文 辟音譬, 下同. 邇音爾. 卑音婢, 又如字, 注同.

번역 '辟'자의 음은 '譬(비)'이며, 아래문장에 나오는 글자도 그 음이 이와 같다. '邇'자의 음은 '爾(이)'이다. '卑'자의 음은 '婢(비)'이며, 또한 글자대로 읽기도 하고, 정현의 주에 나오는 글자도 이와 같다.

孔疏 ●"君子之道, 譬如行遠必自邇, 譬如登高必自卑"者, 自, 從也; 邇, 近也; 卑, 下也. 行之以遠者近之始, 升之以高者卑之始, 言以漸至高遠. 不云近者遠始, 卑者高始, 但勤行其道於身, 然後能被於物, 而可謂之高遠耳.

번역 ●經文: "君子之道, 譬如行遠必自邇, 譬如登高必自卑". ○'자(自)' 자는 "~로부터[從]"라는 뜻이고, '이(邇)'자는 "가깝다[近]."는 뜻이며, '비(卑)'자는 "낮다[下]."는 뜻이다. 먼 길을 가려고 할 때에는 가까운 곳으로부터 시작하고, 높은 곳에 오르려고 할 때에는 낮은 곳으로부터 시작하니, 이를 통해 점진적으로 높아지고 멀어진다는 의미이다. 가까운 곳이 먼 곳의 시작이고 낮은 곳이 높은 곳의 시작이라고 말하지 않은 것은 다만 자신을 통해 그 도를 시행하는데 힘쓴 뒤에야 다른 사물에게도 영향을 미칠 수 있으니, 이것을 높고 멀다고 부른 것일 뿐이다.

集註 辟, 譬同.

번역 '비(辟)'자는 "비유한다."는 뜻의 '비(譬)'자와 같다.

【1674上】

"詩曰, '妻子好合, 如鼓瑟琴. 兄弟旣翕, 和樂且耽. 宜爾室家, 樂爾妻帑.'"

직역 "詩에서 曰, '妻子가 好合함이, 瑟琴을 鼓함과 如하다. 兄弟가 旣히 翕하여, 和樂하고 且히 耽이라. 爾의 室家에 宜하며, 爾의 妻帑를 樂이라.'"

의역 공자가 계속하여 말하길, "『시』에서는 '처자가 좋아하고 화합하니 마치 금(琴)과 슬(瑟)을 타는 듯하구나. 형제가 화합하여 화락하고 또 즐겁도다. 너의 집안을 마땅하게 하며 너의 처자를 즐겁게 해야 한다.'"라고 했다.

鄭注 琴瑟, 聲相應和也. 翕, 合也. 耽, 亦樂也. 古者謂子孫曰"帑", 此詩言和室家之道, 自近者始.

번역 금(琴)과 슬(瑟)은 소리가 서로 호응하여 조화로운 것이다. '흡(翕)'자는 "화합하다[合]."는 뜻이다. '탐(耽)'자 또한 "즐겁다[樂]."는 뜻이다. 고대에는 자손들을 '노(帑)'라고 불렀으며, 이 시에서는 가정을 화목하게 하는 도가 가까운 곳으로부터 시작됨을 말하고 있다.

釋文 好, 呼報反. 翕, 許急反. 樂音洛, 下及注同. 耽, 丁南反. 帑音奴, 子孫也, 本又作孥, 同, 尙書傳·毛詩箋並云"子"也, 杜預注左傳云: "妻子也." 應, 應對之應. 和, 胡臥反.

번역 '好'자는 '呼(호)'자와 '報(보)'자의 반절음이다. '翕'자는 '許(허)'자와 '急(급)'자의 반절음이다. '樂'자의 음은 '洛(낙)'이며, 아래문장 및 정현의 주에 나오는 글자도 그 음이 이와 같다. '耽'자는 '丁(정)'자와 '南(남)'자의 반절음이다. '帑'자의 음은 '奴(노)'이며, 자손을 뜻하고, 판본에 따라서는 또한 '孥'자로도 기록하는데, 그 음은 동일하고, 『상서전』·『모시전』에서는 모두 '子'로 기록했으며, 『좌전』에 대한 두예의 주에서는 "처자이다."라고 했다. '應'자는 '응대(應對)'라고 할 때의 '應'자이다. '和'자는 '胡(호)'자와 '臥(와)'자의 반절음이다.

孔疏 ●"詩云妻子好合, 如鼓瑟琴. 兄弟旣翕, 和樂且耽", 此小雅·常棣之篇, 美文王之詩. 記人引此者, 言行道之法自近始, 猶如詩人之所云, 欲和遠人, 先和其妻子兄弟, 故云妻子好合, 情意相得, 如似鼓彈瑟與琴, 音聲相和也. 兄弟盡皆翕合, 情意和樂且復耽之. 耽之者, 是相好之甚也.

번역 ●經文: "詩云妻子好合, 如鼓瑟琴. 兄弟旣翕, 和樂且耽". ○이 시는 『시』「소아(小雅)·상체(常棣)」편으로,[1] 문왕(文王)을 찬미한 시이다. 『예기』를 기록한 자가 이 시를 인용한 것은 도를 시행하는 법도는 가까운 곳으로부터 시작해야 하는데, 『시』를 지은 자가 한 말과 같기 때문으로, 즉 멀리 떨어져 있는 자를 화락하게 하려면 우선적으로 처자와 형제들을 화락하게

---

1) 『시』「소아(小雅)·상체(常棣)」: 妻子好合, 如鼓瑟琴. 兄弟旣翕, 和樂且湛.

해야만 한다. 그렇기 때문에 처자가 좋아하고 화합한다고 한 것이니, 정감과 뜻이 서로 맞아서, 마치 슬(瑟)과 금(琴)을 탈 때 소리가 서로 화합하는 것과 같다는 의미이다. 또 형제가 이미 모두들 화합하여, 정감과 뜻이 화락하고 또 즐겁기까지 하다. '탐(耽)'이라는 것은 서로 좋아함이 매우 깊은 것이다.

孔疏 ●"宜爾室家, 樂爾妻帑"者, 宜善爾之室家, 愛樂爾之妻帑. 帑, 子也. 古者謂子孫爲帑, 故甘誓云: "予則帑戮汝." 於人則妻子爲帑, 於鳥則鳥尾爲帑. 左傳云"以害鳥帑", 是也.

번역 ●經文: "宜爾室家, 樂爾妻帑". ○마땅히 너의 집안을 선하게 해야 하며, 너의 처자를 아끼고 즐겁게 해야 한다는 의미이다. '노(帑)'자는 자식[子]을 뜻한다. 고대에는 자손을 '노(帑)'라고 불렀다. 그렇기 때문에 『서』「감서(甘誓)」편에서는 "내 너의 처자식까지 죽이겠노라."[2]라고 한 것이다. 사람에게 있어서는 처자를 노(帑)라고 하는데, 새에게 있어서는 새의 꼬리를 노(帑)라고 한다. 『좌전』에서는 "이로써 새의 꼬리를 해쳤다."[3]라고 했다.

集註 詩小雅常棣之篇. 鼓瑟琴, 和也. 翕, 亦合也. 耽, 亦樂也. 帑, 子孫也.

번역 시는 『시』「소아(小雅)·상체(常棣)」편이다. 금슬을 탄다는 것은 조화로움을 뜻한다. '흡(翕)'자 또한 "화합하다[合]."는 뜻이다. '탐(耽)'자 또한 "즐겁다[樂]."는 뜻이다. '노(帑)'자는 자손을 뜻한다.

---

2) 『서』「하서(夏書)·감서(甘誓)」 : 用命賞于祖, 弗用命戮于社, 予則孥戮汝.
3) 『춘추좌씨전』「양공(襄公) 28년」 : 裨竈曰, "今茲周王及楚子皆將死. 歲棄其次, 而旅於明年之次, 以害鳥帑, 周·楚惡之."

참고　『시』「소아(小雅)·상체(常棣)」

常棣之華, (상체지화) : 산앵두나무의 꽃이 만발한데,

鄂不韡韡. (악불위위) : 꽃받침이 빛나지 않을 수 있겠느냐.

凡今之人, (범금지인) : 지금 사람들의 은정에는,

莫如兄弟. (막여형제) : 형제만한 자가 없느니라.

死喪之威, (사상지위) : 죽음과 상례는 두려운 일인데,

兄弟孔懷. (형제공회) : 형제만이 깊이 서로를 생각해주는구나.

原隰裒矣, (원습부의) : 언덕이나 습지대에 모여 있음에,

兄弟求矣. (형제구의) : 형제만이 서로를 구해주는구나.

脊令在原, (척령재원) : 척령(脊令)이라는 새가 언덕에 있으니,

兄弟急難. (형제급난) : 형제만이 위급함에서 구해주는구나.

每有良朋, (매유량붕) : 비록 선량한 벗이 있더라도,

況也永歎. (황야영탄) : 이에 길게 탄식할 뿐이로다.

兄弟鬩于牆, (형제혁우장) : 형제는 집안에서 비록 싸우지만,

外禦其務. (외어기무) : 밖으로는 업신여김을 막는구나.

每有良朋, (매유량붕) : 비록 선량한 벗이 있더라도,

烝也無戎. (증야무융) : 오래도록 도와줌이 없구나.

喪亂旣平, (상란기평) : 상사와 혼란이 평정되어,

旣安且寧. (기안차녕) : 편안하고 안녕하노라.

雖有兄弟, (수유형제) : 비록 형제가 있지만,

不如友生. (불여우생) : 서로 권면하기는 벗만은 못하구나.

儐爾籩豆, (빈이변두) : 너의 변(籩)과 두(豆)를 늘어놓아,

飲酒之飫. (음주지어) : 술을 마시며 어례(飫禮)[4]를 하는구나.

兄弟旣具, (형제기구) : 형제들이 모여드니,

和樂且孺. (화락차유) : 화락하면서도 소목(昭穆)에 따른 질서가 있구나.

妻子好合, (처자호합) : 처자들과 뜻이 부합하니,

如鼓瑟琴. (여고슬금) : 금(瑟)과 슬(琴)을 조화롭게 연주함과 같노라.

兄弟旣翕, (형제기흡) : 형제들과 부합하니,

和樂且湛. (화락차담) : 화락하고 또 즐거움을 다하도다.

宜爾家室, (의이가실) : 네 집안의 대소사를 보호하고,

樂爾妻帑. (낙이처탕) : 네 처자들을 화락하게 하는구나.

是究是圖, (시구시도) : 네가 깊이 헤아리면,

亶其然乎. (단기연호) : 이와 같음을 믿으리라.

毛序 常棣, 燕兄弟也, 閔管蔡之失道. 故作常棣焉.

모서 「상체(常棣)」편은 형제에게 연회를 베푸는 것을 읊은 시이니, 관숙과 채숙이 도를 잃은 것을 민망하게 여겼기 때문에 「상체」편을 지었다.

---

4) 어례(飫禮)는 천자 및 제후가 전쟁이나 국가의 중대사를 의논하기 위해, 사람들을 불러 모아 시행하는 연회를 뜻한다.

그림 15-1 ▣ 금(琴)과 슬(瑟)

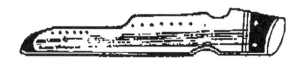

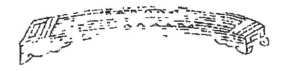

※ **출처**: 『삼례도집주(三禮圖集注)』 5권

【1674上】

子曰, "父母其順矣乎."

직역 子가 曰, "父母는 그 順인져."

의역 공자가 말하길, "부모가 교령을 시행하여 가족은 온순하게 될 것이다."라고 했다.

鄭注 謂其教令行, 使室家順.

번역 부모가 교령을 시행하여 가족을 온순하게 만든다는 뜻이다.

孔疏 ●"子曰: 父母其順矣乎者". ○正義曰: 因上和於遠人, 先和室家, 故此一經次之.

번역 ●經文: "子曰: 父母其順矣乎者". ○앞에서는 멀리 떨어져 있는 사람을 조화롭게 하려면 우선적으로 집안을 조화롭게 해야 한다고 했다. 그렇기 때문에 이곳 경문에서는 그 뒤를 이어서 말한 것이다.

孔疏 ●"父母其順矣乎", 謂父母能以教令行乎室家, 其和順矣乎. 言中庸之道, 先使室家和順, 乃能和順於外, 卽上云道不遠·施諸己.

번역 ●經文: "父母其順矣乎". ○부모는 집안에서 교령을 시행할 수 있으니, 화락하고 온순하게 된다는 뜻이다. 즉 중용의 도를 우선적으로 집안에서 시행하여 화락하고 온순하게 된다면, 밖에 대해서도 화락하고 온순하게 할 수 있으니, 앞에서 도는 멀리 떨어져 있지 않고, 자신에게 시행한다고 했던 말에 해당한다.

集註 夫子誦此詩而贊之曰, 人能和於妻子, 宜於兄弟如此, 則父母其安樂之矣. 子思引詩及此語, 以明行遠自邇·登高自卑之意.

번역 공자는 이 시를 암송한 뒤에 찬미하여, "사람이 처자에 대해 화락하게 하고 형제에게 마땅하게 함이 이와 같다면, 그의 부모는 안락하게 여길 것이다."라고 한 것이다. 자사는 『시』와 이러한 공자의 말을 인용하여, 먼 곳으로 갈 때에는 가까운 곳으로부터 시작하고, 높은 곳에 오를 때에는 낮은 곳으로부터 시작한다는 뜻을 나타내었다.

集註 右第十五章.

번역 여기까지는 제 15장이다.

• 제 16 장 •

【1675上】

子曰, "鬼神之爲德, 其盛矣乎! 視之而弗見, 聽之而弗聞,
體物而不可遺."

직역 子가 曰, "鬼神의 德이 爲함은 그 盛인져! 視라도 見이 弗하고, 聽이라도
聞이 弗한데, 物을 體하여 遺한 可가 不이라."

의역 공자가 말하길, "귀신의 덕은 성대하구나. 보더라도 보이지 않고 듣더라
도 들리지 않는데, 사물을 낳으면서도 하나라도 빼놓는 것이 없구나."라고 했다.

鄭注 體, 猶生也. 可, 猶所也. 不有所遺, 言萬物無不以鬼神之氣生也.

번역 '체(體)'자는 "낳다[生]."는 뜻이다. '가(可)'자는 소(所)자이다. 남
겨두는 것이 없다는 말은 만물 중에는 귀신의 기운을 통해 생겨나지 않는
것이 없다는 뜻이다.

孔疏 ●"子曰"至"此夫". ○正義曰: 此一節明鬼神之道無形, 而能顯著誠
信. 中庸之道與鬼神之道相似, 亦從微至著, 不言而自誠也.

번역 ●經文: "子曰"~"此夫". ○이곳 문단은 귀신의 도는 형체가 없지
만 밝게 드러나며 진실될 수 있음을 나타내고 있다. 중용의 도와 귀신의
도는 서로 유사하니, 또한 은미한 것으로부터 드러나게 되며, 말하지 않아
도 스스로 진실된다.

孔疏 ●"體物而不可遺"者, 體, 猶生也; 可, 猶所也. 言萬物生而有形體,

故云"體物而不可遺"者, 言鬼神之道, 生養萬物, 無不周徧而不有所遺, 言萬
物無不以鬼神之氣生也.

번역 ●經文: "體物而不可遺". ○'체(體)'자는 "낳다[生]."는 뜻이며, '가
(可)'자는 소(所)자이다. 즉 만물이 태어남에 형체를 가지고 있기 때문에
"만물을 낳으면서도 빼놓는 것이 없다."라고 했으니, 귀신의 도는 만물을
낳고 기르면서도 두루 하지 않음이 없어 빼놓는 것이 없다는 의미로, 만물
중에는 귀신의 기를 통해 태어나지 않은 것이 없다는 뜻이다.

集註 程子曰, "鬼神, 天地之功用, 而造化之迹也." 張子曰, "鬼神者, 二氣
之良能也." 愚謂以二氣言, 則鬼者陰之靈也, 神者陽之靈也. 以一氣言, 則至
而伸者爲神, 反而歸者爲鬼, 其實一物而已. 爲德, 猶言性情功效.

번역 정자는 "'귀신(鬼神)'은 천지의 작용이자 바탕이며 조화가 드러난
자취이다."라고 했다. 장자는 "'귀신(鬼神)'은 음양 두 기운의 양능(良能)이
다."라고 했다. 내가 생각하기에 음양 두 기운으로 말을 한다면, 귀(鬼)는
음기의 영매함이며, 신(神)은 양기의 영매함이다. 하나의 기로 말을 한다면,
이르러 펴지는 것은 신(神)이 되고, 돌아가 되돌아가는 것은 귀(鬼)가 되는
데, 실제로는 하나의 사물일 따름이다. '위덕(爲德)'은 성정(性情)이나 공효
(功效)라고 말함과 같다.

集註 鬼神無形與聲, 然物之終始, 莫非陰陽合散之所爲, 是其爲物之體,
而物所不能遺也. 其言體物, 猶易所謂幹事.

번역 귀신은 형체나 소리가 없지만, 사물의 시작과 끝은 음양의 두 기운
이 합하고 흩어지는 작용 아닌 것들이 없으니, 사물의 본체가 되어, 사물이
빠뜨릴 수 없는 것이다. '체물(體物)'이라고 한 말은 『역』에서 '일의 근간'[1]
이라고 한 말과 같다.

---

1) 『역』「건괘(乾卦)」: 貞固, 足以幹事.

【1675上~下】

"使天下之人, 齊明盛服, 以承祭祀. 洋洋乎如在其上, 如在其左右."

직역 "天下의 人으로 使하여, 齊明하고 盛服하여, 이로써 祭祀를 承한다. 洋洋히 그 上에 在함과 如하고, 그 左右에 在함과 如하다."

의역 공자가 계속하여 말하길, "천하의 사람들로 하여금 재계하고 청결하게 하며 성복(盛服)2)을 하여, 제사를 지내게 한다. 그러면 어렴풋하게 그 위에 있는 듯하며 주변에 있는 듯하다."라고 했다.

鄭注 明, 猶潔也. 洋洋, 人想思其傍僾之貌.

번역 '명(明)'자는 "청결하다[潔]."는 뜻이다. '양양(洋洋)'은 사람이 어렴풋하게 떠올리는 모습을 뜻한다.

釋文 齊, 側皆反, 本亦作齋. 洋音羊. 傍, 皇薄剛反, 謂左右也, 徐方岡反. 僾, 徐於愷反, 又音愛.

번역 '齊'자는 '側(측)'자와 '皆(개)'자의 반절음이며, 판본에 따라서는 또한 '齋'자로도 기록한다. '洋'자의 음은 '羊(양)'이다. '傍'자의 황음(皇音)은 '薄(박)'자와 '剛(강)'자의 반절음이며, 주변을 뜻하고, 서음(徐音)은 '方(방)'자와 '岡)강)'자의 반절음이다. '僾'자의 서음은 '於(어)'자와 '愷)개)'자의 반

---

2) 성복(盛服)은 격식에 맞게 갖춰 입는 옷들을 가리킨다. 주로 제례(祭禮) 및 정식 의례(儀禮)에 참여할 때 착용하는 복장들을 가리킨다. 참가자들은 이 복장을 갖춤으로써, 엄숙함과 단정함을 나타내게 된다. 『중용』「16장」에는 "使天下之人齊明盛服, 以承祭祀."라는 기록이 있고, 이에 대한 공영달(孔穎達)의 소(疏)에서는 "盛飾衣服, 以承祭祀."라고 풀이했다. 한편 '성복'은 치장을 화려하게 한 옷을 가리키기도 한다. 『순자(荀子)』「자도(子道)」편에는 "子路盛服見孔子. 孔子曰, 由! 是裾裾何也?"라는 기록이 있다.

절음이며, 또한 그 음은 '愛(애)'도 된다.

孔疏 ●"使天下之人, 齊明盛服, 以承祭祀"者, 明, 猶絜也. 言鬼神能生養萬物, 故天下之人齊戒明絜, 盛飾餘服以承祭祀.

번역 ●經文: "使天下之人, 齊明盛服, 以承祭祀". ○'명(明)'자는 "청결하다[潔]."는 뜻이다. 즉 귀신은 만물을 낳고 기를 수 있기 때문에 천하의 사람들이 재계를 하고 청결하게 하며 의복을 화려하게 갖춰서 제사를 지낸다는 뜻이다.

孔疏 ●"洋洋乎如在其上, 如在其左右"者, 言鬼神之形狀, 人想像之, 如在人之上, 如在人之左右, 想見其形也.

번역 ●經文: "洋洋乎如在其上, 如在其左右". ○귀신의 형상에 대해서 사람들이 떠올리는데, 마치 사람의 위에 있는 것 같기도 하고 주위에 있는 것 같기도 하니, 그 모습을 상상한다는 뜻이다.

集註 齊之爲言齊也, 所以齊不齊而致其齊也. 明, 猶潔也. 洋洋, 流動充滿之意. 能使人畏敬奉承, 而發見昭著如此, 乃其體物而不可遺之驗也. 孔子曰, "其氣發揚于上, 爲昭明焄蒿悽愴. 此百物之精也, 神之著也", 正謂此爾.

번역 '제(齊)'자는 가지런히 한다는 뜻으로, 가지런하지 않은 것을 가지런히 하여 가지런히 정리함을 지극히 하는 것이다. '명(明)'자는 "청결하다[潔]."는 뜻이다. '양양(洋洋)'은 두루 흘러 움직이며 충만하다는 뜻이다. 사람들로 하여금 외경하고 받들게 만들면서도 밝게 드러남이 이와 같으니, 사물의 본체가 되어 빠트릴 수 없다는 징험이 된다. 공자는 "그 기(氣)는 위로 발향하여 밝게 드러나고 피워 오르며 오싹하게 만드니, 이것은 모든 사물의 정기이며 '신(神)'의 드러남이다."[3]라고 했는데, 바로 이것을 뜻할

---

3) 『예기』「제의(祭義)」【561c】: 衆生必死, 死必歸土, 此之謂鬼. 骨肉斃于下, 陰

따름이다.

【1675下】

"詩曰: '神之格思, 不可度思, 矧可射思.'"

직역 "詩曰: '神之格思, 不可度思, 矧可射思.'"

의역 공자가 계속하여 말하길, "『시』에서는 '신이 찾아옴에 헤아릴 수 없는데, 하물며 싫어할 수 있겠는가.'"라고 했다.

鄭注 格, 來也. 矧, 況也. 射, 厭也. 思, 皆聲之助. 言神之來, 其形象不可億度而知, 事之盡敬而已, 況可厭倦乎.

번역 '격(格)'자는 "온다[來]."는 뜻이다. '신(矧)'자는 하물며[況]라는 뜻이다. '역(射)'자는 "물리다[厭]."는 뜻이다. '사(思)'자는 모두 음가를 맞추기 위한 조사이다. 즉 신이 찾아옴에 그 형상은 예측하여 알 수 없으니, 섬기며 공경을 다할 따름인데, 하물며 태만하게 할 수 있겠느냐는 의미이다.

釋文 格, 古百反. 度, 待洛反, 注同. 矧, 詩忍反, 注同. 射音亦. 厭, 於豔反, 字又作"壓", 下同. 盡, 子忍反.

번역 '格'자는 '古(고)'자와 '百(백)'자의 반절음이다. '度'자는 '待(대)'자와 '洛(낙)'자의 반절음이며, 정현의 주에 나오는 글자도 그 음이 이와 같다. '矧'자는 '詩(시)'자와 '忍(인)'자의 반절음이며, 정현의 주에 나오는 글자도 그 음이 이와 같다. '射'자의 음은 '亦(역)'이다. '厭'자는 '於(어)'자와 '豔(염)'자의 반절음이며, 그 글자를 또한 '壓'자로도 기록하고, 아래에 나온 글자도

爲野土. 其氣發揚于上, 爲昭明焄蒿悽愴, 此百物之精也, 神之著也.

이와 같다. '盡'자는 '子(자)'자와 '忍(인)'자의 반절음이다.

孔疏 ●"詩曰: 神之格思, 不可度思, 矧可射思"者, 格, 來也; 思, 辭也; 矧, 況也; 射, 厭也. 此大雅·抑之篇, 刺厲王之詩. 詩人刺時人祭祀懈倦, 故云神之 來至, 以其無形不可度知, 恒須恭敬, 況於祭祀之末可厭倦之乎? 言不可厭倦 也. 記者引詩, 明鬼神之所尊敬也.

번역 ●經文: "詩曰: 神之格思, 不可度思, 矧可射思". ○'격(格)'자는 "온 다[來]."는 뜻이며, '사(思)'자는 어조사이고, '신(矧)'자는 하물며[況]라는 뜻 이다. 이것은 『시』「대아(大雅)·억(抑)」편으로,[4] 여왕(厲王)을 풍자한 시이 다. 이 시를 지은 자는 당시 사람들이 제사를 지내며 태만하게 구는 것을 풍자했다. 그렇기 때문에 신이 찾아올 때 형체가 없어서 헤아릴 수 없지만, 항상 공경을 다해야 한다. 그런데 하물며 제사 말미에 태만하게 굴 수 있겠 느냐는 의미이다. 즉 태만하게 굴어서는 안 된다는 뜻이다. 『예기』를 기록 한 자는 이 시를 인용하여 귀신은 존경을 받는 대상임을 나타내었다.

集註 詩大雅抑之篇. 格, 來也. 矧, 況也. 射, 厭也, 言厭怠而不敬也. 思, 語辭.

번역 이 시는 『시』「대아(大雅)·억(抑)」편이다. '격(格)'자는 "온다[來]." 는 뜻이다. '신(矧)'자는 하물며[況]라는 뜻이다. '역(射)'자는 "물리다[厭]." 는 뜻이다. 즉 질리고 태만하여 공경하지 않는다는 뜻이다. '사(思)'자는 어 조사이다.

---

4) 『시』「대아(大雅)·억(抑)」: 視爾友君子, 輯柔爾顏, 不遐有愆. 相在爾室, 尙不 愧于屋漏. 無曰不顯, 莫予云覯. <u>神之格思, 不可度思, 矧可射思</u>.

참고 『시』「대아(大雅)·억(抑)」

抑抑威儀, (억억위의) : 촘촘한 위엄스러운 거동이여,
維德之隅. (유덕지우) : 그 덕은 엄숙하고 단정하구나.
人亦有言, (인역유언) : 사람들이 또한 말하길,
靡哲不愚. (미철불우) : 현명한 자가 아니라면 어리석은 것처럼
　　　　　　　　　하지 않는구나.
庶人之愚, (서인지우) : 일반인의 어리석음은,
亦職維疾. (역직유질) : 본성상의 병통이니라.
哲人之愚, (철인지우) : 현명한 자의 어리석은 태도는,
亦維斯戾. (역유사려) : 죄를 짓게 될까 염려해서이다.

無競維人, (무경유인) : 현자를 얻는데 힘쓰지 않는 자여,
四方其訓之. (사방기훈지) : 현자는 사방을 가르칠 사람이로다.
有覺德行, (유각덕행) : 곧은 덕행을 소유하게 되리니,
四國順之. (사국순지) : 사방의 나라가 따르리라.
訏謨定命, (우모정명) : 도를 크게 하며 명령을 확정하여,
遠猶辰告. (원유진고) : 계획을 원대하게 하여 때에 맞게 알려주리라.
敬愼威儀, (경신위의) : 공경스럽고 신중하며 위엄스러운 거동이여,
維民之則. (유민지칙) : 백성들의 법도이니라.

其在于今, (기재우금) : 지금 여왕(厲王)의 치하에 있어서는,
興迷亂于政. (흥미란우정) : 소인을 숭상하여 정사를 혼란케 하는구나.
顚覆厥德, (전복궐덕) : 공덕을 무너트리고,
荒湛于酒. (황담우주) : 정사를 황폐하게 하여 술독에 빠지는구나.
女雖湛樂從, (여수담락종) : 너희 군신들이 술독에 빠져 서로 즐거워하며
　　　　　　　　　따르지만,
弗念厥紹. (불념궐소) : 너희 후손들이 본받아 따를 것을 생각하지 못하는

구나.

罔敷求先王, (망부구선왕) : 선왕의 도를 구하여,

克共明刑. (극공명형) : 함께 법도를 드러내지 못하는구나.

肆皇天弗尙, (사황천불상) : 예나 지금이나 황천(皇天)[5]께서 가상히 여기지
　　　　　　　　　　않아,

如彼泉流, (여피천류) : 방만한 정치가 저 흘러가는 물과도 같으니,

無淪胥以亡. (무륜서이망) : 서로 바로잡아 이끌어줌이 없어 모두 망하게
　　　　　　　　　　되리라.

夙興夜寐, (숙흥야매) : 일찍 일어나고 밤늦게 자서,

洒埽庭內, (쇄소정내) : 마당을 깨끗이 청소하여,

維民之章. (유민지장) : 백성들의 표본이 되어야 하니라.

脩爾車馬, (수이차마) : 너의 수레와 말,

弓矢戎兵. (궁시융병) : 활과 화살 및 병장기를 수선할지어다.

用戒戎作, (용계융작) : 이로써 대비하여 군대를 일으키면 정벌하고,

用遏蠻方. (용적만방) : 이로써 오랑캐를 막을지어다.

質爾人民, (질이인민) : 너의 백성들을 편안케 하며,

謹爾侯度, (근이후도) : 너의 제후들에게 모범이 되지 못할까 염려하리니,

用戒不虞. (용계불우) : 이로써 뜻하지 않은 변고를 대비하여라.

愼爾出話, (신이출화) : 너의 교화와 정령을 신중히 하고,

敬爾威儀. (경이위의) : 너의 위엄스러운 거동을 공경스럽게 하여,

無不柔嘉. (무불유가) : 안정되고 선하지 않은 일이 없게끔 하라.

白圭之玷, (백규지점) : 백색 옥의 흠집은,

尙可磨也, (상가마야) : 오히려 갈아서 없앨 수 있으나,

斯言之玷, (사언지점) : 이 말의 흠집은,

5) 황천(皇天)은 천신(天神)을 높여 부르는 말로, 황천상제(皇天上帝)를 뜻한다.
　'황천상제'는 또한 상제(上帝), 천제(天帝) 등으로 지칭되기도 한다. 한편 '황
　천'과 '상제'를 별개의 대상으로 풀이하기도 한다.

不可爲也. (불가위야) : 그렇게 할 수 없느니라.

無易由言, (무이유언) : 말을 경솔히 하지 말지니,

無曰苟矣, (무왈구의) : 구차하도다,

莫捫朕舌, (막문짐설) : 내 혀를 잡아주는 자가 없다고 말하지 말지니,

言不可逝矣. (언불가서의) : 교령(教令)이 한 번이라도 백성들에게 미치지

　　　　　　　　　못하는구나.

無言不讎, (무언불수) : 말은 쓰이지 않음이 없고,

無德不報. (무덕불보) : 덕은 보답하지 않음이 없도다.

惠于朋友, (혜우붕우) : 제후들에게 도에 따라 베풀고,

庶民小子. (서민소자) : 백성들에게도 베풀어야 하느니라.

子孫繩繩, (자손승승) : 자손들이 왕의 교령을 조심하는데,

萬民靡不承. (만민미불승) : 백성들 중 받들지 않는 자가 없구나.

視爾友君子, (시이우군자) : 너의 제후와 경들을 보니,

輯柔爾顔, (집유이안) : 모두가 너의 안색만 편안케 하노라,

不遐有愆. (불하유건) : 멀지 않아 죄를 범하리라.

相在爾室, (상재이실) : 신하들이 너의 묘실(廟室)에 있는데,

尙不愧于屋漏. (상불괴우옥루) : 오히려 신들에게 공경하지 않는구나.

無曰不顯, (무왈불현) : 드러나지 않으니,

莫予云覯. (막여운구) : 나를 보는 이가 없다고 말하지 말지어다.

神之格思, (신지격사) : 신이 찾아옴은,

不可度思, (불가탁사) : 헤아릴 수 없거늘,

矧可射思. (신가역사) : 하물며 제사 말미에 나태하게 굴 수 있겠는가.

辟爾爲德, (벽이위덕) : 네가 시행하는 덕을 잘 헤아려,

俾臧俾嘉. (비장비가) : 백성과 신하들이 아름답게 여기도록 하라.

淑愼爾止, (숙신이지) : 너의 행동거지를 삼가고 조심하여,

不愆于儀. (불건우의) : 위엄스러운 예법을 어기지 말지어다.

不僭不賊, (불참부적) : 어기지 않고 그르치지 아니하면,

鮮不爲則. (선불위칙) : 법도로 삼지 않는 자가 적을 것이니라.

投我以桃, (투아이도) : 나에게 복숭아를 던져주면,

報之以李. (보지이리) : 그에게 오얏으로 보답하리라.

彼童而角, (피동이각) : 저 덕이 없는 왕후(王后)6)는 덕이 있다 여기니,

實虹小子. (실홍소자) : 실로 왕의 정사를 황망하게 만드는구나.

荏染柔木, (임염유목) : 부들부들하고 유연한 나무는,

言緡之絲. (언민지사) : 끈을 매어 활로 만드느니라.

溫溫恭人, (온온공인) : 온화하고 공손한 사람은,

維德之基. (유덕지기) : 덕의 기틀이니라.

其維哲人, (기유철인) : 저 현명한 사람은,

告之話言, (고지화언) : 선한 말로 일러주니,

順德之行. (순덕지행) : 덕에 따라 행동할지어다.

其維愚人, (기유우인) : 저 어리석은 사람은,

覆謂我僭. (복위아참) : 도리어 나를 믿지 않는다 하니,

民各有心. (민각유심) : 백성들은 각기 다른 마음을 품고 있구나.

於呼小子, (오호소자) : 아아, 왕이여,

未知臧否. (미지장부) : 선한지 아닌지도 모르는가.

匪手攜之, (비수휴지) : 내가 손으로 끌어줄 뿐 아니라,

言示之事. (언시지사) : 직접 그 일의 시비를 보여주지 않았던가.

匪面命之, (비면명지) : 내가 대면하여 말한 한 것이 아니라,

言提其耳. (언제기이) : 귀에 대고 직접 말해주지 않았던가.

借曰未知, (차왈미지) : 어떤 이는 왕은 무지한데도,

---

6) 왕후(王后)는 천자의 본부인을 뜻한다. 후대에는 황후(皇后)라고 부르기도
  하였다. 고대에는 천자(天子)를 왕(王)이라고 불렀기 때문에, 천자의 부인을
  '왕후'라고 부른다. 또한 '왕'자를 생략하여 '후(后)'라고도 부른다.

亦旣抱子. (역기포자) : 또한 이미 아이를 안고 있을 만큼 나이를 먹었다고
하는구나.

民之靡盈, (민지미영) : 백성들이 왕에게 만족을 못하는데,

誰夙知而莫成. (수숙지이막성) : 그 누가 일찍 깨우치고도 늦게 이룬단
말인가.

昊天孔昭, (호천공소) : 호천(昊天)[7]께서 밝게 살피신데,

我生靡樂. (아생미락) : 나의 삶은 즐겁지 않구나.

視爾夢夢, (시이몽몽) : 네 뜻의 몽매함을 보니,

我心慘慘. (아심참참) : 내 마음의 근심이 비참하구나.

誨爾諄諄, (회이순순) : 너를 가르치길 정성을 다하였거늘,

聽我藐藐. (청아막막) : 내 말을 건성으로 듣는구나.

匪用爲敎, (비용위교) : 내 말을 정사에 사용하지 않고서,

覆用爲虐. (복용위학) : 도리어 내 말이 해를 끼친다 하는구나.

借曰未知, (차왈미지) : 어떤 이는 왕은 무지한데도,

亦聿旣耄. (역율기모) : 또한 이미 늙었다고 하는구나.

---

7) 호천상제(昊天上帝)는 호천(昊天)과 상제(上帝)로 구분하여 해석하기도 하
며, '호천상제'를 하나의 용어로 해석하기도 한다. 후자의 경우 '호천'이라는
말은 '상제'를 수식하는 말이다. 고대에는 축호(祝號)라는 것을 지어서 제사
때의 용어를 수식어로 꾸미게 되는데, '호천상제'의 경우는 '상제'에 대한 축
호에 해당하며, 세분하여 설명하자면 신(神)의 명칭에 수식어를 붙이는 신호
(神號)에 해당한다. 『예기』「예운(禮運)」편에는 "作其祝號, 玄酒以祭, 薦其血
毛, 腥其俎, 孰其殽."라는 기록이 있고, 이에 대한 진호(陳澔)의 주에서는 "作
其祝號者, 造爲鬼神及牲玉美號之辭. 神號, 如昊天上帝."라고 풀이했다. '호천'
과 '상제'로 풀이할 경우, '상제'는 만물을 주재하는 자이며, '상천(上天)'이라
고도 불렀다. 고대인들은 길흉(吉凶)과 화복(禍福)을 내릴 수 있는 능력을 갖
추고 있었다고 생각하였다. 한편 '상제'는 오행(五行) 관념에 따라 동·서·남·
북·중앙의 구분이 생기면서, 천상을 각각 나누어 다스리는 오제(五帝)로 설
명되기도 한다. '호천'의 경우 천신(天神)을 뜻하는데, '상제'와 비슷한 개념이
다. '호천'을 '상제'보다 상위의 개념으로 해석하여, 오제 위에서 군림하는 신
으로 해석하는 경우도 있다.

於乎小子, (오호소자) : 아아, 왕이여,

告爾舊止. (고이구지) : 너에게 오래전부터 내려오던 말을 일러주노라.

聽用我謀, (청용아모) : 내 말을 듣고서 따른다면,

庶無大悔. (서무대회) : 큰 후회가 거의 없으리라.

天方艱難, (천방간난) : 하늘이 재앙을 내려,

日喪厥國. (왈상궐국) : 그 나라를 망하게 할지라.

取譬不遠, (취비불원) : 내 비유함이 심원한 것이 아니니,

昊天不忒. (호천불특) : 호천의 덕과 차이를 두지 말지어다.

回遹其德, (회휼기덕) : 그 덕을 어기고서,

俾民大棘. (비민대극) : 백성들을 매우 궁핍하게 만드는구나.

毛序 抑, 衛武公, 刺厲王, 亦以自警也.

모서 「억(抑)」편은 위(衛)나라 무공(武公)이 여왕(厲王)을 풍자한 시이며, 또한 스스로 경계하는 말이다.

【1675下】

"夫微之顯, 誠之不可揜, 如此夫."

직역 "夫히 微의 顯이며, 誠을 揜을 不可함이 此와 如인져."

의역 공자가 계속하여 말하길, "귀신은 형체가 없는데도 드러나며, 진실됨을 가릴 수 없음이 이와 같구나."라고 했다.

鄭注 言神無形而著, 不言而誠.

번역 신은 형체가 없는데도 드러나며, 말을 하지 않았는데도 진실되다

는 뜻이다.

釋文 揜音掩, 於檢反. 此夫音扶. 著, 張慮反.

번역 '揜'자의 음은 '掩'이니, '於(어)'자와 '檢(검)'자의 반절음이다. '此夫'에서의 '夫'자는 그 음이 '扶(부)'이다. '著'자는 '張(장)'자와 '慮(려)'자의 반절음이다.

孔疏 ●"夫微之顯"者, 言鬼神之狀微昧不見, 而精靈與人爲吉凶, 是"從微之顯"也.

번역 ●經文: "夫微之顯". ○귀신의 형상은 은미하여 드러나지 않지만, 그 영매한 기운은 사람에게 길흉을 내리니, 이것인 '은미한 것으로부터 드러남'을 뜻한다.

孔疏 ●"誠之不可揜"者, 言鬼神誠信, 不可揜蔽. 善者必降之以福, 惡者必降之以禍.

번역 ●經文: "誠之不可揜". ○귀신은 진실되어 가릴 수가 없다는 뜻이다. 선한 자에게는 반드시 복을 내리고, 악한 자에게는 반드시 재앙을 내린다.

孔疏 ●"如此夫"者, 此詩人所云, 何可厭倦? 夫, 語助也. 此鬼神卽與易・繫辭云"是故知鬼神之情狀, 與天地相似", 以能生萬物也. 按彼注: "木火之神生物, 金水之鬼終物." 彼以春夏對秋冬, 故以春夏生物, 秋冬終物. 其實鬼神皆能生物・終物也, 故此云"體物而不可遺". 此雖說陰陽鬼神, 人之鬼神亦附陰陽之鬼神, 故此云"齊明盛服, 以承祭祀", 是兼人之鬼神也.

번역 ●經文: "如此夫". ○이 시를 기록한 자가 한 말에 대해서 어찌 태만하게 굴 수 있겠는가? '부(夫)'자는 어조사이다. 여기에서 말한 '귀신(鬼神)'은 곧 『역』「계사전(繫辭傳)」에서 "이러한 까닭으로 귀신의 실정을 알고, 천지와 더불어 서로 같아진다."[8]라고 할 때의 귀신에 해당하니, 이를 통해 만물을 태어나게 할 수 있다. 『역』에 대한 주를 살펴보니, "목(木)과 화(火)의 신(神)은 만물을 태어나게 하고, 금(金)과 수(水)의 귀(鬼)는 만물을 죽게 만든다."라고 했다. 『역』의 주는 봄·여름을 가을·겨울과 대비했기 때문에, 봄·여름은 만물을 태어나게 하고 가을·겨울은 만물을 죽게 만든다고 한 것이다. 그러나 실제로 귀(鬼)와 신(神)은 만물을 태어나게 할 수도 있고 죽게 할 수도 있다. 그렇기 때문에 이곳에서는 "사물을 태어나게 하면서도 빼놓지 않는다."라고 말한 것이다. 이곳 기록은 비록 음양에 대한 귀신을 말한 것이지만, 사람의 귀신 또한 음양의 귀신에 붙어 있다. 그렇기 때문에 이곳에서는 "재계하고 청결하게 하며 성복(盛服)을 하여, 제사를 지낸다."라고 말한 것이니, 이것은 사람의 귀신까지도 함께 말한 것이다.

集註 誠者, 眞實無妄之謂. 陰陽合散, 無非實者. 故其發見之不可揜如此.

번역 '성(誠)'은 진실되어 망령됨이 없는 것을 뜻한다. 음양이 합하고 흩어짐에 진실되지 않은 것이 없다. 그렇기 때문에 그것이 드러남을 이처럼 가릴 수 없는 것이다.

集註 右第十六章. 不見不聞, 隱也. 體物如在, 則亦費矣. 此前三章, 以其費之小者而言. 此後三章, 以其費之大者而言. 此一章, 兼費隱·包大小而言.

번역 여기까지는 제16장이다. 보이지 않고 들리지 않는 것은 은(隱)에 해당한다. 사물의 본체가 되어 존재하는 것과 같은 것은 또한 비(費)가 된다. 이 앞의 3개 장은 비(費) 중에서도 작은 것을 기준으로 한 말이다. 이 뒤의 3개 장은 비(費) 중에서도 큰 것을 기준으로 한 말이다. 이곳 한 장은 비(費)와 은(隱)을 겸하고 대소를 포함해서 한 말이다.

---

8) 『역』「계사상(繫辭上)」: 仰以觀於天文, 俯以察於地理, 是故知幽明之故, 原始反終, 故知死生之說, 精氣爲物, 遊魂爲變, 是故知鬼神之情狀. 與天地相似, 故不違, 知周乎萬物而道濟天下, 故不過, 旁行而不流, 樂天知命, 故不憂, 安土敦乎仁, 故能愛.

• 제 17 장 •

子曰, "舜其大孝也與. 德爲聖人, 尊爲天子, 富有四海之內, 宗廟饗之, 子孫保之."

직역 子가 曰, "舜은 그 大孝일 것이다. 德은 聖人이 爲하고, 尊은 天子가 爲하며, 富는 四海의 內를 有하여, 宗廟에서 饗하고, 子孫이 保라."

의역 공자가 말하길, "순임금은 위대한 효자일 것이다. 덕으로는 성인이 되셨고, 존귀함으로는 천자가 되셨으며, 부유함으로는 천하를 소유하셔서, 종묘에서 흠향을 하셨고, 자손들이 편안하게 제사를 받들었다."라고 했다.

鄭注 保, 安也.

번역 '보(保)'자는 "편안하게 하다[安]."는 뜻이다.

釋文 與音餘.

번역 '與'자의 음은 '餘(여)'이다.

孔疏 ●"子曰"至"受命". ○正義曰: 此一節明中庸之德, 故能富有天下, 受天之命也.

번역 ●經文: "子曰"~"受命". ○이곳 문단은 중용의 덕을 가지고 있었기 때문에 부유함으로는 천하를 소유하고 하늘의 명을 받을 수 있었다는 뜻을 나타낸다.

孔疏 ●“子孫保之”者, 師說云: 舜禪與禹, 何言保者, 此子孫承保祭祀, 故云“保”. 周時陳國是舜之後.

번역 ●經文: “子孫保之”. ○선대 학자들은 순임금은 제위를 선양하여 우임금에게 물려주었는데, 어찌하여 보(保)라고 말했는가? 그 이유는 자손들이 그를 받들어 제사를 보존할 수 있었기 때문에 ‘보(保)’라고 말한 것이라고 했다. 주나라 시기의 진(陳)나라는 바로 순임금의 후손국이다.

集註 子孫, 謂虞思·陳胡公之屬.

번역 ‘자손(子孫)’은 우사(虞思)나 진(陳)나라 호공(胡公) 등을 뜻한다.

● 그림 17-1 ◼ 제왕전수총도(帝王傳授總圖)

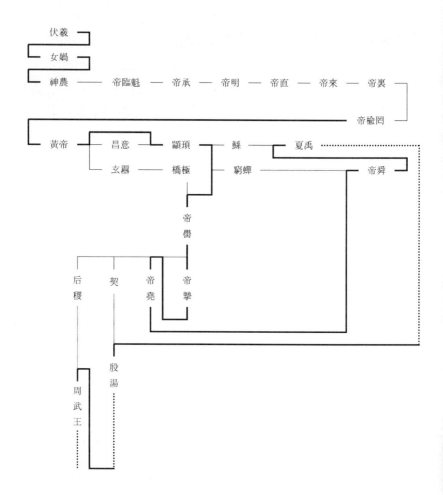

※ **출처**: 『역사(繹史)』1권 「역사세계도(繹史世系圖)」

그림 17-2 ▣ 유우씨(有虞氏) 세계도(世系圖)

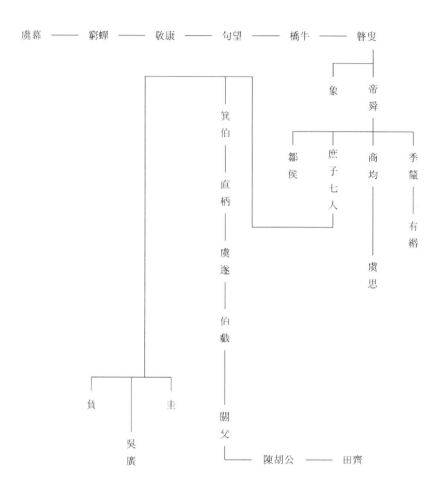

※ **출처**: 『역사(繹史)』 1권 「역사세계도(繹史世系圖)」

그림 17-3 ▣ 진(陳)나라 세계도(世系圖)

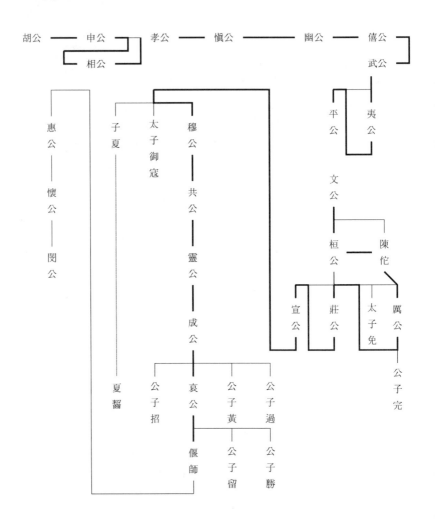

※ **출처:**『역사(繹史)』1권「역사세계도(繹史世系圖)」

【1676下】

"故大德必得其位, 必得其祿, 必得其名, 必得其壽."

직역 "故로 大德은 必히 그 位를 得하고, 必히 그 祿을 得하며, 必히 그 名을 得하고, 必히 그 壽를 得한다."

의역 공자가 계속하여 말하길, "그러므로 위대한 덕을 갖춘 자는 반드시 그에 걸맞은 지위를 얻고, 반드시 그에 걸맞은 녹봉을 받으며, 반드시 그에 걸맞은 명성을 얻고, 반드시 그에 걸맞게 장수한다."라고 했다.

鄭注 名, 令聞也.

번역 '명(名)'자는 아름다운 명성을 뜻한다.

釋文 聞音問, 下令聞同.

번역 '聞'자의 음은 '問(문)'이며, 아래문장에 나오는 '令聞'에서의 '聞'자도 그 음이 이와 같다.

孔疏 ●"故大德必得其位"者, 以其德大能覆養天下, 故"必得其位". 如孔子有大德而無其位, 以不應王錄, 雖有大德, 而無其位也. 按援神契云: "丘爲制法, 主黑綠, 不代蒼黃." 言孔子黑龍之精, 不合代周家木德之蒼也. 孔演圖又云"聖人不空生, 必有所制以顯天心, 丘爲木鐸制天下法", 是也.

번역 ●經文: "故大德必得其位". ○그의 덕이 커서 천하를 덮어주고 길러줄 수 있기 때문에 "반드시 그 지위를 얻는다."라고 했다. 예를 들어 공자는 위대한 덕을 갖추고 있었지만 그에 걸맞은 지위가 없었으니, 천자에 해당하는 녹봉을 얻지 못한 것은 비록 위대한 덕을 갖췄지만 지위가 없었기 때문이다. 『원신계』를 살펴보면, "구(丘)는 제도와 법을 만들었으나 흑록

(黑綠)을 위주로 하였으니, 창(蒼)과 황(黃)을 대신하지 않았다."라고 했는데, 공자는 흑룡의 정기를 받아 태어났으므로, 주나라에 해당하는 목덕(木德)의 창(蒼)을 대신하기에는 부합되지 않았다는 의미이다. 또『공연도』에서는 "성인은 헛되이 태어나지 않으니, 반드시 제정한 것을 두어서 이를 통해 천심을 드러내는데, 구(丘)는 목탁이 되어 천하의 법도를 제정하였다."라고 했다.

孔疏 ●"必得其壽"者, 據舜言之, 而夫子不長壽, 以勤憂故也.

번역 ●經文: "必得其壽". ○순임금을 기준으로 한 말이니, 공자가 장수를 하지 못했던 것은 부단히 노력하고 세상을 근심했기 때문이다.

集註 舜年百有十歲.

번역 순임금은 110세까지 살았다.

그림 17-4 ▣ 목탁(木鐸)과 금탁(金鐸)

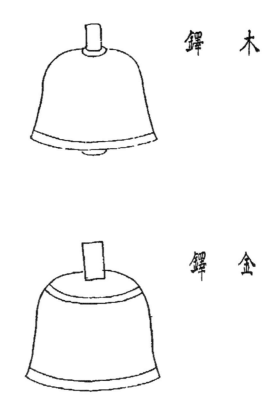

鐸 木

鐸 金

※ 출처: 『육경도(六經圖)』 5권

【1676下】

"故天之生物, 必因其材而篤焉."

직역 "故로 天이 物을 生함에, 必히 그 材에 因하여 篤한다."

의역 공자가 계속하여 말하길, "그러므로 하늘이 만물을 태어나게 할 때에는 반드시 그의 자질 및 성품에 따라서 길이나 흉을 두텁게 한다."라고 했다.

鄭注 材, 謂其質性也. 篤, 厚也. 言善者天厚其福, 惡者天厚其毒, 皆由其本而爲之.

번역 '재(材)'자는 자질과 품성을 뜻한다. '독(篤)'자는 "두텁다[厚]."는 뜻이다. 즉 선한 자에 대해서는 하늘이 그의 부유함을 두텁게 해주고, 악한 자에 대해서는 하늘이 그의 해악을 두텁게 해주는데, 이 모두는 그의 근본에 따라서 그처럼 행한다는 의미이다.

孔疏 ●"故天之生物, 必因其材而篤焉", 材謂質性也; 篤, 厚也. 言天之所生, 隨物質性而厚之. 善者因厚其福, 舜·禹是也; 惡者因厚其毒, 桀·紂是也. 故四凶黜而舜受禪也.

번역 ●經文: "故天之生物, 必因其材而篤焉". ○'재(材)'자는 자질과 품성을 뜻하며, '독(篤)'자는 "두텁다[厚]."는 뜻이다. 즉 하늘이 태어나게 해줄 때, 사물의 자질과 품성에 따라서 두텁게 해준다는 의미다. 선한 자는 그에 따라 그의 부유함을 두텁게 해주니, 순임금이나 우임금이 여기에 해당한다. 반면 악한 자는 그에 따라 그의 해악을 두텁게 해주니, 걸임금이나 주임금이 여기에 해당한다. 그러므로 사흉(四凶)[1]은 내쫓겼고 순임금은 제

---

1) 사흉(四凶)은 요순(堯舜)시대 때 악명(惡名)을 떨쳤던 네 부족의 수장들을 뜻한다. 다만 네 명의 수장들에 대해서는 이견(異見)이 있는데, 『춘추좌씨전』「문

위를 선양받았다.

集註 材, 質也. 篤, 厚也.

번역 '재(材)'자는 자질[質]을 뜻한다. '독(篤)'자는 "두텁다[厚]."는 뜻이다.

공(文公) 18년」편에서는 "舜臣堯, 賓于四門, 流四凶族, 渾敦·窮奇·檮杌·饕餮, 投諸四裔, 以禦螭魅."라고 하여, '사흉'을 혼돈(渾敦)·궁기(窮奇)·도올(檮杌)·도철(饕餮)이라고 하였다. 한편 『서』「우서(虞書)·순전(舜典)」편에서는 "流共工于幽洲, 放驩兜于崇山, 竄三苗于三危, 殛鯀于羽山. 四罪而天下咸服."이라고 하여, '사흉'을 공공(共工)·환두(驩兜)·삼묘(三苗)·곤(鯀)이라고 하였다. 이 문제에 대해 채침(蔡沈)』의 『집전(集傳)』에서는 "春秋傳所記四凶之名與此不同, 說者以窮奇爲共工, 渾敦爲驩兜, 饕餮爲三苗, 檮杌爲鯀, 不知其果然否也."라고 하였다. 즉 『춘추좌씨전』과 『서』에서 설명하는 '사흉'의 이름이 다른데, 어떤 자들은 궁기(窮奇)를 공공(共工)으로 여기고, 혼돈(渾敦)을 환두(驩兜)라고 여기며, 도철(饕餮)을 삼묘(三苗)라고 여기고, 도올(檮杌)을 곤(鯀)으로 여기기도 하는데, 이 말이 맞는지에 대해서는 확신할 수 없다는 뜻이다.

●그림 17-5 ▣ 하(夏)나라 우왕(禹王)

※ 출처: 『삼재도회(三才圖會)』「인물(人物)」 1권

【1676下】

"故栽者培之, 傾者覆之."

직역 "故로 栽者는 培하고, 傾者는 覆라."

의역 공자가 계속하여 말하길, "그러므로 번성한 자는 더해주고, 기운 자는 망하게 했다."라고 했다.

鄭注 栽讀如"文王初載"之"載". 栽猶殖也. 培, 益也. 今時人名草木之殖曰"栽", 築墻立板亦曰"栽", 栽或爲"茲". 覆, 敗也.

번역 '재(栽)'자는 "문왕은 애초에 번성하였다."[2]라고 할 때의 '재(載)'자로 풀이한다. '재(栽)'자는 "번성하다[殖]."는 뜻이다. '배(培)'자는 "더하다[益]."는 뜻이다. 즉 당시 사람들은 초목이 무성한 것을 '재(栽)'라고 불렀고, 담장을 쌓으며 판축을 세우는 것 또한 '재(栽)'라고 불렀으며, '재(栽)'자를 다른 판본에서는 '자(茲)'자로도 기록한다. '복(覆)'자는 "망하다[敗]."는 뜻이다.

釋文 栽, 依注音災, 將才反, 注同, 植也. 培, 蒲回反. 覆, 芳伏反. 載之載並音災, 本或作哉, 同.

번역 '栽'자는 정현의 주에 따르면 그 음이 '災'이니, '將(장)'자와 '才(재)'자의 반절음이고, 정현의 주에 나오는 글자도 그 음이 동일한데, 번식한다는 뜻이다. '培'자는 '蒲(포)'자와 '回(회)'자의 반절음이다. '覆'자는 '芳(방)'자와 '伏(복)'자의 반절음이다. '載之載'에서의 '載'자는 모두 그 음이 '災'이며, 판본에 따라서는 또한 '哉'자로 기록한 것도 있는데, 그 음은 동일하다.

孔疏 ●"故栽者培之, 傾者覆之", 栽, 殖也; 培, 益也. 言道德自能豐殖, 則天因而培益之.

번역 ●經文: "故栽者培之, 傾者覆之". ○'재(栽)'자는 "번성하다[殖]."는 뜻이며, '배(培)'자는 "더하다[益]."는 뜻이다. 즉 도덕에 대해 스스로 풍부

---

2) 『시』「대아(大雅)·대명(大明)」: 天監在下, 有命旣集. <u>文王初載</u>, 天作之合. 在洽之陽, 在渭之涘. 文王嘉止, 大邦有子.

하고 번성하게 할 수 있다면, 하늘은 그에 따라 더해주고 늘려준다는 의미이다.

孔疏 ●"傾者覆之"者, 若無德自取傾危者, 天亦因而覆敗之也.

번역 ●經文: "傾者覆之". ○만약 덕이 없는데 스스로 위태로움을 자초하는 자라면, 하늘 또한 그에 따라 엎어버리고 망하게 한다는 뜻이다.

孔疏 ◎注"栽讀"至"曰栽". ○正義曰: "栽讀如文王初載之載"者, 按詩·大明云: "文王初載, 天作之合." 彼注云: "載, 識也. 言文王生適有所識, 天爲之生配, 謂生大姒." 此載爲栽殖者, 載容兩義, 亦得爲識, 亦得爲殖. 此對傾者覆之, 故以爲殖. 云"築牆立板亦曰栽"者, 按莊二十九年左傳云"水昏正而栽", 謂立板築也.

번역 ◎鄭注: "栽讀"~"曰栽". ○정현이 "'재(栽)'자는 '문왕은 애초에 번성하였다.'라고 할 때의 '재(載)'자로 풀이한다."라고 했는데,『시』「대명(大明)」편을 살펴보면, "문왕은 애초에 재(載)하여, 하늘이 그의 짝을 태어나게 해주었다."라고 했고,『시』의 주에서는 "'재(載)'자는 식견을 뜻한다. 즉 문왕은 태어날 때부터 식견이 있어서, 하늘은 그를 위해 배필을 태어나게 해주었으니, 대사(大姒)3)를 태어나게 했다는 뜻이다."라고 했다. 그런데 이곳 주석에서는 '재(載)'자를 번성하다는 의미로 풀이했다. 그 이유는 재(載)자에는 두 가지 의미가 모두 포함되어 있으니, 식견을 뜻하기도 하고 번성하다는 의미도 된다. 이곳 기록은 기운 자를 망하게 한다는 문장과 대비해서 기록했기 때문에 번성하다는 의미로 여긴 것이다. 정현이 "담장을 쌓으며 판축을 세우는 것 또한 '재(栽)'라고 불렀다."라고 했는데, 장공(莊公) 29년에 대한『좌전』의 기록을 살펴보면, "수성(水星)이 저물녘에 남중하면 재(栽)를 한다."4)라고 했는데, 이때의 '재(栽)'자는 판축을 세워서 담을 쌓

---

3) 태사(太姒)는 '대사(大姒)'라고도 부른다. 유신씨(有莘氏)의 딸이며, 문왕(文王)의 처이자 무왕(武王)의 모친이다.

는다는 뜻이다.

集註 栽, 植也. 氣至而滋息爲培. 氣反而游散則覆.

번역 '재(栽)'자는 "심다[植].'는 뜻이다. 기운이 이르러 번식함은 배(培)가 된다. 기운이 되돌아가 흩어짐은 복(覆)이 된다.

【1676下～1677上】

"詩曰, '嘉樂君子, 憲憲令德. 宜民宜人, 受祿于天. 保佑命之, 自天申之.' 故大德者必受命."

직역 "詩에서 曰, '嘉樂한 君子여, 憲憲히 令한 德이로다. 民에 宜하고 人에 宜하여, 天에서 祿을 受라. 保佑하여 命하고, 天으로 自하여 申이라.' 故로 大德者는 必히 命을 受라."

의역 공자가 계속하여 말하길, "『시』에서는 '선하고 즐거운 군자여, 흥성하게 아름다운 덕을 갖췄구나. 백성을 기르는데 마땅하고 관리들에게 마땅하여, 하늘로부터 녹봉을 받는구나. 하늘이 편안하게 해주고 도와주어 그에게 명령을 내리는데, 하늘로부터 거듭 복을 받는구나.'라고 했다. 그렇기 때문에 위대한 덕을 갖춘 자는 반드시 천명을 받는다."라고 했다.

鄭注 憲憲, 興盛之貌. 保, 安也. 佑, 助也.

번역 '헌헌(憲憲)'은 흥성한 모습을 뜻한다. '보(保)'자는 "편안하게 하다[安].'는 뜻이다. '우(佑)'자는 "돕다[助].'는 뜻이다.

---

4) 『춘추좌씨전』「장공(莊公) 29년」: 冬十二月, 城諸及防, 書, 時也. 凡土功, 龍見而畢務, 戒事也; 火見而致用, <u>水昏正而栽</u>, 日至而畢.

釋文　嘉, 戶嫁反, 詩本作"假", 音同. 假, 嘉也, 皇音加, 善也. 憲音顯, 注同, 一音如字. 佑音祐, 下注同.

번역　‘嘉’자는 ‘戶(호)’자와 ‘嫁(가)’자의 반절음이며, 『시』의 본문에서는 ‘假’자로 기록했는데, 그 음은 동일하다. ‘假’자는 ‘嘉’자의 뜻인데, 황음(皇音)은 ‘加(가)’로, 선하다는 뜻이다. ‘憲’자의 음은 ‘顯(현)’이며, 정현의 주에 나오는 글자도 동일한데, 다른 음은 글자대로 읽기도 한다. ‘佑’자의 음은 ‘祐(우)’이며, 아래 정현의 주에 나오는 글자도 그 음이 이와 같다.

孔疏　●"詩曰: 嘉樂君子, 憲憲令德", 此大雅·嘉樂之篇, 美成王之詩. 嘉, 善也. 憲憲, 興盛之貌. 詩人言善樂君子, 此成王憲憲然, 有令善之德. 按詩本文"憲憲"爲"顯顯", 與此不同者, 齊魯韓詩與毛詩不同故也.

번역　●經文: "詩曰: 嘉樂君子, 憲憲令德". ○이 시는 『시』「대아(大雅)·가락(嘉樂)」편으로,[5] 성왕(成王)을 찬미한 시이다. ‘가(嘉)’자는 "선하다[善]."는 뜻이다. ‘헌헌(憲憲)’은 흥성한 모습을 뜻한다. 이 시를 지은 자는 선하고 즐거운 군자라고 했는데, 이것은 성왕이 흥성하여 아름답고 선한 덕을 갖췄음을 나타낸다. 『시』의 본문을 살펴보면 ‘헌헌(憲憲)’을 현현(顯顯)이라고 기록하여, 이곳의 기록과 다른데, 이것은 『제시』·『노시』·『한시』가 『모시』와 달랐기 때문이다.

孔疏　●"宜民宜人, 受祿於天. 保佑命之, 自天申之. 故大德者必受命"者, 宜民, 謂宜養萬民, 宜人, 謂宜官人. 其德如此, 故受福于天. 佑, 助也. 保, 安也. 天乃保安佑助, 命之爲天子, 又申重福之. 作記者, 引證大德必受命之義, 則舜之爲也.

번역　●經文: "宜民宜人, 受祿於天. 保佑命之, 自天申之. 故大德者必受

---

5) 『시』「대아(大雅)·가락(假樂)」: 假樂君子, 顯顯令德. 宜民宜人, 受祿于天. 保右命之, 自天申之.

命”. ○‘의민(宜民)’은 만민을 기르는데 마땅하다는 뜻이며, ‘의인(宜人)’은
관리들에게 마땅하다는 뜻이다. 그의 덕이 이와 같았기 때문에 하늘로부터
복을 받은 것이다. ‘우(佑)’자는 “돕다[助].”는 뜻이다. ‘보(保)’자는 “편안하
게 하다[安].”는 뜻이다. 하늘이 편안하게 해주고 도와주어, 그에게 명령하
여 천자로 삼고, 또 거듭 복을 내린 것이다. 『예기』를 기록한 자는 이 시를
인용하여 위대한 덕을 갖춘 자는 반드시 천명을 받게 된다는 뜻을 증명했
으니, 순임금의 경우에 해당한다.

集註 詩大雅假樂之篇. 假, 當依此作嘉. 憲, 當依詩作顯. 申, 重也.

번역 이 시는 『시』「대아(大雅)·가락(假樂)」편이다. ‘가(假)’자는 마땅히
이곳 기록에 따라서 가(嘉)자로 기록해야 한다. ‘헌(憲)’자는 마땅히 『시』의
기록에 따라서 ‘현(顯)’자로 기록해야 한다. ‘신(申)’자는 거듭[重]이라는 뜻
이다.

集註 受命者, 受天命爲天子也.

번역 ‘수명(受命)’은 천명을 받아서 천자가 되었다는 뜻이다.

集註 右第十七章. 此由庸行之常, 推之以極其至, 見道之用廣也. 而其所
以然者, 則爲體微矣. 後二章亦此意.

번역 여기까지는 제 17장이다. 이곳 기록은 평상적인 행실의 상도(常
道)에 따라서, 이것을 미루어 지극함을 다하여 도의 쓰임이 넓다는 것을
드러낸 것이다. 그리고 그렇게 된 까닭은 본체가 은미하기 때문이다. 뒤의
2개 장은 또한 이러한 뜻에 해당한다.

참고 『시』「대아(大雅)·가락(假樂)」

假樂君子, (가락군자) : 아름답고 즐거운 군자여,
顯顯令德. (현현령덕) : 빛나고 빛나는 아름다운 덕이로다.
宜民宜人, (의민의인) : 백성들과 관리들을 편안하게 해줌에 마땅하니,
受祿于天. (수록우천) : 하늘로부터 녹을 받는구나.
保右命之, (보우명지) : 관리들이 보좌하여 이후 명령을 내려 쓰니,
自天申之. (자천신지) : 하늘의 뜻에 따라 거듭 경계하는구나.

干祿百福, (간록백복) : 녹을 구하여 모든 복을 받으니,
子孫千億. (자손천억) : 자손들도 그에 따라 모든 복을 누리는구나.
穆穆皇皇, (목목황황) : 공경스럽고 훌륭하여,
宜君宜王. (의군의왕) : 군주노릇과 왕노릇 함에 마땅하구나.
不愆不忘, (불건불망) : 잘못을 저지르지 않고 잃어버리지 않으니,
率由舊章. (솔유구장) : 옛 법도에 따르는구나.

威儀抑抑, (위의억억) : 위엄스러운 거동이 촘촘하고,
德音秩秩. (덕음질질) : 덕에 따른 교령(敎令)이 맑고도 맑구나.
無怨無惡, (무원무오) : 원망하고 싫어하는 자가 없는지라,
率由群匹. (솔유군필) : 그에 따라 현명한 자들을 등용하니 자신의 마음에
　　　　　　　　 짝하는구나.
受福無疆, (수복무강) : 복을 받음에 끝이 없으니,
四方之綱. (사방지강) : 사방의 기강이 되도다.

之綱之紀, (지강지기) : 기강이 되어,
燕及朋友. (연급붕우) : 연회를 하며 뭇 신하들과 함께 하는구나.
百辟卿士, (백벽경사) : 내제후(內諸侯)6)들과 경사(卿士)7)는,

---

6) 내제후(內諸侯)는 천자의 조정에서 일하는 상급신하들을 뜻한다.
7) 경사(卿士)는 주(周)나라 때 주왕조의 정사(政事)를 총감독했던 직위이다. 육

媚于天子. (미우천자) : 천자를 아끼는구나.

不解于位, (불해우위) : 그 직무에 태만하지 않으니,

民之攸墍. (민지유기) : 백성들이 휴식을 취하는구나.

毛序 假樂, 嘉成王也.

모서 「가락(假樂)」편은 성왕(成王)을 아름답게 여긴 시이다.

경(六卿)과 별도로 설치되었으며, 육관(六官)의 일들을 총감독했다. 『시』「소
아(小雅)·십월지교(十月之交)」편에는 "皇父卿士, 番維司徒."라는 기록이 있는
데, 이에 대한 주희(朱熹)의 『집주(集注)』에서는 "卿士, 六卿之外, 更爲都官,
以總六官之事也."라고 풀이하였으며, 『춘추좌씨전』「은공(隱公) 3년」편에는
"鄭武公莊公爲平王卿士."라는 기록이 있는데, 이에 대한 두예(杜預)의 주에
서는 "卿士, 王卿之執政者."라고 풀이하였다.

그림 17-6 ▣ 주(周)나라 성왕(成王)

※ 출처: 『삼재도회(三才圖會)』「인물(人物)」 1권

• 제 18 장 •

【1677下】

> 子曰, "無憂者, 其唯文王乎. 以王季爲父, 以武王爲子, 父作
> 之, 子述之."

직역 子가 曰, "無憂者는 그 唯히 文王이로다. 王季를 父로 爲하고, 武王을 子
로 爲한데, 父가 作하거늘 子가 述이라."

의역 공자가 말하길, "근심이 없는 자는 오직 문왕일 것이다. 왕계를 부친으로
두셨고 무왕을 자식으로 두셨는데, 부친이 일으키고 자식이 계승했도다."라고 했
다.

鄭注 聖人以立法度爲大事, 子能述成之, 則何憂乎? 堯·舜之父子則有凶
頑, 禹·湯之父子則寡令聞. 父子相成, 唯有文王.

번역 성인은 법도 세우는 것을 중대한 일로 여겼는데, 자식이 그것을
계승하여 완성할 수 있다면, 무엇을 근심하겠는가? 요임금·순임금의 부친
과 자식은 흉악하고 사악한 점이 있었고, 우임금·탕임금의 부친과 자식은
아름다운 명성이 적었다. 부친과 자식이 서로 완성했던 경우는 오직 문왕
의 경우만 있을 뿐이다.

孔疏 ●"子曰"至"一也". ○正義曰: 此一節明夫子論文王·武王聖德相承
王有天下, 上能追尊大王·王季, 因明天子以下及士·庶人葬·祭祀之禮, 各隨文
解之.

번역 ●經文: "子曰"~"一也". ○이곳 문단은 공자가 문왕·무왕은 성인

다운 덕을 갖춰서 서로 왕위를 계승하여 천하를 소유하였고, 위로 태왕과 왕계를 추존할 수 있었음을 나타내었으며, 그에 따라 천자로부터 그 이하로 사·서인이 장례를 치르고 제사를 지내는 예법을 나타내었으니, 각각의 문장에 따라서 풀이하겠다.

孔疏 ●"以王季爲父, 以武王爲子, 父作之, 子述之"者, 言文王以王季爲父, 則王季能制作禮樂, 文王奉而行之. 文王以武王爲子, 武王又能述成文王之道, 故"無憂"也.

번역 ●經文: "以王季爲父, 以武王爲子, 父作之, 子述之". ○문왕은 왕계를 부친으로 두었는데, 왕계는 예악을 제정할 수 있었고, 문왕이 그것을 받들어 시행했던 것이다. 문왕은 무왕을 자식으로 두었는데, 무왕 또한 문왕의 도를 계승하여 완성할 수 있었다. 그렇기 때문에 "근심이 없다."라고 했다는 뜻이다.

集註 此言文王之事. 書言"王季其勤王家", 蓋其所作, 亦積功累仁之事也.

번역 이것은 문왕에 대한 일을 말한 것이다. 『서』에서는 "왕계가 왕가를 위해 노력하였다."[1]라고 했는데, 일으키는 것은 또한 공적과 인(仁)을 쌓는 일에 해당한다.

---

1) 『서』「주서(周書)·무성(武成)」: 惟先王建邦啓土, 公劉克篤前烈, 至于大王肇基王迹, <u>王季其勤王家</u>, 我文考文王, 克成厥勳, 誕膺天命, 以撫方夏, 大邦畏其力, 小邦懷其德.

【1678上】

"武王纘大王·王季·文王之緖, 壹戎衣而有天下, 身不失天下之顯名, 尊爲天子, 富有四海之內, 宗廟饗之, 子孫保之."

직역 "武王은 大王·王季·文王의 緖를 纘하여, 壹히 戎하여 衣하고 天下를 有한데, 身은 天下의 顯名을 不失하고, 尊은 天子가 爲하며, 富는 四海의 內를 有하여, 宗廟에서 饗하고, 子孫이 保라."

의역 공자가 계속하여 말하길, "무왕은 태왕·왕계·문왕의 업적을 계승하여 한 차례 병사를 일으켜 은나라를 정복해서 천하를 소유하셨는데, 그 자신은 천하에 현격한 명성을 잃지 않으셨고, 존귀함으로는 천자가 되셨으며, 부유함으로는 천하를 소유하셔서, 종묘에서 흠향을 하셨고, 자손들이 편안하게 제사를 받들었다."라고 했다.

鄭注 纘, 繼也. 緖, 業也. 戎, 兵也. 衣讀如"殷", 聲之誤也. 齊人言殷聲如"衣", 虞·夏·商·周氏者多矣. 今姓有衣者, 殷之冑與. "壹戎殷"者, 壹用兵伐殷也.

번역 '찬(纘)'자는 "계승하다[繼]."는 뜻이다. '서(緖)'자는 업적[業]을 뜻한다. '융(戎)'자는 병(兵)자의 뜻이다. '의(衣)'자는 은(殷)자로 풀이하니, 소리가 비슷해서 생긴 잘못이다. 제(齊)나라 사람들은 은(殷)자를 의(衣)자처럼 읽었는데, 우·하·은·주나라 때 대체로 이처럼 불렀다. 현재의 성(姓) 중에 의(衣)씨가 있는데, 은나라의 후예일 것이다. '일융은(壹戎殷)'이라는 말은 한 차례 병사를 일으켜서 은나라를 정벌했다는 뜻이다.

釋文 纘, 徐音纂, 哉管反. 大音泰, 下及注"大王"皆同. "壹戎衣", 依注衣作殷, 於巾反, 謂一用兵伐殷也. 尙書依字讀, 謂一著戎衣而天下大定. 冑與, 直救反, 下音餘.

번역 '纘'자의 서음(徐音)은 '纂'이니, '哉(재)'자와 '管(관)'자의 반절음이다. '大'자의 음은 '泰(태)'이며, 아래문장 및 정현의 주에 나오는 '大王'에서의 '大'자도 모두 그 음이 이와 같다. '壹戎衣'에서 정현의 주에 따르면 '衣'자는 '殷'자가 되니, '於(어)'자와 '巾(건)'자의 반절음이며, 한 차례 병사를 일으켜서 은나라를 정벌했다는 뜻이다. 『서』의 기록에 따르면 글자대로 읽으니, 한 차례 갑옷을 착용하여 천하가 크게 안정되었다는 뜻이다. '冑與'에서의 '冑'자는 '直(직)'자와 '救(구)'자의 반절음이며, '與'자의 음은 '餘(여)'이다.

孔疏 ●"武王纘大王·王季·文王之緒"者, 纘, 繼也; 緒, 業也. 言武王能纘繼父祖之業, 以王天下也.

번역 ●經文: "武王纘大王·王季·文王之緒". ○'찬(纘)'자는 "계승하다[繼]."는 뜻이며, '서(緒)'자는 업적[業]을 뜻한다. 무왕이 부친과 조부의 업적을 계승하여 천하에 왕노릇을 했다는 뜻이다.

孔疏 ●"壹戎衣而有天下"者, 戎, 兵也. 言一用兵伐殷而勝之也.

번역 ●經文: "壹戎衣而有天下". ○'융(戎)'자는 병(兵)자의 뜻이다. 즉 한 차례 병사를 일으켜서 은나라를 정벌하고 승리하였다는 뜻이다.

孔疏 ◎注"衣讀爲殷". ○正義曰: 按尙書·武成云"一戎衣", 謂一著戎衣而滅殷. 此云"一"者, 以經武王繼大王·王季·文王三人之業, 一用滅殷, 對三人之業爲"一"耳. 由三人之業, 故一身滅之. 鄭必以衣爲"殷"者, 以十一年觀兵于孟津, 十三年滅紂, 是再著戎服, 不得稱"一戎衣", 故以衣爲殷, 故注云"齊人言殷聲如衣".

번역 ◎鄭注: "衣讀爲殷". ○『서』「무성(武成)」편을 살펴보면, '일융의(一戎衣)'[2]라고 했으니, 한 차례 갑옷을 착용하고서 은나라를 멸망시켰다는 뜻이다. 이곳에서도 '일(一)'이라고 기록했는데, 경문에서 무왕이 태왕·왕계·문왕 세 사람의 업적을 계승하였고 한 차례 병사를 일으켜 은나라를 멸망시켰다고 했으니, 세 사람의 업적과 대비하면 '일(一)'이 될 따름이다. 세 사람의 업적으로 비롯되었기 때문에, 한 사람이 멸망시킨 것이다. 정현이 기어코 의(衣)자를 '은(殷)'자로 여긴 것은 11년에 맹진(孟津) 땅에서 관병식을 했고, 13년에 주임금을 멸망시켰다고 했으니, 이것은 두 차례 갑옷을 착용했던 것을 나타내어, "한 차례 갑옷을 입었다."라고 부를 수 없다. 그렇기 때문에 의(衣)자를 은(殷)자로 여겨서, 정현의 주에서는 "제(齊)나라 사람들은 은(殷)자를 의(衣)자처럼 읽었다."라고 말했다.

集註 此言武王之事. 纘, 繼也. 大王, 王季之父也. 書云, "大王肇基王迹." 詩云, "至于大王, 實始翦商." 緖, 業也. 戎衣, 甲冑之屬. 壹戎衣, 武成文, 言一著戎衣以伐紂也.

번역 이것은 무왕에 대한 일을 말한 것이다. '찬(纘)'자는 "계승하다[繼]."는 뜻이다. 태왕은 왕계의 부친이다. 『서』에서는 "태왕이 처음으로 천자의 자취에 대한 기틀을 세웠다."3)라고 했고, 『시』에서는 "태왕에 이르러 실제로 처음으로 은나라를 쳤다."4)라고 했다. '서(緖)'자는 업적[業]을 뜻한다. '융의(戎衣)'는 갑옷이나 투구 부류를 뜻한다. '일융의(壹戎衣)'는 「무성(武成)」편의 문장이니, 한 차례 갑옷을 착용하고 주임금을 정벌했다는 뜻이다.

---

2) 『서』「주서(周書)·무성(武成)」: 一戎衣, 天下大定. 乃反商政, 政由舊.
3) 『서』「주서(周書)·무성(武成)」: 惟先王建邦啓土, 公劉克篤前烈, 至于大王肇基王迹, 王季其勤王家, 我文考文王, 克成厥勳, 誕膺天命, 以撫方夏, 大邦畏其力, 小邦懷其德.
4) 『시』「노송(魯頌)·비궁(閟宮)」: 后稷之孫, 實維大王. 居岐之陽, 實始翦商. 至于文武, 纘大王之緖, 致天之屆, 于牧之野. 無貳無虞, 上帝臨女. 敦商之旅, 克咸厥功. 王曰叔父, 建爾元子, 俾侯于魯. 大啓爾宇, 爲周室輔.

그림 18-1 ▣ 주(周)나라 무왕(武王)

王 武 周

※ 출처:『삼재도회(三才圖會)』「인물(人物)」 1권

【1678上】

> "武王末受命, 周公成文·武之德, 追王大王·王季, 上祀先公以天子之禮. 斯禮也, 達乎諸侯·大夫及士·庶人. 父爲大夫, 子爲士, 葬以大夫, 祭以士. 父爲士, 子爲大夫, 葬以士, 祭以大夫. 期之喪, 達乎大夫. 三年之喪, 達乎天子. 父母之喪, 無貴賤一也."

직역 "武王은 末에 命을 受했고, 周公은 文·武의 德을 成하여, 大王·王季를 追王하고, 上으로 先公을 祀하며 天子의 禮로써 했다. 이 禮는 諸侯·大夫 및 士·庶人에게 達한다. 父가 大夫가 爲하고, 子가 士가 爲하면, 葬에는 大夫로써 하고, 祭에는 士로써 한다. 父가 士가 爲하고, 子가 大夫가 爲하면, 葬에는 士로써 하고, 祭에는 大夫로써 한다. 期의 喪은 大夫에게 達한다. 三年의 喪은 天子에게 達한다. 父母의 喪은 貴賤이 無하여 一이다."

의역 공자가 계속하여 말하길, "무왕은 노년에 천명을 받으셨고, 주공은 문왕과 무왕의 덕을 완성하여 태왕과 왕계를 추존해서 천자로 높였으며, 위로는 선공에게 제사를 지내며 천자의 예법을 사용하셨다. 이러한 예법은 제후·대부·사·서인에게 두루 통용된다. 부친이 대부였고 자식이 사였다면, 장례를 치를 때에는 대부의 예법에 따랐고 제사를 지낼 때에는 사의 예법에 따랐다. 반대로 부친이 사였고 자식이 대부였다면, 장례를 치를 때에는 사의 예법에 따랐고 제사를 지낼 때에는 대부의 예법에 따랐다. 기년상은 대부까지 통용된다. 삼년상은 천자까지 통용된다. 부모의 상에 대해서는 신분의 귀천과 상관없이 동일하게 따른다."라고 했다.

鄭注 末, 猶老也. "追王大王·王季"者, 以王迹起焉, 先公組紺以上至后稷也. "斯禮達於諸侯·大夫·士·庶人"者, 謂葬之從死者之爵, 祭之用生者之祿也. 言大夫葬以大夫, 士葬以士, 則"追王"者, 改葬之矣. "期之喪, 達於大夫"者, 謂旁親所降在大功者, 其正統之期, 天子諸侯猶不降也. 大夫所降, 天子諸侯絶之不爲服, 所不臣乃服之也. 承葬·祭說期·三年之喪者, 明子事父以孝, 不用其尊卑變.

번역 '말(末)'자는 노년[老]을 뜻한다. "태왕과 왕계를 추왕(追王)하다."
라고 했는데, 왕가의 자취를 일으킨 것은 선공인 조감으로부터 그 위로 후
직에 이른다. "이 예는 제후·대부·사·서인에게 두루 통한다."라고 했는데,
장례를 치를 때 죽은 자의 작위에 따르고, 제사를 지낼 때 제사를 모시는
자의 녹봉에 따른다는 뜻이다. 대부는 대부의 예법으로 장례를 치르고 사
는 사의 예법으로 장례를 치른다고 했다면, '추왕(追王)'이라는 것은 규정을
고쳐서 장례를 치렀다는 뜻이다. "기년상(期年喪)5)은 대부까지 통한다."라
고 했는데, 방계 친족에 대해 수위를 낮춰서 대공복(大功服)6)에 해당하는
경우를 뜻하는데, 직계 친족에 대해 기년상을 치르는 경우 천자와 제후라
할지라도 수위를 낮추지 않는다. 대부가 수위를 낮추는 대상에 대해서, 천
자와 제후는 관계가 끊어져 그를 위해 상복을 착용하지 않는데, 신하로 여
기지 않는 경우라면 상복을 착용한다. 장례와 제사를 받들어 지낸다고 했
는데, 기년상과 삼년상을 말한 것은 자식은 효로써 부친을 섬기며, 신분의
고하에 따라 바뀌지 않는다는 사실을 나타낸 것이다.

釋文 末, 亡遏反. 追王, 于況反, 注"追王"同. 期音基, 注同. 組音祖. 紺, 古
闇反. 組紺, 大王之父也, 亦曰諸螯, 螯音置留反. 以上, 時掌反. 不爲服, 于僞
反.

번역 '末'자는 '亡(망)'자와 '遏(알)'자의 반절음이다. '追王'에서의 '王'자
는 '于(우)'자와 '況(황)'자의 반절음이며, 정현의 주에 나오는 '追王'에서의

___

5) 기년상(期年喪)은 1년 동안 치르는 상을 뜻한다. 일반적으로 자최복(齊衰服)
을 입고 치르는 상을 뜻한다. '기년(期年)'은 1년을 뜻하는데, '자최복'은 일반
적으로 1년 동안 입게 되는 상복이기 때문이다.
6) 대공복(大功服)은 상복(喪服) 중 하나로, 오복(五服)에 속한다. 조밀한 삼베
를 사용해서 만들지만, 소공복(小功服)에 비해서는 삼베의 재질이 거칠기 때
문에, '대공복'이라고 부른다. 이 복장을 입게 되는 기간은 상황에 따라 차이
가 생기지만, 일반적으로 9개월이다. 당형제(堂兄弟) 및 미혼인 당자매(堂姊
妹), 또는 혼인을 한 자매(姊妹) 등을 위해서 입는다.

'王'자도 그 음이 이와 같다. '期'자의 음은 '基(기)'이고, 정현의 주에 나오는 글자도 그 음이 이와 같다. '組'자의 음은 '祖(조)'이다. '紺'자는 '古(고)'자와 '闇(암)'자의 반절음이다. '組紺'은 태왕의 부친이며, 또한 '諸盩'라고도 부르는데, '盩'자의 음은 '置(치)'자와 '留(류)'자의 반절음이다. '以上'에서의 '上'자는 '時(시)'자와 '掌(장)'자의 반절음이다. '不爲服'에서의 '爲'자는 '于(우)'자와 '僞(위)'자의 반절음이다.

孔疏 ●"武王末受命", 此美周公之德也. 末, 猶老也, 謂武王年老, 而受命平定天下也.

번역 ●經文: "武王末受命". ○이것은 주공의 덕을 찬미한 내용이다. '말(末)'자는 노년[老]을 뜻하니, 무왕은 노년에 천명을 받아서 천하를 태평하게 안정시켰다는 의미이다.

孔疏 ●"斯禮也, 達乎諸侯·大夫及士·庶人"者, 斯, 此也. 言周公尊崇先公之禮, 非直天子所行, 乃下達於諸侯·大夫·士·庶人等, 無問尊卑, 皆得上尊祖父, 以己之祿祭其先人, 猶若周公以成王天子之禮祀其先公也.

번역 ●經文: "斯禮也, 達乎諸侯·大夫及士·庶人". ○'사(斯)'자는 이[此]라는 뜻이다. 즉 주공은 선공(先公)[7]을 추존하는 예법을 만들었는데, 단지 천자만 시행하도록 한 것이 아니며, 그 아래로 제후·대부·사·서인 등에게까지 이르도록 하여, 신분의 고하를 따지지 않았으니, 모두들 위로 조부나 부친을 존숭하여, 자신의 녹봉 수준에 따라 조상을 제사지낼 수 있었는데, 이것은 주공이 성왕 때 천자의 예법에 따라 선공에게 제사를 지낸 경우와

---

7) 선공(先公)은 본래 천자 및 제후의 선조들을 존귀하게 높여 부르는 말이다. 따라서 '선왕(先王)'이라는 말과 동일하게 사용된다. 그러나 주(周)나라에 대해 선왕과 대비해서 사용하게 되면, 후직(后稷)의 후손 중 태왕(太王) 이전의 선조를 지칭한다. 주나라는 건립 이후 자신의 선조에 대해 추왕(追王)을 하여 왕(王)자를 붙였는데, 태왕인 고공단보(古公亶父)까지 왕(王)자를 붙였기 때문이다.

같다는 뜻이다.

孔疏 ●"父爲大夫, 子爲士, 葬以大夫, 祭以士"者, 謂父旣爲大夫, 祭以士禮, 貶其先人而云尊之者, 欲明以己之祿祀其先人也.

번역 ●經文: "父爲大夫, 子爲士, 葬以大夫, 祭以士". ○부친이 이미 대부의 신분이었는데, 사의 예법에 따라 제사를 지낸다면, 조상에 대해 폄하하는 것처럼 보이는데도 존숭한다고 말한 것은 본인이 받은 녹봉에 따라 조상을 제사지낸다는 사실을 나타내고자 했기 때문이라는 뜻이다.

孔疏 ●"期之喪, 達乎大夫"者, 欲見大夫之尊, 猶有期喪, 謂旁親所降在大功者, 得爲期喪, 還著大功之服, 故云"達乎大夫". 若天子·諸侯旁期之喪, 則不爲服也.

번역 ●經文: "期之喪, 達乎大夫". ○대부의 존귀함을 드러내고자 했는데, 여전히 기년상이 적용되는 것은 방계 친족 중 수위를 낮춰서 대공복(大功服)에 해당하는 경우 기년상을 치를 수 있지만, 다시 대공복을 착용한다는 뜻이다. 그렇기 때문에 "대부까지 두루 통한다."라고 했다. 만약 천자나 제후의 경우라면 방계 친족 중 기년상에 해당하는 자에 대해서는 상복을 착용하지 않는다.

孔疏 ●"三年之喪, 達乎天子"者, 謂正統在三年之喪, 父母及適子幷妻也.

번역 ●經文: "三年之喪, 達乎天子". ○직계 친족 중 삼년상에 해당하는 자로 부모·적자 및 처에 대한 경우를 포함한다는 뜻이다.

孔疏 ●"達乎天子"者, 言天子皆服之. 不云"父母", 而云"三年"者, 包適子也. 天子爲后服期, 以三年包之者, 以后卒必待三年然後娶, 所以達子之志, 故通在三年之中. 是以昭十五年左傳云: "穆后崩", "大子壽卒". 叔向云: "王一

歲而有三年之喪二焉." 是包后爲三年也. 直云"達乎天子", 不云"諸侯"者, 諸
侯旁親尊同則不降, 故喪服·大功章云: "諸侯爲姑姊妹嫁於國君者", 是也.

번역 ●經文: "達乎天子". ○천자도 이들 모두에 대해서 상복을 착용한
다는 뜻이다. 부모를 언급하지 않고 삼년상이라고 말한 것은 적자의 경우
까지 포함하기 위해서이다. 천자는 왕후를 위해서 기년복(期年服)[8]을 착용
하는데, 삼년상에 포함시킨 것은 왕후가 죽게 되면 반드시 삼년이 지날 때
까지 기다린 뒤에야 재취를 들이니, 자식의 뜻까지 소통시키기 위해서이다.
그렇기 때문에 통괄적으로 삼년상의 범주에 포함시킨 것이다. 이러한 까닭
으로 소공(昭公) 15년에 대한 『좌전』의 기록에서는 "목후(穆后)가 붕어했
다."[9]라고 했고, "태자 수(壽)가 졸했다."[10]라고 했으며, 이에 대해 숙향은
"천자가 1년 사이에 삼년상을 두 차례나 당했다."[11]라고 했는데, 이것은
왕후까지도 삼년상에 포함시킴을 나타낸다. 단지 "천자까지 두루 통한다."
라고만 말하고 제후를 언급하지 않았는데, 제후의 방계 친족 중 존귀함이
동일하다면 수위를 낮추지 않기 때문이다. 그래서 『의례』「상복(喪服)」편
'대공장(大功章)'에서는 "제후는 고모·자매 중 제후에게 시집 간 여자를 위
해서 착용한다."[12]라고 말한 것이다.

孔疏 ●"父母之喪, 無貴賤一也", 唯父母之喪, 無問天子及士·庶人, 其服
並同, 故云"無貴賤一也".

---

8) 기년복(期年服)은 1년 동안 상복(喪服)을 입는다는 뜻이다. 또는 그 기간 동
  안 입게 되는 상복을 뜻하기도 하는데, 일반적으로 자최복(齊衰服)을 가리키
  는 용어로 사용된다. '기년복'이라고 할 때의 '기년(期年)'은 1년을 뜻하는데,
  '자최복'은 일반적으로 1년 동안 입게 되는 상복이 되기 때문이다.
9) 『춘추좌씨전』「소공(昭公) 15년」: 秋八月戊寅, 王穆后崩.
10) 『춘추좌씨전』「소공(昭公) 15년」: 六月乙丑, 王大子壽卒.
11) 『춘추좌씨전』「소공(昭公) 15년」: 叔向曰, "王其不終乎! 吾聞之, '所樂必卒焉.'
  今王樂憂, 若卒以憂, 不可謂終. 王一歲而有三年之喪二焉, 於是乎以喪賓宴, 又
  求彝器, 樂憂甚矣, 且非禮也. 彝器之來, 嘉功之由, 非由喪也. 三年之喪, 雖貴
  遂服, 禮也. 王雖弗遂, 宴樂以早, 亦非禮也. 禮, 王之大經也. 一動而失二禮, 無
  大經矣. 言以考典, 典以志經. 忘經而多言, 擧典, 將焉用之?"
12) 『의례』「상복(喪服)」: 君爲姑·姊妹·女子子嫁於國君者.

번역 ●經文: "父母之喪, 無貴賤一也". ○오직 부모의 상에 대해서는 천자·사·서인 등의 신분을 따지지 않고, 그들이 착용하는 상복은 모두 동일하다. 그렇기 때문에 "귀천의 차별 없이 동일하다."라고 했다.

孔疏 ◎注"末猶"至"卑變". ○正義曰: "末猶老也"者, 謂文王受命, 十一年武王觀兵於孟津, 白魚入王舟, 是老而受命, 受命後七年而崩. 故鄭注洛誥, 文王受赤雀, 武王俯取白魚, 皆七年是也. 云"追王大王·王季者, 以王迹起焉", 按詩·頌·閟宮云大王"居岐之陽, 實始翦商", 是王迹起也. 云"先公組紺以上至后稷也"者, 組紺, 太王之父, 一名諸盩, 周本紀云: "亞圉卒, 子太公叔頴立. 太公卒, 子古公亶父立." 又世本云: "亞圉雲都13)生太公組紺諸盩", 則叔穎·組紺·諸盩是一人也. 此文云"追王大王·王季, 上祀先公", 則先公之中包后稷也. 故云"組紺以上至后稷"也. 按司服云: "享先王則袞冕, 先公則驚冕." 以后稷爲周之始祖, 祫祭於廟, 當同先王用袞, 則先公無后稷也. 故鄭注司服云, 先公不宿至諸盩. 若四時常祀, 唯后稷及大王·王季之等, 不得廣及先公. 故天保云: "禴祀烝嘗于公." 先王是四時常祀, 但有后稷諸盩以下, 故鄭注天保云: "先公謂后稷至諸盩." 此皆盡望經上下釋義, 故不同, 或有至字誤也. 云"則追王者, 改葬之矣"者, 以大王·王季身爲諸侯, 葬從死者之爵, 則大王·王季祇得爲諸侯葬禮, 不得言"追王", 從天子法. 故知追王之時, 而更改葬, 用天子禮. 按大傳云: "武王追王大王亶父·王季歷." 此云周公追王, 不同者, 武王旣伐紂, "追王"布告天下, 周公追而改葬, 故不同也. 云"期之喪, 達於大夫者, 謂旁親所降在大功"者, 熊氏云: "此對天子·諸侯, 故云'期之喪達乎大夫', 其實大夫爲大功之喪得降小功, 小功之喪得降緦麻." 是大功小功, 皆達乎大夫. 熊氏又云: "天子爲正統之喪, 適婦大功, 適孫之婦小功." 義或然, 但無正文耳. 云"所不臣乃服之也"者, 喪服傳云: "始封之君不臣諸父昆弟, 封君之子不臣諸父而臣昆弟." 但不臣者, 皆以本服服也.

---

13) '도(都)'자에 대하여. '도'자는 본래 없던 글자인데, 손이양(孫詒讓)의 『교기(校記)』에서는 "'도'자는 『사기색은(史記索隱)』에서 『세본』을 인용한 것에 근거하여 글자를 보충하였다."라고 했다.

번역 ◎鄭注: "末猶"~"卑變". ○정현이 "'말(末)'자는 노년[老]을 뜻한
다."라고 했는데, 문왕이 천명을 받고 11년이 지나서 무왕은 맹진(孟津) 땅
에서 관병식을 했으며, 흰 물고기가 천자의 배로 뛰어 올라왔으니, 이것은
노년이 되어 천명을 받은 것을 뜻하며, 천명을 받은 이후 7년이 지나서 붕어
했다. 그렇기 때문에 『서』「낙고(洛誥)」편에 대한 정현의 주에서는 문왕에
게는 적색 참새가 날아들었고, 무왕은 허리를 굽혀 흰 물고기를 들었으니,
이 모두는 7년에 해당한다고 했다. 정현이 "태왕과 왕계를 추왕(追王)했다
고 했는데, 왕가의 자취를 일으킨 것이다."라고 했는데, 『시』「송(頌)·비궁
(閟宮)」편을 살펴보면, 태왕에 대해서 "기산의 양지 바른 곳에 터를 잡고
실제로 처음으로 은나라를 쳤다."라고 했으니, 이것은 왕가의 자취를 일으
킨 것이다. 정현이 "선공인 조감으로부터 그 위로 후직에 이른다."라고 했는
데, '조감(組紺)'은 태왕의 부친으로, 다른 이름으로는 제주(諸盩)라고도 부
르는데, 『사기』「주본기(周本紀)」에서는 "아어(亞圉)가 죽자 아들인 태공
숙영(叔穎)이 후계자가 되었다. 태공이 죽자 아들인 고공단보(古公亶父)가
후계자가 되었다."라고 했고, 또 『세본』에서는 "아어(亞圉)인 운도(雲都)는
태공 조감(組紺)인 제주(諸盩)를 낳았다."라고 했으니, 숙영(叔穎)·조감(組
紺)·제주(諸盩)는 동일 인물이 된다. 이곳에서는 "태왕·왕계를 추왕하고, 위
로 선공에게 제사를 지냈다."라고 했으니, 선공 중에는 후직도 포함된다.
그렇기 때문에 "조감으로부터 그 위로 후직에 이른다."라고 말한 것이다.
『주례』「사복(司服)」편을 살펴보면, "선왕에게 제사를 지내면 곤면(袞冕)¹⁴⁾
을 착용하고, 선공에게 제사를 지내면 별면(鷩冕)¹⁵⁾을 착용한다."¹⁶⁾라고 했

---

14) 곤면(袞冕)은 곤룡포와 면류관을 뜻한다. 본래 천자의 제사복장으로, 비교적
중요한 제사 때 입는다. 윗옷과 아랫도리에 새겨진 무늬 등은 9가지이다. 『주
례』「춘관(春官)·사복(司服)」편에는 "享先王則袞冕."이라는 기록이 있다. 이에
대한 정현의 주에서는 "冕服九章, 登龍於山, 登火於宗彝, 尊其神明也. 九章,
初一曰龍, 次二曰山, 次三曰華蟲, 次四曰火, 次五曰宗彝, 皆畫以爲繢. 次六曰
藻, 次七曰粉米, 次八曰黼, 次九曰黻, 皆希以爲繡. 則袞之衣五章, 裳四章, 凡九
也."라고 풀이했다. 즉 '곤면'의 윗옷에는 용(龍), 산(山), 화충(華蟲), 화(火),
종이(宗彝) 등 5가지 무늬를 그려놓고, 아랫도리에는 조(藻), 분미(粉米), 보
(黼), 불(黻) 등 4가지를 수놓았다.

는데, 후직은 주나라의 시조가 되어, 종묘에서 협(祫)제사[17]를 지내게 되면, 마땅히 선왕에 대한 경우와 동일하게 곤면을 착용해야 하므로, 선공의 대열 중에는 후직이 포함되지 않는다. 그렇기 때문에「사복」편에 대한 정현의 주에서는 선공은 불줄(不窋)로부터 제주(諸盩)까지라고 했다. 만약 사계절마다 지내는 정규 제사라면 오직 후직・태왕・왕계 등만을 지내므로, 선공까지 확대할 수 없다. 그래서『시』「천보(天保)」편에서는 "공에게 약(禴)[18]・사

---

15) 별면(鷩冕) : '별면'은 별의(鷩衣)와 면류관을 뜻한다. 천자 및 제후가 입던 복장으로, 선공(先公)에 대한 제사 및 향사례(饗射禮)를 시행할 때 착용했다. '별의'에는 꿩의 무늬를 수놓게 되는데, 이 무늬를 화충(華蟲)이라고도 부른다. 상의에는 3종류의 무늬를 수놓고, 하의에는 4종류의 무늬를 수놓게 되어, 총 7가지의 무늬가 들어가게 된다.『주례(周禮)』「춘관(春官)・사복(司服)」편에는 "享先公, 饗射則鷩冕."이라는 기록이 있고, 이에 대한 정현의 주에서는 "鷩, 畫以雉, 謂華蟲也. 其衣三章, 裳四章, 凡七也."라고 풀이했다.

16)『주례』「춘관(春官)・사복(司服)」 : 王之吉服, 祀昊天・上帝, 則服大裘而冕, 祀五帝亦如之. 享先王則袞冕, 享先公・饗・射則鷩冕, 祀四望・山川則毳冕, 祭社稷・五祀則希冕, 祭群小祀則玄冕.

17) 협제(祫祭)는 협(祫)이라고도 부른다. 신주(神主)들을 태조(太祖)의 묘(廟)에 모두 모셔놓고 지내는 제사이다.『춘추공양전』「문공(文公) 2년」에 "八月, 丁卯, 大事于大廟, 躋僖公, 大事者何. 大祫也. 大祫者何. 合祭也, 其合祭奈何. 毀廟之主, 陳于大祖."라는 기록이 있다.

18) 약(礿)은 약(禴)이라고도 부른다. 하(夏)나라와 은(殷)나라 때에는 봄에 종묘(宗廟)에서 지내는 제사를 뜻하는 용어로 사용하였지만, 주(周)나라 때에는 명칭을 고쳐서, 여름에 지내는 제사의 명칭으로 삼았다. '약(礿)'이 봄 제사를 뜻하는 용어로 사용될 때에는 적다[薄]라는 뜻으로, 봄에는 만물이 아직 성숙하지 않았으므로, 제사 때 차려내는 제수(祭需)들이 적게 된다. 그렇기 때문에 그 제사를 '약(礿)'이라고 부르는 것이다.『예기』「왕제(王制)」편에는 "天子諸侯宗廟之祭, 春曰礿, 夏曰禘, 秋曰嘗, 冬曰烝."이라는 기록이 있고, 이에 대한 정현의 주에서는 "此蓋夏殷之祭名. 周則春曰祠, 夏曰礿, 以禘爲殷祭."라고 풀이했고, 진호(陳澔)의『집설(集說)』에서는 "礿, 薄也. 春物未成, 祭品鮮薄也."라고 풀이했다. 한편 '약(礿)'자가 여름 제사를 뜻하는 용어로 사용될 때에는 삶다[汋=礿]의 뜻으로, 여름 4월에는 보리가 익어서, 삶아서 밥을 지을 수가 있다. 여름 제사 때에는 이처럼 보리밥을 헌상하기 때문에, 그 제사를 '약(礿)'이라고 부르는 것이다.『춘추공양전』「환공(桓公) 8년」편에는 "夏曰礿."이라는 기록이 있는데, 이에 대한 하휴(何休)의 주에서는 "薦尙麥苗, 麥始熟可礿, 故曰礿."이라고 풀이했다. 그리고『주례』「춘관(春官)・사존이(司尊彝)」편에서는 "春祠夏禴, 祼用雞彝・鳥彝, 皆有舟."라고 하여, 약(禴)을

(祠)19)·증(烝)20)·상(嘗)21) 제사를 지낸다."22)라고 한 것이니, 선왕은 사계절의 정규 제사에 포함되지만, 후직·제주로부터 그 이하의 경우에만 해당할 따름이다. 그렇기 때문에 「천보」편에 대한 정현의 주에서는 "선공은 후직으로부터 제주까지를 뜻한다."라고 했다. 이러한 기록들은 경문의 앞뒤 문맥을 살펴서 뜻을 풀이한 것이기 때문에 풀이가 다른 것인데, 그것이 아니라면 지(至)자가 잘못 기록되었을 수도 있다. 정현이 "'추왕(追王)'이라는 것은 규정을 고쳐서 장례를 치렀다는 뜻이다."라고 했는데, 태왕과 왕계 본인은 제후의 신분이었으니, 장례를 치를 때 죽은 자의 작위에 따른다면 태왕과

'약(禴)'자로 기록하고 있다.

19) 사(祠)는 봄에 종묘(宗廟)에서 지내는 제사를 뜻한다. '사'자는 음식[食]을 뜻하는 글자로, 선왕(先王)들에게 음식을 대접한다는 의미에서, 봄의 제사를 '사'라고 부르는 것이다. 『이아』「석천(釋天)」편에는 "春祭曰祠."라는 기록이 있는데, 이에 대한 곽박(郭璞)의 주에서는 "祠之言食."이라고 풀이했다. 한편 『예기』「왕제(王制)」편에는 "天子諸侯宗廟之祭, 春曰祠, 夏曰禘, 秋曰嘗, 冬曰烝."이라는 기록이 있고, 이에 대한 정현의 주에서는 "此蓋夏殷之祭名. 周則春曰祠, 夏曰禴, 以禘爲殷祭."라고 풀이했다. 즉 하(夏)나라와 은(殷)나라에서는 봄에 종묘에서 지내는 제사를 약(禴)이라고 불렀는데, 주(周)나라에 이르러, '약'이라는 명칭을 '사'로 고치게 되었다는 뜻이다.

20) 증(烝)은 겨울에 종묘(宗廟)에서 지내는 제사를 뜻한다. '증'자는 중(衆)자의 뜻으로, 겨울에는 만물 중에 성숙한 것이 많다는 의미에서 붙여진 말이다. 『백호통(白虎通)』「종묘(宗廟)」편에는 "冬曰烝者, 烝之爲言衆也, 冬之物成者衆."이라는 기록이 있다.

21) 상(嘗)은 가을에 종묘(宗廟)에서 지내는 제사를 뜻한다. 『이아』「석천(釋天)」편에는 "春祭曰祠, 夏祭曰禴, 秋祭曰嘗, 冬祭曰烝."이라는 기록이 있다. 즉 봄에 지내는 제사를 '사(祠)'라고 부르며, 여름에 지내는 제사를 '약(禴)'이라고 부르고, 가을에 지내는 제사를 '상(嘗)'이라고 부르며, 겨울에 지내는 제사를 '증(烝)'이라고 부른다. 한편 '상'제사는 성대한 규모로 거행하였기 때문에, '대상(大嘗)'이라고도 불렀으며, 가을에 지낸다는 뜻에서, '추상(秋嘗)'이라고도 불렀다. 또한 『춘추번로(春秋繁露)』「사제(四祭)」편에서는 "四祭者, 因四時之所生孰而祭其先祖父母也. 故春曰祠, 夏曰禴, 秋曰嘗, 冬曰蒸. …… 嘗者, 以七月嘗黍稷也."이라고 하여, 가을 제사인 상(嘗)제사는 7월에 시행하며, 서직(黍稷)을 흠향하도록 지낸다는 뜻에서 맛본다는 뜻의 '상'자를 붙였다고 설명한다.

22) 『시』「소아(小雅)·천보(天保)」: 吉蠲爲饎, 是用孝享. 禴祠烝嘗, 于公先王. 君曰卜爾, 萬壽無疆.

왕계에 대해서는 단지 제후의 장례 예법을 적용할 따름이므로, '추왕(追王)'
이라고 말하여, 천자의 예법을 따를 수 없다. 그러므로 추왕을 했을 때 규정
을 고쳐서 장례를 치르며 천자의 예법을 사용했다는 사실을 알 수 있다.
『예기』「대전(大傳)」편을 살펴보면, "무왕은 태왕단보(大王亶父)・왕계력(王
季歷)에 대해 추왕했다."[23]라고 했다. 그런데 이곳에서는 주공이 추왕을
했다고 하여 내용이 동일하지 않은데, 무왕이 주임금을 정벌한 뒤에, 추왕
을 하여 천하에 공표했고, 주공은 그것을 미루어서 예법을 고쳐 장례를 치
렀기 때문에, 두 기록이 다른 것이다. 정현이 "기년상(期年喪)은 대부까지
통한다고 했는데, 방계 친족에 대해 수위를 낮춰서 대공복(大功服)에 해당
하는 경우를 뜻한다."라고 했는데, 웅안생[24]은 "이것은 천자・제후와 대비를
한 것이기 때문에 '기년상은 대부까지 통한다.'라고 말한 것이지만, 실제로
대부는 대공복의 상에 대해서 소공복(小功服)[25]으로 수위를 낮출 수 있으
며, 소공복의 상에서는 시마복(緦麻服)[26]으로 수위를 낮출 수 있다."라고
했다. 이것은 대공복과 소공복이 모두 대부까지 두루 통한다는 사실을 나타
낸다. 웅안생은 또한 "천자는 직계 친족의 상에 대해서 적부에 대해서는

---

23) 『예기』「대전(大傳)」【424d】: 牧之野, 武王之大事也. 旣事而退, 柴於上帝, 祈
於社, 設奠於牧室, 遂率天下諸侯執豆籩, 逡奔走, 追王大王亶父・王季歷・文王昌,
不以卑臨尊也.

24) 웅안생(熊安生, ?~A.D.578): =웅씨(熊氏). 북조(北朝) 때의 경학자이다. 자
(字)는 식지(植之)이다. 『주례(周禮)』, 『예기(禮記)』, 『효경(孝經)』 등 많은
전적에 의소(義疏)를 남겼지만, 모두 산일되어 남아 있지 않다. 현재 마국한
(馬國翰)의 『옥함산방집일서(玉函山房輯佚書)』에 『예기웅씨의소(禮記熊氏義
疏)』 4권이 남아 있다.

25) 소공복(小功服)은 상복(喪服) 중 하나로, 오복(五服)에 속한다. 조밀한 삼베
를 사용해서 만들며, 대공복(大功服)에 비해서 삼베의 재질이 조밀하기 때문
에, '소공복'이라고 부른다. 이 복장을 입게 되는 기간은 상황에 따라 차이가
생기지만, 일반적으로 5개월이 된다. 백숙(伯叔)의 조부모나 당백숙(堂伯叔)
의 조부모, 혼인하지 않은 당(堂)의 자매(姊妹), 형제(兄弟)의 처 등을 위해서
입는다.

26) 시마복(緦麻服)은 상복(喪服) 중 하나로, 오복(五服)에 속한다. 가장 조밀한
삼베를 사용해서 만든다. 이 복장을 입게 되는 기간은 상황에 따라서 차이가
있지만, 일반적으로 3개월이 된다. 친족의 백숙부모(伯叔父母)나 친족의 형
제(兄弟)들 및 혼인하지 않은 친족의 자매(姊妹) 등을 위해서 입는다.

대공복을 착용하고, 적손의 부인에 대해서는 소공복을 착용한다."라고 했는데, 그 의미가 혹여 그러하기도 할 것 같지만, 관련된 경문 기록은 남아있지 않을 따름이다. 정현이 "신하로 여기지 않는 경우라면 상복을 착용한다."라고 했는데, 「상복」편의 전문에서는 "처음 분봉을 받은 제후는 제부 및 곤제들을 신하로 삼지 않고, 분봉을 받은 제후의 자식은 제부를 신하로 삼지 않지만 곤제들은 신하로 삼는다."[27]라고 했다. 따라서 신하로 삼지 않는 경우에는 모두 본래의 상복 규정에 따라 복장을 착용한다.

集註 此言周公之事. 末, 猶老也. 追王, 蓋推文武之意, 以及乎王迹之所起也. 先公, 組紺以上至后稷也. 上祀先公以天子之禮, 又推大王·王季之意, 以及於無窮也. 制爲禮法, 以及天下, 使葬用死者之爵, 祭用生者之祿. 喪服自期以下, 諸侯絶; 大夫降; 而父母之喪, 上下同之, 推己以及人也.

번역 이것은 주공에 대한 일을 뜻한다. '말(末)'자는 노년[老]을 뜻한다. '추왕(追王)'은 문왕과 무왕의 뜻을 미루어서 왕가의 자취가 일어난 대상까지 미친 것이다. '선공(先公)'은 조감으로부터 그 위로 후직까지를 뜻한다. 위로 선공에게 제사를 지내며 천자의 예법을 사용하고, 또 태왕과 왕계의 뜻을 미루어서 끝없이 선공에까지 미친 것이다. 예법을 제정하여 천하에 반포해서, 장례를 치를 때에는 죽은 자의 작위에 따르게 하고, 제사를 지낼 때에는 제사를 지내는 자의 녹봉 수위에 따르도록 했다. 상복에 있어서 기년복으로부터 그 이하의 경우 제후는 단절되고, 대부는 수위를 낮추지만, 부모의 상에 대해서는 상하 계층이 동일하게 따르니, 자신의 마음을 미루어서 남에게까지 미친 것이다.

集註 右第十八章.

번역 여기까지는 제 18장이다.

---

27) 『의례』「상복(喪服)」: 是故始封之君不臣諸父·昆弟, 封君之子不臣諸父而臣昆弟, 封君之孫盡臣諸父昆弟.

그림 18-2 ▣ 참최복(斬衰服) 착용 모습

※ 출처: 『삼재도회(三才圖會)』「의복(衣服)」3권

● 그림 18-3 ▣ 참최복(斬衰服) 각부 명칭

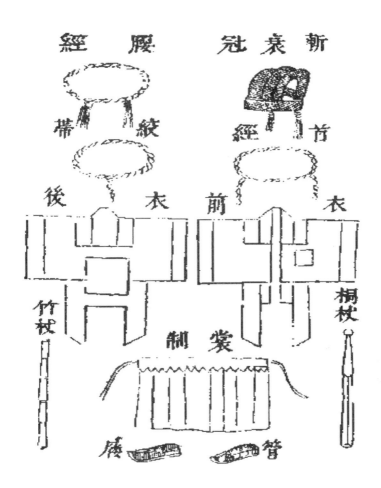

※ 출처: 『삼재도회(三才圖會)』「의복(衣服)」 3권

그림 18-4 ▣ 자최복(齊衰服) 착용 모습

※ 출처: 『삼재도회(三才圖會)』「의복(衣服)」3권

그림 18-5 ▣ 자최복(齊衰服) 각부 명칭

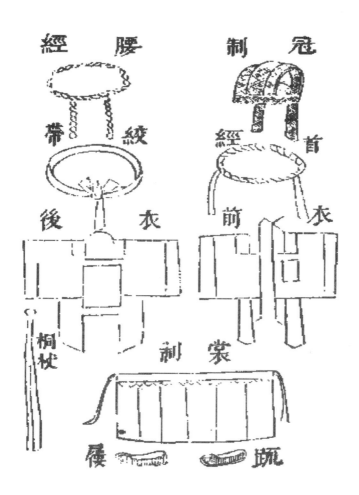

※ 출처: 『삼재도회(三才圖會)』「의복(衣服)」 3권

그림 18-6 ◼ 대공복(大功服) 착용 모습

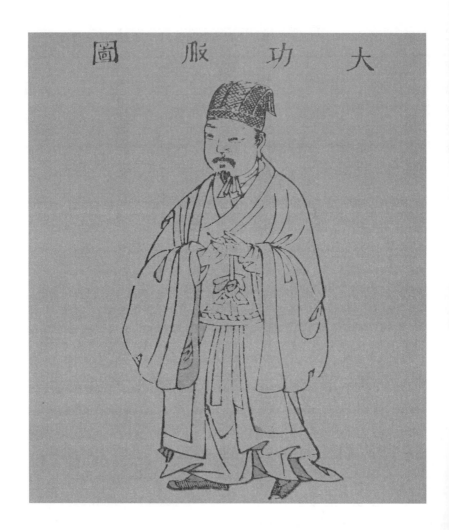

※ 출처: 『삼재도회(三才圖會)』「의복(衣服)」 3권

그림 18-7 ◉ 대공복(大功服) 각부 명칭

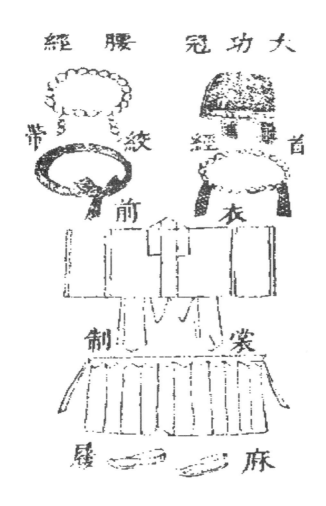

※ 출처: 『삼재도회(三才圖會)』「의복(衣服)」 3권

그림 18-8 ▣ 소공복(小功服) 착용 모습

※ 출처: 『삼재도회(三才圖會)』「의복(衣服)」 3권

● 그림 18-9 ◼ 소공복(小功服) 각부 명칭

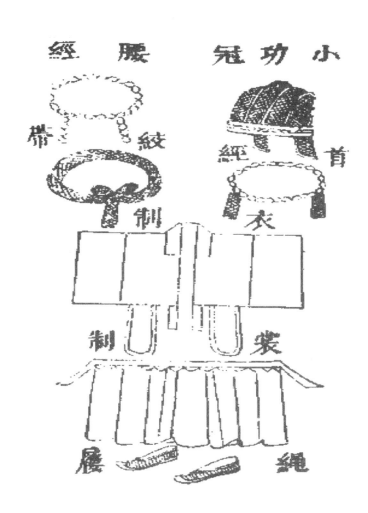

※ 출처: 『삼재도회(三才圖會)』「의복(衣服)」3권

그림 18-10 　▣ 시마복(緦麻服) 착용 모습

※ 출처:『삼재도회(三才圖會)』「의복(衣服)」3권

그림 18-11 ◼ 시마복(緦麻服) 각부 명칭

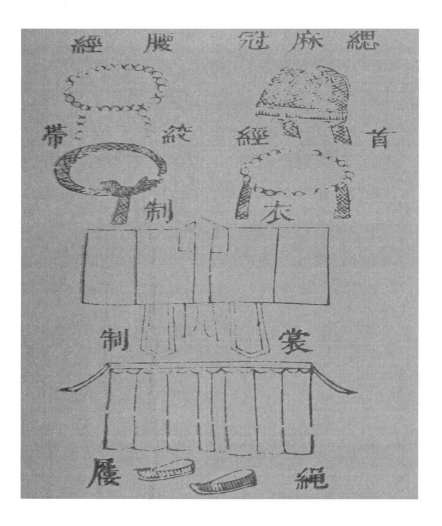

※ **출처:** 『삼재도회(三才圖會)』「의복(衣服)」 3권

그림 18-12 ▣ 맹진(孟津) 땅에서의 큰 회맹을 하는 모습

※ 출처: 『흠정서경도설(欽定書經圖說)』 21권 「대회맹진도(大會孟津圖)」

그림 18-13 ■ 곤면(袞冕)

※ **출처:**『삼례도집주(三禮圖集注)』1권

그림 18-14   ◼ 별면(鷩冕)

※ 출처: 『삼례도집주(三禮圖集注)』 1권

• 제 19 장 •

【1680下】

子曰, "武王周公, 其達孝矣乎! 夫孝者, 善繼人之志, 善述人之事者也. 春秋脩其祖廟, 陳其宗器, 設其裳衣, 薦其時食."

직역 子가 日, "武王과 周公은 그 達孝인져! 夫히 孝者는 善히 人의 志를 繼하고, 善히 人의 事를 述하는 者이다. 春秋에는 그 祖廟를 脩하고, 그 宗器를 陳하며, 그 裳衣을 設하고, 그 時食을 薦한다."

의역 공자가 말하길, "무왕과 주공은 누구나 아는 효자일 것이다. 무릇 효는 조상의 뜻을 잘 계승하고, 조상의 일을 잘 잇는 것이다. 사계절마다 종묘를 청소하고, 제기들을 진설하며, 선조가 남겨둔 의복을 진설하고, 사계절마다의 정규 제사를 지낸다."라고 했다.

鄭注 脩, 謂掃糞也. 宗器, 祭器也. 裳衣, 先祖之遺衣服也, 設之, 當以授尸也. 時食, 四時祭也.

번역 '수(脩)'자는 오물을 청소한다는 뜻이다. '종기(宗器)'는 제기를 뜻한다. '상의(裳衣)'는 선조가 남겨둔 의복을 뜻하니, 이것들을 진설하는 것은 시동에게 주어야만 하기 때문이다. '시식(時食)'은 사계절마다 지내는 제사를 뜻한다.

釋文 掃, 悉報反. 糞, 弗運反, 本亦作▼(扌+糞), 亦作拚, 同.

번역 '掃'자는 '悉(실)'자와 '報(보)'자의 반절음이다. '糞'자는 '弗(불)'자와 '運(운)'자의 반절음이며, 판본에 따라서는 또한 '▼(扌+糞)'자로도 기록하고, '拚'자로도 기록하는데, 그 음은 동일하다.

孔疏 ●"子曰"至"掌乎". ○正義曰: 以前經論文王·武王聖德相承, 此論武王·周公上成先祖, 脩其宗廟, 行郊社之禮, 所以能治國如置物掌中也, 各隨文解之.

번역 ●經文: "子曰"~"掌乎". ○앞의 경문에서는 문왕과 무왕은 성인에 걸맞은 덕을 갖추고 있고 그것을 서로 계승했다고 논의했고, 이곳 경문에서는 무왕과 주공이 위로 선조의 공업을 완성하고, 종묘를 청소하고 교사(郊社)[1]의 예법을 시행했는데, 이것은 나라를 다스림이 마치 손바닥에 물건을 올려두는 것과 같음을 논의하였으니, 각각의 문장에 따라서 풀이하겠다.

孔疏 ●"夫孝者, 善繼人之志"者, 人, 謂先人. 若文王有志伐紂, 武王能繼而承之. 尙書·武成曰: "予小子, 其承厥志." 是"善繼人之志"也.

번역 ●經文: "夫孝者, 善繼人之志". ○'인(人)'자는 조상을 뜻한다. 마치 문왕에게 주임금을 정벌하려는 뜻이 있어서, 무왕이 그것을 계승하여 과업을 이을 수 있었던 것과 같다. 『서』「무성(武成)」편에서는 "나 소자가 그 뜻을 이었도다."[2]라고 했는데, 이것은 "조상의 뜻을 잘 계승한다."는 뜻에 해당한다.

孔疏 ●"善述人之事者也", 言文王有文德爲王基, 而周公制禮以贊述之.

---

1) 교사(郊社)는 본래 천지(天地)에 대한 제사를 뜻한다. 교(郊)는 천(天)에 대한 제사를 뜻하고, 사(社)는 지(地)에 대한 제사를 뜻한다. '교사(郊祀)'라고도 부르고, '교제(郊祭)'라고도 부른다. 또한 하늘에 대한 제사만을 지칭하기도 한다.

2) 『서』「주서(周書)·무성(武成)」: 惟九年, 大統未集. 予小子其承厥志.

故洛誥云"考朕昭子刑, 乃單文祖德", 是"善述人之事"也. 此是武王·周公繼孝
之事.

번역 ●經文: "善述人之事者也". ○문왕에게는 문덕이 있어서 왕가의
기틀을 세웠고, 주공은 예법을 제정하여 그것을 돕고 계승했다는 뜻이다.
그러므로『서』「낙고(洛誥)」편에서는 "우리 소자의 법을 이루어 문조의 덕
을 다한다."3)라고 한 것이니, 이것은 "조상의 일을 잘 잇는다."는 뜻에 해당
한다. 이것은 무왕과 주공이 효를 잘 계승했던 사안에 해당한다.

集註 達, 通也. 承上章而言武王·周公之孝, 乃天下之人通謂之孝, 猶孟子
之言達尊也.

번역 '달(達)'자는 "통하다[通]."는 뜻이다. 앞 장을 이어서 무왕과 주공
의 효를 언급했으니, 천하 사람들이 통괄적으로 효라고 부른다는 뜻으로,
맹자가 달존(達尊)이라고 한 말과 같다.4)

集註 上章言武王纘大王·王季·文王之緖以有天下,　而周公成文武之德以
追崇其先祖, 此繼志述事之大者也. 下文又以其所制祭祀之禮, 通於上下者言
之.

번역 앞 장에서는 무왕이 태왕·왕계·문왕의 업적을 이어서 천하를 소유
하였고, 주공은 문왕과 무왕의 덕을 완성하여 선조들을 추존했다고 했는데,
이것은 뜻을 계승하고 일을 잇는 것 중에서도 큰 것에 해당한다. 아래 문장
에서는 또한 제사의 예법을 제정했고 이것이 상하 계층에 두루 통용되는
것을 기준으로 말했다.

---

3) 『서』「주서(周書)·낙고(洛誥)」: 曰, 其自時中乂, 萬邦咸休, 惟王有成績. 予旦
  以多子越御事, 篤前人成烈, 答其師, 作周孚先, 考朕昭子刑, 乃單文祖德.
4) 『맹자』「공손추하(公孫丑下)」: 天下有達尊三, 爵一, 齒一, 德一.

集註 祖廟: 天子七, 諸侯五, 大夫三, 適士二, 官師一. 宗器, 先世所藏之重器; 若周之赤刀·大訓·天球·河圖之屬也. 裳衣, 先祖之遺衣服, 祭則設之以授尸也. 時食, 四時之食, 各有其物, 如春行羔豚, 膳膏香之類是也.

번역 조묘(祖廟)의 경우, 천자는 7개를 세우고 제후는 5개를 세우며 적사(適士)5)는 2개를 세우고 관사(官師)6)는 1개를 세운다. '종기(宗器)'는 이전 세대에서 보관해둔 중요한 기물을 뜻하니, 마치 주나라 때의 적도(赤刀)·대훈(大訓)·천구(天球)·하도(河圖) 등의 부류에 해당한다. '상의(裳衣)'는 선조가 남겨둔 의복을 뜻하니, 제사를 지내게 되면 이것들을 진설하여 시동에게 주게 된다. '시식(時食)'은 사계절마다 나는 음식인데, 각각 해당하는 사물이 있는 것으로 마치 봄에는 새끼 양고기와 돼지고기를 쓰되 소의 지방으로 조리하는 부류와 같다.7)

---

5) 적사(適士)는 상사(上士)를 가리킨다. 사(士)라는 계급은 3단계로 세분되는데, 상사, 중사(中士), 하사(下士)가 그것이다. 『예기』「제법(祭法)」편의 경문에는 "適士二廟, 一壇, 曰考廟, 曰王考廟, 享嘗乃止."라는 기록이 있다. 이에 대한 정현의 주에서는 "適士, 上士也."라고 풀이했다.

6) 관사(官師)는 하급 관리들을 부르는 말이다. 『서』「하서(夏書)·윤정(胤征)」편에는 "每歲孟春, 遒人以木鐸徇于路, 官師相規, 工執藝事以諫."이라는 기록이 있는데, 이에 대한 공안국(孔安國)의 전(傳)에서는 "官師, 衆官."이라고 풀이했다. 또한 『예기』「제법(祭法)」편에는 "官師一廟, 曰考廟. 王考無廟而祭之. 去王考爲鬼."라는 기록이 있는데, 이에 대한 정현의 주에서는 "官師, 中士下士庶士府史之屬."이라고 풀이하여, '관사'의 대상을 구체적으로 중사(中士), 하사(下士), 서사(庶士), 부사(府史)의 부류라고 설명한다.

7) 『주례』「천관(天官)·포인(庖人)」: 凡用禽獻, 春行羔豚, 膳膏香; 夏行腒鱐, 膳膏臊; 秋行犢麛, 膳膏腥; 冬行鮮羽, 膳膏羶.

그림 19-1 ▣ 천자의 궁성과 종묘(宗廟)의 배치

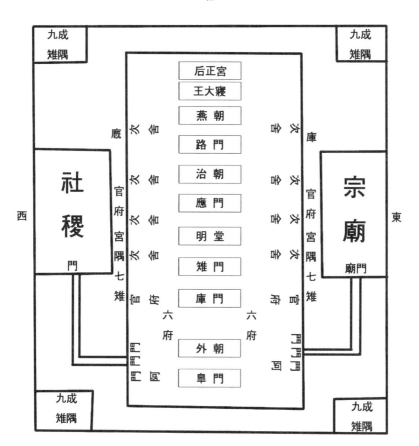

※ 참조: 『삼재도회(三才圖會)』「궁실(宮室)」2권

그림 19-2　■ 천자의 칠묘(七廟)

※ 출처:『삼재도회(三才圖會)』「궁실(宮室)」2권

그림 19-3   ◼ 주(周)나라의 칠묘(七廟)

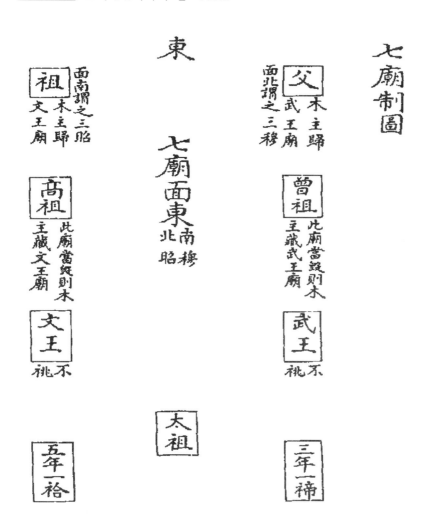

※ 출처: 『육경도(六經圖)』 9권

● 그림 19-4 ■ 주(周)나라의 칠묘(七廟)-손육(孫毓)의 주장

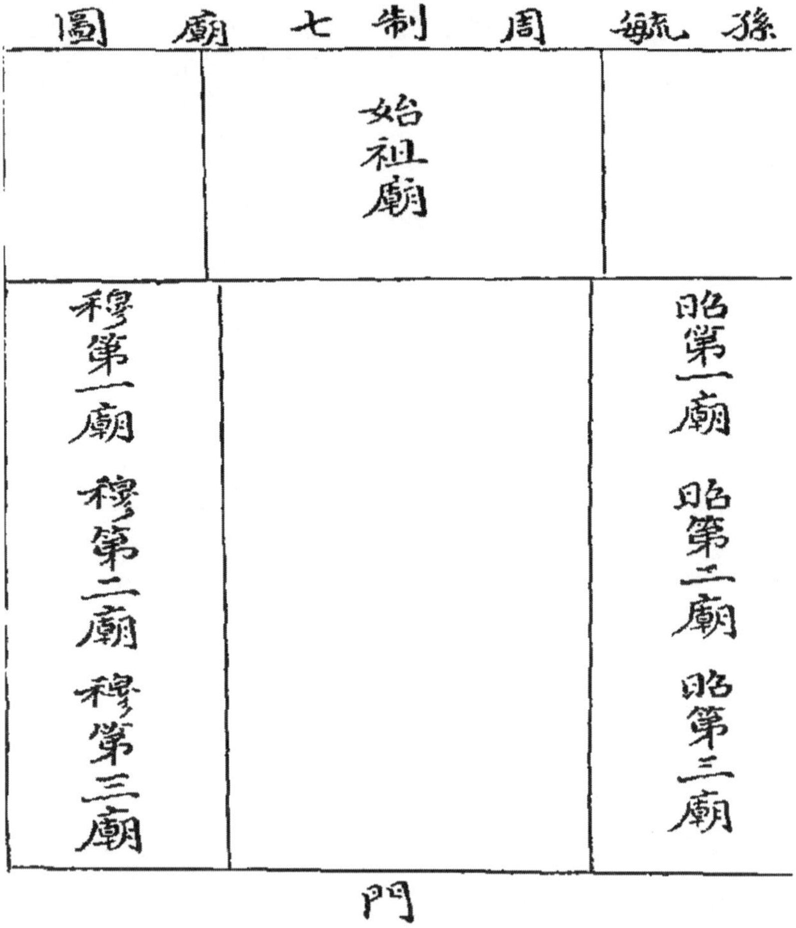

※ 출처: 『묘제도고(廟制圖考)』

●그림 19-5 ▣ 주(周)나라의 구묘(九廟)-유흠(劉歆)의 주장

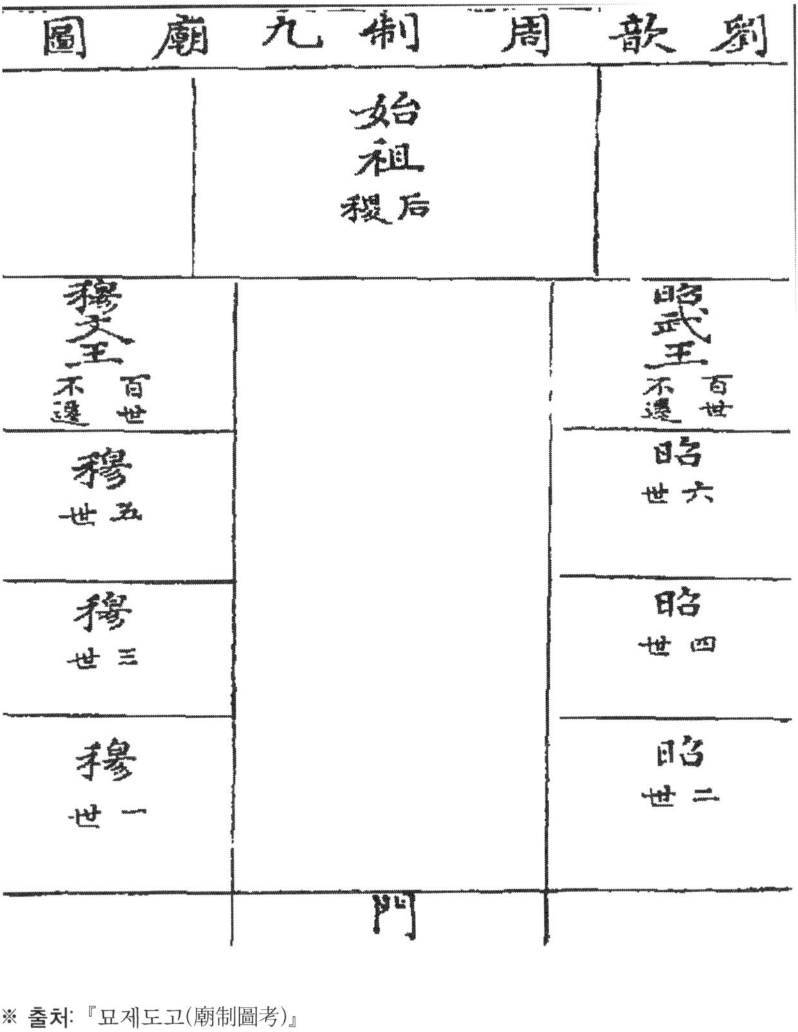

劉歆 周 制 九 廟 圖

始祖 稷后

穆文王 不遷 百世

武王 昭 不遷 百世

穆 世五

昭 世六

穆 世三

昭 世四

穆 世一

昭 世二

門

※ 출처: 『묘제도고(廟制圖考)』

그림 19-6 ◙ 제후의 오묘(五廟)

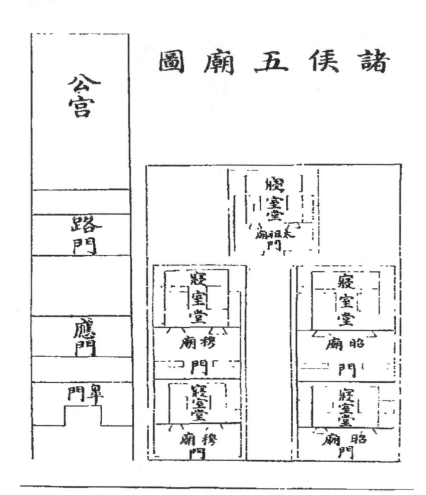

※ 출처: 『의례도(儀禮圖)』「의례방통도(儀禮旁通圖)」

● 그림 19-7 ▣ 종묘(宗廟) 건물의 각부 명칭

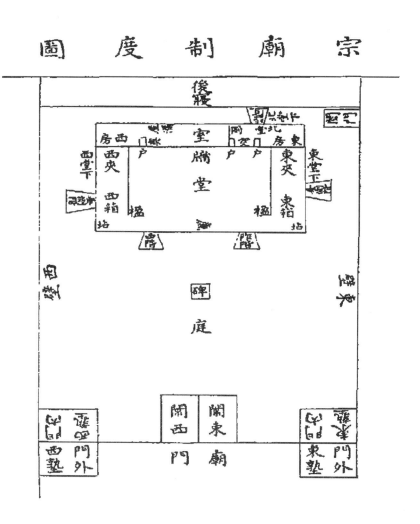

※ 출처: 『향당도고(鄕黨圖考)』 1권

【1681上】

"宗廟之禮, 所以序昭穆也. 序爵, 所以辨貴賤也. 序事, 所以辨賢也. 旅酬下爲上, 所以逮賤也. 燕毛, 所以序齒也."

직역 "宗廟의 禮는 昭穆을 序하는 所以이다. 爵으로 序함은 貴賤을 辨하는 所以이다. 事로 序함은 賢을 辨하는 所以이다. 旅酬에 下가 上을 爲함은 賤에 逮하는 所以이다. 燕에 毛함은 齒를 序하는 所以이다."

의역 공자가 계속하여 말하길, "종묘의 의례는 소목(昭穆)의 질서에 따라 차례를 정하는 방법이다. 작위에 따라 서열을 정하는 것은 귀천을 분별하는 방법이다. 일에 따라 서열을 정하는 것은 현명한 자를 변별하는 방법이다. 여수(旅酬)를 할 때 아랫사람이 윗사람을 위해 술을 권하는 것은 미천한 자에게까지 술이 돌아가도록 하는 방법이다. 연회를 하며 머리카락의 색깔에 따라 자리의 서열을 정하는 것은 나이에 따라 서열을 정하는 방법이다."라고 했다.

鄭注 序, 猶次也. 爵, 謂公·卿·大夫·士也. 事, 謂薦羞也. "以辨賢"者, 以其事別所能也. 若司徒"羞8)牛", 宗伯"共雞牲"矣. 文王世子曰: "宗廟之中, 以爵爲位, 崇德也. 宗人授事以官, 尊賢也." "旅酬下爲上"者, 謂若特牲饋食之禮賓, 弟子·兄弟之子各擧觶於其長也. "逮賤"者, 宗廟之中, 以有事爲榮也. "燕", 謂旣祭而燕也. 燕以髮色爲坐, 祭時尊尊也, 至燕親親也. 齒, 亦年也.

번역 '서(序)'자는 "차례대로 정렬한다[次]."는 뜻이다. '작(爵)'은 제후·경·대부·사 등을 뜻한다. '사(事)'자는 음식을 바친다는 뜻이다. "이로써 현자를 변별한다."라고 했는데, 그 사안에 따라서 유능한 자를 변별한다는 뜻이다. 마치 사도(司徒)9)가 "희생물로 사용될 소를 바친다."10)라고 했고,

---

8) '수(羞)'자에 대하여. 『십삼경주소(十三經注疏)』 북경대 출판본에서는 "'수'자를 혜동(惠棟)의 『교송본(校宋本)』, 『송감본(宋監本)』, 『악본(岳本)』, 『가정본(嘉靖本)』, 위씨(衛氏)의 『집설(集說)』에서는 동일하게 기록했는데, 『민본(閩本)』·『감본(監本)』·『모본(毛本)』에서는 '봉(奉)'자로 기록했다."라고 했다.

종백(宗伯)[11]이 "희생물로 사용될 닭을 공급한다."라고 한 것과 같다.[12] 『예기』「문왕세자(文王世子)」편에서는 "종묘 안에서 작위의 등급에 따라 위치를 정하는 것은 덕을 숭상하기 위해서이다. 종인(宗人)[13]이 일을 분배할 때 관직의 등급에 따르는 것은 현명한 자를 높이기 위해서이다."[14]라고 했

---

9) 사도(司徒)는 본래 주(周)나라 때의 관리로, 국가의 토지 및 백성들에 대한 교화(敎化)를 담당했다. 전설상으로는 소호(少昊) 시대 때부터 설치되었다고 전해진다. 주나라의 육경(六卿) 중 하나였으며, 전한(前漢) 애제(哀帝) 원수(元壽) 2년(B.C. 1)에는 승상(丞相)의 관직명을 고쳐서, 대사도(大司徒)라고 불렀고, 대사마(大司馬), 대사공(大司空)과 함께 삼공(三公)의 반열에 있었다. 후한(後漢) 때에는 다시 '사도'로 명칭을 고쳤고, 그 이후로는 이 명칭을 계속 사용하다가 명(明)나라 때 폐지되었다. 명나라 이후로는 호부상서(戶部尙書)를 '대사도'라고 불렀다.

10) 『주례』「지관(地官)·대사도(大司徒)」 : 祀五帝, 奉牛牲, 羞其肆.

11) 종백(宗伯)은 대종백(大宗伯)이라고도 부른다. 주(周)나라 때에는 육경(六卿) 중 하나에 해당하는 고위 관직이었다. 『주례』의 체제 속에서는 춘관(春官)의 수장이 된다. 종묘(宗廟)에 대한 제사 등 주로 예제(禮制)와 관련된 일을 담당하였다. 후대의 관직체계에서는 예부(禮部)에 해당하기 때문에, 예부상서(禮部尙書)를 또한 '대종백' 혹은 '종백'이라고도 부른다. 『서』「주서(周書)·주관(周官)」편에는 "宗伯掌邦禮, 治神人, 和上下."라는 기록이 있다. 또 『주례』「춘관(春官)·종백(宗伯)」편에는 "乃立春官宗伯, 使帥其屬而掌邦禮, 以佐王和邦國."이라는 기록이 있는데, 이에 대한 정현의 주에서는 "宗伯, 主禮之官."이라고 풀이했다. 한(漢)나라 때에는 태재(太宰)라는 이름으로 관직명을 고치기도 했다. 한편 진(秦)나라 때에는 종실(宗室)의 일들을 담당하는 종정(宗正)이라는 관리가 있었는데, 한나라 때에는 이 관직명을 '종백'으로 고치기도 했다.

12) 『주례』「춘관(春官)·계인(雞人)」 : 雞人, 掌共雞牲辨其物.

13) 종인(宗人)은 고대 관직명이다. 소종백(小宗伯)으로 여기기도 하며, 일반적으로 제사 및 종묘(宗廟)에서 시행되는 예법을 담당하는 자로 여기기도 한다. 『서』「주서(周書)·고명(顧命)」편에는 "上宗曰饗, 太保受同, 降, 盥以異同, 秉璋以酢, 授宗人同, 拜, 王荅拜."라는 기록이 있고, 이에 대한 공안국(孔安國)의 전문(傳文)에서는 "宗人, 小宗伯."이라고 풀이했다. 또한 『의례』「사관례(士冠禮)」편에는 "徹筮席, 宗人告事畢, 主人戒賓, 賓辭禮許."라는 기록이 있고, 이에 대한 정현의 주에서는 "宗人, 有司主禮者."라고 풀이했다.

14) 『예기』「문왕세자(文王世子)」【260b~c】 : 公族朝于內朝, 內親也. 雖有貴者以齒, 明父子也. 外朝以官, 體異姓也. 宗廟之中以爵爲位, 崇德也. 宗人授事以官, 尊賢也. 登餕受爵以上嗣, 尊祖之道也. 喪紀以服之輕重爲序, 不奪人親也. 公與族燕則以齒, 而孝弟之道達矣. 其族食世降一等, 親親之殺也. 戰則守於公禰, 孝

다. "여수(旅酬)15)를 하며 아랫사람이 윗사람을 위한다."라고 했는데,『의례』「특생궤식례(特牲饋食禮)」편에서 빈객을 예우할 때, 제자·형제의 자식들이 각각 술잔인 치(觶)를 들어 그들 무리의 존장자에게 바치는 것과 같다. "미천한 자에게까지 미친다."라고 했는데, 종묘 안에서는 일을 맡아보는 것을 영예로 여기기 때문이다. '연(燕)'자는 제사를 끝내고서 연회를 한다는 뜻이다. 연회를 할 때에는 모발의 색깔에 따라 좌석을 정하니, 제사를 지낼 때에는 존귀한 자를 존귀하게 높이지만, 연회를 치르게 되면 친근한 자를 친근하게 대하기 때문이다. '치(齒)'자 또한 나이[年]를 뜻한다.

釋文 昭穆, 常遙反. 穆, 又作繆, 音同. 遝, 本又作逮, 同音代. 燕, 於見反, 注並同. 別, 彼列反. 共音恭. 饌, 其位反. 觶音至. 長, 丁丈反, 下"謂長"同.

번역 '昭穆'에서의 '昭'자는 '常(상)'자와 '遙(요)'자의 반절음이다. '穆'자는 또한 '繆'자로도 기록하는데, 그 음은 동일하다. '遝'자는 판본에 따라서 또한 '逮'자로도 기록하는데, 두 글자는 모두 그 음이 '代(대)'이다. '燕'자는 '於(어)'자와 '見(견)'자의 반절음이며, 정현의 주에 나오는 글자도 모두 그 음이 이와 같다. '別'자는 '彼(피)'자와 '列(렬)'자의 반절음이다. '共'자의 음은 '恭(공)'이다. '饌'자는 '其(기)'자와 '位(위)'자의 반절음이다. '觶'자의 음은 '至(지)'이다. '長'자는 '丁(정)'자와 '丈(장)'자의 반절음이며, 아래문장에 나오는 '謂長'에서의 '長'자도 그 음이 이와 같다.

孔疏 ●"宗廟之禮, 所以序昭穆也"者, 若昭與昭齒, 穆與穆齒是也.

번역 ●經文: "宗廟之禮, 所以序昭穆也". ○마치 소(昭) 항렬에 속한 사람들은 소 항렬의 사람들과 나이에 따라 서열을 정하고, 목(穆) 항렬에 속

愛之深也. 正室守太廟, 尊宗室而君臣之道著矣. 諸父諸兄守貴室, 子弟守下室, 而讓道達矣.

15) 여수(旅酬)는 제사가 끝난 후에, 제사에 참가했던 친족 및 빈객(賓客)들이 술잔을 들어 술을 마시고, 서로 공경의 예(禮)를 표하며, 잔을 권하는 의례(儀禮)이다.

한 사람들은 목 항렬의 사람들과 나이에 따라 서열을 정하는 것과 같다.

孔疏 ●"序爵, 所以辨貴賤也"者, 序, 謂次序; 爵, 謂公·卿·大夫·士也. 謂祭祀之時, 公·卿·大夫各以其爵位齒列而助祭祀, 是"辨貴賤"也. 故文王世子云"宗廟之中, 以爵爲位, 崇德也. 宗人授事以官, 尊賢也", 是也.

번역 ●經文: "序爵, 所以辨貴賤也". ○'서(序)'자는 차례대로 서열을 정한다는 뜻이며, '작(爵)'자는 제후·경·대부·사 등을 뜻한다. 즉 제사를 지낼 때, 제후·경·대부는 각각 그들이 가진 작위와 나이에 따라 서열을 정하여 제사를 돕는데, 이것이 "귀천을 변별한다."는 뜻이다. 그렇기 때문에 『예기』 「문왕세자(文王世子)」편에서는 "종묘 안에서 작위의 등급에 따라 위치를 정하는 것은 덕을 숭상하기 위해서이다. 종인(宗人)이 일을 분배할 때 관직의 등급에 따르는 것은 현명한 자를 높이기 위해서이다."라고 했다.

孔疏 ●"序事, 所以辨賢也"者, 事謂薦羞也, 序謂次序, 所共祭祀之事, 若司徒奉牛, 司馬奉羊, 宗伯供雞, 是分別賢能, 堪任其官也.

번역 ●經文: "序事, 所以辨賢也". ○'사(事)'자는 음식을 바친다는 뜻이며, '서(序)'자는 차례대로 서열을 정한다는 뜻이니, 제사에 음식을 공급하는 일, 예를 들어 사도(司徒)가 희생물로 사용될 소를 바치고 사마(司馬)[16]가 희생물로 사용될 양을 바치며 종백(宗伯)이 희생물로 사용될 닭을 바치는 것들은 현명하고 유능한 자를 구별하여, 각각 그 관직의 임무를 맡기는 것이다.

---

16) 사마(司馬)라는 관직은 전설상으로는 소호(少昊) 시대부터 설치되었다고 전해진다. 주(周)나라 때에는 육경(六卿) 중 하나였으며, 하관(夏官)의 수장이며, 대사마(大司馬)라고도 불렀다. 군대와 관련된 일을 담당했다. 한(漢)나라 무제(武帝) 때에는 태위(太尉)라는 관직명을 고쳐서 대사마(大司馬)라고 불렀고, 후한(後漢) 때에는 다시 태위(太尉)로 고쳐 불렀다. 남북조시대(南北朝時代)에는 대장군(大將軍)과 함께 이대(二大)로 칭해지기도 했으나, 청(淸)나라 때 폐지되었다. 후세에서는 병부상서(兵部尙書)의 별칭으로 사용하기도 했고, 시랑(侍郞)을 소사마(少司馬)로 칭하기도 하였다.

孔疏 ●"旅酬下爲上, 所以逮賤也"者, 旅, 衆也; 逮, 及也. 謂祭末飮酒之時, 使一人擧觶之後, 至旅酬之時, 使卑者二人各擧觶於其長者. 卑下者先飮, 是下者爲上, 賤人在先, 是恩意先及於賤者, 故云"所以逮賤也". 按特牲饋食之禮, 主人洗爵, 獻長兄弟, 獻衆兄弟之後, 衆賓弟子于西階, 兄弟弟子于東階, 各擧觶於其長也. 弟子等皆是下賤而得擧觶, 是有事於宗廟之中, 是其榮也. 又制受爵, 是"逮賤"也.

번역 ●經文: "旅酬下爲上, 所以逮賤也". ○'여(旅)'자는 무리[衆]를 뜻하며, '체(逮)'자는 "미치다[及]."는 뜻이다. 즉 제사 말미에 음주를 할 때에는 한 사람을 시켜서 치(觶)를 들어 술을 권하게 하고, 그 이후에 여수(旅酬)를 하게 될 때라면, 신분이 낮은 자 2명으로 하여금 각각 그들 무리의 존장자에게 치(觶)를 들어 술을 권하는 것이다. 미천한 자가 먼저 술을 마시는 것은 아랫사람이 윗사람을 위해 술을 권하는 것인데, 미천한 자가 먼저 마시니, 이것은 은혜가 우선적으로 미천한 자에게 미치는 것이다. 그렇기 때문에 "미천한 자에게까지 미치게 하는 방법이다."라고 했다. 『의례』「특생궤식례(特牲饋食禮)」의 의례를 살펴보면, 주인은 술잔을 씻어서 장형제에게 바치고, 나머지 형제들에게 바치는데, 그 이후에 빈객무리들과 제자들은 서쪽 계단에 위치하고, 형제와 제자들은 동쪽 계단에 위치하여, 각각 그들 무리의 존장자에게 치(觶)를 들어 술을 권한다. 제자 등은 모두 지위가 낮고 미천한 자인데도 치(觶)를 들어서 권할 수 있으니, 이것은 종묘 안에서 일을 맡아보는 것은 영예에 해당하기 때문이다. 또한 술잔을 받는 법도를 제정했으니, 이것은 "미천한 자에게까지 미친다."는 뜻에 해당한다.

孔疏 ●"燕毛, 所以序齒也"者, 言祭末燕時, 以毛髮爲次序, 是所以序年齒也. 故注云: "燕謂旣祭而燕也. 燕以髮色爲坐, 祭時尊尊也, 至燕親親也."

번역 ●經文: "燕毛, 所以序齒也". ○제사 말미 연회를 할 때에는 머리카락의 색깔에 따라서 차례대로 정렬하니, 이것은 나이에 따라 차례를 정하는 방법이다. 그렇기 때문에 정현의 주에서는 "'연(燕)'자는 제사를 끝내고서 연회를 한다는 뜻이다. 연회를 할 때에는 모발의 색깔에 따라 좌석을 정하니, 제사를 지낼 때에는 존귀한 자를 존귀하게 높이지만, 연회를 치르게 되면 친근한 자를 친근하게 대하기 때문이다."라고 한 것이다.

集註 宗廟之次: 左爲昭, 右爲穆, 而子孫亦以爲序. 有事於太廟, 則子姓兄弟群昭群穆咸在而不失其倫焉. 爵, 公·侯·卿·大夫也. 事, 宗祝有司之職事也. 旅, 衆也. 酬, 導飮也. 旅酬之禮, 賓弟子·兄弟之子各擧觶於其長而衆相酬. 蓋宗廟之中以有事爲榮, 故逮及賤者, 使亦得以申其敬也. 燕毛, 祭畢而燕, 則以毛髮之色別長幼, 爲坐次也. 齒, 年數也.

번역 종묘에서의 묘(廟) 배치는 좌측은 소(昭) 항렬이 되고 우측은 목(穆)항렬이 되니, 각 묘(廟)에 해당하는 자손들 또한 이것을 질서로 삼는다. 즉 태묘 안에서 제사를 지내게 되면, 자손들과 형제들 및 뭇 소목(昭穆)에 해당하는 후손들이 모두 위치하게 되지만, 그 질서를 잃지 않는다. '작(爵)'자는 공·후·경·대부 등을 뜻한다. '사(事)'자는 종축(宗祝)[17]이나 유사(有司)[18] 등이 맡아서 처리하는 직무이다. '여(旅)'자는 무리[衆]를 뜻한다. '수(酬)'자는 술을 마시게끔 인도한다는 뜻이다. 여수(旅酬)의 의례에서는 빈객의 제자들과 형제의 자식들이 각각 그들 무리의 존장자에게 치(觶)를 들어 술을 권하고 그 이후에 각각의 무리들이 서로에게 술을 권한다. 종묘안에서는 일을 맡아보는 것을 영예로 여긴다. 그렇기 때문에 미천한 자에게까지 일이 돌아가게끔 하여, 그들 또한 공경함을 나타낼 수 있도록 한다. '연모(燕毛)'는 제사를 끝내고서 연회를 한다면, 머리카락의 색깔에 따라

---

17) 종축(宗祝)은 종백(宗伯)과 태축(太祝)을 뜻한다. 둘 모두 제사를 주관하는 관리들인데, '종백'은 예법과 관련된 부서의 수장이며, '태축'은 제사를 시행할 때 일을 주도하는 관리이다. 『국어(國語)』「주어중(周語中)」편에는 "門尹除門, 宗祝執祀, 司里授館."이라는 기록이 있고, 이에 대한 위소(韋昭)의 주에서는 "宗, 宗伯, 祝, 太祝也."라고 풀이하였다.

18) 유사(有司)는 관리를 뜻하는 용어이다. '사(司)'자는 담당한다는 뜻이다. 관리들은 각자 담당하고 있는 업무가 있었으므로, 관리를 '유사'라고 불렀던 것이다. 일반적으로 하위관료들을 지칭하여, 실무자를 뜻하는 용어로 많이 사용된다. 그러나 때로는 고위관료까지도 지칭하는 용어로 사용되기도 한다.

연장자와 나이가 어린 자를 구별하여 좌석을 차례대로 배열한다는 뜻이다.
'치(齒)'자는 나이를 뜻한다.

그림 19-8 ■ 치(觶)

※ 출처: 좌-『삼재도회(三才圖會)』「기용(器用)」 1권
　　　　　상우-『삼례도집주(三禮圖集注)』 12권 ; 하우-『육경도(六經圖)』 9권

【1681上】

"踐其位, 行其禮, 奏其樂, 敬其所尊, 愛其所親, 事死如事生, 事亡如事存, 孝之至也."

직역 "그 位에 踐하면, 그 禮를 行하고, 그 樂을 奏하며, 그가 尊한 所를 敬하고, 그가 親한 所를 愛하며, 死를 事하길 生을 事하기와 如하고, 亡을 事하길 存을 事하기와 如하면, 孝의 至이다."

의역 공자가 계속하여 말하길, "선조의 지위에 오르게 되면, 해당하는 예법을 시행하고, 해당하는 음악을 연주하며, 선조가 존경하던 대상에 대해 공경하고, 선조가 친애하던 대상에 대해 친근하며, 죽은 자를 섬기길 살아 있는 자를 섬기듯이 하고, 현재 없는 자를 섬기길 현재 있는 자를 섬기듯이 하면, 효의 지극함이다."라고 했다.

鄭注 踐, 猶升也. "其"者, 其先祖也. 踐或爲"纘".

번역 '천(踐)'자는 "올라간다[升]."는 뜻이다. '기(其)'자는 그의 선조를 뜻한다. '천(踐)'자를 다른 판본에서는 '찬(纘)'자로 기록하기도 한다.

孔疏 ●"踐其位, 行其禮"者, 踐, 升也, 謂孝子升其先祖之位, 行祭祀之禮也.

번역 ●經文: "踐其位, 行其禮". ○'천(踐)'자는 "올라간다[升]."는 뜻이니, 효자가 선조의 지위에 올라가서 제사의 의례를 시행한다는 뜻이다.

集註 踐, 猶履也. 其, 指先王也. 所尊所親, 先王之祖考·子孫·臣庶也. 始死謂之死, 旣葬則曰反而亡焉, 皆指先王也. 此結上文兩節, 皆繼志述事之意也.

번역 '천(踐)'자는 "밟다[履]."는 뜻이다. '기(其)'자는 선왕을 가리킨다.

'소존(所尊)'과 '소친(所親)'은 선조의 조상·자손·신하들을 뜻한다. 죽었을
때에는 사(死)라고 부르는데, 이미 장례를 치렀다면 되돌아와서 없어졌다
고 하니, 이 모두는 선왕을 가리킨다. 이곳 문장은 앞의 두 문단에 대해
결론을 맺은 것으로, 모두 뜻을 계승하고 일을 잇는 의미에 해당한다.

참고 구문비교

출　　처	내　　용
『禮記』「中庸」	事死如事生, 事亡如事存, 孝之至也.
『荀子』「禮論」	故事死如生, 事亡如存,　　終始一也.
『荀子』「禮論」	事死如事生, 事亡如事存, 狀乎無形, 影然而成文.
『白虎通』「巡狩」	孝子出辭·反面, 事死如事生.
『孔子家語』「哀公問政」	死如事生,　　思死而不欲生.
『漢書』「哀帝紀」	孝子事亡如事存.
『漢書』「外戚傳」	孝子事亡如事存.

【1681上~下】

"郊社之禮, 所以事上帝也. 宗廟之禮, 所以祀乎其先也."

직역 "郊社의 禮는 上帝를 事하는 所以이다. 宗廟의 禮는 그 先에게 祀하는
所以이다."

의역 공자가 계속하여 말하길, "교사(郊社)의 의례는 상제와 후토를 섬기는 방
법이다. 종묘의 의례는 선조에게 제사를 지내는 방법이다."라고 했다.

鄭注 社, 祭地神, 不言后土者, 省文.

번역 '사(社)'는 토지신에게 제사를 지낸다는 뜻인데, 후토(后土)¹⁹⁾를 언급하지 않은 것은 문장을 생략해서 기록했기 때문이다.

釋文 省, 色領反.

번역 '省'자는 '色(색)'자와 '領(령)'자의 반절음이다.

集註 郊, 祀天. 社, 祭地. 不言后土者, 省文也.

번역 '교(郊)'는 하늘에 대해 제사를 지낸다는 뜻이다. '사(社)'자는 땅에 대해 제사를 지낸다는 뜻이다. 후토(后土)를 언급하지 않은 것은 문장을 생략해서 기록했기 때문이다.

참고 구문비교

출　처	내　용
『禮記』「中庸」	郊社之禮, 所以事上帝也.
『禮記』「仲尼燕居」	郊社之義, 所以仁鬼神也.
『孔子家語』「論禮」	郊社之禮, 所以仁鬼神也.

참고 구문비교

출　처	내　용
『禮記』「中庸」	宗廟之禮, 所以祀乎其先也.
『禮記』「仲尼燕居」	嘗禘之禮, 所以仁昭穆也.
『孔子家語』「論禮」	禘嘗之禮, 所以仁昭穆也.

---

19) 후토(后土)는 토지신을 뜻한다. 『주례』「춘관(春官)·대종백(大宗伯)」편에는 "王大封, 則先告后土."라는 기록이 있고, 이에 대한 정현의 주에서는 "后土, 土神也."라고 풀이했다.

【1681下】

"明乎郊社之禮·禘嘗之義, 治國其如示諸掌乎!"

직역 "郊社의 禮와 禘嘗의 義에 明하면, 國을 治함은 그 掌에서 示함과 如라!"

의역 공자가 계속하여 말하길, "교사(郊社)의 의례와 체상(禘嘗)[20]의 뜻에 해박하다면, 나라를 다스리는 것은 마치 손바닥 위에 물건을 올려두는 것처럼 쉬울 것이다."라고 했다.

鄭注 示讀如"寘諸河干"之"寘". 寘, 置也. 物而在掌中, 易爲知力者也. 序爵·辨賢, 尊尊·親親, 治國之要.

번역 '시(示)'자는 "강가에 안치하다."[21]라고 했을 때의 '치(寘)'자로 풀이한다. '치(寘)'자는 "두다[置]."는 뜻이다. 사물이 손바닥 위에 있으면, 알거나 힘을 주기 쉽다. 작위에 따라 서열을 정하고 현명한 자를 변별하며, 존귀한 자를 존귀하게 대하고 친근한 자를 친근하게 대하는 것은 나라를 다스리는 핵심이다.

釋文 示, 依注音寘, 之豉反. 易, 以豉反. 知力音智, 本亦無力字. 治之要也, 治, 直吏反, 一本作"治國之要", 治則如字.

번역 '示'자는 정현의 주에 따르면 그 음이 '寘'이니, '之(지)'자와 '豉(시)'자의 반절음이다. '易'자는 '以(이)'자와 '豉(시)'자의 반절음이다. '知力'에서의 '知'자는 그 음이 '智(지)'이며, 판본에 따라서는 또한 '力'자가 없기도

---

20) 체상(禘嘗)은 체(禘)제사와 상(嘗)제사를 뜻한다. 주(周)나라의 예법에 따르면, 여름에 종묘에서 지내는 제사를 '체(禘)'제사라고 불렀고, 가을에 종묘에서 지내는 제사를 '상(嘗)'제사라고 불렀다. 고대에는 '체상'이라는 용어를 이용하여, 군주가 조상에게 지내는 제사를 범칭하였다.

21) 『춘추좌씨전』「애공(哀公) 16년」 : 晉以王室之故, 不棄兄弟, 寘諸河上.

한다. '治之要也'라고 했는데, '治'자는 '直(직)'자와 '吏(리)'자의 반절음이며, 다른 판본에서는 '治國之要'라도 기록하는데, 이때의 '治'자는 글자대로 읽는다.

孔疏 ●"治國其如示諸掌乎", 注云"'示', 讀如'寘諸河干'之'寘', 寘, 置也"者, 若能明此序爵辨賢尊親, 則治理其國, 其事爲易, 猶如置物於掌中也.

번역 ●經文: "治國其如示諸掌乎". ○정현의 주에서는 "'시(示)'자는 '강가에 안치하다.'라고 했을 때의 '치(寘)'자로 풀이한다. '치(寘)'자는 '두다[置].'는 뜻이다."라고 했는데, 만약 이처럼 작위에 따라 서열을 정하고 현명한 자를 변별하며 존귀한 자를 존귀하게 여기고 친근한 자를 친근하게 대하는데 해박할 수 있다면, 나라를 다스리는 것은 그 사안이 매우 쉬우니, 마치 손바닥 위에 물건을 올려두는 것과 같다는 뜻이다.

集註 禘, 天子宗廟之大祭, 追祭太祖之所自出於太廟, 而以太祖配之也. 嘗, 秋祭也. 四時皆祭, 擧其一耳. 禮必有義, 對擧之, 互文也. 示, 與視同. 視諸掌, 言易見也. 此與論語文意大同小異, 記有詳略耳.

번역 '체(禘)'[22]자는 천자가 종묘에서 지내는 성대한 제사[23]이니, 태묘

---

22) 체제(禘祭)는 천신(天神) 및 조상신(祖上神)에게 지내는 '큰 제사[大祭]'를 뜻한다. 『이아』「석천(釋天)」편에는 "禘, 大祭也."라는 기록이 있고, 이에 대한 곽박(郭璞)의 주에서는 "五年一大祭."라고 풀이하여, 대제(大祭)로써의 체제사는 5년마다 1번씩 지낸다고 설명한다. 그러나 『예기』「왕제(王制)」에 수록된 각종 제사들에 대한 기록을 살펴보면, 체제사는 큰 제사임에는 분명하나, 반드시 5년마다 1번씩 지내는 제사는 아니었다.
23) 대제(大祭)는 큰 제사라는 뜻이며, 천지(天地)에 대한 제사 및 체협(禘祫) 등을 일컫는다. 『주례』「천관(天官)·주정(酒正)」에 "凡祭祀, 以法共五齊三酒, 以實八尊. 大祭三貳, 中祭再貳, 小祭壹貳, 皆有酌數."라는 기록이 있다. 이에 대한 정현의 주에서는 "大祭, 天地. 中祭, 宗廟. 小祭, 五祀."라고 풀이하여, '대제'는 천지에 대한 제사를 뜻한다고 설명한다. 그리고 『주례』「춘관(春官)·천부(天府)」편에는 "凡國之玉鎭大寶器藏焉, 若有大祭大喪, 則出而陳之, 旣事藏之."라는 기록이 있다. 이에 대한 정현의 주에서는 "禘祫及大喪陳之, 以華國

에서 태조를 출생한 대상에 대해 추존하여 제사를 지내고 태조를 그에게 배향하는 것이다. '상(嘗)'자는 가을에 지내는 제사를 뜻한다. 사계절마다 모두 제사를 지내는데, 그 중에서도 한 가지만 제시했을 뿐이다. 예에는 반드시 그에 해당하는 의미가 있으니, 상대적으로 제시한 것은 상호 그 뜻을 드러내는 문장이기 때문이다. '시(示)'자는 "살펴본다."고 할 때의 '시(視)'자와 같다. 즉 손바닥을 살펴본다는 것은 쉽게 볼 수 있음을 말한다. 즉 이 문장은『논어』의 문장 뜻과 대동소이한데,24)『예기』의 기록에 상세하거나 간략한 차이점이 있을 따름이다.

集註 右第十九章.

번역 여기까지는 제 19장이다.

참고 구문비교

출　처	내　용
『禮記』「中庸」	明乎郊社之禮·禘嘗之義, 治國其如示諸掌乎!
『禮記』「仲尼燕居」	明乎郊社之義·嘗禘之禮, 治國其如指諸掌而已乎!
『孔子家語』「論禮」	明乎郊社之義·禘嘗之禮, 治國其如指諸掌而已.
『論語』「八佾」	或問禘之說. 子曰, "不知也, 知其說者之於天下也, 其如示諸斯乎!" 指其掌.

也."라고 풀이하여, '대제'를 '체협'으로 설명한다. 그리고 '체(禘)'제사와 '대제'의 직접적 관계에 대해서는『이아』「석천(釋天)」편에서 "禘, 大祭也."라고 풀이하고, 이에 대한 곽박(郭璞)의 주에서는 "五年一大祭."라고 풀이하여, '대제'로써의 '체'제사는 5년마다 지내는 제사로 설명한다.
24)『논어』「팔일(八佾)」: 或問禘之說. 子曰, "不知也, 知其說者之於天下也, 其如示諸斯乎!" 指其掌.

제 20 장

【1682下】

哀公問政. 子曰, "文武之政, 布在方策, 其人存則其政擧, 其
人亡則其政息."

직역 哀公이 政을 問이라. 子가 曰, "文武의 政은 布하여 方策에 在하니, 그
人이 存이라면 그 政이 擧하고, 그 人이 亡이라면 그 政이 息입니다."

의역 애공이 정치에 대해서 물었다. 공자가 말하길, "문왕과 무왕이 시행했던
정치는 책에 쓰여 있으니, 그에 걸맞은 사람이 있다면 그 정치가 시행될 것이고,
그에 걸맞은 사람이 없다면 그 정치는 없어질 것입니다."라고 했다.

鄭注 方, 板也. 策, 簡也. 息, 猶滅也.

번역 '방(方)'자는 나무판[板]을 뜻한다. '책(策)'자는 죽간[簡]을 뜻한다.
'식(息)'자는 "없어진다[滅]."는 뜻이다.

釋文 方策, 初革反. 版音板, 本亦作"板".

번역 '方策'에서의 '策'자는 '初(초)'자와 '革(혁)'자의 반절음이다. '版'자
의 음은 '板(판)'이며, 판본에 따라서는 또한 '板'자로도 기록되어 있다.

孔疏 ●"哀公"至"一也". ○正義曰: 此一節明哀公問政於孔子, 孔子答以
爲政之道在於取人·脩身, 並明達道有五, 行之者三. 今各隨文解之.

번역 ●經文: "哀公"~"一也". ○이곳 문단은 애공이 공자에게 정치를

물어서, 공자가 정치의 도가 사람을 취하고 자신을 수양하는데 달려 있다고 대답한 뜻을 나타내고 있으며, 아울러 '달도(達道)'에는 다섯 가지가 있고, 그것을 시행하는 것에는 세 가지가 있음을 나타냈다. 현재 각각의 문장에 따라서 풀이하겠다.

孔疏 ●"文武之政, 布在方策"者, 言文王武王爲政之道, 皆布列在於方牘簡策.

번역 ●經文: "文武之政, 布在方策". ○문왕과 무왕이 정치를 시행했던 도는 모두 나무판과 죽간 등에 기록되어 있다는 뜻이다.

孔疏 ●"其人存則其政擧"者, 雖在方策, 其事久遠, 此廣陳爲政之道. 其人, 謂賢人. 擧, 猶行也. 存, 謂道德存在也. 若得其人, 道德存在, 則能興行政敎, 故云"擧"也.

번역 ●經文: "其人存則其政擧". ○비록 기록 속에 남아 있더라도 그 사안은 이미 오래되었고 시기적으로도 차이가 나지만, 이것은 정치를 시행하는 도에 대해서 폭넓게 진술한 것이다. '기인(其人)'은 현명한 자를 뜻한다. '거(擧)'자는 "시행하다[行]."는 뜻이다. '존(存)'자는 도덕이 존재한다는 뜻이다. 만약 현명한 자를 얻게 되어, 도덕이 존재한다면, 정치와 교화를 일으켜 시행할 수 있다. 그렇기 때문에 '거(擧)'라고 했다.

孔疏 ●"其人亡則其政息"者, 息, 滅也. 其人若亡, 謂道德滅亡, 不能興擧於政敎. 若位無賢臣, 政所以滅絶也.

번역 ●經文: "其人亡則其政息". ○'식(息)'자는 "없어진다[滅]."는 뜻이다. 현명한 자가 없다면, 도덕이 없어져서, 정치와 교화를 일으켜 시행할 수 없다는 뜻이다. 만약 그 지위에 현명한 신하가 없다면, 정치는 없어지게 된다.

集註 哀公, 魯君, 名蔣.

번역 '애공(哀公)'은 노(魯)나라 군주로, 이름은 장(蔣)이다.

集註 方, 版也. 策, 簡也. 息, 猶滅也. 有是君, 有是臣, 則有是政矣.

번역 '방(方)'자는 나무판[版]을 뜻한다. '책(策)'자는 죽간[簡]을 뜻한다. '식(息)'자는 "없어진다[滅]."는 뜻이다. 그에 걸맞은 군주가 있고 그에 걸맞은 신하가 있다면, 그에 따른 정치가 있게 된다.

참고 원문비교

예기 · 중용(中庸) 哀公問政. 子曰, "文武之政, 布在方策, 其人存則其政擧, 其人亡則其政息."

공자가어 · 애공문정(哀公問政) 哀公問政於孔子. 孔子對曰, "文武之政, 布在方策①, 其人存則其政擧, 其人亡則其政息."

王注-① 方, 板.

번역 '방(方)'자는 나무판[版]을 뜻한다.

◉ 그림 20-1 ▣ 노(魯)나라 세계도(世系圖)

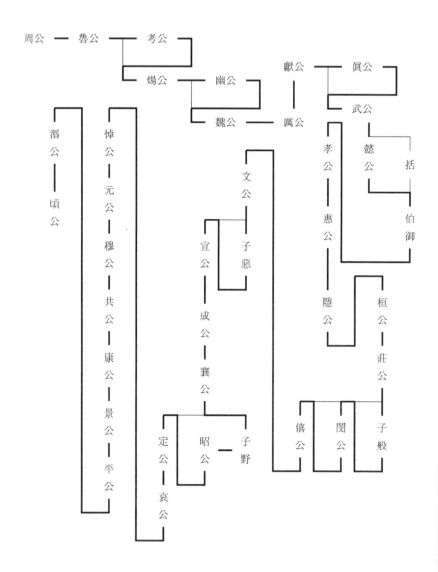

※ 출처: 『역사(繹史)』 1권 「역사세계도(繹史世系圖)」

【1682下】

"人道敏政, 地道敏樹."

직역 "人道는 政에 敏하고, 地道는 樹에 敏합니다."

의역 공자가 계속하여 말하길, "사람의 도리에 따르면 정치에 힘써야 하고, 땅의 도리에 따르면 초목을 번성하게 하는데 힘써야 합니다."라고 했다.

鄭注 敏, 猶勉也. 樹, 謂殖草木也. 人之無政, 若地無草木矣. 敏或爲"謀".

번역 '민(敏)'자는 "힘쓰다[勉]."는 뜻이다. '수(樹)'자는 초목을 번성하게 한다는 뜻이다. 사람에게 좋은 정치가 시행되지 않는 것은 마치 땅에 초목이 없는 것과 같다. '민(敏)'자를 다른 판본에서는 '모(謀)'자로 기록하기도 한다.

孔疏 ●"人道敏政"者, 敏, 勉也. 言爲人君當勉力行政.

번역 ●經文: "人道敏政". ○'민(敏)'자는 "힘쓰다[勉]."는 뜻이다. 즉 군주는 마땅히 정치를 시행하는데 힘써야 한다는 뜻이다.

孔疏 ●"地道敏樹"者, 樹, 殖草木也. 言爲地之道, 亦勉力生殖也. 人之無政, 若地無草木. 地旣無心, 云勉力者, 以地之生物無倦, 似若人勉力行政然也.

번역 ●經文: "地道敏樹". ○'수(樹)'자는 초목을 번성하게 한다는 뜻이다. 즉 땅의 도에서는 또한 생장시키고 번성하게 하는데 힘써야 한다는 뜻이다. 사람에게 좋은 정치가 없는 것은 마치 땅에 초목이 없는 것과 같다. 땅에는 본래부터 마음이라는 것이 없는데도 "힘을 쓴다."라고 말한 것은 땅이 만물을 생장시키는 데에는 게으름이 없으니, 이것은 사람이 정치에 힘쓰는 것과 유사한 점이 있기 때문이다.

集註 敏, 速也.

번역 '민(敏)'자는 "빠르다[速]."는 뜻이다.

참고 원문비교

예기・중용(中庸) 人道敏政, 地道敏樹.

공자가어・애공문정(哀公問政) 天道敏生, 人道敏政, 地道敏樹.

【1682下】

"夫政也者, 蒲盧也."

직역 "夫히 政이라는 者는 蒲盧입니다."

의역 공자가 계속하여 말하길, "무릇 정치라는 것은 뽕나무벌레의 알을 업어가는 나나니벌과 같습니다."라고 했다.

鄭注 蒲盧, 蜾蠃, 謂土蜂也. 詩曰: "螟蛉有子, 蜾蠃負之." 螟蛉, 桑蟲也. 蒲盧取桑蟲之子, 去而變化之, 以成爲己子. 政之於百姓, 若蒲盧之於桑蟲然.

번역 '포로(蒲盧)'는 나나니벌이니, 땅벌을 뜻한다. 『시』에서는 "명령(螟蛉)이 알을 낳았는데, 나나니벌이 업어가는구나."[1]라고 했는데, '명령

---

1) 『시』「소아(小雅)・소완(小宛)」: 中原有菽, 庶民采之. 螟蛉有子, 蜾蠃負之. 敎誨

(螟蛉)'은 뽕나무벌레를 뜻한다. 포로가 뽕나무벌레의 알을 취해 그곳을 떠나 알을 변화시켜 자신의 자식으로 만든다는 뜻이다. 백성에 대한 정치는 마치 뽕나무벌레에 대한 포로의 관계와 같다.

釋文 蒲盧, 並如字, 爾雅云"蜾蠃, 蒲盧", 卽今之細腰蜂也, 一名蠮螉. 蜾音果. 蠃, 力果反, 本亦作蠃, 音同. 蜂, 芳封反, 字亦作蠭, 同. 螟, 莫瓶反. 蛉音零. 己音紀.

번역 '蒲'자와 '盧'자는 모두 글자대로 읽는데, 『이아』에서는 "나나니벌은 포로(蒲盧)이다."라고 했으니, 현재의 허리가 가는 벌을 뜻하며, 다른 이름으로는 '열옹(蠮螉)'이라고도 부른다. '蜾'자의 음은 '果(과)'이다. '蠃'자는 '力(력)'자와 '果(과)'자의 반절음이며, 판본에 따라서는 또한 '蠃'자로도 기록하는데, 그 음은 동일하다. '蜂'자는 '芳(방)'자와 '封(봉)'자의 반절음이며, 그 글자는 또한 '蠭'자로도 기록하는데, 음은 동일하다. '螟'자는 '莫(막)'자와 '瓶(병)'자의 반절음이다. '蛉'자의 음은 '零(령)'이다. '己'자의 음은 '紀(기)'이다.

孔疏 ●"夫政也者, 蒲盧也", 蒲盧, 取桑蟲之子以爲己子. 善爲政者, 化養他民以爲己民, 若蒲盧然也.

번역 ●經文: "夫政也者, 蒲盧也". ○포로는 뽕나무벌레의 알을 가져다가 자신의 자식으로 만든다. 정치를 잘 시행하는 자는 다른 나라의 백성들을 교화하고 길러서 자신의 백성으로 만드니, 마치 포로가 하는 것처럼 한다.

集註 蒲盧, 沈括以爲蒲葦是也. 以人立政, 猶以地種樹, 其成速矣, 而蒲葦又易生之物, 其成尤速也. 言人存政擧, 其易如此.

번역 '포로(蒲盧)'에 대해 심괄2)은 갈대 종류라고 여겼는데, 이 말이 옳

爾子, 式穀似之.

다. 사람이 정치를 확립하는 것은 땅이 나무를 심는 것과 같아서, 완성됨이 빠르고, 갈대는 또한 쉽게 생장하는 사물이므로, 그것의 완성됨은 더욱 빠르다. 즉 걸맞은 사람이 있어서 정치가 시행되면 그 쉬움이 이와 같다는 뜻이다.

참고 원문비교

예기·중용(中庸) 夫政也者, 蒲盧也.

공자가어·애공문정(哀公問政) 夫政者, 猶蒲盧也①, 待化以成.

王注-① 蒲盧, 蜾蠃也, 謂土蜂也. 取螟蛉而化之以爲子, 爲政化百姓亦如之也.

번역 '포로(蒲盧)'는 나나니벌이니, 땅벌을 뜻한다. 뽕나무벌레의 알을 가져다가 자신의 자식으로 변화시키니, 정치를 통해 백성들을 교화함도 이와 같은 점이 있다.

【1683上】

"故爲政在人."

직역 "故로 政을 爲함은 人에게 在입니다."

---

2) 심괄(沈括, A.D.1031~A.D.1095) : 송대(宋代) 때의 과학자이자 학자이다. 자(字)는 존중(存中)이다. 천문(天文), 역법(曆法) 등에 해박하였다. 저서로는 『악론(樂論)』, 『봉원력(奉元曆)』 등이 있다.

의역 공자가 계속하여 말하길, "그러므로 정치를 시행하는 것은 현명한 자를 얻는데 달려 있습니다."라고 했다.

鄭注 在於得賢人也.

번역 현명한 자를 얻는데 달려 있다는 뜻이다.

孔疏 ●"故爲政在人", 言君行善政, 則民從之, 故欲爲善政者, 在於得賢人也.

번역 ●經文: "故爲政在人". ○군주가 선한 정치를 시행한다면, 백성들이 그에 따르게 된다. 그렇기 때문에 선한 정치를 시행하고자 하는 것은 현명한 자를 얻는데 달려 있다는 뜻이다.

集註 此承上文人道敏政而言也. 爲政在人, 家語作"爲政在於得人", 語意尤備.

번역 이 문장은 앞에서 사람의 도가 정치에 빠르게 나타난다고 한 말을 이어서 말한 것이다. '위정재인(爲政在人)'을 『공자가어』에서는 '위정재어득인(爲政在於得人)'[3]이라고 기록했는데, 말의 뜻이 더욱 상세하다.

참고 원문비교

예기 · 중용(中庸) 故爲政在人.

공자가어 · 애공문정(哀公問政) 故爲政在 於得 人.

---

3) 『공자가어(孔子家語)』「애공문정(哀公問政)」: 待化以成, 故爲政在於得人, 取人以身, 修道以仁.

【1683上】

"取人以身, 脩身以道, 脩道以仁."

직역 "人을 取하길 身으로써 하고, 身을 脩하길 道로써 하며, 道를 脩하길 仁으로써 합니다."

의역 공자가 계속하여 말하길, "현명한 자를 얻고자 할 때에는 우선적으로 자신을 수양해야 하고, 자신을 수양하고자 할 때에는 우선적으로 도덕을 실천해야 하며, 도덕을 수양하고자 한다면 우선적으로 인의(仁義)를 실천해야 합니다."라고 했다.

鄭注 取人以身, 言明君乃能得人.

번역 "사람을 취하며 몸으로써 한다."는 말은 현명한 군주라면 인재를 얻을 수 있다는 뜻이다.

孔疏 ●"取人以身", 明君欲取賢人, 先以脩正己身, 則賢人至也.

번역 ●經文: "取人以身". ○군주가 현명한 자를 얻으려고 한다면, 우선적으로 자신을 수양하여 바르게 만들어야만 현명한 자가 찾아온다는 뜻을 나타낸다.

孔疏 ●"脩身以道", 言欲脩正其身, 先須行於道德也.

번역 ●經文: "脩身以道". ○자신을 수양하여 바르게 만들고자 한다면, 우선적으로 도덕을 시행해야만 한다는 뜻이다.

孔疏 ●"脩道以仁"者, 言欲脩道德, 必須先脩仁義.

번역 ●經文: "脩道以仁". ○도덕을 수양하고자 한다면, 반드시 우선적으로 인의(仁義)를 수양해야 한다는 뜻이다.

集註 人, 謂賢臣. 身, 指君身. 道者, 天下之達道. 仁者, 天地生物之心, 而人得以生者, 所謂元者善之長也. 言人君爲政在於得人, 而取人之則又在脩身. 能脩仁其身, 則有君有臣, 而政無不擧矣.

번역 '인(人)'자는 현명한 신하를 뜻한다. '신(身)'자는 군주 본인을 뜻한다. '도(道)'는 천하에 두루 통용되는 도를 뜻한다. '인(仁)'은 천지가 만물을 낳는 마음으로, 사람은 이것을 통해 생겨나게 되는데, 이른바 "원(元)은 선 중에서도 으뜸이다."[4]라고 한 말에 해당한다. 군주가 정치를 시행하는 것은 현명한 신하를 얻는데 달려 있는데, 현명한 신하를 등용하는 것은 또한 군주 본인이 수양하는데 달려 있다. 자신을 수양하여 인(仁)을 갖출 수 있다면, 현명한 군주가 있고 현명한 신하가 있어서 훌륭한 정치 중 시행되지 않는 것이 없게 된다.

참고 원문비교

예기 · 중용(中庸)　取人以身, <u>脩身以道</u>, 脩道以仁.

공자가어 · 애공문정(哀公問政)　取人以身, 修道以仁.

---

4) 『역』「건괘(乾卦)」: 文言曰, <u>元者, 善之長也</u>, 亨者, 嘉之會也, 利者, 義之和也, 貞者, 事之幹也.

【1683上】

"仁者, 人也, 親親爲大. 義者, 宜也, 尊賢爲大. 親親之殺, 尊賢之等, 禮所生也."

직역 "仁者는 人이니, 親을 親함이 大가 爲합니다. 義者는 宜이니, 賢을 尊함이 大가 爲합니다. 親을 親함의 殺와 賢을 尊함의 等은 禮가 生한 所입니다."

의역 공자가 계속하여 말하길, "인(仁)이라는 것은 서로 공경하는 것이니, 부모를 친애하는 것이 가장 큽니다. 의(義)라는 것은 마땅함이니, 현명한 자를 존경하는 것이 가장 큽니다. 친근한 자를 친애할 때 나타나는 차등과 현명한 자를 존경할 때 나타나는 등차는 예(禮)가 생겨나게 된 바입니다."라고 했다.

鄭注 人也, 讀如相人偶之"人". 以人意相存問之言.

번역 '인야(人也)'에서의 '인(人)'자는 서로 공경한다고 했을 때의 '인(人)'자로 풀이하니, 공경의 뜻으로써 서로 문후를 묻는 말이다.

釋文 殺, 色界反, 徐所例反.

번역 '殺'자는 '色(색)'자와 '界(계)'자의 반절음이며, 서음(徐音)은 '所(소)'자와 '例(례)'자의 반절음이다.

孔疏 ●"仁者人也, 親親爲大"者, 仁謂仁愛相親偶也. 言行仁之法, 在於親偶. 欲親偶疏人, 先親己親, 然後比親及疏, 故云"親親爲大".

번역 ●經文: "仁者人也, 親親爲大". ○'인(仁)'자는 인자하고 친애하여 서로를 공경한다는 뜻이다. 즉 인(仁)을 시행하는 법은 서로 공경하는데 달려 있다는 뜻이다. 소원한 사람에 대해 공경하려고 한다면, 우선적으로 자기 부모에 대해서 친애해야 하며, 그런 뒤에야 친근한 자와 소원한 자에게 미친다. 그렇기 때문에 "부모를 친애하는 것이 크다."라고 했다.

孔疏 ●"義者宜也, 尊賢爲大", 宜, 謂於事得宜, 卽是其義, 故云"義者宜也". 若欲於事得宜, 莫過尊賢, 故云"尊賢爲大".

번역 ●經文: "義者宜也, 尊賢爲大". ○'의(宜)'자는 어떤 사안에 대해서 마땅함을 얻는다면, 바로 그것의 의(義)가 된다는 뜻이다. 그렇기 때문에 "의(義)라는 것은 마땅함이다."라고 했다. 만약 어떤 사안에 대해서 마땅함을 얻고자 한다면, 현명한 자를 존경하는 것만큼 큰 것이 없다. 그렇기 때문에 "현명한 자를 존경하는 것이 크다."라고 했다.

孔疏 ●"親親之殺, 尊賢之等, 禮所生也"者, 五服之節, 降殺不同, 是親親之衰殺. 公卿大夫, 其爵各異, 是"尊賢之等". 禮者所以辨明此上諸事, 故云"禮所生也".

번역 ●經文: "親親之殺, 尊賢之等, 禮所生也". ○오복(五服)⁵⁾에 대한 규범에 있어서, 낮춤이 다른 것은 친근한 자를 친애함에 나타나는 낮춤이다. 공·경·대부는 작위가 각각 다르니, 이것은 '현명한 자를 존경할 때의 등급'에 해당한다. 예(禮)라는 것은 앞서 말한 여러 사안에 대해서 명확히 변별하는 것이다. 그렇기 때문에 "예가 생겨나게 된 바이다."라고 했다.

集註 人, 指人身而言. 具此生理, 自然便有惻怛慈愛之意, 深體味之可見.

---

5) 오복(五服)은 죽은 자와 친하고 소원한 관계에 따라 입게 되는 다섯 가지 상복(喪服)을 뜻한다. 참최복(斬衰服), 자최복(齊衰服), 대공복(大功服), 소공복(小功服), 시마복(緦麻服)을 가리킨다. 『예기』「학기(學記)」편에는 "師無當於五服, 五服弗得不親."이라는 기록이 있는데, 이에 대한 공영달(孔穎達)의 소(疏)에서는 "五服, 斬衰也, 齊衰也, 大功也, 小功也, 緦麻也."라고 풀이했다. 또한 '오복'에 있어서는 죽은 자와 가까운 관계일수록 중대한 상복을 입고, 복상(服喪) 기간도 늘어난다. 위의 '오복' 중 참최복이 가장 중대한 상복에 속하며, 그 다음은 자최복이고, 대공복, 소공복, 시마복 순으로 내려간다.

宜者, 分別事理, 各有所宜也. 禮, 則節文斯二者而已.

번역 '인(人)'자는 사람을 가리켜서 한 말이다. 사람은 이러한 생생(生生)의 이치를 갖추고 있고, 자연적으로 측은하게 여기고 자애로운 뜻을 갖추고 있으니, 깊이 체득하고 음미해보면 확인할 수 있다. '의(宜)'는 사물의 이치를 분별하여 각각 마땅함을 갖추게 하는 것이다. '예(禮)'는 이러한 두 가지 것들에 대해서 규범과 형식을 제정하는 것이다.

참고 원문비교

예기・중용(中庸) 仁者, 人也, 親親爲大. 義者, 宜也, 尊賢爲大. 親親之殺, 尊賢之等, 禮所生也.

공자가어・애공문정(哀公問政) 仁者, 人也, 親親爲大. 義者, 宜也, 尊賢爲大. 親親之殺, 尊賢之等, 禮所以生也. 禮者, 政之本也.

【1683上】

"在下位不獲乎上, 民不可得而治矣."

직역 "下位에 在하여 上에게 不獲하면, 民은 得하여 治함이 不可합니다."

의역 공자가 계속하여 말하길, "아랫자리에 있으면서 윗사람에게 신임을 얻지 못한다면, 백성을 다스릴 수 없습니다."라고 했다.

鄭注 此句其屬在下, 著脫誤重在此.

번역 이 구문은 아래 문장에 속하는 것인데, 착간 되어 잘못으로 이곳에 중복 기록되었다.

釋文 治, 直吏反, 一音如字. 脫音奪. 重, 直用反.

번역 '治'자는 '直(직)'자와 '吏(리)'자의 반절음이며, 다른 음은 글자대로 읽기도 한다. '脫'자의 음은 '奪(탈)'이다. '重'자는 '直(직)'자와 '用(용)'자의 반절음이다.

孔疏 ●"在下位不獲乎上"者, 鄭謂此句應在下章, 著脫誤重在此耳.

번역 ●經文: "在下位不獲乎上". ○정현은 이곳 구문은 마땅히 아래 문장에 있어야 하는데, 착간되어 잘못으로 이곳에 중복 기록된 것일 뿐이라고 했다.

集註 鄭氏曰: 此句在下, 誤重在此.

번역 정현이 말하길, 이곳 구문은 아래에 속하니, 잘못하여 이곳에 중복 기록되었다.

참고 구문비교

출 처	내 용
『禮記』「中庸」	在下位不獲乎上, 民不可得而治矣.
『禮記』「中庸」	在下位不獲乎上, 民不可得而治矣.
『孟子』「離婁上」	居下位而不獲於上, 民不可得而治也.

【1683上】

"故君子不可以不脩身. 思脩身, 不可以不事親. 思事親, 不可以不知人. 思知人, 不可以不知天."

직역　"故로 君子는 身을 不脩함이 不可합니다. 身을 脩하길 思하면, 親을 不事함이 不可합니다. 親을 事하길 思하면, 人을 不知함이 不可합니다. 人을 知하길 思하면, 天을 不知함이 不可합니다."

의역　공자가 계속하여 말하길, "그러므로 군자는 자신을 수양하지 않을 수 없습니다. 자신을 수양하고자 생각한다면, 우선적으로 부모를 섬기지 않을 수 없습니다. 부모를 섬기고자 생각한다면, 우선적으로 현명한 벗을 알아보지 못해서는 안 됩니다. 현명한 자를 가려내고자 생각한다면, 우선적으로 하늘에 따른 길흉을 알지 못해서는 안 됩니다."라고 했다.

鄭注　言修身乃知孝, 知孝乃知人, 知人乃知賢·不肖, 知賢·不肖乃知天命所保佑.

번역　자신을 수양하는 것은 곧 효를 아는 것에 해당하고, 효를 아는 것은 남을 아는 것에 해당하며, 남을 아는 것은 현명한 자와 불초한 자를 아는 것에 해당하고, 현명한 자와 불초한 자를 아는 것은 천명에 따라 보호를 받고 있는 것을 아는 것이다.

孔疏　●"故君子不可以不脩身. 思脩身, 不可以不事親", 言思念脩身之道, 必先以孝爲本, 故云"不可以不事親".

번역　●經文: "故君子不可以不脩身. 思脩身, 不可以不事親". ○자신을 수양하는 도를 생각한다면, 반드시 우선적으로 효를 근본으로 삼아야 한다는 뜻이다. 그렇기 때문에 "부모를 섬기지 않을 수 없다."라고 했다.

孔疏　●"思事親, 不可以不知人", 旣思事親, 不可不先擇友取人也.

번역　●經文: "思事親, 不可以不知人". ○이미 부모 섬기기를 생각한다면, 우선적으로 벗을 택하며 현명한 자를 취하지 않을 수 없다.

孔疏　●"思知人, 不可以不知天", 欲思擇人, 必先知天時所佑助也. 謂人作善, 降之百祥; 作不善, 降之百殃, 當捨惡脩善也.

번역　●經文: "思知人, 不可以不知天". ○현명한 자를 선택하길 생각하고자 한다면, 반드시 우선적으로 하늘의 때에 따라 보호를 받고 도움을 받는 것을 알아야 한다. 즉 사람이 선을 시행하면 온갖 상서로운 징후를 내려주고, 불선함을 저지르면 온갖 재앙을 내려주니, 악함을 버리고 선함을 수양해야만 한다는 뜻이다.

集註　爲政在人, 取人以身, 故不可以不脩身. 脩身以道, 脩道以仁, 故思脩身不可以不事親. 欲盡親親之仁, 必由尊賢之義, 故又當知人. 親親之殺, 尊賢之等, 皆天理也, 故又當知天.

번역　정치를 시행하는 것은 사람을 얻는데 달려 있고, 사람을 얻을 때에는 몸소 한다. 그렇기 때문에 자신을 수양하지 않을 수 없다. 자신을 수양할 때에는 도(道)로써 하고, 도를 수양할 때에는 인(仁)으로써 한다. 그렇기 때문에 자신을 수양하고자 생각할 때에는 부모를 섬기지 않을 수 없다. 친근한 자에게 친근하게 대하는 인(仁)을 다하고자 한다면, 반드시 현명한 자를 존경하는 의(義)로부터 비롯되어야 한다. 그렇기 때문에 또한 사람에 대해서 알아보아야만 한다. 친근한 자를 친애함에 나타나는 차등과 현명한 자를 존경할 때 나타나는 등급은 모두 하늘의 이치에 해당한다. 그렇기 때문에 또한 하늘에 대해서도 알아야만 한다.

참고 원문비교

예기 · 중용(中庸) 故君子不可以不脩身. 思脩身, 不可以不事親. 思事親, 不可以不知人. 思知人, 不可以不知天.

공자가어 · 애공문정(哀公問政) 是以君子不可以不修身. 思修身, 不可以不事親. 思事親, 不可以不知人. 思知人, 不可以不知天.

【1683上~下】

"天下之達道五, 所以行之者三, 曰君臣也 · 父子也 · 夫婦也 · 昆弟也 · 朋友之交也. 五者, 天下之達道也. 知 · 仁 · 勇三者, 天下之達德也. 所以行之者一也."

직역 "天下의 達道는 五이고, 之를 行하는 所의 者는 三이니, 曰 君臣 · 父子 · 夫婦 · 昆弟 · 朋友의 交입니다. 五者는 天下의 達道입니다. 知 · 仁 · 勇 三者는 天下의 達德입니다. 之를 行하는 所의 者는 一입니다."

의역 공자가 계속하여 말하길, "천하에 불변하며 항상 시행된 도는 다섯 가지이고, 그것을 시행하는 방법은 세 가지이니, 군신 · 부자 · 부부 · 곤제 · 붕우관계에서의 사귐을 말합니다. 이 다섯 가지가 바로 천하에 항상 시행되는 도입니다. 그리고 지(知) · 인(仁) · 용(勇)이라는 세 가지는 천하에 항상 시행되어 왔던 덕입니다. 그리고 그것을 시행하는 뜻은 동일합니다."라고 했다.

鄭注 達者常行, 百王所不變也.

번역 '달(達)'은 항상 시행되는 것을 뜻하니, 모든 제왕들이 바꾸지 않았던 것이다.

釋文 知音智, 下"近乎知", 注"言有知"皆同.

번역 '知'자의 음은 '智(지)'이며, 아래문장에 나오는 '近乎知'에서의 '知'와 정현의 주에 나오는 '言有知'에서의 '知'도 모두 그 음이 이와 같다.

孔疏 ●"五者, 天下之達道也", 五者, 謂君臣·父子·夫婦·昆弟·朋友6)之交, 皆是人間常行道理, 事得開通, 故云"達道也".

번역 ●經文: "五者, 天下之達道也". ○'오자(五者)'는 군신·부자·부부·형제·붕우 관계에서의 사귐을 뜻하니, 이 모든 관계는 인간관계에서 일상적으로 시행하는 도리이며, 그 사안은 두루 통해 있기 때문에 '달도(達道)'라고 했다.

孔疏 ●"知·仁·勇三者, 天下之達德也", 言知·仁·勇, 人所常行, 在身爲德, 故云"天下之達德也".

번역 ●經文: "知·仁·勇三者, 天下之達德也". ○지(知)·인(仁)·용(勇)은 사람이 일상적으로 시행하는 것이며, 자신에게 있어서 덕이 된다는 뜻이다. 그렇기 때문에 "천하의 공통된 덕이다."라고 했다.

孔疏 ○言百王用此三德以行五道. 五事爲本, 故云"道"; 三者爲末, 故云"德". 若行五道, 必須三德. 無知不能識其理, 無仁不能安其事, 無勇不能果其行, 故必須三德也.

번역 ○모든 제왕들은 이러한 세 가지 덕을 통해서 다섯 가지 도를 시행했다는 뜻이다. 다섯 가지 사안은 근본이 되기 때문에 '도(道)'라고 했고, 세 가지 것은 말단이 되기 때문에 '덕(德)'이라고 했다. 만약 다섯 가지 도를 시행하고자 한다면 반드시 세 가지 덕이 필요하다. 지(知)가 없다면 그 이

---

6) '우(友)'자에 대하여. '우'자는 본래 '부(夫)'자로 기록되어 있었는데, 문맥에 따라 글자를 수정하였다.

치를 식별할 수 없고, 인(仁)이 없다면 그 사안을 편안하게 진행할 수 없으며, 용(勇)이 없다면 그 실천을 과감하게 할 수 없다. 그렇기 때문에 반드시 이러한 세 가지 덕이 필요하다.

孔疏 ●“所以行之者一也”, 言百王以來, 行此五道三德, 其義一也, 古今不變也.

번역 ●經文: “所以行之者一也”. ○모든 제왕들은 이러한 다섯 가지 도와 세 가지 덕을 시행했는데, 그 의미는 동일하여, 고금을 통틀어 변하지 않았다는 뜻이다.

集註 達道者, 天下古今所共由之路, 卽書所謂五典, 孟子所謂“父子有親·君臣有義·夫婦有別·長幼有序·朋友有信”, 是也. 知, 所以知此也; 仁, 所以體此也; 勇, 所以强此也; 謂之達德者, 天下古今所同得之理也. 一則誠而已矣. 達道雖人所共由, 然無是三德, 則無以行之; 達德雖人所同得, 然一有不誠, 則人欲間之, 而德非其德矣. 程子曰, “所謂誠者, 止是誠實此三者. 三者之外, 更別無誠.”

번역 ‘달도(達道)’는 온 천하와 고금을 통틀어 모두가 따라야 할 길이니, 『서』에서 말한 ‘오전(五典)’[7]과[8] 『맹자』에서 “부자관계에 친애함이 있고, 군신관계에 의로움이 있으며, 부부사이에 유별함이 있고, 장유관계에 질서

---

7) 오전(五典)은 다섯 종류의 윤리 덕목을 뜻한다. 『서』「우서(虞書)·순전(舜典)」편에는 “愼徽五典, 五典克從.”이라는 기록이 있는데, 이에 대한 공안국(孔安國)의 전(傳)에서는 “五典, 五常之敎. 父義·母慈·兄友·弟恭·子孝.”라고 풀이했다. 즉 ‘오전’이란 오상(五常)에 따른 가르침으로, 부친의 의로움, 모친의 자애로움, 형의 우애로움, 동생의 공손함, 자식의 효성스러움을 뜻한다. 또 채침(蔡沈)의 『집전(集傳)』에서는 “五典, 五常也. 父子有親, 君臣有義, 夫婦有別, 長幼有序, 朋友有信是也.”라고 풀이했다. 즉 ‘오전’이란 오상(五常)으로, 부자관계에 친애함이 있고, 군신관계에 의로움이 있으며, 부부사이에 유별함이 있고, 장유관계에 질서가 있고, 붕우관계에 신의가 있음을 뜻한다.

8) 『서』「우서(虞書)·순전(舜典)」: 愼徽五典, 五典克從, 納于百揆, 百揆時敍, 賓于四門, 四門穆穆, 納于大麓, 烈風雷雨弗迷.

가 있고, 붕우관계에 신의가 있다."9)라고 한 말에 해당한다. '지(知)'는 이러한 것들을 아는 것이며, '인(仁)'은 이러한 것들을 체득하는 것이고, '용(勇)'은 이러한 것들을 굳세게 실천하는 것인데, 이들을 '달덕(達德)'이라고 부르는 것은 온 천하와 고금을 통틀어 모두가 동일하게 부여받은 이치이기 때문이다. '일(一)'은 성(誠)일 따름이다. 달도는 비록 사람들이 모두 따라야 하는 것이지만, 이러한 세 가지 덕이 없다면 시행할 수 없고, 달덕은 비록 사람들이 동일하게 부여받은 것이지만, 하나라도 성실하지 못한 점이 있다면, 인욕이 개입하여 그의 덕은 제대로 된 덕이 아니게 된다. 정자는 "이른바 성(誠)이라는 것은 단지 이러한 세 가지를 성실히 시행하는 것이다. 이세 가지 이외에 별도의 성(誠)은 없다."라고 했다.

참고 원문비교

예기 · 중용(中庸)　天下之達道五, 所以行之者三, 曰君臣也·父子也·夫婦也·昆弟也·朋友之交也. 五者, 天下之達道也. 知·仁·勇三者, 天下之達德也. 所以行之者一也.

공자가어 · 애공문정(哀公問政)　天下之達道有五, 其所以行之者三, 曰君臣也·父子也·夫婦也·昆弟也·朋友也. 五者, 天下之達道. 智·仁·勇三者, 天下之達德也. 所以行之者一也.

【1683下】

"或生而知之, 或學而知之, 或困而知之, 及其知之, 一也."

---

9)　『맹자』「등문공상(滕文公上)」: 聖人有憂之, 使契爲司徒, 敎以人倫, 父子有親, 君臣有義, 夫婦有別, 長幼有序, 朋友有信.

직역 "或은 生하여 知하고, 或은 學허요 知하며, 或은 困하여 知한데, 그 知함에 及해서는 一입니다."

의역 공자가 계속하여 말하길, "어떤 자들은 태어나면서부터 이러한 것들을 알고, 어떤 자들은 배움을 통해서 알며, 어떤 자들은 뒤늦게 곤궁함을 깨달아 배움을 통해서 알게 되는데, 앎에 이르러서는 동일합니다."라고 했다.

鄭注 "困而知之", 謂長而見禮義之事, 己臨之而有不足, 乃始學而知之, 此 "達道"也.

번역 "곤궁하여 안다."는 말은 장성하여 예의(禮義)에 대한 일을 보고, 자신이 그 일에 임했는데 부족한 점이 있어서 그제야 비로소 배워 안다는 뜻이니, 이것은 '달도(達道)'에 해당한다.

釋文 長, 丁丈反. 己音紀.

번역 '長'자는 '丁(정)'자와 '丈(장)'자의 반절음이다. '己'자의 음은 '紀(기)'이다.

孔疏 ●"或生而知之", 謂天生自知也.

번역 ●經文: "或生而知之". ○천성적으로 태어나면서부터 스스로 안다는 뜻이다.

孔疏 ●"或學而知之", 謂因學而知之.

번역 ●經文: "或學而知之". ○배움을 통해서 안다는 뜻이다.

孔疏 ●"或困而知之", 謂臨事有困, 由學乃知.

번역 ●經文: "或困而知之". ○일에 임해 곤궁한 점이 발생하여, 배움을 통해 안다는 뜻이다.

孔疏 ●"及其知之, 一也", 言初知之時, 其事雖別, 旣知之後, 並皆是"知", 故云"及其知之, 一也".

번역 ●經文: "及其知之, 一也". ○최초 알았을 때, 그 사안에는 비록 차별이 있지만, 이미 알게 된 이후라면 이 모두를 '지(知)'라고 한다. 그렇기 때문에 "알게 됨에 미쳐서는 동일하다."라고 했다.

참고 원문비교

예기 · 중용(中庸) 或生而知之, 或學而知之, 或困而知之, 及其知之, 一也.

공자가어 · 애공문정(哀公問政) 或生而知之, 或學而知之, 或困而知之, 及其知之, 一也.

참고 구문비교

출 처	내 용
『禮記』「中庸」	或生而知之, 或學而知之, 或困而知之, 及其知之, 一也.
『論語』「季氏」	生而知之者上也, 學而知之者次也, 困而學之, 又其次也, 困而不學, 民斯爲下矣.

【1683下】

"或安而行之, 或利而行之, 或勉强而行之, 及其成功, 一也."

직역 "或은 安하여 行하고, 或은 利하여 行하며, 或은 勉强하여 行한데, 그 功을 成함에 及해서는 一입니다."

의역 공자가 계속하여 말하길, "어떤 자들은 편안하게 시행하고, 어떤 자들은 영예나 명예를 탐하여 시행하며, 어떤 자들은 남만 못한 것을 부끄럽게 여겨서 애써 시행하는데, 공적을 이룸에 이르러서는 동일합니다."라고 했다.

鄭注 利, 謂貪榮名也. "勉强", 恥不若人.

번역 '이(利)'자는 영예와 명예를 탐한다는 뜻이다. '면강(勉强)'은 남만 못한 것을 부끄럽게 여긴다는 뜻이다.

釋文 强, 其兩反, 注同.

번역 '强'자는 '其(기)'자와 '兩(량)'자의 반절음이며, 정현의 주에 나오는 글자도 그 음이 이와 같다.

孔疏 ●"或安而行之", 謂無所求爲, 安靜而行之.

번역 ●經文: "或安而行之". ○억지로 구하거나 행위함이 없어도 안정되게 시행한다는 뜻이다.

孔疏 ●"或利而行之", 謂貪其利益而行之. 行此五事, 得其榮名, 於己無害, 則"利而行之"也. 故論語云"知者利仁", 是也.

번역 ●經文: "或利而行之". ○이익을 탐하여 시행한다는 뜻이다. 이러한 다섯 가지 사안을 시행하면 영예와 명예를 얻을 수 있고, 자신에게 있어서 해로울 것이 없으니, "이롭다고 여겨서 시행한다."에 해당한다. 그렇기 때문에 『논어』에서는 "지혜로운 자는 인(仁)을 이롭게 여겨서 시행한다."[10]

---

10) 『논어』「이인(里仁)」: 子曰, "不仁者不可以久處約, 不可以長處樂. 仁者安仁,

라고 했다.

孔疏 ●"或勉强而行之", 或畏懼罪惡, 勉力自强而行之.

번역 ●經文: "或勉强而行之". ○어떤 자들은 죄악을 얻게 될까 두려워하여, 억지로 힘써서 자발적으로 힘껏 시행한다.

孔疏 ●"及其成功, 一也", 雖行之有異, 及其所行成功, 是一也, 言皆得成功矣. 皇氏云: "所知·所行, 謂上五道三德." 今謂百行皆然, 非唯三五而已也.

번역 ●經文: "及其成功, 一也". ○비록 시행함에 있어서 차이가 있지만, 시행한 것이 공적을 이룸에 있어서는 동일하다. 즉 이 모두가 공적을 이룰 수 있다는 뜻이다. 황간은 "아는 것과 시행하는 것은 앞서 말한 다섯 가지 도와 세 가지 덕을 뜻한다."라고 했다. 현재 모든 행실이 이와 같으니, 단지 세 가지 덕이나 다섯 가지 도에만 한정될 뿐만이 아니다.

集註 知之者之所知, 行之者之所行, 謂達道也. 以其分而言, 則所以知者知也, 所以行者仁也, 所以至於知之成功而一者勇也. 以其等而言, 則生知安行者知也, 學知利行者仁也, 困知勉行者勇也. 蓋人性雖無不善, 而氣稟有不同者, 故聞道有蚤莫, 行道有難易, 然能自强不息, 則其至一也. 呂氏曰, "所入之塗雖異, 而所至之域則同, 此所以爲中庸. 若乃企生知安行之資爲不可幾及, 輕困知勉行謂不能有成, 此道之所以不明不行也."

번역 '지지(知之)'에서의 안다는 것과 '행지(行之)'에서의 행한다는 것은 달도(達道)를 뜻한다. 구분하여 말을 하자면, 알게 하는 것은 지(知)이며, 행하게 하는 것은 인(仁)이고, 알아서 공적을 이루어 동일하게 함에 이르게 만드는 것은 용(勇)이다. 등차에 따라서 말을 하자면, 태어나면서부터 알고 편안하게 시행하는 것은 지(知)이고, 배움을 통해서 알고 이롭게 여겨 시행

知者利仁."

하는 것은 인(仁)이며, 애를 써서 알고 억지로 시행하는 것은 용(勇)이다. 사람의 본성에는 비록 불선함이 없지만, 품수받은 기질에는 차이가 있기 때문에, 도를 알아듣는 데에도 빠르거나 늦는 차이가 발생하고, 도를 시행함에 있어서도 어렵거나 쉬운 차이가 생기지만, 스스로 노력하길 그치지 않는다면 지극해짐에 있어서는 동일하게 된다. 여씨11)는 "들어가는 길은 비록 다르지만, 도달한 영역에 있어서는 동일하니, 이것이 바로 중용이 되는 이유이다. 만약 태어나면서부터 알고 편안하게 시행할 수 있는 자질을 기대하며 따라갈 수 없다고 여기고, 애를 써서 알고 억지로 시행하는 것을 경시하여 공적을 이룰 수 없다고 한다면, 이것은 도가 밝아지지 못하고 시행되지 못하는 이유이다."라고 했다.

참고 원문비교

예기 · 중용(中庸)　或安而行之, 或利而行之, 或勉强而行之, 及其成功, 一也.

공자가어 · 애공문정(哀公問政)　或安而行之, 或利而行之, 或勉强而行之, 及其成功, 一也.

참고 구문비교

출 처	내 용
『禮記』「中庸」	或安而行之, 或利而行之, 或勉强而行之.
『禮記』「表記」	仁者, 安仁, 知者, 利仁, 畏罪者, 强仁.

---

11) 남전여씨(藍田呂氏, A.D.1040~A.D.1092) : =여대림(呂大臨)·여씨(呂氏)·여여숙(呂與叔). 북송(北宋) 때의 학자이다. 이름은 대림(大臨)이고, 자(字)는 여숙(與叔)이며, 호(號)는 남전(藍田)이다. 장재(張載) 및 이정(二程)형제에게서 수학하였다. 저서로는 『남전문집(藍田文集)』 등이 있다.

『禮記』「喪服四制」	仁者, 可以觀其愛焉, 知者, 可以觀其理焉, 强者, 可以觀其志焉.
『論語』「里仁」	仁者, 安仁, 知者, 利仁.
『論語』「雍也」	知者, 樂水, 仁者, 樂山. 知者, 動, 仁者, 靜. 知者, 樂, 仁者, 壽.
『論語』「子罕」	知者, 不惑, 仁者, 不憂, 勇者, 不懼.
『論語』「憲問」	仁者, 必有勇, 勇者, 不必有仁.
『論語』「憲問」	仁者, 不憂, 知者, 不惑, 勇者, 不懼.
『春秋穀梁傳』「桓公 18」	知者, 慮, 義者, 行, 仁者, 守.
『易』「繫辭上」	仁者, 見之謂之仁, 知者, 見之謂之知.

【1685上】

子曰, "好學近乎知, 力行近乎仁, 知恥近乎勇. 知斯三者, 則知所以脩身. 知所以脩身, 則知所以治人. 知所以治人, 則知所以治天下國家矣."

직역 子曰, "學을 好함은 知에 近하고, 行을 力함은 仁에 近하며, 恥를 知함은 勇에 近합니다. 이 三者를 知하면, 身을 脩하는 所以를 知합니다. 身을 脩하는 所以를 知하면, 人을 治하는 所以를 知합니다. 人을 治하는 所以를 知하면, 天下와 國家를 治하는 所以를 知합니다."

의역 공자가 말하길, "배우길 좋아함은 지(知)에 가깝고, 실천에 힘쓰는 것은 인(仁)에 가까우며, 부끄러움을 아는 것은 용(勇)에 가깝습니다. 이러한 세 가지를 안다면, 자신을 수양할 줄 아는 것입니다. 자신을 수양할 줄 안다면, 남을 다스리는 방법을 아는 것입니다. 남을 다스리는 방법을 안다면, 천하와 국가를 다스리는 방법을 아는 것입니다."라고 했다.

鄭注 言有知·有仁·有勇, 乃知脩身, 則脩身以此三者爲基.

번역 지(知)가 있고 인(仁)이 있으며 용(勇)이 있다면, 자신을 수양해야 함을 아는 것이니, 자신을 수양함에 있어서 이 세 가지가 기본이 된다는 뜻이다.

釋文 好, 呼報反. 近, 附近之近, 下同. 行, 皇如字, 徐下孟反.

번역 '好'자는 '呼(호)'자와 '報(보)'자의 반절음이다. '近'자는 '부근(附近)'이라고 할 때의 '近'자이며, 아래문장에 나오는 글자도 이와 같다. '行'자의 황음(皇音)은 글자대로 읽으며, 서음(徐音)은 '下(하)'자와 '孟(맹)'자의 반절음이다.

孔疏 ●"子曰"至"家矣". ○正義曰: 前文夫子答哀公爲政, 須修身·知人·行五道三德之事, 此以下夫子更爲哀公廣說修身治天下之道, 有九種常行之事. 又明修身在於至誠, 若能至誠, 所以贊天地·動著龜也. 博厚配地, 高明配天, 各隨文解之. 此一節覆明上生而知之, 學而知之, 困而知之.

번역 ●經文: "子曰"~"家矣". ○앞의 문장에서는 공자가 애공에게 정치를 시행하는 방법에 대해 대답하며, 우선적으로 자신을 수양하고, 현명한 자를 알아보며, 다섯 가지 도와 세 가지 덕을 시행하는 일에 대해서 말해주었는데, 이곳 구문으로부터 그 이하의 내용은 공자가 재차 애공을 위하여 자신을 수양하고 천하를 다스리는 도에는 아홉 종류의 항상 시행하는 사안이 있음을 폭넓게 설명한 것이다. 또한 자신을 수양하는 것은 지극한 성실함에 달려 있는데, 만약 지극히 성실할 수 있다면, 천지의 조화를 돕고 시초나 거북점을 통해 상서로운 조짐을 나타나게 함을 설명하고 있다. 그리고 넓고 두터움은 땅에 짝하고, 높고 밝음은 하늘에 짝한다고 했는데, 각각의 문장에 따라서 풀이하겠다. 이곳 문단은 앞서 말한 태어나면서부터 천성적으로 알고 배워서 알며 뒤늦게 배워서 아는 사안을 재차 나타내었다.

孔疏 ●"好學近乎知"者, 覆前文"或學而知之", 覆能好學, 無事不知, 故云

"近乎知"也.

번역 ●經文: "好學近乎知". ○앞에서 "어떤 자들은 배워서 안다."라고 한 말을 재차 풀이한 것이니, 학문을 좋아할 수 있다면 어떠한 사안이든 모르는 것이 없다. 그렇기 때문에 "지(知)에 가깝다."라고 했다.

孔疏 ●"力行近乎仁"者, 此則前文"或利而行之", 以其勉力行善, 故"近乎仁"也.

번역 ●經文: "力行近乎仁". ○이곳 구문은 앞에서 "어떤 자들은 이롭게 여겨서 행한다."라고 한 말에 해당하니, 선을 시행하는데 힘쓰기 때문에 "인(仁)에 가깝다."라고 했다.

孔疏 ●"知恥近乎勇"者, 覆前文"困而知之", 及"勉强而行之", 以其知自羞恥, 勤行善事, 不避危難, 故"近乎勇"也. 前經"生而知之", 不覆說者, 以其生知自然合聖, 故不須覆說也.

번역 ●經文: "知恥近乎勇". ○앞에서 "뒤늦게 배워서 안다."라고 했고, "애써서 시행한다."라고 한 말에 해당하니, 스스로 부끄럽다는 사실을 알아서 선한 일을 시행하는데 힘을 쓰며 위태롭거나 위험한 것을 피하지 않는다. 그렇기 때문에 "용(勇)에 가깝다."라고 했다. 앞의 경문에서는 "태어나면서부터 안다."라고 했는데, 이 말에 대해 재차 설명하지 않은 것은 태어나면서부터 아는 자는 자연히 성인의 경지에 합치되기 때문에 재차 설명할 필요가 없는 것이다.

集註 "子曰"二字衍文.

번역 '자왈(子曰)' 두 글자는 연문이다.

集註 此言未及乎達德而求以入德之事. 通上文三知爲知, 三行爲仁, 則此

三近者, 勇之次也. 呂氏曰, "愚者自是而不求, 自私者殉人欲而忘反, 懦者甘
爲人下而不辭. 故好學非知, 然足以破愚; 力行非仁, 然足以忘私; 知恥非勇,
然足以起懦."

번역 이곳 문장은 달덕(達德)에 아직 미치지 못하여 덕으로 들어가는
것을 구하는 일을 말한 것이다. 앞 문장에서 세 가지 지(知)는 통괄적으로
지(知)가 되고, 세 가지 행(行)은 인(仁)이 되니, 이곳에서 가깝다고 한 세
가지 것은 용(勇) 다음이 된다. 여씨는 "어리석은 자는 스스로 옳다고 여겨
서 찾지 않고, 스스로 사사롭게 하는 자는 인욕에 따라서 되돌아올 줄 모르
며, 나약한 자는 남의 아래에 있기를 좋아하여 사양하지 않는다. 그렇기
때문에 배우길 좋아하는 것은 지(知) 자체는 아니지만, 어리석음을 타파하
기에 충분하며, 시행에 힘쓰는 것은 인(仁) 자체는 아니지만, 사사로움을
잊게 하는데 충분하고, 부끄러움을 아는 것은 용(勇) 자체는 아니지만, 나
약함에서 일으키기에 충분하다."라고 했다.

集註 斯三者, 指三近而言. 人者, 對己之稱. 天下國家, 則盡乎人矣. 言此
以結上文脩身之意, 起下文九經之端也.

번역 '사삼(斯三)'이라는 것은 세 가지 가깝다는 것을 가리켜서 한 말이
다. '인(人)'은 자신과 대비시켜 칭한 말이다. 천하와 국가라고 했다면, 모든
사람을 다 포함하게 된다. 이곳 문장은 이를 통해 앞에서 자신을 수양한다
고 했던 뜻을 결론 맺고, 아래문장에 나오는 구경(九經)의 단서를 나타낸
것이다.

참고 원문비교

예기·중용(中庸) 子曰, "好學近乎知, 力行近乎仁, 知恥近乎勇. 知斯三者, 則知所以脩身. 知所以脩身, 則知所以治人. 知所以治人, 則知所以治天下國家矣."

공자가어·애공문정(哀公問政) 公曰, "子之言美矣至矣, 寡人實固, 不足以成之也." 孔子曰, "好學近乎智, 力行近乎仁, 知恥近乎勇. 知斯三者, 則知所以脩身. 知所以脩身, 則知所以治人. 知所以治人, 則能成天下國家者矣."

【1685上】

"凡爲天下國家有九經, 曰: 脩身也, 尊賢也, 親親也, 敬大臣也, 體群臣也, 子庶民也, 來百工也, 柔遠人也, 懷諸侯也."

직역 "凡히 天下와 國家를 爲함에는 九經이 有하니, 曰, 身을 脩함이고, 賢을 尊함이며, 親을 親함이고, 大臣을 敬함이며, 群臣을 體함이고, 庶民을 子함이며, 百工을 來함이고, 遠人을 柔함이며, 諸侯를 懷함입니다."

의역 공자가 계속하여 말하길, "무릇 천하와 국가를 다스리는 데에는 일상적으로 시행해야 할 것이 아홉 가지가 있으니, 자신을 수양하는 것이고, 현명한 자를 존경하는 것이며, 친근한 자를 친애하는 것이고, 대신들을 공경하는 것이며, 뭇 신하들을 접견하여 일심동체가 되는 것이고, 백성들을 자식처럼 사랑하는 것이며, 온갖 공인들을 불러 모으는 것이고, 번국의 제후들을 회유하는 것이며, 제후들을 품어주는 것입니다."라고 했다.

鄭注 體, 猶接納也. 子, 猶愛也. "遠人", 蕃國之諸侯也.

번역 '체(體)'자는 접견한다는 뜻이다. '자(子)'자는 "사랑하다[愛]."는 뜻이다. '원인(遠人)'은 번국(蕃國)12)의 제후를 뜻한다.

釋文 子, 如字, 徐將吏反, 下句放此. 蕃, 方元反.

번역 '子'자는 글자대로 읽으며, 서음(徐音)은 '將(장)'자와 '吏(리)'자의 반절음이며, 아래구문에 나오는 글자도 이와 같다. '蕃'자는 '方(방)'자와 '元(원)'자의 반절음이다.

孔疏 ●"凡爲天下國家有九經"者, 此夫子爲哀公說治天下國家之道有九種常行之事, 論九經之次目也.

번역 ●經文: "凡爲天下國家有九經". ○이곳 문단은 공자가 애공을 위해서 천하와 국가를 다스리는 도에는 아홉 종류의 항상적으로 시행하는 일이 있음을 설명하고, 구경(九經)의 목차에 대해서 논의한 것이다.

孔疏 ●"體群臣也"者, 體, 謂接納, 言接納群臣與之同體也.

번역 ●經文: "體群臣也". ○'체(體)'자는 접견한다는 뜻이니, 뭇 신하들을 접견하여 그들과 일심동체가 된다는 뜻이다.

孔疏 ●"子庶民也"者, 謂子愛庶民也.

번역 ●經文: "子庶民也". ○백성들을 자식처럼 사랑한다는 뜻이다.

---

12) 번국(蕃國)은 본래 주(周)나라 때의 구주(九州) 밖의 나라들을 지칭하는 말이다. 후대에는 오랑캐 나라들을 범칭하는 용어로도 사용되었다. 주나라 때에는 구복(九服)으로 천하의 땅을 구획하였는데, 구복 중 육복(六服)까지는 중원 지역으로 구분되며, 육복 이외의 세 개의 지역은 오랑캐 땅으로 분류하였다. 이 세 개의 지역은 이복(夷服)・진복(鎭服)・번복(藩服)이며, 이 지역에 세운 나라를 '번국'이라고 부른다. 『주례』「추관(秋官)・대행인(大行人)」편에는 "九州之外, 謂之蕃國."이라는 기록이 있는데, 이에 대한 손이양(孫詒讓)의 『정의(正義)』에서는 "職方氏九服, 蠻服以外, 有夷・鎭・藩三服. …… 是此蕃國卽職方外三服也."라고 풀이했다.

孔疏 ●"來百工也"者, 謂招來百工也.

번역 ●經文: "來百工也". ○백공(百工)13)들을 불러온다는 뜻이다.

集註 經, 常也. 體, 謂設以身處其地而察其心也. 子, 如父母之愛其子也. 柔遠人, 所謂無忘賓旅者也. 此列九經之目也. 呂氏曰, "天下國家之本在身, 故脩身爲九經之本. 然必親師取友, 然後脩身之道進, 故尊賢次之. 道之所進, 莫先其家, 故親親次之. 由家以及朝廷, 故敬大臣‧體群臣次之. 由朝廷以及其 國, 故子庶民‧來百工次之. 由其國以及天下, 故柔遠人‧懷諸侯次之. 此九經 之序也. 視群臣猶吾四體, 視百姓猶吾子, 此視臣視民之別也."

번역 '경(經)'자는 항상됨[常]을 뜻한다. '체(體)'자는 본인이 그 입장에 처한 것으로 가정하여 그 마음을 살핀다는 뜻이다. '자(子)'자는 부모가 자 신의 자식을 사랑함과 같다. "멀리 떨어져 있는 사람을 회유한다."는 말은 "손님과 나그네를 잊지 말아라."14)는 뜻이다. 이곳 문장은 구경(九經)의 항 목을 나열한 것이다. 여씨는 "천하와 국가를 다스리는 근본은 자신에게 달 려 있기 때문에, 자신을 수양하는 것은 구경의 근본이 된다. 그러나 반드시 스승을 친애하고 현명한 벗을 사귄 뒤에야 자신을 다스리는 도가 진척되기 때문에 현명한 자를 존경하는 것이 그 다음이 된다. 도가 진척되는 것 중 자기 집안에서 이루어지는 것보다 먼저인 것이 없기 때문에 친근한 자를 친애하는 것이 그 다음이 된다. 가정에서 비롯되어 조정에 미치기 때문에 대신을 공경하고 뭇 신하들을 내 몸처럼 살피는 것이 그 다음이 된다. 조정

---

13) 백공(百工)은 각종 장인(匠人)들을 총칭하는 말이다. 『묵자(墨子)』「절용중 (節用中)」편에는 "凡天下群百工, 輪車鞼匏, 陶冶梓匠, 使各從事其所能."이라 는 용례가 있다. 또한 '백공'은 모든 관리들을 뜻하는 백관(百官)의 뜻으로도 사용된다. 『서』「우서(虞書)‧요전(堯典)」편에도 "允釐百工, 庶績咸熙."라는 기록이 나오고, 『춘추좌씨전』「소공(昭公) 5년」편에도 "王子朝因舊官百工之 喪職秩者, 與靈景之族以作亂."이라는 기록이 나온다.

14) 『맹자』「고자하(告子下)」: 初命曰, 誅不孝, 無易樹子, 無以妾爲妻. 再命曰, 尊 賢育才, 以彰有德. 三命曰, 敬老慈幼, 無忘賓旅. 四命曰, 士無世官, 官事無攝, 取士必得, 無專殺大夫. 五命曰, 無曲防, 無遏糴, 無有封而不告.

에서 비롯되어 그 나라에 미치기 때문에 백성들을 사랑하고 백공들을 찾아 오게끔 하는 것이 그 다음이 된다. 그 나라에서 비롯되어 천하에 미치기 때문에 멀리 떨어져 있는 사람을 회유하고 제후들을 품어주는 것이 그 다음이 된다. 이것은 구경의 차례이다. 뭇 신하들 보기를 내 몸을 보는 것처럼 하고, 백성들 보기를 내 자식을 보는 것처럼 하니, 이것이 신하를 보고 백성을 볼 때 나타나는 구별이다."라고 했다.

참고 원문비교

예기·중용(中庸) 凡爲天下國家有九經, 曰: 脩身也, 尊賢也, 親親也, 敬大臣也, 體群臣也, 子庶民也, 來百工也, 柔遠人也, 懷諸侯也.

공자가어·애공문정(哀公問政) 公曰, "政其盡此而已乎?" 孔子曰, "凡爲天下國家有九經, 曰: 脩身也, 尊賢也, 親親也, 敬大臣也, 體群臣也, 子庶民也, 來百工也, 柔遠人也, 懷諸侯也."

그림 20-2 ▣ 주나라의 구복(九服)·육복(六服)·오복(五服)

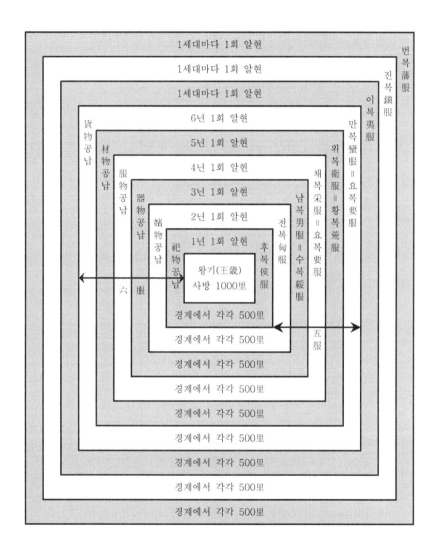

※ **참조:** 『삼재도회(三才圖會)』「지리(地理)」 14권

●그림 20-3 ■ 『서』「우공(禹貢)」편의 오복(五服)

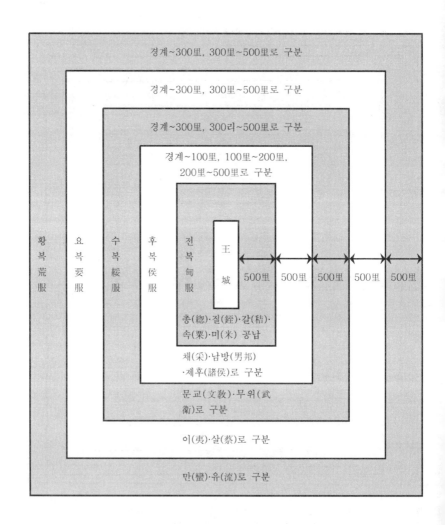

※ **참조**: 『서』「하서(夏書)·우공(禹貢)」

【1685下】

"脩身則道立, 尊賢則不惑, 親親則諸父昆弟不怨, 敬大臣則
不眩, 體群臣則士之報禮重, 子庶民則百姓勸, 來百工則財用
足, 柔遠人則四方歸之, 懷諸侯則天下畏之."

직역 "身을 脩하면 道가 立하고, 賢을 尊하면 不惑하며, 親을 親하면 諸父와
昆弟가 不怨하고, 大臣을 敬하면 不眩하며, 群臣을 體하면 士의 報하는 禮가 重하
고, 庶民을 子하면 百姓이 勸하며, 百工을 來하면 財用이 足하고, 遠人을 柔하면
四方이 歸하며, 諸侯를 懷하면 天下가 畏합니다."

의역 공자가 계속하여 말하길, "자신을 수양하면 도덕이 확립되고, 현명한 자
를 존경하면 국가의 중대사에 의혹됨이 생기지 않으며, 친근한 자를 친애하면 제부
들과 형제들이 원망하지 않고, 대신을 공경하면 국가의 여러 사안에 의혹됨이 생기
지 않으며, 뭇 신하들을 접견하면 사들에게는 보답하는 예가 중시되고, 서민을 자
식처럼 사랑한다면 백성들이 열심히 노력하여 윗사람을 섬기며, 백공들을 오게끔
하면 국가의 재화가 풍족하게 되고, 번국의 제후들을 회유하면 번국의 백성들이
귀의하며, 제후들을 품어주면 천하가 외경하게 됩니다."라고 했다.

鄭注 "不惑", 謀者良也. 不眩, 所任明也.

번역 '불혹(不惑)'은 계획한 것이 선량하다는 뜻이다. '불현(不眩)'은 맡
은 임무가 명백하다는 뜻이다.

釋文 眩, 玄遍反.

번역 '眩'자는 '玄(현)'자와 '遍(편)'자의 반절음이다.

孔疏 ●"脩身則道立"者, 此一經覆說行"九經", 則致其功用也.

번역 ●經文: "脩身則道立". ○이곳 경문은 '구경(九經)'을 시행하면, 그 공효가 지극하게 됨을 재차 설명한 것이다.

孔疏 ●"脩身則道立"者, 謂脩正其身, 不爲邪惡, 則道德興立也.

번역 ●經文: "脩身則道立". ○자신을 수양하여 바르게 해서 사악함을 시행하지 않는다면, 도덕이 일어나 확립된다는 뜻이다.

孔疏 ●"尊賢則不惑"者, 以賢人輔弼, 故臨事不惑, 所謀者善也.

번역 ●經文: "尊賢則不惑". ○현명한 자가 보필을 하기 때문에 일에 임하여 의혹을 하지 않으니, 계획한 것이 선하게 된다.

孔疏 ●"敬大臣則不眩"者, 眩, 亦惑也, 以恭敬大臣, 任使分明, 故於事不惑. 前文不惑, 謂15)謀國家大事, 此云"不眩", 謂謀國家衆事, 但所謀之事, 大小有殊, 所以異其文.

번역 ●經文: "敬大臣則不眩". ○'현(眩)'자 또한 "의혹스럽다[惑]."는 뜻이니, 대신들을 공경하여 그들에게 임무를 맡기며 분명하게 해주기 때문에, 그 일에 대해서 의혹을 느끼지 않는다. 앞에서 의혹되지 않는다는 것은 국가의 중대사를 계획한다는 내용에 해당하며, 이곳에서 '불현(不眩)'이라고 한 말은 국가의 여러 사안들을 계획한다는 내용에 해당하는데, 계획한 사안에 있어서 크고 작은 차이가 있어 글자를 다르게 쓴 것이다.

孔疏 ●"體群臣則士之報禮重"者, 群臣雖賤, 而君厚接納之, 則臣感君恩, 故爲君死於患難, 是"報禮重"也.

---

15) '위(謂)'자에 대하여. '위'자는 본래 없던 글자인데, 완원(阮元)의 『교감기(校勘記)』에서는 "혜동(惠棟)의 『교송본(校宋本)』에는 '모(謀)'자 앞에 '위'자가 기록되어 있다."라고 했다.

번역 ●經文: "體群臣則士之報禮重". ○무릇 신하들은 비록 미천한 신분이지만, 군주가 그들을 후덕하게 접견해준다면, 신하들은 군주의 은덕에 감복하게 된다. 그렇기 때문에 군주를 위해서 환란에 목숨을 던지니, 이것이 "보답하는 예가 중시된다."는 뜻이다.

孔疏 ●"子庶民則百姓勸", 子, 愛也, 言愛民如子, 則百姓勸勉以事上也.

번역 ●經文: "子庶民則百姓勸". ○'자(子)'자는 "사랑하다[愛]."는 뜻이니, 백성들을 자신의 자식처럼 사랑한다면, 백성들이 열심히 노력하여 윗사람을 섬기게 된다는 뜻이다.

孔疏 ●"來百工則財用足", 百工興財用也, 君若賞賚招來之, 則百工皆自至, 故國家財用豐足.

번역 ●經文: "來百工則財用足". ○백공들은 재화를 풍족하게 하는데, 군주가 만약 상을 하사하고 위로하여 그들을 불러온다면, 백공들이 모두 제 발로 오게 된다. 그렇기 때문에 국가의 재화가 풍족하게 된다.

孔疏 ●"柔遠人則四方歸之", "遠", 謂蕃國之諸侯, "四方", 則蕃國也. 懷諸侯則天下畏之. 懷, 安撫也. 君若安撫懷之, 則諸侯服從, 兵强土廣, 故"天下畏之".

번역 ●經文: "柔遠人則四方歸之". ○'원(遠)'자는 번국(蕃國)의 제후를 뜻하며, '사방(四方)'은 번국을 뜻한다. 제후를 품어준다면 천하 사람들이 외경하게 된다. '회(懷)'자는 편안히 다독거려준다는 뜻이다. 군주가 만약 편안히 다독거려서 품어줄 수 있다면, 제후가 복종하여 병사가 강해지고 토지가 넓어진다. 그렇기 때문에 "천하가 외경한다."라고 했다.

集註 此言九經之效也. 道立, 謂道成於己而可爲民表, 所謂皇建其有極是也. 不惑, 謂不疑於理. 不眩, 謂不迷於事. 敬大臣則信任專, 而小臣不得以間之, 故臨事而不眩也. 來百工則通功易事, 農末相資, 故財用足. 柔遠人, 則天下之旅皆悅而願出於其塗, 故四方歸. 懷諸侯, 則德之所施者博, 而威之所制者廣矣, 故曰天下畏之.

번역 이 문장은 구경(九經)의 효과에 대해서 말한 것이다. "도가 세워진다."는 말은 도가 자신에게서 완성되어 백성들의 표본이 될 수 있다는 뜻으로, "임금이 그 극을 세운다."16)는 뜻에 해당한다. "의혹되지 않는다."는 말은 이치에 대해 의심을 품지 않는다는 뜻이다. "어지럽지 않다."는 말은 사안에 대해 미혹되지 않는다는 뜻이다. 대신을 공경한다면 믿고 일을 맡기며 전권을 행할 수 있도록 하여, 소신들이 간여할 수 없게 된다. 그렇기 때문에 일에 임해서 미혹되지 않는다. 백공이 찾아오게 하면, 기술이 통하고 일이 쉬워져서, 농업과 상업이 서로 보탬이 된다. 그렇기 때문에 재화가 풍족하게 된다. 멀리 떨어져 있는 사람을 회유하면, 천하에 떠도는 나그네들이 모두 기뻐하며 그의 길에서 나오기를 원하기 때문에 사방의 백성들이 귀의한다. 제후를 품어주면, 덕의 펼쳐짐이 넓고 위엄을 통해 제어하는 것이 넓어진다. 그렇기 때문에 "천하가 두려워한다."라고 했다.

참고 원문비교

예기·중용(中庸) 脩身則道立, 尊賢則不惑, 親親則諸父昆弟不怨, 敬大臣則不眩, 體群臣則士之報禮重, 子庶民則百姓勸, 來百工則財用足, 柔遠人則四方歸之, 懷諸侯則天下畏之.

공자가어·애공문정(哀公問政) 夫修身則道立, 尊賢則不惑, 親親則諸父兄弟不怨, 敬大臣則不眩, 體群臣則士之報禮重, 重庶民則百姓勸, 來百工則

---

16) 『서』「주서(周書)·홍범(洪範)」: 五, 皇極, 皇建其有極, 斂時五福, 用敷錫厥庶民, 惟時厥庶民, 于汝極, 錫汝保極.

財用足, 柔遠人則四方歸之, 懷諸侯則天下畏之.

【1686下~1687上】

"齊明盛服, 非禮不動, 所以脩身也. 去讒遠色, 賤貨而貴德, 所以勸賢也. 尊其位, 重其祿, 同其好惡, 所以勸親親也. 官盛任使, 所以勸大臣也. 忠信重祿, 所以勸士也. 時使薄斂, 所以勸百姓也. 日省月試, 既稟稱事, 所以勸百工也. 送往迎來, 嘉善而矜不能, 所以柔遠人也. 繼絶世, 擧廢國, 治亂持危, 朝聘以時, 厚往而薄來, 所以懷諸侯也."

직역 "齊明하고 盛服하여, 禮가 非라면 不動함은 身을 脩하는 所以입니다. 讒을 去하고 色을 遠하며, 貨를 賤하고 德을 貴함은 賢을 勸하는 所以입니다. 그 位를 尊하고, 그 祿을 重하며, 그 好惡를 同함은 親을 親함을 勸하는 所以입니다. 官盛하고 任使함은 大臣을 勸하는 所以입니다. 忠信하고 祿을 重함은 士를 勸하는 所以입니다. 使를 時하고 斂을 薄함은 百姓을 勸하는 所以입니다. 日로 省하고 月로 試하여, 既稟에 事를 稱함은 百工을 勸하는 所以입니다. 往을 送하고 來를 迎하며, 善을 嘉하고 不能을 矜함은 遠人을 柔하는 所以입니다. 絶世를 繼하고, 廢國을 擧하며, 亂을 治하고 危를 持하며, 朝聘은 時로써 하고, 往을 厚하고 來를 薄함은 諸侯를 懷하는 所以입니다."

의역 공자가 계속하여 말하길, "가다듬고 공정하며 복장을 바르게 하여, 예가 아니라면 움직이지 않는 것은 자신을 수양하는 방법입니다. 거짓으로 참소하는 자를 제거하고 여색을 멀리하며, 재화를 하찮게 여기고 덕을 존귀하게 여기는 것은 현명한 자가 더욱 분발하도록 하는 방법입니다. 그 지위를 존경하고, 그 녹봉을 높여주며, 상과 벌을 함께 하는 것은 친근한 자를 친애하길 권면하는 방법입니다. 관직을 세밀히 갖추고 일을 맡겨서 부리는 것은 대신들이 더욱 분발하도록 하는 방법입니다. 마음을 다하고 믿으며 녹봉을 높여주는 것은 사들이 더욱 분발하도록

하는 방법입니다. 때에 맞게 부리고 세금을 적게 걷는 것은 백성들이 더욱 분발하
도록 하는 방법입니다. 날마다 살피고 달마다 시험을 보아 녹봉을 그가 이룬 사업
의 공적에 걸맞게 해주는 것은 백공이 더욱 분발하도록 하는 방법입니다. 가는 자
를 전송하고 오는 자를 맞이하며, 잘하는 자는 가상하게 여기고 잘 못하는 자를
불쌍히 여기는 것은 번국의 제후를 회유하는 방법입니다. 세대가 끊어진 자를 이어
주고, 폐망한 나라를 다시 세워주며, 혼란을 다스리고 위태로울 때 지탱해주며, 때
에 맞게 조빙(朝聘)17)을 하도록 하고, 보내주는 것은 많이 해주지만 가지고 오는
것은 적게 해주는 것은 제후들을 품어주는 방법입니다.”라고 했다.

鄭注 “同其好惡”, 不特有所好惡於同姓, 雖恩不同, 義必同也. 尊重其祿
位, 所以貴之, 不必授以官守, 天官不可私也. “官盛任使”, 大臣皆有屬官所任
使, 不親小事也. “忠信重祿”, 有忠信者, 重其祿也. “時使”, 使之以時, 日省月
試, 考校其成功也. “旣”讀爲“餼”, “餼廩”, 稍食也. 槀人職曰: “乘其事, 考其弓
弩, 以下上其食.”

번역 “좋아하고 싫어함을 함께 한다.”는 말은 단지 동성(同姓) 사이에서
만 상을 내리고 벌을 내리는 것이 있다는 것이 아니라, 비록 베풀어진 은정
이 동일하지 않더라도, 의(義)에 있어서는 반드시 동일하다는 뜻이다. 녹봉
과 지위를 존중해주는 것은 귀하게 대하는 방법이지만, 반드시 관직과 직
무를 줄 필요는 없으니, 하늘이 내린 관직은 사사롭게 다룰 수 없기 때문이

---

17) 조빙(朝聘)은 본래 제후가 주기적으로 천자를 찾아뵙는 것을 뜻한다. 고대에
    는 제후가 천자에 대해서 매년 1번씩 소빙(小聘)을 했고, 3년에 1번씩 대빙
    (大聘)을 했으며, 5년에 1번씩 조(朝)를 했다. ‘소빙’은 제후가 직접 찾아가지
    않았고, 대부(大夫)를 대신 파견하였으며, ‘대빙’ 때에는 경(卿)을 파견하였
    다. ‘조’에서만 제후가 직접 찾아갔는데, 이것을 합쳐서 ‘조빙’이라고 부른다.
    춘추시대(春秋時代) 때에는 진(晉)나라 문공(文公)과 같은 패주(霸主)에게
    ‘조빙’을 하기도 하였다. 『예기』「왕제(王制)」편에는 “諸侯之於天子也, 比年一
    小聘, 三年一大聘, 五年一朝.”라는 기록이 있고, 이에 대한 정현의 주에서는
    “比年, 每歲也. 小聘, 使大夫, 大聘, 使卿, 朝, 則君自行. 然此大聘與朝, 晉文霸
    時所制也.”라고 풀이했다. 후대에는 서로 찾아가서 만나보는 것을 ‘조빙’이라
    고 범칭하기도 했다.

다. "관직이 융성하고 일을 맡겨서 부린다."라고 했는데, 대신에게는 모두 배속된 신하가 있어서 일을 맡아 처리할 수 있으니, 직접 자잘한 일을 처리하지 않는다. "마음을 다하고 믿으며 녹봉을 많이 준다."라고 했는데, 마음을 다하고 믿음을 가진 자는 그의 녹봉을 많이 준다는 뜻이다. '시사(時使)'는 때에 맞게 부린다는 뜻이며, "날로 살피고 달마다 시험한다."는 말은 공의 이룸을 살펴서 평가한다는 뜻이다. '기(旣)'자는 희(餼)자로 풀이하니, '희름(餼廩)'이라는 것은 녹봉을 뜻한다. 『주례』「고인(槀人)」편의 직무 기록에서는 "그가 맡은 일의 성과를 계산하고, 궁노의 수준을 살펴서, 그의 녹봉을 낮추거나 올려준다."[18]라고 했다.

釋文 齊, 側皆反. 去, 起呂反. 遠, 于萬反. 好惡, 呼報反, 下烏路反, 又並如字, 注同. 斂, 力驗反. 旣, 依注音餼, 許氣反. 廩, 彼錦反, 一本又力錦反. 稱, 尺證反. 朝, 直遙反. 槀, 苦報反, 一音古老反. 上, 時掌反.

번역 '齊'자는 '側(측)'자와 '皆(개)'자의 반절음이다. '去'자는 '起(기)'자와 '呂(려)'자의 반절음이다. '遠'자는 '于(우)'자와 '萬(만)'자의 반절음이다. '好惡'에서의 '好'자는 '呼(호)'자와 '報(보)'자의 반절음이며, '惡'자는 '烏(오)'자와 '路(로)'자의 반절음인데, 또한 두 글자 모두 글자대로 읽기도 하며, 정현의 주에 나오는 글자도 이와 같다. '斂'자는 '力(력)'자와 '驗(험)'자의 반절음이다. '旣'자는 정현의 주에 따르면 그 음은 '餼'이니, '許(허)'자와 '氣(기)'자의 반절음이다. '廩'자는 '彼(피)'자와 '錦(금)'자의 반절음이고, 다른 판본에서는 또한 '力(력)'자와 '錦(금)'자의 반절음이라고도 했다. '稱'자는 '尺(척)'자와 '證(증)'자의 반절음이다. '朝'자는 '直(직)'자와 '遙(요)'자의 반절음이다. '槀'자는 '苦(고)'자와 '報(보)'자의 반절음이며, 다른 음은 '古(고)'자와 '老(로)'자의 반절음도 된다. '上'자는 '時(시)'자와 '掌(장)'자의 반절음이다.

---

18) 『주례』「하관(夏官)·고인(槀人)」: 乘其事, 試其弓弩, 以下上其食而誅賞.

孔疏 ●"齊明"至"侯也". ○正義曰: 此一節說行"九經"之法.

번역 ●經文: "齊明"~"侯也". ○이곳 문단은 구경(九經)을 시행하는 법도에 대해서 설명하고 있다.

孔疏 ●"齊明盛服"者, 齊, 謂整齊; 明, 謂嚴明; 盛服, 謂正其衣冠, 是脩身之體也. 此等"非禮不動", 是所以勸脩身.

번역 ●經文: "齊明盛服". ○'제(齊)'자는 가다듬는다는 뜻이며, '명(明)'자는 공정하다는 뜻이고, '성복(盛服)'은 의관을 바르게 한다는 뜻이니, 이것은 자신을 수양하는 본체가 된다. 이곳에서 "예가 아니면 움직이지 않는다."라고 한 말은 자신을 수양하는 것을 권면하는 방법이다.

孔疏 ●"尊其位, 重其祿, 同其好惡, 所以勸親親也"者, "尊其位", 謂授以大位; "重其祿", 謂重多其祿位. 崇重而已, 不可任以職事. "同其好惡", 好, 謂慶賞, 惡, 謂誅罰. 言於同姓旣有親疏, 恩親雖不同, 義必須等, 故不特有所好惡.

번역 ●經文: "尊其位, 重其祿, 同其好惡, 所以勸親親也". ○"그 지위를 존귀하게 한다."는 말은 큰 지위를 내려준다는 뜻이며, "녹봉을 올려준다."는 말은 녹봉과 지위를 올려준다는 뜻이다. 이들에 대해서는 존숭만 할 따름이며, 직책과 일을 맡길 수 없다. "좋아함과 싫어함을 함께 한다."고 했는데, '호(好)'자는 상을 준다는 뜻이며, '오(惡)'자는 벌을 내린다는 뜻이다. 동성(同姓)의 관계에서는 이미 친소관계가 형성되어 있어서, 은정과 친근함의 정도가 비록 다르지만, 의(義)에 따르면 반드시 동등해야 한다. 그렇기 때문에 단지 좋아하고 싫어하는 것만 있을 뿐만이 아니다.

孔疏 ●"勸親親也"者, 尊位重祿以勉之, 同其好惡以勵之, 是"勸親親也".

번역 ●經文: "勸親親也". ○지위를 존경하고 녹봉을 올려서 그를 권면하도록 하고, 상과 벌을 동등하게 적용하여 분발하도록 하니, 이것은 "친근한 자를 친애함을 권면하는 것이다."에 해당한다.

孔疏 ●"官盛任使", 所以勸大臣也. 官盛, 謂官之盛大. 有屬臣者, 當令任使屬臣, 不可以小事專勞大臣. 大臣懷德, 故云"所以勸大臣"也.

번역 ●經文: "官盛任使". ○대신에게 권면하는 방법이다. '관성(官盛)'은 관직이 융성하고 방대하다는 뜻이다. 배속된 신하가 있는 경우에는 마땅히 일을 맡겨서 배속된 신하를 시켜야 하며, 자잘한 일로 대신들을 수고롭게 해서는 안 된다. 대신은 덕을 품고 있기 때문에 "대신을 권면하는 방법이다."라고 했다.

孔疏 ●"日省月試, 旣廩稱事, 所以勸百工也", 旣廩, 謂飮食·糧廩也. 言在上每日省視百工功程, 每月試其所作之事, 又飮食糧廩, 稱當其事, 功多則廩厚, 功小則餼薄, 是"所以勸百工也".

번역 ●經文: "日省月試, 旣廩稱事, 所以勸百工也". ○'기름(旣廩)'은 음식이나 식량을 뜻한다. 즉 윗사람이 매일 백성들의 공정을 살피고, 매월 그들이 시행하는 일을 평가하며, 또한 음식과 식량에 있어서 그들이 맡은 일에 마땅하게 하니, 이룬 공적이 많다면 식량이 많이 주고, 공적이 적다면 식량을 적게 준다. 이것은 "백공을 권면하는 방법이다."에 해당한다.

孔疏 ●"治亂持危"者, 諸侯國內有亂, 則治討之, 危弱則扶持之.

번역 ●經文: "治亂持危". ○제후국에 혼란이 발생하면 그것을 다스리고 토벌하며, 위태롭고 약하게 되면 지지해준다.

孔疏 ●"厚往而薄來, 所以懷諸侯也", "厚往", 謂諸侯還國, 王者以其材賄厚重往報之. "薄來", 謂諸侯貢獻, 使輕薄而來. 如此則諸侯歸服, 故所以懷諸侯也.

번역 ●經文: "厚往而薄來, 所以懷諸侯也". ○'후왕(厚往)'은 제후가 자신의 나라로 돌아갈 때, 천자는 자신이 가지고 있는 재물로 가는 자에게 후하게 하사하여 보답을 해준다는 뜻이다. '박래(薄來)'는 제후가 공납품을 바칠 때에는 그들로 하여금 공납품을 적게 들고 찾아오게끔 한다는 뜻이다. 이처럼 한다면 제후가 회귀하여 복종하기 때문에, 제후를 품어주는 방법이 된다.

孔疏 ◎注"尊重"至"其食". ○正義曰: "尊重其祿位"者, 言同姓之親, 既非賢才, 但尊重其祿位, 榮貴之而已, 不必授以官守也. 云"大臣皆有屬官所任, 使不親小事也"者, 若周禮六卿其下, 各有屬官, 其細碎小事, 皆屬官爲之, 是"不親小事也". 云"既讀爲餼, 餼廩稍食也"者, 以既與廩連文, 又與餼字聲同, 故讀既爲餼. "稍食"者, 謂稍給之, 故周禮"月終均其稍食", 是也. 引槀人職者, 證其餼廩稍食事. 按周禮·夏官·槀人掌弓矢之材, 其職云"乘其事", 乘, 謂計算其所爲之事. "考其弓弩", 謂考校弓弩之善惡多少. "以下上其食", 下, 謂貶退; 上, 謂增益. 善者則增上其食, 惡者則減其食故也.

번역 ◎鄭注: "尊重"~"其食". ○정현이 "녹봉과 지위를 존중해준다."라고 했는데, 동성(同姓)의 친족이 이미 현명한 재주를 갖추지 않았다면, 단지 그의 녹봉과 지위를 높여주고 올려주어, 영화롭고 존귀하게만 대할 따름이며, 관직과 임무를 줄 필요는 없다는 뜻이다. 정현이 "대신에게는 모두 배속된 신하가 있어서 일을 맡아 처리할 수 있으니, 직접 자잘한 일을 처리하지 않는다."라고 했는데, 『주례』의 경우 육경(六卿)[19] 휘하에는 각각 배

---

19) 육경(六卿)은 여섯 명의 경(卿)을 가리키는데, 주로 여섯 명의 주요 관직자들을 뜻한다. 각 시대마다 해당하는 관직명과 담당하는 영역에는 차이가 있었다. 『서』「하서(夏書)·감서(甘誓)」편에는 "大戰于甘, 乃召六卿."이라는 기록이 있고, 이에 대한 공안국(孔安國)의 전(傳)에서는 "天子六軍, 其將皆命卿."이라고 풀이했다. 즉 천자는 6개의 군(軍)을 소유하고 있는데, 각 군의 장수를 '경(卿)'으로 임명하였기 때문에, 이들 육군(六軍)의 수장을 '육경'이라고 부

속된 관리가 있었고, 자잘한 일들은 모두 배속된 관리가 처리했으니, 이것
은 "직접 자잘한 일을 처리하지 않는다."는 뜻에 해당한다. 정현이 "'기(旣)'
자는 희(餼)자로 풀이하니, '희름(餼廩)'이라는 것은 녹봉을 뜻한다."라고
했는데, '기(旣)'자와 '늠(廩)'자가 연이어 기록되어 있고, 또 '기(旣)'자는 희
(餼)자와 소리가 같기 때문에, 기(旣)자를 희(餼)자로 풀이한 것이다. '초식
(稍食)'이라는 것은 녹봉을 준다는 뜻이다. 그렇기 때문에 『주례』에서는
"그 달의 마지막 날에는 녹봉을 고르게 한다."[20]라고 했다. 정현이 『주례』「
고인(槀人)」편의 직무 기록을 인용한 것은 녹봉은 맡고 있는 일의 성과에
맞추게 됨을 증명하기 위해서이다. 『주례』「하관(夏官)·고인」편을 살펴보
면, 활과 화살 재료를 담당한다고 했는데, 그의 직무에서는 "맡고 있는 일의
성과를 계산한다."라고 했다. '승(乘)'자는 그가 시행한 일들을 계산한다는
뜻이다. 정현이 "궁노의 수준을 살핀다."라고 했는데, 궁노의 좋고 나쁨 및
많고 적음을 살핀다는 뜻이다. 정현이 "그의 녹봉을 낮추거나 올려준다."라
고 했는데, '하(下)'자는 줄이고 낮춘다는 뜻이며, '상(上)'자는 더하고 늘린
다는 뜻이다. 잘 한 자에 대해서는 그의 녹봉을 올려주고, 잘 못한 자에
대해서는 그의 녹봉을 삭감하기 때문이다.

集註 此言九經之事也. 官盛任使, 謂官屬衆盛, 足任使令也, 蓋大臣不當
親細事, 故所以優之者如此. 忠信重祿, 謂待之誠而養之厚, 蓋以身體之, 而知
其所賴乎上者如此也. 旣, 讀曰餼. 餼稟, 稍食也. 稱事, 如周禮槀人職, 曰"考

른다는 뜻이다. 이 기록에 따르면 하(夏)나라 때에는 육군의 장수를 '육경'으
로 불렀다는 결론이 도출된다. 한편 『주례(周禮)』의 체제에 따르면, 주(周)나
라에서는 여섯 개의 관부를 설치하였고, 이들 관부의 수장을 '경'으로 임명하
였다. 따라서 천관(天官)의 총재(冢宰), 지관(地官)의 사도(司徒), 춘관(春官)
의 종백(宗伯), 하관(夏官)의 사마(司馬), 추관(秋官)의 사구(司寇), 동관(冬
官)의 사공(司空)이 '육경'에 해당한다. 『한서(漢書)·백관공경표상(百官公卿
表上)』편에는 "夏殷亡聞焉, 周官則備矣. 天官冢宰, 地官司徒, 春官宗伯, 夏官
司馬, 秋官司寇, 冬官司空, 是爲六卿, 各有徒屬職分, 用於百事."라는 기록이
있다.
20) 『주례』「천관(天官)·궁정(宮正)」 : 幾其出入, <u>均其稍食</u>.

其弓弩, 以上下其食", 是也. 往則爲之授節以送之, 來則豐其委積以迎之. 朝, 謂諸侯見於天子. 聘, 謂諸侯使大夫來獻. 王制"比年一小聘, 三年一大聘, 五年一朝." 厚往薄來, 謂燕賜厚而納貢薄.

번역 이 문장은 구경(九經)의 일에 대해서 언급한 것이다. '관성임사(官盛任使)'는 배속되는 관리가 많아서, 일을 맡겨서 부리기에 충분하다는 뜻이니, 대신은 직접적으로 자잘한 일을 해서는 안 된다. 그렇기 때문에 이와 같이 그를 우대하는 것이다. '충신중록(忠信重祿)'은 대우하길 진실됨으로 하고 봉양하길 두텁게 한다는 뜻으로, 자신을 통해 직접 체득하여, 이처럼 윗사람에게 의지해야 함을 아는 것이다. '기(旣)'자는 희(餼)자로 풀이하니, '희름(餼稟)'은 녹봉을 뜻한다. '칭사(稱事)'는 『주례』「고인(槀人)」편의 직무 기록에서, "궁노의 수준을 살펴서, 그의 녹봉을 낮추거나 올려준다."라고 한 말에 해당한다. 가는 자에 대해서는 그를 위해 부절을 주어 전송하고, 오는 자에 대해서는 재화를 풍족하게 해서 그를 맞이한다. '조(朝)'자는 제후가 천자를 알현한다는 뜻이다. '빙(聘)'자는 제후가 대부를 파견하여 공납품을 헌상한다는 뜻이다. 『예기』「왕제(王制)」편에서는 "매년 한 번 소빙(小聘)[21]을 하고, 3년마다 한 번 대빙(大聘)[22]을 하며, 5년마다 한 번 조(朝)를 한다."[23]라고 했다. '후왕박래(厚往薄來)'는 연회를 베풀고 하사하는

---

21) 소빙(小聘)은 본래 제후가 대부(大夫)를 시켜서 매해 천자를 찾아뵙는 것을 뜻한다. 제후는 천자에 대해서, 매년 '소빙'을 하고, 3년에 1번 대빙(大聘)을 하며, 5년에 1번 조(朝)를 한다. 대빙을 할 때에는 경(卿)을 시키고, 조를 할 때에는 제후가 직접 찾아간다. 『예기』「왕제(王制)」편에는 "諸侯之於天子也, 比年一小聘, 三年一大聘, 五年一朝."라는 기록이 있고, 이에 대한 정현의 주에서는 "比年, 每歲也. 小聘使大夫, 大聘使卿, 朝則君自行."이라고 했다.

22) 대빙(大聘)은 본래 제후가 경(卿)을 시켜서 매해 천자를 찾아뵙는 것을 뜻한다. 제후는 천자에 대해서, 매년 소빙(小聘)을 하고, 3년에 1번 '대빙(大聘)'을 하며, 5년에 1번 조(朝)를 한다. 소빙을 할 때에는 대부(大夫)를 시키고, 조를 할 때에는 제후가 직접 찾아간다. 『예기』「왕제(王制)」편에는 "諸侯之於天子也, 比年一小聘, 三年一大聘, 五年一朝."라는 기록이 있고, 이에 대한 정현의 주에서는 "比年, 每歲也. 小聘使大夫, 大聘使卿, 朝則君自行."이라고 했다.

23) 『예기』「왕제(王制)」【151c】: 諸侯之於天子也, <u>比年一小聘, 三年一大聘, 五年一朝</u>.

것은 후하게 하고, 공납품을 들이는 것은 적게 한다는 뜻이다.

참고 원문비교

예기·중용(中庸) 齊明盛服, 非禮不動, 所以脩身也. 去讒遠色, 賤貨而貴德, 所以勸賢也. 尊其位, 重其祿, 同其好惡, 所以勸親親也. 官盛任使, 所以勸大臣也. 忠信重祿, 所以勸士也. 時使薄斂, 所以勸百姓也. 日省月試, 旣廩稱事, 所以勸百工也. 送往迎來, 嘉善而矜不能, 所以柔遠人也. 繼絶世, 擧廢國, 治亂持危, 朝聘以時, 厚往而薄來, 所以懷諸侯也.

공자가어·애공문정(哀公問政) 公曰, "爲之奈何?" 孔子曰, "齊潔盛服, 非禮不動, 所以修身也. 去讒遠色, 賤財而貴德, 所以尊賢也. 爵其能, 重其祿, 同其好惡, 所以篤親親也. 官盛任使, 所以敬大臣也①. 忠信重祿, 所以勸士也②. 時使薄斂, 所以子百姓也. 日省月考, 旣廩稱事, 所以來百工也③. 送往迎來, 嘉善而矜不能, 所以綏遠人也. 繼絶世, 擧廢邦, 治亂持危, 朝聘以時, 厚往而薄來, 所以懷諸侯也.

王注-① 盛其官, 委任使之也.
번역 관직을 세부적으로 갖추고 일을 맡겨서 부리는 것이다.

王注-② 忠信者, 與之重祿也.
번역 충심과 신의를 갖춘 자에 대해서는 녹봉을 후하게 준다는 뜻이다.

王注-③ 旣廩食之多寡, 稱其事也.
번역 녹봉의 많고 적음은 그가 시행한 일에 걸맞게 한다는 뜻이다.

그림 20-4 ■ 노(弩)

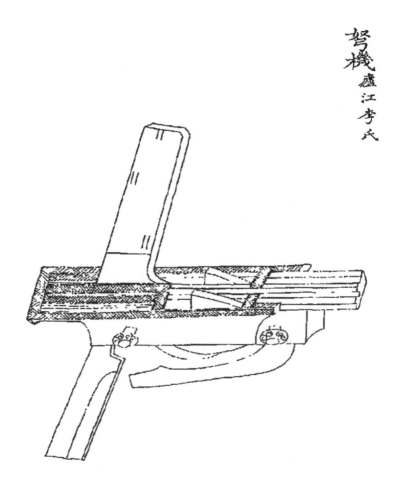

※ 출처: 『고고도(考古圖)』 6권

【1688上】

"凡爲天下國家有九經, 所以行之者一也. 凡事豫則立, 不豫則廢. 言前定則不跲, 事前定則不困, 行前定則不疚, 道前定則不窮."

직역 "凡히 天下와 國家를 爲함에는 九經이 有한데, 之를 行하는 所의 者는 一입니다. 凡事에 豫하면 立하고, 不豫하면 廢합니다. 言은 前定하면 不跲하고, 事는 前定하면 不困하며, 行은 前定하면 不疚하고, 道는 前定하면 不窮합니다."

의역 공자가 계속하여 말하길, "무릇 천하와 국가를 다스리는 데에는 구경(九經)이 있는데, 그것을 시행하는 것은 한 가지입니다. 모든 일에 대해서 미리 하면 성립되고 미리 하지 않으면 없어집니다. 말에 있어서도 미리 정하면 차질이 없고, 일에 있어서도 미리 정하면 곤궁해지지 않으며, 행동에 있어서도 미리 정하면 사람들이 병폐로 여기지 않고, 도에 있어서도 미리 정하면 궁하지 않습니다."라고 했다.

鄭注 一, 謂當豫也. 跲, 躓也. 疚, 病也. 人不能病之.

번역 '일(一)'자는 마땅히 미리 해야 한다는 뜻이다. '겁(跲)'자는 "넘어지다[躓]."는 뜻이다. '구(疚)'자는 병폐[病]를 뜻한다. 사람들이 병폐로 여길 수 없다는 뜻이다.

釋文 跲, 其劫反, 皇音給. 行, 下孟反. 疚音救. 躓, 徐音致.

번역 '跲'자는 '其(기)'자와 '劫(겁)'자의 반절음이며, 황음(皇音)은 '給(급)'이다. '行'자는 '下(하)'자와 '孟(맹)'자의 반절음이다. '疚'자의 음은 '救(구)'이다. '躓'자의 서음(徐音)은 '致(치)'이다.

孔疏 ●"凡爲"至"不窮". ○正義曰: 此一節明前"九經"之法, 唯在豫前謀之, 故云"所以行之者一也". "一", 謂豫也.

번역 ●經文: "凡爲"~"不窮". ○이곳 문단은 앞에서 밝힌 구경(九經)을 시행하는 법도는 오직 미리 계획하는 것에 달려 있음을 나타내고 있다. 그렇기 때문에 "그것을 시행하는 방법은 하나이다."라고 했다. '일(一)'자는 미리 함을 뜻한다.

孔疏 ●"言前定則不跲"者, 按字林: "跲, 躓也." 躓謂行倒躓也. 將欲發言, 能豫前思定, 然後出口, 則言得流行, 不有躓躓也.

번역 ●經文: "言前定則不跲". ○『자림』[24]을 살펴보면, "'겁(跲)'자는 넘어진다는 뜻이다."라고 했다. '지(躓)'자는 길을 가다가 넘어진다는 뜻이다. 장차 말을 하려고 한다면 미리 그보다 앞서서 생각을 확정하고, 그런 뒤에 말을 꺼낼 수 있다면, 말이 두루 퍼지게 되어 어그러질 일이 없게 된다.

孔疏 ●"事前定則不困"者, 困, 乏也. 言欲爲事之時, 先須豫前思定, 則臨事不困.

번역 ●經文: "事前定則不困". ○'곤(困)'자는 "모자라다[乏]."는 뜻이다. 어떤 일을 시행하고자 할 때에는 우선적으로 미리 생각을 확정해야만 일에 임해서도 모자라지 않게 된다는 뜻이다.

孔疏 ●"行言定則不疚"者, 疚, 病也. 言欲爲行之時, 豫前思定, 則行不疚病.

번역 ●經文: "行言定則不疚". ○'구(疚)'자는 병폐[病]를 뜻한다. 일을 시행하고자 할 때, 미리 그보다 앞서 생각을 확정한다면, 행실에 병폐가 발생하지 않는다는 뜻이다.

---

24) 『자림(字林)』은 고대의 자서(字書)이다. 진(晉)나라 때 학자인 여침(呂忱)이 지었다. 원본은 일실되어 전해지지 않고, 다른 문헌들 속에 일부 기록들만 남아 있다.

孔疏 ●"道前定則不窮"者, 言欲行道之時, 豫前謀定, 則道無窮也.

번역 ●經文: "道前定則不窮". ○도를 시행하고자 할 때, 미리 그보다 앞서 계획을 확정한다면, 도에 궁함이 없게 된다는 뜻이다.

孔疏 ◎注"人不能病之". ○正義曰: 解經"行前定則不疚". 人若行不豫前先定, 人或不信病害之. 既前定而後行, 故人不能病害也.

번역 ◎鄭注: "人不能病之". ○경문에서 "행동에 있어서도 미리 정하면 구(疚)하지 않는다."는 말을 풀이한 것이다. 사람들이 만약 행동을 할 때 미리 확정하지 않는다면, 사람들 중에는 간혹 그것을 믿지 않고 병폐로 여기게 된다. 이미 그보다 앞서 확정하고 그 이후에 행동하기 때문에, 사람들이 병폐로 여기지 않을 수가 없다.

集註 一者, 誠也. 一有不誠, 則是九者皆爲虛文矣, 此九經之實也.

번역 '일(一)'은 성(誠)이다. 하나라도 성실하지 못한 점이 있다면, 아홉 가지 것들은 모두 헛된 형식에 지나지 않으니, 이것이 바로 구경(九經)의 실체이다.

集註 凡事, 指達道達德九經之屬. 豫, 素定也. 跲, 躓也. 疚, 病也. 此承上文, 言凡事皆欲先立乎誠, 如下文所推是也.

번역 '범사(凡事)'는 달도(達道)·달덕(達德)·구경(九經) 등을 가리킨다. '예(豫)'자는 평소에 확정한다는 뜻이다. '겁(跲)'자는 "넘어진다[躓]."는 뜻이다. '구(疚)'자는 병폐[病]를 뜻한다. 이 문장은 앞 문장을 이어서, 모든 일에 대해서는 그보다 앞서 성(誠)에서 확립해야 함을 말하니, 아래문장에서 미루어 나간다고 한 것이 여기에 해당한다.

참고 원문비교

예기·중용(中庸) 凡爲天下國家有九經, 所以行之者一也. 凡事豫則立, 不豫則廢. 言前定則不跲, 事前定則不困, 行前定則不疚, 道前定則不窮.

공자가어·애공문정(哀公問政) 治天下國家有九經, 其所以行之者一也. 凡事豫則立, 不豫則廢. 言前定則不跲①, 事前定則不困, 行前定則不疚, 道前定則不窮.

王注-① 跲, 躓.

번역 '겁(跲)'자는 넘어진다는 뜻이다.

【1689上】

"在下位不獲乎上, 民不可得而治矣."

직역 "下位에 在하여 上에게 不獲하면, 民은 得하여 治하길 不可합니다."

의역 공자가 계속하여 말하길, "신하가 아랫자리에 있으면서 군주의 신임을 얻지 못한다면, 백성들을 다스릴 수 없습니다."라고 했다.

鄭注 獲, 得也. 言臣不得於君, 則不得居位治民.

번역 '획(獲)'자는 "얻다[得].'는 뜻이다. 신하가 군주에게서 신임을 얻지 못한다면, 그 지위에 올라 백성들을 다스릴 수 없다는 뜻이다.

孔疏 ●"在下"至"身矣". ○正義曰: 此明爲臣爲人, 皆須誠信於身, 然後可得之事.

번역　●經文: "在下"~"身矣". ○이 문장은 신하나 사람은 모두 자신에 대해서 성심을 다한 뒤에야 신임을 얻을 수 있는 사안을 나타내고 있다.

孔疏　●"在下位不獲乎上"者, 獲, 得也. 言人臣處在下位, 不得於君上之意, 則不得居位以治民, 故云"民不可得而治矣".

번역　●經文: "在下位不獲乎上". ○'획(獲)'자는 "얻다[得]."는 뜻이다. 산하가 아랫자리에 있으면서 군주의 뜻을 얻지 못한다면, 그 지위에 올라서 백성들을 다스릴 수 없다. 그렇기 때문에 "백성들을 다스릴 수 없다."라고 했다.

참고　원문비교

예기·중용(中庸)　在下位不獲乎上, 民不可得而治矣.

공자가어·애공문정(哀公問政)　在下位不獲于上, 民弗可得而治矣.

【1689上】

"獲乎上有道, 不信乎朋友, 不獲乎上矣. 信乎朋友有道, 不順乎親, 不信乎朋友矣. 順乎親有道, 反諸身不誠, 不順乎親矣. 誠身有道, 不明乎善, 不誠乎身矣."

직역　"上에게 獲함에는 道가 有하니, 朋友에게서 不信하면, 上에게 不獲합니다. 朋友에게서 信함에는 道가 有하니, 親에게 不順하면, 朋友에게서 不信합니다. 親에게 順함에는 道가 有하니, 身에게 反하여 不誠하면, 親에게 不順합니다. 身을 誠함에는 道가 有하니, 善에 不明하면, 身을 不誠합니다."

의역 공자가 계속하여 말하길, "군주의 신임을 얻는 데에는 방법이 있으니, 벗에게 신의롭게 대하지 않는다면 군주의 신임을 얻을 수 없습니다. 벗에게 신의롭게 대하는 데에는 방법이 있으니, 부모에게 순종하지 않는다면 벗에게 신의롭게 대할 수 없습니다. 부모에게 순종하는 데에는 방법이 있으니, 자신을 돌이켜보아 성실하지 않다면 부모에게 순종할 수 없습니다. 자신을 성실히 하는 데에는 방법이 있으니, 선에 대해 해박하지 않다면 자신을 성실히 할 수 없습니다."라고 했다.

鄭注 言知善之爲善, 乃能行誠.

번역 선함이 선함이 됨을 알아야만 성실함을 시행할 수 있다는 뜻이다.

孔疏 ●"獲乎上有道, 不信乎朋友, 不獲乎上矣"者, 言臣欲得君上之意, 先須有道德信著朋友. 若道德無信著乎朋友, 則不得君上之意矣. 言欲得上意, 先須信乎朋友也.

번역 ●經文: "獲乎上有道, 不信乎朋友, 不獲乎上矣". ○신하가 군주의 뜻을 얻고자 한다면, 우선적으로 도덕을 갖추어 벗에게 신의를 받아야 한다는 뜻이다. 만약 자신이 갖춘 도덕에 있어서 벗에게 신의를 받지 못한다면, 군주의 뜻을 얻을 수 없다. 즉 윗사람의 뜻을 얻고자 할 때에는 우선적으로 벗에게 신의롭게 대해야 한다는 뜻이다.

孔疏 ●"信乎朋友有道, 不順乎親, 則不信乎朋友矣"者, 言欲行信著於朋友, 先須有道順乎其親. 若不順乎其親, 則不信乎朋友矣.

번역 ●經文: "信乎朋友有道, 不順乎親, 則不信乎朋友矣". ○벗에게 신의를 받고자 행동하려고 한다면, 우선적으로 도를 갖춰 자신의 부모에게 순종해야만 한다. 만약 자신의 부모에게 순종하지 않는다면, 벗에게 신의롭게 대할 수 없다.

孔疏 ●"順乎親有道, 反諸身不誠, 不順乎親矣"者, 言欲順乎親, 必須有道, 反於己身, 使有至誠. 若身不能至誠, 則不能順乎親矣.

번역 ●經文: "順乎親有道, 反諸身不誠, 不順乎親矣". ○부모에게 순종하려고 한다면, 반드시 도를 갖춰서 자신을 돌이켜보아, 지극한 성실함을 갖추도록 해야만 한다. 만약 본인이 지극히 성실하지 못하다면, 부모에게 순종할 수 없다.

孔疏 ●"誠身有道, 不明乎善, 不誠乎身矣"者, 言欲行至誠於身, 先須有道明乎善行. 若不明乎善行, 則不能至誠乎身矣. 言明乎善行, 始能至誠乎身. 能職誠乎身, 始能順乎親. 順乎親, 始能信乎朋友. 信乎朋友, 始能得君上之意. 得乎君上之意, 始得居位治民也.

번역 ●經文: "誠身有道, 不明乎善, 不誠乎身矣". ○자신에 대해서 지극히 성실하고자 한다면, 우선적으로 도를 갖춰 선한 행실에 대해서 해박해야 한다는 뜻이다. 만약 선한 행실에 대해 해박하지 않다면, 자신에 대해서 지극히 성실할 수 없다. 선한 행실에 대해 해박하면 비로소 자신에 대해 지극히 성실할 수 있다는 뜻이다. 자신에 대해서 성실히 해야 함을 알면 비로소 부모에게 순종할 수 있다. 부모에게 순종한다면, 비로소 벗에게 신의롭게 대할 수 있다. 벗에게 신의롭게 대한다면 비로소 군주의 뜻을 얻을 수 있다. 군주의 뜻을 얻는다면, 비로소 그 지위에 올라 백성들을 다스릴 수 있다.

集註 此又以在下位者, 推言素定之意. 反諸身不誠, 謂反求諸身而所存所發, 未能眞實而無妄也. 不明乎善, 謂未能察於人心天命之本然, 而眞知至善之所在也.

번역 이 문장은 또한 아랫자리에 있는 자를 기준으로 평소에 확정해야 하는 뜻을 미루어 말한 것이다. 자신에게 돌이켜보아 성실하지 않다는 말은 자신에게 돌이켜 구하여 보존하는 것과 나타내는 것 중에 진실되어 망령됨이 없지 못한 것을 뜻한다. 선을 밝게 알지 못한다는 말은 인심과 천명의 본연성을 살펴서 지극한 선이 있는 곳을 참으로 알지 못한다는 뜻이다.

참고 원문비교

예기·중용(中庸) 獲乎上有道, 不信乎朋友, 不獲乎上矣. 信乎朋友有道, 不順乎親, 不信乎朋友矣. 順乎親有道, 反諸身不誠, 不順乎親矣. 誠身有道, 不明乎善, 不誠乎身矣.

공자가어·애공문정(哀公問政) 獲乎上有道, 不信乎友, 不獲乎上矣. 信乎友有道, 不順乎親, 不信乎友矣. 順乎親有道, 反諸身不誠, 不順乎親矣. 誠身有道, 不明乎善, 不誠乎身矣.

참고 구문비교

출 처	내 용
『禮記』「中庸」	獲乎上有道, 不信乎朋友, 不獲乎上矣.
『孟子』「離婁上」	獲於上有道, 不信於友, 弗獲於上矣.
『禮記』「中庸」	信乎朋友有道, 不順乎親, 不信乎朋友矣.
『孟子』「離婁上」	信於友有道, 事親弗悅, 弗信於友矣.
『禮記』「中庸」	順乎親有道, 反諸身不誠, 不順乎親矣.
『孟子』「離婁上」	悅親有道, 反身不誠, 不悅於親矣.
『禮記』「中庸」	誠身有道, 不明乎善, 不誠乎身矣.
『孟子』「離婁上」	誠身有道, 不明乎善, 不誠其身矣.

【1689下】

"誠者, 天之道也. 誠之者, 人之道也. 誠者不勉而中, 不思而得, 從容中道, 聖人也. 誠之者, 擇善而固執之者也."

직역　"誠한 者는 天의 道입니다. 之를 誠하게 하는 者는 人의 道입니다. 誠者는 不勉이라도 中하고, 不思라도 得하여, 從容히 道에 中하니, 聖人입니다. 之를 誠하게 하는 者는 善을 擇하여 固히 執하는 者입니다."

의역　공자가 계속하여 말하길, "성실함이란 하늘의 도입니다. 성실하게 하는 것은 사람의 도입니다. 성실함이란 노력하지 않아도 알맞고, 깊이 생각하지 않아도 맞아서, 차분하고 여유롭게 도에 합당하니, 성인에 해당합니다. 성실하게 하는 것은 선을 택해서 굳게 지키는 것입니다."라고 했다.

鄭注　言"誠者", 天性也. "誠之者", 學而誠之者也. 因誠身說有大至誠.

번역　'성자(誠者)'라고 했는데, 천성적인 것을 뜻한다. '성지자(誠之者)'라고 했는데, 배워서 성실히 하는 자를 뜻한다. 자신을 성실히 한다는 것에 연유하여, 지극히 성실함 중에서도 성대한 것도 있음을 설명하였다.

釋文　中, 丁仲反, 又如字, 下"中道"同. 從, 七容反.

번역　'中'자는 '丁(정)'자와 '仲(중)'자의 반절음이며, 또한 글자대로 읽기도 하고, 아래문장에 나오는 '中道'에서의 '中'주도 그 음이 이와 같다. '從'자는 '七(칠)'자와 '容(용)'자의 반절음이다.

孔疏　●"誠者"至"者也". ○正義曰: 前經欲明事君, 先須身有至誠. 此經明至誠之道, 天之性也, 則人當學其至誠之性, 是上天之道不爲而誠, 不思而得. 若天之性有生[25]殺, 信著四時, 是天之道.

번역 ●經文: "誠者"~"者也". ○앞의 경문에서는 임금을 섬길 때에는 우선적으로 자신에게 지극한 성실함이 있어야 한다고 나타내었다. 이곳 경문에서는 지극히 성실하게 되는 도는 하늘로부터 부여받은 천성이니, 사람은 마땅히 지극히 성실한 본성을 배워야 하며, 하늘의 도는 인위적으로 행위하지 않아도 성실하고, 생각하지 않아도 터득함에 해당한다는 뜻을 나타내었다. 하늘로부터 부여받은 천성에는 낳고 죽임이 있고 사계절에 그 신의가 드러나니, 이것은 하늘의 도에 해당한다.

孔疏 ●"誠之者人之道也"者, 言人能勉力學此至誠, 是人之道也. 不學則不得, 故云人之道.

번역 ●經文: "誠之者人之道也". ○사람이 이러한 지극한 성실함을 배우려고 열심히 노력할 수 있다면, 사람의 도에 해당한다는 뜻이다. 배우지 않는다면 터득할 수 없기 때문에 사람의 도라고 했다.

孔疏 ●"誠者不勉而中, 不思而得, 從容中道, 聖人也"者, 此覆說上文"誠者, 天之道也". 唯聖人能然, 謂不勉勵而自中當於善, 不思慮而自得於善, 從容閒暇而自中乎道, 以聖人性合於天道自然, 故云"聖人也".

번역 ●經文: "誠者不勉而中, 不思而得, 從容中道, 聖人也". ○이 문장은 앞의 문장에서 "성실함은 하늘의 도이다."라고 한 말을 재차 풀이한 것이다. 오직 성인만이 이처럼 할 수 있으니, 열심히 노력하지 않아도 스스로 선에 합당하고, 깊게 헤아리지 않아도 스스로 선에 맞게 되어, 침착하고 여유로운데도 스스로 도에 알맞으니, 성인의 본성은 천도의 자연스러움에 합치되기 때문에, "성인이다."라고 했다.

---

25) '생(生)'자에 대하여. '생'자는 본래 없던 글자인데, 완원(阮元)의 『교감기(校勘記)』에서는 "혜동(惠棟)의 『교송본(校宋本)』에는 '생'자가 기록되어 있으니, 이곳 판본에는 생자가 누락된 것이다."라고 했다.

孔疏 ●"誠之者, 擇善而固執之者也", 此覆說上文"誠之者, 人之道也", 謂由學而致此至誠, 謂賢人也. 言選擇善事, 而堅固執之, 行之不已, 遂致至誠也.

번역 ●經文: "誠之者, 擇善而固執之者也". ○이 문장은 앞에서 "성실히 하는 것은 사람의 도이다."라고 한 말을 재차 풀이한 것이니, 배움을 통해서 이러한 지극한 성실함을 이루니, 현명한 자를 뜻한다는 의미이다. 즉 선한 일을 가려내서 굳게 지키며, 실천하기를 그치지 않으면, 결국 지극한 성실함을 이룬다는 의미이다.

孔疏 ◎注"因誠身說有大至誠". ○正義曰: 以前經云欲事親事君, 先須修身, 有大至誠, 故此說有大至誠. 大至26)誠, 則經云"誠者, 天之道也", 聖人是矣.

번역 ◎鄭注: "因誠身說有大至誠". ○앞의 경문에서는 부모를 섬기고 군주를 섬기고자 할 때에는 우선적으로 자신을 수양해야 하며, 성대하게 지극한 성실함을 갖춰야 한다고 했다. 그렇기 때문에 이곳에서는 성대하게 지극한 성실함을 갖춘다는 사안을 설명한 것이다. 성대하게 지극한 성실함을 갖춘다면, 경문에서 "성실함이란 하늘의 도이다."라고 했으니, 성인에 해당한다.

集註 此承上文誠身而言. 誠者, 眞實無妄之謂, 天理之本然也. 誠之者, 未能眞實無妄, 而欲其眞實無妄之謂, 人事之當然也. 聖人之德, 渾然天理, 眞實無妄, 不待思勉而從容中道, 則亦天之道也. 未至於聖, 則不能無人欲之私, 而其爲德不能皆實. 故未能不思而得, 則必擇善, 然後可以明善; 未能不勉而中, 則必固執, 然後可以誠身, 此則所謂人之道也. 不思而得, 生知也. 不勉而中,

---

26) '지(至)'자에 대하여. '지'자는 본래 '지지(至至)'로 기록되어 있었는데, 완원(阮元)의 『교감기(校勘記)』에서는 "이곳 판본은 '지'자가 잘못하여 중복 기록되었다."라고 했다.

安行也. 擇善, 學知以下之事. 固執, 利行以下之事也.

번역 이 문장은 앞에서 자신을 성실하게 한다고 했던 뜻을 이어서 한 말이다. '성(誠)'이란 진실하여 망령됨이 없다는 뜻으로, 천리의 본연에 해당한다. '성지(誠之)'는 아직까지 진실하거나 망령됨이 없을 수 없어서, 진실하고 망령됨이 없고자 함을 뜻하니, 인사의 당연함에 해당한다. 성인의 덕은 결점이 없는 천리에 해당하고 진실하고 망령됨이 없어서, 생각하거나 노력하지 않아도 차분히 도에 맞으니 또한 하늘의 도에 해당한다. 아직 성인의 경지에 도달하지 못했다면, 인욕의 삿됨이 없을 수 없고, 덕 또한 모두 진실될 수 없다. 그렇기 때문에 생각하지 않고서는 얻지 못하니, 반드시 선을 택한 뒤에야 선을 밝힐 수 있고, 열심히 노력하지 않으면 알맞지 않으니, 반드시 굳게 지킨 뒤에야 자신을 성실하게 할 수 있는데, 이것은 사람의 도를 가리킨다. 생각하지 않아도 터득하는 것은 태어나면서부터 아는 것이다. 노력하지 않아도 알맞은 것은 편안히 시행하는 것이다. 선을 택하는 것은 배워서 안다는 것으로부터 그 이하의 일에 해당한다. 굳게 지키는 것은 이롭게 여겨서 행동하는 것으로부터 그 이하의 일에 해당한다.

참고 원문비교

예기·중용(中庸) 誠者, 天之道也. 誠之者, 人之道也. 誠者不勉而中, 不思而得, 從容中道, 聖人也. 誠之者, 擇善而固執之者也.

공자가어·애공문정(哀公問政) 誠者, 天之道也. 誠之者, 人之道也. 夫誠不勉而中, 不思而得, 從容中道, 聖人之所以體定也. 誠之者, 擇善而固執之者也.

참고 구문비교

출 처	내 용
『禮記』「中庸」	誠者, 天之道也. 誠之者, 人之道也.
『孟子』「離婁上」	誠者, 天之道也, 思誠者, 人之道也.

【1690上~下】

"博學之, 審問之, 愼思之, 明辨之, 篤行之. 有弗學, 學之弗能, 弗措也. 有弗問, 問之弗知, 弗措也. 有弗思, 思之弗得, 弗措也. 有弗辨, 辨之弗明, 弗措也. 有弗行, 行之弗篤, 弗措也. 人一能之, 己百之, 人十能之, 己千之. 果能此道矣, 雖愚必明, 雖柔必强."

직역 "博히 學하고, 審히 問하며, 愼히 思하고, 明히 辨하며, 篤히 行합니다. 學을 弗함이 有이언정 學한데 能을 弗하면, 措를 弗합니다. 問을 弗함이 有이언정 問한데 知를 弗하면, 措를 弗합니다. 思를 弗함이 有이언정 思한데 得을 弗하면, 措를 弗합니다. 辨을 弗함이 有이언정 辨한데 明을 弗하면, 措를 弗합니다. 行을 弗함이 有이언정 行한데 篤을 弗하면, 措를 弗합니다. 人이 一히 能하면, 己는 百하고, 人이 十히 能하면, 己는 千입니다. 果히 此道를 能하면, 雖히 愚라도 必히 明하며, 雖히 柔라도 必히 强합니다."

의역 공자가 계속하여 말하길, "널리 배우고, 자세히 살피며, 신중히 생각하고, 밝게 변별하며, 독실하게 시행해야 합니다. 배우지 않을지언정 배움에 있어서 잘할 수 없는 것이 있다면 그만 두지 말아야 합니다. 또 묻지 않을지언정 물음에 있어서 알지 못하는 것이 있다면 그만 두지 말아야 합니다. 생각하지 않을지언정 생각함에 있어서 터득하지 못하는 것이 있다면 그만 두지 말아야 합니다. 변별하지 않을지언정 변별함에 있어서 밝지 못한 것이 있다면 그만두지 말아야 합니다. 실천하지 않을지언정 실천함에 있어서 독실하게 하지 못한 것이 있다면 그만두지 말아야 합니다. 남이 한 번 하고도 잘 할 수 있다면, 자신은 백배를 해야 하고, 남이 열 번 하고도 잘 할 수 있다면, 자신은 천배를 해야 합니다. 이러한 도리를 과감히 실천할 수 있다면, 비록 우둔한 자라도 반드시 명민하게 되고, 비록 유약한 자라도 반드시 굳세게 될 것입니다."라고 했다.

鄭注 此勸人學誠其身也. 果, 猶決也.

번역 이 문장은 사람들에게 학문을 통해 자신을 성실히 하도록 권면하는 내용이다. '과(果)'자는 "결단하다[決]."는 뜻이다.

釋文 措, 七路反, 下及注皆同, 置也. 强, 其良反.

번역 '措'자는 '七(칠)'자와 '路(로)'자의 반절음이며, 아래문장 및 정현의 주에 나오는 글자도 모두 그 음이 이와 같으며, 내버려 둔다는 뜻이다. '强'자는 '其(기)'자와 '良(량)'자의 반절음이다.

孔疏 ●"博學"至"必强". ○正義曰: 此一經申明上經"誠之者, 擇善而固執之"事.

번역 ●經文: "博學"~"必强". ○이곳 경문은 앞의 경문에서 "성실하게 하는 것은 선을 택해서 굳게 지키는 것이다."라고 한 사안에 대해서 거듭 나타내고 있다.

孔疏 ●"有弗學, 學之弗能, 弗措也"者, 謂身有事, 不能常學習, 當須勤力學之. 措, 置也. 言學不至於能, 不措置休廢, 必待能之乃已也. 以下諸事皆然, 此一句覆上"博學之"也.

번역 ●經文: "有弗學, 學之弗能, 弗措也". ○본인에게 어떤 사안이 발생했는데, 지속적으로 배우고 익힐 수 없다면, 마땅히 노력하여 배워야 한다는 뜻이다. '조(措)'자는 "내버려 둔다[置]."는 뜻이다. 즉 배움을 통해 잘하는 경지까지 도달하지 못한다면, 내버려 두어 그만두어서는 안 되니, 반드시 잘 할 수 있을 때까지 한 뒤에야 그만둔다는 뜻이다. 그 아래의 여러 사안들 모두 이러한 뜻인데, 이 구문은 앞에 나온 "널리 배운다."는 뜻에 해당한다.

孔疏 ●"有弗問, 問之弗知, 弗措也", 覆上"審問之"也.

번역 ●經文: "有弗問, 問之弗知, 弗措也". ○앞에 나온 "자세히 묻는다."는 뜻에 해당한다.

孔疏 ●"有弗思, 思之弗得, 弗措也", 覆上"愼思之"也.

번역 ●經文: "有弗思, 思之弗得, 弗措也". ○앞에 나온 "신중히 생각한다."는 뜻에 해당한다.

孔疏 ●"有弗辨, 辨之弗明, 弗措也", 覆上"明辨之"也.

번역 ●經文: "有弗辨, 辨之弗明, 弗措也". ○앞에 나온 "밝게 변별한다."는 뜻에 해당한다.

孔疏 ●"有弗行, 行之弗篤, 弗措也", 覆上"篤行之"也.

번역 ●經文: "有弗行, 行之弗篤, 弗措也". ○앞에 나온 "독실하게 시행한다."는 뜻에 해당한다.

孔疏 ●"人一能之, 己百之, 人十能之, 己千之", 謂他人性識聰敏, 一學則能知之, 己當百倍用功而學, 使能知之, 言己加心精勤之多, 恒百倍於他人也.

번역 ●經文: "人一能之, 己百之, 人十能之, 己千之". ○다른 사람의 품성과 식견이 명민하여 한 차례 배우고도 잘 알 수 있다면, 본인은 마땅히 백배의 노력을 하여 공부를 해서 잘 알 수 있게끔 해야 한다는 뜻이니, 본인은 심혈을 기울이고 노력을 많이 하여 다른 사람보다도 항상 백배의 노력을 해야 한다는 의미이다.

孔疏 ●"果能此道矣, 雖愚必明, 雖柔必强", 果, 謂果決也. 若決能爲此百倍用功之道, 識慮雖復愚弱, 而必至明强. 此勸人學誠其身也.

번역 ●經文: "果能此道矣, 雖愚必明, 雖柔必强". ○'과(果)'자는 과감하게 결정한다는 뜻이다. 만약 이러한 백배의 노력을 기울이는 도리에 대해서 과감히 시행할 수 있다면, 식견과 사고가 비록 우둔하고 유약하더라도 반드시 명민하고 굳세게 된다. 이것은 사람들에게 배움을 통해 자신을 성실히 할 것을 권면한다는 뜻이다.

集註 此誠之之目也. 學·問·思·辨, 所以擇善而爲知, 學而知也. 篤行, 所以固執而爲仁, 利而行也. 程子曰, "五者廢其一, 非學也."

번역 이 문장은 성실히 하는 것의 항목에 해당한다. 배우고 묻고 생각하고 변별하는 것은 선을 택하여 앎으로 삼는 것이니, 배워서 아는 경우에 해당한다. 독실하게 시행한다는 것은 굳게 지켜서 인으로 삼는 것이니, 이롭게 여겨서 행동하는 경우에 해당한다. 정자는 "다섯 가지 중에 하나라도 폐한다면, 학문이 아니다."라고 했다.

集註 君子之學, 不爲則已, 爲則必要其成, 故常百倍其功. 此困而知, 勉而行者也, 勇之事也.

번역 군자의 학문은 하지 않았으면 않았지 한다면 반드시 그 완성을 이루고자 한다. 그렇기 때문에 항상 백배의 노력을 하는 것이다. 이것은 애써서 아는 것과 힘써 시행하는 경우에 해당하니, 용(勇)의 사안이 된다.

集註 明者擇善之功, 强者固執之效. 呂氏曰, "君子所以學者, 爲能變化氣質而已. 德勝氣質, 則愚者可進於明, 柔者可進於强. 不能勝之, 則雖有志於學, 亦愚不能明, 柔不能立而已矣. 蓋均善而無惡者, 性也, 人所同也; 昏明强弱之稟不齊者, 才也, 人所異也. 誠之者所以反其同而變其異也. 夫以不美之質, 求變而美, 非百倍其功, 不足以致之. 今以鹵莽滅裂之學, 或作或輟, 以變其不美之質, 及不能變, 則曰天質不美, 非學所能變. 是果於自棄, 其爲不仁甚矣!"

번역 '명(明)'이라는 것은 선을 택해서 나타나는 효과이며, '강(强)'이라는 것은 굳게 지켜서 나타나는 효과이다. 여씨는 "군자가 학문을 하는 이유는 기질을 변화시키기 위해서일 따름이다. 덕이 기질을 이겨내게 된다면, 어리석은 자라도 밝음에 나아갈 수 있고, 유약한 자라도 굳셈에 나아갈 수 있다. 그러나 덕이 기질을 이겨내지 못한다면, 비록 학문에 뜻을 두고 있더라도 어리석은 자는 밝아지지 못하고, 유약한 자는 자립하지 못할 따름이다. 모두 선하고 악이 없는 것은 성(性)이며 사람이 동일하게 갖추고 있는 것인데, 품수받은 기질에 어둡거나 밝고 굳세거나 유약함 등의 차이가 있는 것은 재질이며 사람마다 다른 것이다. 성실히 한다는 것은 누구나 동일하게 갖추고 있는 것을 돌이키고 차이를 변화시키는 것이다. 좋지 못한 자질로 변화되어 좋게 되고자 할 때에는 백배의 노력을 하지 않는다면 도달할 수 없다. 현재 거칠고도 소략하며 지리멸렬한 학문으로 어떤 때에는 시행하고 또 어떤 때에는 그만두면서 좋지 못한 자질을 변화시키고자 하는데, 변화시킬 수 없게 되면, 천성적으로 부여받은 자질이 좋지 못한 것은 배움을 통해서 변화시킬 수 있는 것이 아니라고 말한다. 이것은 스스로를 버리는 일에 과감한 것이며, 불인함이 매우 심한 것이다."라고 했다.

集註 右第二十章. 此引孔子之言, 以繼大舜·文·武·周公之緒, 明其所傳之一致, 擧而措之, 亦猶是耳. 蓋包費隱兼小大, 以終十二章之意. 章內語誠始詳, 而所謂誠者, 實此篇之樞紐也. 又按: 孔子家語, 亦載此章, 而其文尤詳. "成功一也"之下, 有"公曰: 子之言美矣! 至矣! 寡人實固, 不足以成之也." 故其下復以"子曰"起答辭. 今無此問辭, 而猶有"子曰"二字; 蓋子思刪其繁文以附于篇, 而所刪有不盡者, 今當爲衍文也. "博學之"以下, 家語無之, 意彼有闕文, 抑此或子思所補也歟.

번역 여기까지는 제 20장이다. 이 문장은 공자의 말을 인용하고 순임금·문왕·무왕·주공의 업적을 연이어 기술해서 전수한 것이 일치하니, 이것을 들어서 시행하면 또한 이와 같을 따름임을 나타내고 있다. 즉 비(費)와 은(隱)을 포함하고 소(小)와 대(大)를 겸하여 12장의 뜻을 매듭지었다. 이 문장에서 성(誠)을 설명한 것은 이제까지의 기록 중 처음으로 상세하니, 이른바 성(誠)이라는 것은 바로 「중용」편의 핵심이다. 또 살펴보니, 『공자가어』에도 이 장의 내용이 수록되어 있고, 그 문장이 더욱 상세하다. '성공일야(成功一也)'라는 구문 뒤에는 "애공이 말하길, 그대의 말이 아름답고 지극하구나! 그러나 과인은 실제로 고루하여 이것을 이루기에는 부족하다."라는 기록이 있다. 그렇기 때문에 그 뒤의 문장에서 재차 '자왈(子曰)'이라는 말로 대답하는 말을 표시한 것이다. 현재 이곳에서는 묻는 말이 없는데도, 여전히 '자왈(子曰)'이라는 두 글자가 기록되어 있다. 아마도 자사가 번잡스러운 문장을 삭제하여 「중용」편에 수록하는 중 모두 삭제하지 못한 것이 있었기 때문이니, 마땅히 연문으로 여겨야 한다. '박학지(博學之)'라는 구문 뒤의 내용에 있어서 『공자가어』에는 해당 내용이 없는데, 아마도 『공자가어』에 빠진 문장이 있기 때문이거나 그것이 아니라면 이것은 자사가 보충한 기록일 것이다.

제 21 장

【1691上】

> "自誠明謂之性, 自明誠謂之敎. 誠則明矣, 明則誠矣."

직역 "誠으로 自하여 明함을 性이라 謂하고, 明으로 自하여 誠함을 敎라 謂합니다. 誠하면 明하고, 明하면 誠합니다."

의역 공자가 계속하여 말하길, "지극한 성실함을 통해 밝은 덕을 갖추는 것을 성인의 성(性)이라 부르고, 밝은 덕을 통해 지극히 성실해지는 것을 가르침이라 부릅니다. 지극히 성실하다면 밝은 덕도 갖추게 되고, 밝은 덕이 있다면 지극히 성실하게 됩니다."라고 했다.

鄭注 自, 由也. 由至誠而有明德, 是聖人之性者也. 由明德而有至誠, 是賢人學以知之也. 有至誠則必有明德, 有明德則必有至誠.

번역 '자(自)'자는 '~로부터[由]'라는 뜻이다. 지극한 성실함으로부터 밝은 덕을 갖추는 것은 성인의 성(性)에 해당한다. 밝은 덕으로부터 지극한 성실함을 갖추는 것은 현명한 자가 배움을 통해서 아는 것에 해당한다. 지극한 성실함이 있다면 반드시 밝은 덕도 갖추게 되고, 밝은 덕이 있다면 반드시 지극한 성실함도 갖추게 된다.

孔疏 ●"自誠"至"誠矣". ○正義曰: 此一經顯天性至誠, 或學而能. 兩者雖異, 功用則相通.

번역 ●經文: "自誠"~"誠矣". ○이곳 문장은 천성적으로 지극히 성실하거나 혹은 배움을 통해서 잘하는 경우를 나타내고 있다. 두 경우는 비록 차이를 보이지만 효용에 있어서는 서로 통한다.

孔疏 ●"自誠明謂之性"者, 此說天性自誠者. 自, 由也, 言由天性至誠, 而身有明德, 此乃自然天性如此, 故"謂之性".

번역 ●經文: "自誠明謂之性". ○이 문장은 천성적으로 스스로 성실한 경우를 설명하고 있다. '자(自)'자는 '~로부터[由]'라는 뜻이니, 천성적으로 지극히 성실한 것으로부터 비롯하여 본인이 밝은 덕을 갖추게 되니, 이것은 자연적으로 천성이 이와 같다는 뜻이다. 그렇기 때문에 "그것을 성(性)이라고 부른다."라고 했다.

孔疏 ●"自明誠謂之敎"者, 此說學而至誠, 由身聰明, 勉力學習, 而致至誠, 非由天性, 敎習使然, 故云"謂之敎". 然則"自誠明謂之性", 聖人之德也. "自明誠謂之敎", 賢人之德也.

번역 ●經文: "自明誠謂之敎". ○이 문장은 배워서 지극히 성실한 경우를 설명하고 있으니, 본인의 총명함으로부터 비롯되어 지극히 성실한 경지에 도달한 경우는 천성에서 비롯된 것이 아니며, 가르치고 익혀서 그렇게 만든 것이다. 그렇기 때문에 "그것을 가르침이라고 부른다."라고 했다. 그러므로 "지극한 성실함으로부터 밝은 덕을 갖추는 것은 성(性)이라고 부른다."는 말은 성인의 덕을 나타낸다. 반면 "밝은 덕으로부터 지극히 성실해지는 것은 가르침이라고 부른다."는 말은 현명한 자의 덕을 나타낸다.

孔疏 ●"誠則明矣"者, 言聖人天性至誠, 則能有明德, 由至誠而致明也.

번역 ●經文: "誠則明矣". ○성인은 천성적으로 지극히 성실하니, 밝은 덕을 갖출 수 있어서, 지극한 성실함으로부터 비롯하여 밝은 덕에 이른다는 의미이다.

孔疏 ●"明則誠矣"者, 謂賢人由身聰明習學, 乃致至誠, 故云"明則誠矣". 是誠則能明, 明則能誠, 優劣雖異, 二者皆通有至誠也.

번역 ●經文: "明則誠矣". ○현명한 자는 본인의 총명함과 배우고 익힘으로부터 비롯되어 지극히 성실한 경지에 도달하게 된다는 뜻이다. 그렇기 때문에 "밝은 덕을 갖춘다면 지극히 성실해진다."라고 했다. 이것은 지극히 성실하다면 밝은 덕을 갖출 수 있고, 밝은 덕을 갖추고 있다면 지극히 성실해진다는 뜻으로, 우열의 차이가 있지만, 두 경우는 모두 지극한 성실함을 갖추게 된다는 의미이다.

集註 自, 由也. 德無不實而明無不照者, 聖人之德. 所性而有者也, 天道也. 先明乎善, 而後能實其善者, 賢人之學. 由敎而入者也, 人道也. 誠則無不明矣, 明則可以至於誠矣.

번역 '자(自)'자는 '~로부터[由]'라는 뜻이다. 덕에 진실되지 않음이 없고, 밝음에 밝히지 못하는 것이 없는 경우는 성인의 덕에 해당한다. 성(性)으로 삼아 간직한 자이니, 하늘의 도에 해당한다. 우선적으로 선을 밝게 알고 그 이후에 선을 채울 수 있는 경우는 현명한 자의 배움에 해당한다. 가르침으로부터 도로 들어가는 자이니, 사람의 도에 해당한다. 성실하다면 밝지 못한 것이 없고, 밝다면 성실함에 도달할 수 있다.

集註 右第二十一章. 子思承上章夫子天道人道之意而立言也. 自此以下十二章, 皆子思之言, 以反覆推明此章之意.

번역 여기까지는 제 21장이다. 자사는 앞 장에서 공자가 천도와 인도를 말한 뜻을 이어 설명한 것이다. 이 장으로부터 그 이하에 있는 12개의 장은 모두 자사의 말이니, 이 장의 뜻을 반복해서 미루어 밝힌 것이다.

• 제 22 장 •

【1691上~下】

"唯天下至誠, 爲能盡其性. 能盡其性, 則能盡人之性. 能盡人之性, 則能盡物之性. 能盡物之性, 則可以贊天地之化育. 可以贊天地之化育, 則可以與天地參矣."

직역 "唯히 天下의 至誠만이 그 性을 能히 盡하길 爲합니다. 그 性을 能히 盡하면, 人의 性을 能히 盡합니다. 人의 性을 能히 盡하면, 物의 性을 能히 盡합니다. 物의 性을 能히 盡하면, 可히 天地의 化育을 贊합니다. 可히 天地의 化育을 贊하면, 可히 天地와 與하여 參합니다."

의역 공자가 계속하여 말하길, "오직 천하 사람들 중 지극한 성실함을 갖춘 성인만이 자신의 성(性)을 다할 수 있습니다. 자신의 성(性)을 다할 수 있다면, 사람의 성(性)도 다하게 할 수 있습니다. 사람의 성(性)을 다하게 할 수 있다면, 만물의 성(性)도 다하게 할 수 있습니다. 만물의 성(性)을 다하게 할 수 있다면, 천지의 화육하는 작용을 도울 수 있습니다. 천지의 화육하는 작용을 도울 수 있다면, 그 공덕은 천지와 합하게 됩니다."라고 했다.

鄭注 盡性者, 謂順理之使不失其所也. 贊, 助也. 育, 生也. 助天地之化生, 謂聖人受命在王位致大平.

번역 "성(性)을 다한다."는 말은 도리에 따라서 제자리를 잃지 않게끔 한다는 뜻이다. '찬(贊)'자는 "돕다[助]."는 뜻이다. '육(育)'자는 "낳다[生]." 는 뜻이다. 천지의 화육하고 생장하는 작용을 돕는다는 말은 성인이 천명을 받아 천자의 지위에 올라 태평성세를 이룬다는 뜻이다.

釋文 大音泰.

번역 '大'자의 음은 '泰(태)'이다.

孔疏 ●"唯天"至"參矣". ○正義曰: 此明天性至誠, 聖人之道也.

번역 ●經文: "唯天"~"參矣". ○이곳 문장은 천성적으로 지극히 성실한 것은 성인의 도에 해당함을 나타내고 있다.

孔疏 ●"唯天下至誠"者, 謂一天下之內, 至極誠信爲聖人也.

번역 ●經文: "唯天下至誠". ○천하 안에서 지극히 성실한 자는 성인이 된다는 뜻이다.

孔疏 ●"爲能盡其性"者, 以其至極誠信, 與天地合, 故能盡其性. 旣盡其性, 則能盡其人與萬物之性, 是以下云"能盡人之性". 旣能盡人性, 則能盡萬物之性, 故能贊助天地之化育, 功與天地相參. 上云"誠者, 天之道", 此兼云"地"者, 上說至誠之理由神妙而來, 故特云"天之道". 此據化育生物, 故幷云"地"也.

번역 ●經文: "爲能盡其性". ○지극히 성실하여 천지와 더불어 합하기 때문에 그 성(性)을 다할 수 있다. 이미 성(性)을 다할 수 있다면, 사람과 만물의 성(性)도 다할 수 있으니, 이러한 까닭으로 아래문장에서는 "사람의 성(性)을 다할 수 있다."라고 했다. 이미 사람의 성(性)을 다할 수 있다면, 만물의 성(性)도 다할 수 있기 때문에, 천지의 화육하는 작용을 도울 수 있고, 그의 공덕이 천지와 서로 합하게 된다. 앞에서는 "성(誠)은 하늘의 도이다."라고 했는데, 이곳에서는 '지(地)'까지도 함께 언급하고 있다. 그 이유는 앞 문장은 지극한 성실함의 이치가 신묘함으로부터 나타남을 설명하였기 때문에 단지 "하늘의 도이다."라고만 말한 것이다. 이곳 문장은 만물을 화육하고 낳는 것에 초점을 맞췄기 때문에 '지(地)'까지도 함께 언급한 것이다.

集註 天下至誠, 謂聖人之德之實, 天下莫能加也. 盡其性者德無不實, 故無人欲之私, 而天命之在我者, 察之由之, 巨細精粗, 無毫髮之不盡也. 人物之性, 亦我之性, 但以所賦形氣不同而有異耳. 能盡之者, 謂知之無不明而處之無不當也. 贊, 猶助也. 與天地參, 謂與天地並立爲三也. 此自誠而明者之事也.

번역 '천하지성(天下至誠)'은 성인의 덕은 꽉 차서 천하에 더할 수 있는 것이 없다는 뜻이다. 그 성(性)을 다한다는 것은 덕에 차지 않은 것이 없기 때문에, 인욕의 삿됨이 없고, 자신에게 있는 천명을 살피고 그에 따라서 크고 미세함, 정밀하고 거친 모든 것들에 있어, 털끝만큼이라도 다하지 않음이 없다는 뜻이다. 사람과 사물의 성(性)은 또한 나의 성(性)과 동일하니, 다만 형체와 기질을 부여받은 것이 달라서 차이가 생긴 것일 뿐이다. 그것을 다할 수 있다는 것은 앎에 밝지 못함이 없고 대처함에 마땅하지 않음이 없다는 뜻이다. '찬(贊)'자는 "돕다[助]."는 뜻이다. '여천지삼(與天地參)'은 천지와 더불어 서서 셋이 된다는 뜻이다. 이것은 성실함으로부터 비롯되어 밝아지는 경우에 해당한다.

集註 右第二十二章. 言天道也.

번역 여기까지는 제 22장이다. 천도를 말하고 있다.

제 23 장

【1692上】

> "其次致曲, 曲能有誠, 誠則形, 形則著, 著則明, 明則動, 動則變, 變則化. 唯天下至誠爲能化."

직역 "그 次는 曲을 致함이니, 曲에 能히 誠이 有하며, 誠하면 形하고, 形하면 著하며, 著하면 明하고, 明하면 動하며, 動하면 變하고, 變하면 化합니다. 唯히 天下의 至誠만이 能히 化함을 爲합니다."

의역 공자가 계속하여 말하길, "성인보다 못하지만 그 다음 단계에 해당하는 현명한 자는 세세한 일을 지극히 하니, 세세한 일에 성실함을 갖출 수 있으며, 성실하다면 형체가 드러나게 되고, 형체가 드러나면 밝게 드러나며, 밝게 드러나면 현격히 나타나고, 현격히 나타나면 사람의 마음을 감동시키고, 사람의 마음을 감동시킨다면 사람의 악함을 변하게 하며, 사람의 악함을 변화시켜 오래도록 지속한다면 완전히 선한 단계로 변화하게 됩니다. 오직 천하의 지극한 성실함을 갖춘 자만이 완전히 선한 단계로 변화시킬 수 있습니다."라고 했다.

鄭注 "其次", 謂"自明誠"者也. 致, 至也. 曲, 猶小小之事也. 不能盡性而有至誠於有義焉而已. 形謂人見其功也. 盡性之誠, 人不能見也. 著, 形之大者也. 明, 著之顯者也. 動, 動人心也. 變, 改惡爲善也, 變之久則化而性善也.

번역 '기차(其次)'는 "밝은 덕을 통해 지극히 성실해진다."는 경우를 뜻한다. '치(致)'자는 "~에 이르다[至]."는 뜻이다. '곡(曲)'자는 소소한 일들을 뜻한다. 성(性)을 다할 수 없지만, 의(義)를 갖추는 데에서 지극히 성실함을 갖출 따름이다. '형(形)'자는 사람이 그의 공덕을 보게 된다는 뜻이다. 성(性)을 다하는 성실함은 사람들이 볼 수 없다. '저(著)'는 형(形) 중에서도

큰 것이다. '명(明)'은 저(著) 중에서도 현격한 것이다. '동(動)'자는 사람의
마음을 움직인다는 뜻이다. '변(變)'자는 악함을 고쳐 선하게 만든다는 뜻이
며, 변(變)이 오래도록 지속되면 화(化)해서 성(性)이 선하게 된다.

孔疏 ●"其次"至"能化". ○正義曰: 此一經明賢人習學而致至誠, 故云"其
次致曲". 曲, 謂細小之事. 言其賢人致行細小之事, 不能盡性, 於細小之事能
有至誠也.

번역 ●經文: "其次"~"能化". ○이곳 경문은 현명한 자가 익히고 배움
을 통해 지극한 성실함을 이룬다는 뜻을 나타내고 있다. 그렇기 때문에 "그
다음은 곡(曲)을 이룬다."라고 했다. '곡(曲)'자는 미세하고 작은 일들을 뜻
한다. 즉 현명한 자는 미세하고 작은 일들을 지극히 이루지만, 성(性)을 다
할 수 없으니, 미세하고 작은 일들에 대해서는 지극한 성실함을 갖출 수
있다는 의미이다.

孔疏 ●"誠則形, 形則著"者, 謂不能自然至誠, 由學而來, 故誠則人見其
功, 是"誠則形"也. 初有小形, 後乃大而明著, 故云"形則著"也. 若天性至誠之,
人不能見, 則不形不著也.

번역 ●經文: "誠則形, 形則著". ○저절로 지극히 성실할 수 없어서, 학
문을 통해 그것들이 도래하기 때문에, 성실하다면 사람들이 그의 공덕을
보게 된다는 뜻으로, 이것은 "성실하면 형체가 드러난다."는 의미이다. 처
음에는 작은 형체만 드러나지만, 이후에는 커지고 밝게 드러난다. 그렇기
때문에 "형체가 드러나면 밝게 드러난다."라고 했다. 만약 천성적으로 지극
히 성실하게 하는 경우라면, 사람들이 볼 수 없으니, 형체가 드러나지도
않고 밝게 드러나지도 않는다.

孔疏 ●"著則明, 明則動"者, 由著故顯明, 由明能感動於衆.

번역 ●經文: "著則明, 明則動". ○밝게 드러남으로부터 비롯되기 때문에 현격하게 밝아지고, 현격하게 밝아짐을 통해서 대중들을 감동시킬 수 있다.

孔疏 ●"動則變, 變則化"者, 旣感動人心, 漸變惡爲善, 變而旣久, 遂至於化. 言惡人全化爲善, 人無復爲惡也.

번역 ●經文: "動則變, 變則化". ○이미 사람의 마음을 감동시켜서 점진적으로 악함을 변화시켜 선하게 만들고, 변화가 이미 오래도록 지속되면 결국 화(化)의 경지에 도달하게 된다. 즉 악한 자가 완전히 화(化)하여 선하게 되면, 그 사람은 재차 악한 짓을 시행하지 않는다는 뜻이다.

孔疏 ●"唯天下至誠爲能化", 言唯天下學致至誠之人, 爲能化惡爲善, 改移舊俗. 不如前經天生至誠, 能盡其次1)性, 與天地參矣.

번역 ●經文: "唯天下至誠爲能化". ○오직 천하 사람들 중 지극한 성실함을 학문을 통해 이룬 자만이 악함을 화(化)하여 선하게 할 수 있고, 오래된 풍속을 선한 쪽으로 고치고 바꿀 수 있다는 뜻이다. 앞의 경문에서 말한 것처럼 천성적으로 태어날 때부터 지극한 성실함을 갖춘 자가 자신의 성(性)을 다하여, 천지와 합치될 수 있는 것만은 못하다.

孔疏 ◎注"其次"至"善也". ○正義曰: 以前經云"自明誠謂之敎", 是由明而致誠, 是賢人, 次於聖人, 故云"其次, 謂自明誠也". 云"不能盡性而有至誠於有義焉而已"者, 言此次誠不能如至誠盡物之性, 但能有至誠於細小物焉而已. 云"形謂人見其功也"者, 由次誠彰露, 人皆見其功也. 云"盡性之誠, 人不能見也"者, 言天性至誠, 神妙無體, 人不見也. 云"著, 形之大者也", 解經"形則著", 初有微形, 後則大而形著. 云"變之久則化而性善也"者, 解經"變則化",

---

1) '차(次)'자에 대하여. 완원(阮元)의 『교감기(校勘記)』에서는 "살펴보니, '차'자는 아마도 연문인 것 같다."라고 했다.

初漸謂之變, 變時新舊兩體俱有, 變盡舊體而有新體謂之爲"化". 如月令鳩化
爲鷹, 是爲鷹之時非復鳩也, 猶如善人無復有惡也.

번역 ◎鄭注: "其次"~"善也". ○앞의 경문에서는 "밝은 덕으로부터 지극히 성실해지는 것을 가르침이라고 부른다."라고 했는데, 이것은 밝은 덕으로부터 지극히 성실해진 것으로, 현명한 자에 해당하며, 성인 다음 단계에 해당한다. 그렇기 때문에 "'기차(其次)'는 '밝은 덕을 통해 지극히 성실해진다.'는 경우를 뜻한다."라고 했다. 정현이 "성(性)을 다할 수 없지만, 의(義)를 갖추는 데에서 지극히 성실함을 갖출 따름이다."라고 했는데, 성인 다음에 해당하는 현명한 자의 성실함은 지극한 성실함으로 사물의 성(性)을 다하는 것처럼 할 수 없고, 단지 미세하고 작은 사물에 대해서만 지극한 성실함을 갖출 수 있을 뿐이라는 뜻이다. 정현이 "'형(形)'자는 사람이 그의 공덕을 보게 된다는 뜻이다."라고 했는데, 현명한 자의 성실함이 드러나게 되면 사람들이 모두 그의 공덕을 보게 된다는 뜻이다. 정현이 "성(性)을 다하는 성실함은 사람들이 볼 수 없다."라고 했는데, 천성적으로 지극히 성실한 것은 신묘하여 본체가 없으니, 사람들이 볼 수 없다는 뜻이다. 정현이 "'저(著)'는 형(形) 중에서도 큰 것이다."라고 했는데, 경문에서 "형(形)하면 저(著)한다."라고 한 뜻을 풀이한 것이니, 처음에는 미미하게 형체가 드러나지만, 이후에는 커져서 형체가 밝게 드러난다는 뜻이다. 정현이 "변(變)이 오래도록 지속되면 화(化)해서 성(性)이 선하게 된다."라고 했는데, 경문에서 "변(變)하면 화(化)한다."라고 한 뜻을 풀이한 것이니, 처음에 점진적으로 바뀌는 것을 변(變)이라 부르고, 변(變)에 해당하는 때에는 새로운 것과 오래된 것이 모두 있지만, 오래된 것을 모두 변하게 하여 새로운 것만 있게 하는 것을 '화(化)'라고 부른다. 『예기』「왕제(王制)」편에서 "비둘기가 화(化)해서 매가 된다."[2]와 같은 경우, 매가 되었을 때에는 재차 비둘기인 면모가 드러나지 않으니, 이것은 선한 자가 재차 악한 면을 가지고

---

2) 『예기』「왕제(王制)」【156c】: 獺祭魚, 然後虞人入澤梁. 豺祭獸, 然後田獵. 鳩化爲鷹, 然後設罻羅. 草木零落, 然後入山林. 昆蟲未蟄, 不以火田. 不麛, 不卵, 不殺胎, 不殀夭, 不覆巢.

있지 않음과 같다.

集註 其次, 通大賢以下凡誠有未至者而言也. 致, 推致也. 曲, 一偏也. 形者, 積中而發外. 著, 則又加顯矣. 明, 則又有光輝發越之盛也. 動者, 誠能動物. 變者, 物從而變. 化, 則有不知其所以然者. 蓋人之性無不同, 而氣則有異, 故惟聖人能擧其性之全體而盡之. 其次則必自其善端發見之偏, 而悉推致之, 以各造其極也. 曲無不致, 則德無不實, 而形·著·動·變之功自不能已. 積而至於能化, 則其至誠之妙, 亦不異於聖人矣.

번역 '기차(其次)'는 위대한 현자로부터 그 이하로 성실함에 지극하지 못한 점이 있는 자들을 통괄적으로 말한 것이다. '치(致)'자는 미루어 지극히 한다는 뜻이다. '곡(曲)'자는 한쪽으로 치우쳤다는 뜻이다. '형(形)'자는 내면에 쌓여서 밖으로 드러난다는 뜻이다. '저(著)'자는 더욱 드러난다는 뜻이다. '명(明)'은 또한 광채가 융성하게 발산하는 점이 있는 것이다. '동(動)'은 성실함이 사물을 움직일 수 있음을 뜻한다. '변(變)'은 사물이 그에 따라 변한다는 뜻이다. '화(化)'는 그 원인에 대해 자신도 모르는 점이 있는 것이다. 즉 사람의 성(性)은 동일하지 않은 경우가 없지만, 기에 있어서는 차이가 생긴다. 그렇기 때문에 오직 성인만이 성(性)의 온전한 본체를 들어서 그것을 다할 수 있다. 그리고 그 다음 단계에 해당하는 자는 반드시 선한 단서 중 밝게 드러나는 한 측면으로부터 깊이 미루어 지극히 해서, 각각 그 지극함을 이루어야 한다. 한 측면에 대해서 지극히 하지 않음이 없다면, 덕에 있어서도 꽉 차지 않은 것이 없고, 형체가 드러나고, 밝게 드러나며, 움직이고, 변하게 하는 공덕도 저절로 그치지 못하게 된다. 이러한 것들이 쌓여서 화(化)할 수 있는 경지에 도달한다면, 지극한 성실함의 묘리가 또한 성인과 차이가 없게 된다.

集註 右第二十三章. 言人道也.

번역 여기까지는 제 23장이다. 인도를 말하고 있다.

• 제 24 장 •

【1692下~1693上】

> "至誠之道, 可以前知. 國家將興, 必有禎祥. 國家將亡, 必有妖孼. 見乎蓍龜, 動乎四體, 禍福將至, 善必先知之, 不善必先知之, 故至誠如神."

직역 "至誠의 道는, 可히 前知입니다. 國家가 將히 興함에는 必히 禎祥이 有합니다. 國家가 將히 亡함에는 必히 妖孼이 有합니다. 蓍龜에서 見하고, 四體에서 動하니, 禍福이 將히 至함에, 善을 必히 先히 知하고, 不善을 必히 先히 知하니, 故로 至誠은 神과 如합니다."

의역 공자가 계속하여 말하길, "지극히 성실한 도를 갖춘 자는 앞으로 발생할 일들을 미리 알 수 있습니다. 국가가 장차 흥성하려고 할 때에는 반드시 상서로운 조짐이 나타납니다. 반면 국가가 패망하려고 할 때에는 반드시 요상한 조짐이 나타납니다. 이러한 것들은 시초와 거북점을 통해 나타나고, 거북껍질에 조짐을 드리우니, 재앙과 복이 이르고자 할 때, 선함에 대해서는 반드시 먼저 그것을 알 수 있고, 불선함에 대해서 반드시 먼저 그것을 알 수 있기 때문에, 지극히 성실함은 신과도 같습니다."라고 했다.

鄭注 "可以前知"者, 言天不欺至誠者也. 前, 亦先也[1]. 禎祥·妖孼, 蓍龜之占, 雖其時有小人·愚主, 皆爲至誠能知者出也. 四體, 謂龜之四足, 春占後左, 夏占前左, 秋占前右, 冬占後右.

---

1) '야(也)'자에 대하여. '야'자는 본래 '지(知)'자로 기록되어 있었는데, 완원(阮元)의 『교감기(校勘記)』에서는 "『명감본(明監本)』에는 '야'자로 기록되어 있는데, 잘못된 기록이 아니다."라고 했다.

번역 "먼저 알 수 있다."라고 했는데, 하늘은 지극히 성실한 자를 속이지 않는다는 뜻이다. '전(前)'자 또한 '먼저[先]'라는 뜻이다. 상서로운 조짐과 요망하고 불길한 조짐은 시초와 거북점의 점괘에 나타나는데, 비록 당시에 소인과 우둔한 주군이 있더라도, 모든 경우 지극히 성실하여 미리 알 수 있는 자를 위해 조짐이 나타나게 된다. '사체(四體)'는 거북의 네 다리를 뜻하니, 봄에는 뒤의 좌측 발쪽에 거북점을 치고, 여름에는 앞의 좌측 발쪽에 거북점을 치며, 가을에는 앞의 우측 발쪽에 거북점을 치고, 겨울에는 뒤의 우측 발쪽에 거북점을 친다.

釋文 禎音貞. 妖, 於驕反. 左傳云: "地反物爲妖." 說文作"祅", 云"衣服·歌謠·草木之怪謂之祅". 孽, 魚列反, 說文"䚂", 云"禽獸蟲蝗之怪謂之䚂". 一本乎作於. 蓍音尸. 爲, 于僞反.

번역 '禎'자의 음은 '貞(정)'이다. '妖'자는 '於(어)'자와 '驕(교)'자의 반절음이다. 『좌전』에서는 "땅이 사물의 본성을 어기면 요망함이 된다."2)라고 했고, 『설문』에서는 '요(祅)'라고 기록했고, "의복·가요·초목들 중 괴이한 것을 '요(祅)'라고 부른다."라고 했다. '孽'자는 '魚(어)'자와 '列(렬)'자의 반절음이며, 『설문』에서는 '얼(䚂)'자로 기록했고, "금수와 곤충들 중 괴이한 것을 '얼(䚂)'이라고 부른다."라고 했다. 다른 판본에서는 '乎'자를 '於'자로 기록했다. '蓍'자의 음은 '尸(시)'이다. '爲'자는 '于(우)'자와 '僞(위)'자의 반절음이다.

孔疏 ●"至誠"至"如神". ○正義曰: "至誠之道, 可以前知"者, 此由身有至誠, 可以豫知前事. 此至誠之內, 是天生至誠, 亦通學而至誠, 故前經云"自明誠謂之敎", 是賢人至誠同聖人也. 言聖人·賢人俱有至誠之行, 天所不欺, 可知前事.

번역 ●經文: "至誠"至"如神". ○경문의 "至誠之道, 可以前知"에 대하

―――――――――――
2) 『춘추좌씨전』「선공(宣公) 15년」: 天反時爲災, 地反物爲妖, 民反德爲亂.

여. 본인이 갖추고 있는 지극한 성실함을 통해서 앞으로 다가올 일들을 미리 알 수 있다는 뜻이다. 여기에서 말한 지극한 성실함의 범주에는 천성적으로 지극히 성실한 경우와 또한 배움을 통해서 지극히 성실해진 경우까지를 통괄한다. 그렇기 때문에 앞의 경문에서는 "밝은 덕을 통해서 지극히 성실해지는 것을 가르침이라고 부른다."라고 한 것이니, 이것은 현명한 자의 지극한 성실함은 성인의 것과 동일함을 의미한다. 즉 성인이나 현명한 자는 모두 지극한 성실함에 따른 실천을 갖추고 있어서, 하늘이 속이지 않는 대상에 해당하여, 앞으로 다가올 일들을 알 수 있다는 뜻이다.

孔疏 ●"國家將興, 必有禎祥"者, 禎祥, 吉之萌兆; 祥, 善也. 言國家之將興, 必先有嘉慶善祥也. 文說: "禎祥者, 言人有至誠, 天地不能隱, 如文王有至誠, 招赤雀之瑞也." 國本有今異曰禎, 本無今有曰祥. 何爲本有今異者? 何胤云: "國本有雀, 今有赤雀來, 是禎也. 國本無鳳, 今有鳳來, 是祥也." 尙書"祥桑·穀共生于朝", 是惡, 此經云善, 何? 得入國者, 以吉凶先見者皆曰"祥", 別無義也.

번역 ●經文: "國家將興, 必有禎祥". ○'정상(禎祥)'은 길한 조짐을 뜻하며, '상(祥)'은 선하다는 뜻이다. 즉 국가가 장차 흥성하려고 한다면, 반드시 그보다 앞서 경사스럽고 선하며 상서로운 일들이 발생한다는 뜻이다. 『문설』에서는 "정상(禎祥)은 사람이 지극한 성실함을 갖추고 있어서, 천지가 숨길 수 없는 것을 뜻하니, 마치 문왕이 지극한 성실함을 갖춰서 붉은 참새라는 상서로운 조짐을 불러들인 것과 같다."라고 했다. 나라에 본래부터 있었던 것이지만 현재 달라진 것이 생기면 '정(禎)'이라고 부르고, 본래는 없었던 것인데 현재 생겼다면 '상(祥)'이라고 부른다. 그렇다면 무엇을 두고 본래부터 있었던 것이지만 현재 달리진 것이라 하는가? 하윤3)은 "나라에 본래부터 참새가 있었지만, 현재 적색 참새가 도래한 일이 생겼으니, 이것

---

3) 하윤(何胤, A.D.446~A.D.531) : =하평숙(何平叔)·하씨(何氏). 양(梁)나라 때의 학자이다. 자(字)는 자계(子季)이다. 유환(劉瓛)에게 수학하였다. 저서에는 『예기은의(禮記隱義)』, 『예문답(禮問答)』 등이 있다.

이 정(禎)에 해당한다. 나라에 본래부터 봉황이 없었는데, 현재 봉황이 날아왔으니, 이것이 상(祥)에 해당한다."라고 했다. 『상서』에서는 "요망한 조짐이 있어 상(桑)과 곡(穀)나무가 조정에서 자라났다."[4]라고 했는데, 이것은 악함에 해당하는데도 이곳 경문에서 선을 말한 것은 어째서인가? 그 나라에서 일어날 수 있는 것 중 길흉이 먼저 드러나는 것들은 모두 '상(祥)'이라고 부른 것이며, 별도로 다른 뜻은 없다.

孔疏 ●"國家將亡, 必有妖孽"者, 妖孽, 謂凶惡之萌兆也. 妖猶傷也, 傷甚曰孽, 謂惡物來爲妖傷之征. 若魯國鸜鵒來巢, 以爲國之傷徵. 按左傳云: "地反物爲妖." 說文云: "衣服·歌謠·草木之怪爲妖, 禽獸·蟲蝗之怪爲孽."

번역 ●經文: "國家將亡, 必有妖孽". ○'요얼(妖孽)'은 흉악한 조짐을 뜻한다. '요(妖)'자는 상해[傷]를 뜻하는데, 상해가 심한 것을 '얼(孽)'이라고 부르니, 흉악한 사물이 도래하여 손해를 불러오게 된다는 뜻이다. 마치 노나라에 구욕(鸜鵒)이라는 새가 와서 둥지를 틀어[5] 나라에 해악을 끼칠 조짐으로 여긴 경우와 같다. 『좌전』을 살펴보면, "땅이 사물의 본성을 어기면 요망함이 된다."[6]라고 했고, 『설문』에서는 "의복·가요·초목들 중 괴이한 것은 요(妖)가 되고, 금수와 곤충들 중 괴이한 것은 얼(孽)이 된다."라고 했다.

孔疏 ●"見乎蓍龜, 動乎四體"者, 所以先知禎祥妖孽, 見乎蓍龜, 卦兆發動於龜之四體也.

번역 ●經文: "見乎蓍龜, 動乎四體". ○먼저 상서로운 조짐과 요사한 조짐을 알 수 있는 것은 시초점과 거북점에 나타나기 때문이니, 괘와 거북껍질의 갈라진 모양이 거북의 사지를 통해서 드러난다는 뜻이다.

4) 『서』「상서(商書)·함유일덕(咸有一德)」: 伊陟相大戊, 亳有祥桑穀共生于朝, 伊陟贊于巫咸, 作咸乂四篇.
5) 『춘추』「소공(昭公) 25년」: 有鸜鵒來巢.
6) 『춘추좌씨전』「선공(宣公) 15년」: 天反時爲災, 地反物爲妖, 民反德爲亂.

孔疏 ●"福福將至"者. 禍謂妖孽, 福謂禎祥. 萌兆豫來, 是"禍福將至".

번역 ●經文: "福福將至". ○'화(禍)'는 요사한 조짐을 뜻하며, '복(福)'은 상서로운 조짐을 뜻한다. 조짐이 미리 나타나니, 이것은 "재앙과 복이 장차 이른다."는 뜻에 해당한다.

孔疏 ●"善必先知之"者, 善, 謂福也.

번역 ●經文: "善必先知之". ○'선(善)'은 복을 뜻한다.

孔疏 ●"不善必先知之"者, 不善, 謂禍也.

번역 ●經文: "不善必先知之". ○'불선(不善)'은 재앙을 뜻한다.

孔疏 ●"故至誠如神"者, 言至誠之道, 先知前事, 如神之微妙, 故云"至誠如神"也.

번역 ●經文: "故至誠如神". ○지극히 성실한 도를 갖춘 자는 앞으로 발생한 일을 미리 아니, 이것은 신의 은미하고 현묘함과 같다는 뜻이다. 그렇기 때문에 "지극한 성실함은 신과 같다."라고 했다.

孔疏 ◎注云"雖其時有小人·愚主, 皆爲至誠能知者出也". ○正義曰: 鄭以聖人君子將興之時, 或聖人有至誠, 或賢人有至誠, 則國之將興, 禎祥可知. 而小人·愚主之世無至誠, 又時無賢人, 亦無至誠, 所以得知國家之將亡而有妖孽者, 雖小人·愚主, 由至誠之人生在亂世, 猶有至誠之德, 此妖孽爲有至誠能知者出也. 按周語云: "幽王三[7]年, 三川皆震, 伯陽父曰: '周將亡矣. 昔伊·洛竭而夏亡, 河竭而商亡.'" 時三川皆震, 爲周之惡瑞, 是伯陽父有至誠能知周亡

---

7) '삼(三)'자에 대하여. '삼'자는 본래 '이(二)'자로 기록되어 있었는데, 완원(阮元)의 『교감기(校勘記)』에서는 "포당(浦鏜)의 『교감본』에서는 '이'자를 '삼'자로 고쳤다."라고 했다.

也. 又周惠王十五年, 有神降于莘. 莘, 虢國地名. 周惠王問內史過, 史過對曰: "夏之興也, 祝融降于崇山, 其亡也, 回祿信于聆隧. 商之興也, 檮杌次於丕山, 其亡也, 夷羊在牧. 周之興也, 鸑鷟鳴於岐山, 其衰也, 杜伯射宣王於鎬. 今虢多涼德, 虢必亡也." 又內史過有至誠之德, 神爲之出. 是愚主之世, 以妖孽爲至誠能知者出也.

번역　◎鄭注: "雖其時有小人·愚主, 皆爲至誠能知者出也". ○정현은 성인과 군자가 나타나려고 할 때, 어떤 경우에는 성인이 지극한 성실함을 갖추고 있고 또 어떤 경우에는 현명한 자가 지극한 성실함을 갖추고 있으니, 국가가 흥성하려고 할 때에는 상서로운 조짐에 대해서 알 수 있다. 그러나 소인과 우둔한 주군이 다스리는 세상에는 지극한 성실함이 없고, 또 당시에 현명한 자가 없다면, 이것은 또한 지극한 성실함이 없는 것이다. 그런데도 국가가 패망하려고 할 때 요사한 조짐이 나타남을 알 수 있는 것은 비록 소인이나 우둔한 주군이 다스리고 있더라도, 지극한 성실함을 갖춘 자가 난세에 태어남으로부터 말미암는 것으로, 이러한 경우에도 지극한 성실함의 덕을 갖춘 자가 있으니, 이러한 요사한 조짐은 지극한 성실함을 갖춰서 미리 알 수 있는 자를 위해 나타나게 된다는 뜻이다. 『국어』「주어(周語)」편을 살펴보면, "유왕 3년에 세 하천이 모두 요동을 치자 백양보는 '주나라가 장차 패망할 것이다. 예전 이수와 낙수가 마르자 하나라가 멸망하였고, 황하가 마르자 은나라가 멸망하였다.'"[8]라고 했다. 당시 세 하천이 모두 요동을 쳤던 것은 주나라에 대한 나쁜 조짐이 되는데, 백양보는 지극한 성실함을 갖추고 있어서 주나라가 패망하리라는 사실을 알 수 있었던 것이다. 또 주나라 혜왕 15년에는 신(莘) 땅의 어떤 사람에게 신이 내리는 일이 발생했다.[9] '신(莘)'은 괵(虢)나라의 지명이다. 주나라 혜왕이 내사(內史)[10]였던

---

8) 『국어(國語)』「주어상(周語上)」: <u>幽王二年, 西周三川皆震.</u> 伯陽父曰, "周將亡矣! 夫天地之氣, 不失其序; 若過其序, 民亂之也. 陽伏而不能出, 陰迫而不能烝, 於是有地震. 今三川實震, 是陽失其所而鎭陰也. 陽失而在陰, 川源必塞; 源塞, 國必亡. 夫水土演而民用也. 水土無所演, 民乏財用, 不亡何待? <u>昔伊·洛竭而夏亡, 河竭而商亡."</u>

9) 『국어(國語)』「주어상(周語上)」: 十五年, 有神降於莘, 王問於內史過. 曰, "是

과(過)에게 묻자 내사인 과는 대답을 하며, "하나라가 흥성하려고 할 때 축융(祝融)11)이 숭산(崇山)으로 내려왔지만, 하나라가 패망하려고 할 때에 는 회록(回祿)12)이 영수(聆隧)에서 이틀을 머물렀습니다. 또 은나라가 흥 성하려고 할 때에 도올(檮杌)인 곤(鯀)이 비산(丕山)에 머물렀고, 은나라가 패망하려고 할 때에는 이양(夷羊)이라는 신수(神獸)가 목야(牧野)에 머물

何故? 固有之乎?"『춘추좌씨전』「장공(莊公) 32년」 : 秋七月, 有神降于莘. 惠 王問諸內史過曰, "是何故也?"

10) 내사(內史)는 천자가 신하들의 작위, 녹봉, 등용 등에 대해 관리할 때, 그 일 을 도왔던 관리이다.

11) 축융(祝融)은 전설시대에 존재했다고 전해지는 고대 제왕 중 한 명이다. 삼 황(三皇) 중 한 명이다. '삼황'에 속한 인물들에 대해서 대부분 복희(伏羲)와 신농(神農)이 포함된다고 주장한다. 그러나 나머지 1명에 대해서는 이견(異 見)이 많은데, 어떤 자들은 수인(燧人)을 포함시키기도 하고, 또 어떤 자들은 여와(女媧)를 포함시키기도 하며, 또 어떤 자들은 '축융'을 포함시키기도 한 다. 『잠부론(潛夫論)』「오덕지(五德志)」편에는 "世傳三皇五帝, 多以爲伏羲・神 農爲二皇, 其一者或曰燧人, 或曰祝融, 或曰女媧, 其是與非未可知也."라는 기 록이 있다. 한편 '축융'은 신(神)을 뜻하기도 한다. 고대인들은 '축융'을 전욱 씨(顓頊氏)의 후손이며, 노동(老童)의 아들인 오회(吳回)로 여겼다. 또한 생 전에는 고신씨(高辛氏)의 화정(火正)이 되었으며, 죽어서는 화관(火官)의 신 이 되었다고 생각했다. 즉 고대에는 오행설(五行說)이 유행하여, 오행마다 주관하는 신들이 있었다고 여겨졌다. 그중 신농(神農)은 화(火)를 주관한다 고 여겨졌고, '축융'은 신농의 휘하에서 '화'의 운행을 돕는 신으로 여겨졌다. 『예기』「월령(月令)」편에는 "其日丙丁, 其帝炎帝, 其神祝融."이라는 기록이 있 고, 『여씨춘추(呂氏春秋)』「맹하기(孟夏紀)」편에는 "其神祝融."이라는 기록이 있는데, 이에 대한 고유(高誘)의 주에서는 "祝融, 顓頊氏後, 老童之子吳回也, 爲高辛氏火正, 死爲火官之神."이라고 풀이했다. 또한 '축융'은 오방(五方) 중 남쪽을 다스리는 신으로 여겨졌다. 이러한 사유 또한 오행설에 근거한 것으 로, 고대인들은 '오방'마다 각각의 방위를 주관하는 신들이 있었다고 여겼다. 그러나 해당하는 신들에 대해서는 이견(異見)이 존재한다. 이러한 기록들 중 『관자(管子)』「오행(五行)」편에는 "得奢龍而辯於東方, 得祝融而辯於南方."이 라는 기록이 있고, 『한서(漢書)』「양웅전상(揚雄傳上)」편에는 "麗鉤芒與驂蓐 收兮, 服玄冥及祝融."이라는 기록이 있는데, 이에 대한 안사고(顏師古)의 주 에서는 "祝融, 南方神."이라고 풀이했다.

12) 회록(回祿)은 전설상의 화신(火神)이다. 『춘추좌씨전』「소공(昭公) 18년」편에 는 "郊人助祝史除於國北, 禳火于玄冥・回祿."이라는 기록이 있는데, 이에 대한 두예(杜預)의 주에서는 "回祿, 火神."이라고 풀이했다.

렀습니다. 주나라가 흥성하려고 할 때 붉은 봉황이 기산(岐山)에서 울었고, 쇠락할 때에는 호경(鎬京)에서 두나라 백작이 선왕(宣王)을 활로 쏘았습니다. 현재 괵나라 사람들은 대부분 덕이 박하니, 괵나라는 반드시 망할 것입니다.”13)라고 했다. 이것은 또한 내사였던 과에게 지극히 성실한 덕이 있어서 신이 그를 위해 조짐을 드러낸 것을 뜻한다. 이것은 우둔한 주군이 다스리는 세상이라 하더라도 지극한 성실함을 갖춰 미리 알 수 있는 자를 위해 요사한 조짐을 나타낸다는 뜻이다.

集註 禎祥者, 福之兆. 妖孽者, 禍之萌. 蓍, 所以筮. 龜, 所以卜. 四體, 謂動作威儀之間, 如執玉高卑, 其容俯仰之類. 凡此皆理之先見者也. 然惟誠之至極, 而無一毫私偽留於心目之間者, 乃能有以察其幾焉. 神, 謂鬼神.

번역 ‘정상(禎祥)’은 복을 내린다는 조짐이다. ‘요얼(妖孽)’은 재앙을 내린다는 조짐이다. ‘시(蓍)’는 시초점을 치는 도구이다. ‘구(龜)’는 거북점을 치는 도구이다. ‘사체(四體)’는 움직이거나 위엄을 갖춰 거동하는 사이를 뜻하니, 옥을 들고 높이거나 낮출 때 몸이 숙여지거나 치켜드는 부류와 같다. 무릇 이러한 것들은 모두 이치가 먼저 드러나는 것들이다. 그러나 오직 지극한 성실함을 갖추고 한 터럭의 사사로움이나 거짓됨이 마음과 눈에 남아 있지 않은 자만이 그 기미를 살필 수 있다. ‘신(神)’은 귀신을 뜻한다.

集註 右第二十四章. 言天道也.

번역 여기까지는 제 24장이다. 천도를 말하고 있다.

---

13) 『국어(國語)』「주어상(周語上)」: 昔夏之興也, 融降于崇山; 其亡也, 回祿信於聆隧. 商之興也, 檮杌次於丕山; 其亡也, 夷羊在牧. 周之興也, 鸑鷟鳴於岐山; 其衰也, 杜伯射王於鄗. 是皆明神之志者也. …… 臣聞之, 道而得神, 是謂逢福; 淫而得神, 是謂貪禍. 今虢少荒, 其亡乎. …… 虢必亡矣, 不禋於神而求福焉, 神必禍之; 不親於民而求用焉, 人必違之.

그림 24-1 ▣ 거북점의 도구와 시초

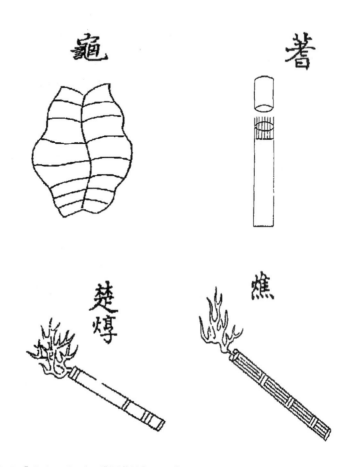

※ **출처**: 『삼례도집주(三禮圖集注)』 17권

그림 24-2 ■ 주(周)나라 세계도(世系圖) Ⅱ

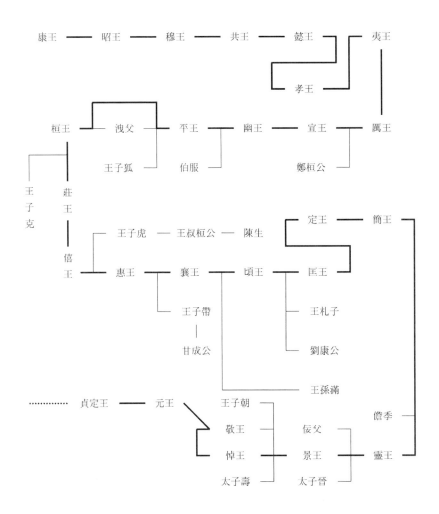

※ 출처: 『역사(繹史)』 1권 「역사세계도(繹史世系圖)」

● 그림 24-3 ◙ 주(周)나라 세계도(世系圖) Ⅲ

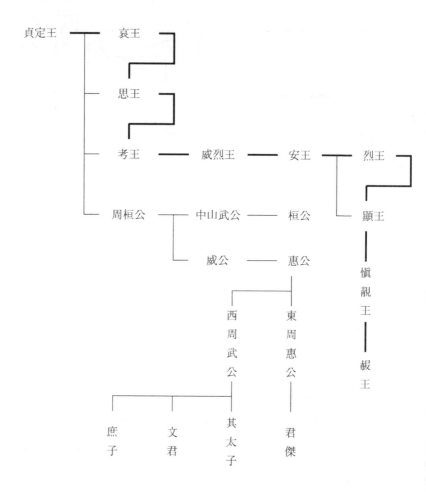

• 제 25 장 •

"誠者自成也, 而道自道也."

직역 "誠者는 自히 成이며, 道는 自히 道입니다."

의역 공자가 계속하여 말하길, "성실함이라는 것은 스스로 이루어지는 것이며, 도는 스스로 통달되는 것입니다."라고 했다.

鄭注 言人能至誠, 所以自成也. 有道藝, 所以自道達.

번역 사람이 지극히 성실할 수 있는 것이 스스로 완성하는 것임을 나타내며, 또 도와 재예를 갖추는 것이 스스로 도에 달통하는 것임을 나타낸다.

釋文 自道音導, 注"自道"同.

번역 '自道'에서의 '道'자는 그 음이 '導(도)'이며, 정현의 주에 나오는 '自道'에서의 '道'자도 그 음이 같다.

孔疏 ●"誠者"至"久也". ○此經明己有至誠能成就物也.

번역 ●經文: "誠者"~"久也". ○이곳 경문은 본인이 지극한 성실함을 갖춘다면 사물을 이루어줄 수 있음을 나타내고 있다.

集註 言誠者物之所以自成, 而道者人之所當自行也. 誠以心言, 本也; 道以理言, 用也.

번역 성(誠)은 사물이 스스로 이루어지는 것이고, 도(道)는 사람이 마땅히 스스로 행해야 할 것이라는 뜻이다. 성(誠)은 마음을 기준으로 말한 것이니 근본에 해당하고, 도(道)는 이치를 기준으로 말한 것이니 작용에 해당한다.

【1694上】

"誠者物之終始, 不誠無物."

직역 "誠者는 物의 終始이니, 不誠이면 物이 無합니다."

의역 공자가 계속하여 말하길, "성실함이라는 것은 만물의 시작과 끝이 되니, 성실하지 않다면 만물도 생장하지 못합니다."라고 했다.

鄭注 物, 萬物也, 亦事也. 大人無誠, 萬物不生, 小人無誠, 則事不成.

번역 '물(物)'자는 만물을 뜻하며 또한 모든 사안을 의미하기도 한다. 대인에게 성실함이 없다면 만물은 생장하지 못하고, 소인에게 성실함이 없다면 일은 완성되지 않는다.

【1694上】

"是故君子誠之爲貴."

직역 "是故로 君子는 誠함을 貴로 爲합니다."

의역 공자가 계속하여 말하길, "이러한 까닭으로 군자는 지극히 성실하게 함을 귀하게 여깁니다."라고 했다.

鄭注 言貴至誠.

번역 지극한 성실함을 귀하게 여긴다는 뜻이다.

集註 天下之物, 皆實理之所爲, 故必得是理, 然後有是物. 所得之理旣盡, 則是物亦盡而無有矣. 故人之心一有不實, 則雖有所爲亦如無有, 而君子必以 誠爲貴也. 蓋人之心能無不實, 乃爲有以自成, 而道之在我者亦無不行矣.

번역 천하의 사물은 모두 진실된 이치가 행한 것이다. 그렇기 때문에 반드시 해당하는 이치를 얻은 뒤에야 해당하는 사물이 있게 된다. 얻은 이 치가 이미 다하게 된다면, 해당하는 사물 또한 다하여 없게 된다. 그렇기 때문에 사람의 마음에 하나라도 진실되지 않은 것이 있다면, 비록 행한 바 가 있더라도 또한 없는 것과 같으므로, 군자는 반드시 성실하게 함을 귀하 게 여긴다. 무릇 사람의 마음에 진실하지 않은 것이 없을 수 있어야만, 스스 로 이룰 수가 있고, 나에게 부여된 도에 대해서도 행하지 않음이 없게 된다.

【1694上~下】

"誠者非自成己而已也, 所以成物也. 成己, 仁也. 成物, 知 也. 性之德也, 合外內之道也."

직역 "誠者는 自히 己을 成할 뿐만이 非이니, 物을 成하는 所以입니다. 己를 成함은 仁입니다. 物을 成함은 知입니다. 性의 德이니, 外內의 道에 合합니다."

의역 공자가 계속하여 말하길, "성실함이라는 것은 스스로 자신만을 완성할 뿐이 아니니, 외부 사물도 완성시켜주는 것입니다. 자신을 완성하는 것은 인(仁)에 해당합니다. 사물을 완성시켜주는 것은 지(知)에 해당합니다. 이러한 것은 인간이 부여받은 오성(五性)을 자신의 덕으로 삼은 것이니, 내외의 도에 합하게 됩니다." 라고 했다.

鄭注 以至誠成己, 則仁道立. 以至誠成物, 則知彌博. 此五性之所以爲德也, 外內所須而合也, 外內猶上下.

번역 지극한 성실함으로 자신을 완성한다면, 인(仁)의 도가 확립된다. 지극한 성실함으로 만물을 완성한다면, 지(知)가 더욱 확장된다. 이러한 오성(五性)[1]은 덕이 되니, 내외를 합해야 하는 것으로, '외내(外內)'는 곧 상하(上下)와 같다.

釋文 知音智, 注同.

번역 '知'자의 음은 '智(지)'이며, 정현의 주에 나오는 글자도 그 음이 이와 같다.

孔疏 ●"誠者非自成己而已也, 所以成物也"者, 言人有至誠, 非但自成就己身而已, 又能成就外物.

번역 ●經文: "誠者非自成己而已也, 所以成物也". ○사람에게 지극한 성실함이 있다면, 단지 스스로 자신만을 완성하는 것이 아니라 또한 외부 사물에 대해서도 완성시킬 수 있다는 뜻이다.

孔疏 ●"成己, 仁也. 成物, 知也"者, 若成能就己身, 則仁道興立, 故云"成己, 仁也". 若能成就外物, 則知力廣遠, 故云"成物, 知也".

번역 ●經文: "成己, 仁也. 成物, 知也". ○만약 자신을 완성할 수 있다면, 인(仁)의 도가 부흥하고 확립된다. 그렇기 때문에 "자신을 완성하는 것은 인(仁)이다."라고 했다. 만약 외부 사물에 대해서 완성시킬 수 있다면, 지력이 확장되어 멀리 미치게 된다. 그렇기 때문에 "사물을 완성하는 것은 지(知)이다."라고 했다.

---

1) 오성(五性)은 인(仁)·의(義)·예(禮)·지(智)·신(信)을 뜻한다.

孔疏 ●“性之德也”者, 言誠者是人五性之德, 則仁·義·禮·知·信皆猶至誠而爲德, 故云“性之德也”.

번역 ●經文: “性之德也”. ○성실함이라는 것은 사람이 가지고 있는 오성(五性)의 덕이니, 인(仁)·의(義)·예(禮)·지(知)·신(信)이 모두 지극한 성실함으로 덕이 되는 것과 같다는 뜻이다. 그렇기 때문에 “성(性)의 덕이다.”라고 했다.

孔疏 ●“合外內之道也”者, 言至誠之行合於外內之道, 無問外內, 皆須至誠. 於人事言之, 有外有內, 於萬物言之, 外內猶上下. 上謂天, 下謂地. 天體高明, 故爲外; 地體博厚閉藏, 故爲內也. 是至誠合天地之道也.

번역 ●經文: “合外內之道也”. ○지극한 성실함으로 시행하는 것은 내외의 도에 합치되니, 내외를 따지지 않고 모두 지극한 성실함으로 행해야 한다는 뜻이다. 사람에게 해당하는 사안으로 말을 하자면 내외의 구분이 있고, 만물로 말을 하자면 외내는 상하와 같아서 상하의 구분이 있다. 상(上)은 하늘을 뜻하며, 하(下)는 땅을 뜻한다. 하늘의 본체는 높고 밝기 때문에 외(外)가 되고, 땅의 본체는 넓고 두터우며 닫고 보관하기 때문에 내(內)가 된다. 이것은 지극한 성실함이 천지의 도에 합치된다는 뜻이다.

【1694下】

“故時措之宜也.”

직역 “故로 時로 措함이 宜합니다.”

의역 공자가 계속하여 말하길, “그러므로 때에 맞게 사용하는 것이 마땅합니다.”라고 했다.

鄭注 時措, 言得其時而用也.

번역 '시조(時措)'는 해당하는 때에 맞게 사용한다는 뜻이다.

孔疏 ●"故時措之宜也", 措, 猶用也. 言至誠者成萬物之性, 合天地之道, 故得時而用之, 則無往而不宜, 故注云"時措, 言得其時而用也".

번역 ●經文: "故時措之宜也". ○'조(措)'자는 "사용하다[用]."는 뜻이다. 지극한 성실함은 만물을 완성시키는 성(性)이며, 천지의 도에 합한다. 그렇기 때문에 때에 맞게 사용한다면, 행함에 있어서 마땅하지 않음이 없게 된다는 뜻이다. 그러므로 정현의 주에서는 "'시조(時措)'는 해당하는 때에 맞게 사용한다는 뜻이다."라고 했다.

集註 誠雖所以成己, 然既有以自成, 則自然及物, 而道亦行於彼矣. 仁者體之存, 知者用之發, 是皆吾性之固有, 而無內外之殊. 既得於己, 則見於事者, 以時措之, 而皆得其宜也.

번역 성(誠)은 비록 자신을 완성시키는 것이지만, 이미 스스로 완성할 수 있다면, 자연히 사물에게도 미치게 되고 도(道) 또한 사물에서 시행된다. 인(仁)은 본체가 보존된 것이고, 지(知)는 작용이 나타나는 것인데, 이 모두는 나의 본성 중 고유하게 있는 것이니, 내외의 구분이 없다. 이미 자신이 이것들을 터득했다면, 일에 있어서도 나타나는데, 그것들이 때에 맞게 시행되어 모두 마땅함을 얻게 된다.

集註 右第二十五章. 言人道也.

번역 여기까지는 제 25장이다. 인도를 말하고 있다.

• 제 26 장 •

【1694下】

“故至誠無息, 不息則久, 久則徵, 徵則悠遠, 悠遠則博厚, 博
厚則高明.”

직역 “故로 至誠은 息이 無하니, 不息하면 久하고, 久하면 徵하며, 徵하면 悠遠
하고, 悠遠하면 博厚하며, 博厚하면 高明합니다.”

의역 공자가 계속하여 말하길, “지극한 성실함은 그침이 없으니, 그치지 않는
다면 오래도록 지속되고, 오래도록 지속한다면 효과가 나타나며, 효과가 나타난다
면 멀리까지 시행되고, 멀리까지 시행된다면 넓고 두텁게 되며, 넓고 두텁게 된다
면 높고 밝게 됩니다.”라고 했다.

鄭注 徵, 猶效驗也. 此言至誠之德旣著於四方, 其高厚日以廣大也. 徵或
爲“徹”.

번역 ‘징(徵)’자는 효과로 나타난 것을 뜻한다. 이 문장은 지극한 성실함
의 덕은 이미 사방으로 드러나서, 높고 두터움이 날로 광대하게 된다는 뜻
이다. ‘징(徵)’자를 다른 판본에서는 ‘철(徹)’자로 기록하기도 한다.

孔疏 ●“故至誠無息”, 言至誠之德, 所用皆宜, 無有止息, 故能久遠·博厚·
高明以配天地也.

번역 ●經文: “故至誠無息”. ○지극한 성실함의 덕은 사용하는 것이 모
두 마땅하여, 그치거나 쉼이 없기 때문에, 오래되고 멀리 도달하며 넓고
두텁게 되고 높고 밝아져서 천지와 짝할 수 있다는 뜻이다.

孔疏 ●"不息則久"者, 以其不息, 故能長久也.

번역 ●經文: "不息則久". ○그것이 그치지 않기 때문에 오래 지속될 수 있다.

孔疏 ●"久則徵", 徵, 驗也. 以其久行, 故有徵驗.

번역 ●經文: "久則徵". ○'징(徵)'자는 효과[驗]를 뜻한다. 오래 지속되기 때문에 효과가 나타난다.

孔疏 ●"徵則悠遠"者, 悠, 長也. 若事有徵驗, 則可行長遠也.

번역 ●經文: "徵則悠遠". ○'유(悠)'자는 "길다[長]."는 뜻이다. 만약 어떤 사안에 대해 효과가 나타난다면, 멀리까지 시행할 수 있다.

孔疏 ●"悠遠則博厚", 以其德既長遠, 無所不周, 故"博厚"也. 養物博厚, 則功業顯著, 故"博厚則高明"也.

번역 ●經文: "悠遠則博厚". ○그 덕이 이미 멀리까지 영향을 미쳐서 두루 퍼지지 않음이 없기 때문에 "넓고 두텁다"가 된다. 만물을 길러주는 것이 넓고 두텁다면, 공덕과 업적이 훤히 드러나기 때문에 "넓고 두텁다면 높고 밝게 된다."라고 했다.

集註 既無虛假, 自無間斷.

번역 이미 허위나 가식이 없으니, 중간에 끊어짐이 저절로 없게 된다.

集註 久, 常於中也. 徵, 驗於外也.

번역 '구(久)'자는 내적으로 항상 지속된다는 뜻이다. '징(徵)'자는 외적으로 나타난다는 뜻이다.

集註 此皆以其驗於外者言之. 鄭氏所謂至誠之德, 著於四方者, 是也. 存諸中者旣久, 則驗於外者益悠遠而無窮矣. 悠遠, 故其積也廣博而深厚; 博厚, 故其發也高大而光明.

번역 이 문장은 모두 외적으로 나타나는 것을 기준으로 한 말이다. 정현이 "지극한 성실함의 덕은 사방으로 드러난다."라고 한 말이 이러한 뜻에 해당한다. 내적으로 보존한 것이 이미 오래도록 지속되었다면, 외적으로 나타나는 것도 더욱 원대하여 다함이 없게 된다. 원대하게 되므로 쌓이는 것도 넓고 두텁게 되며, 넓고 두텁게 되므로 나타나는 것도 광대하고 빛나게 된다.

【1694下】

"博厚所以載物也, 高明所以覆物也, 悠久所以成物也. 博厚配地, 高明配天, 悠久無疆."

직역 "博厚는 物을 載하는 所以이고, 高明은 物을 覆하는 所以이며, 悠久는 物을 成하는 所以입니다. 博厚는 地에 配하고, 高明은 天에 配하며, 悠久는 疆이 無합니다."

의역 공자가 계속하여 말하길, "넓고 두텁게 하는 것은 사물을 실어주는 것이고, 높고 밝게 하는 것은 사물을 덮어주는 것이며, 오래도록 지속하는 것은 만물을 완성시켜주는 것입니다. 넓고 두터운 것은 땅에 짝하고, 높고 밝은 것은 하늘에 짝하며, 오래도록 지속하는 것은 다함이 없습니다."라고 했다.

鄭注 後言悠久者, 言至誠之德, 旣至"博厚"·"高明", 配乎天地, 又欲其長久行之.

번역 뒤에서 '유구(悠久)'라고 말한 것은 지극한 성실함의 덕은 이미 넓고 두터우며 높고 밝은 경지에 도달하여 천지와 짝을 하니, 또한 장구하게 시행하고자 한다는 뜻이다.

釋文 疆, 居良反.

번역 '疆'자는 '居(거)'자와 '良(량)'자의 반절음이다.

孔疏 ●"博厚所以載物也", 以其德博厚, 所以負載於物.

번역 ●經文: "博厚所以載物也". ○덕이 넓고 두텁기 때문에 사물을 짊어지고 실어주게 된다.

孔疏 ●"高明所以覆物也", 以其功業高明, 所以覆蓋於萬物也.

번역 ●經文: "高明所以覆物也". ○공덕과 업적이 높고 밝기 때문에 만물을 덮어주게 된다.

孔疏 ●"悠久所以成物也", 以行之長久, 能成就於物, 此謂至誠之德也.

번역 ●經文: "悠久所以成物也". ○시행함이 오래도록 지속되기 때문에 사물에 대해 이루어줄 수 있으니, 이것은 지극한 성실함의 덕을 뜻한다.

孔疏 ●"博厚配地", 言聖人之德博厚配偶於地, 與地同功, 能載物也.

번역 ●經文: "博厚配地". ○성인의 덕은 넓고 두터워서 땅과 짝을 이루니, 땅과 공덕을 같이 하여 만물을 실어줄 수 있다는 뜻이다.

孔疏 ●“高明配天”, 言聖人功業高明配偶於天, 與天同功, 能覆物也.

번역 ●經文: “高明配天”. ○성인의 공덕과 업적은 높고 밝아서 하늘과 짝을 이루니, 하늘과 공덕을 같이 하여 만물을 덮어줄 수 있다는 뜻이다.

孔疏 ●“悠久無疆”, 疆, 窮也. 言聖人之德旣能覆載, 又能長久行之, 所以無窮. “悠久”, 則上經“悠遠”. “悠久”在“博厚高明”之上, 此經“悠久”在“博厚高明”之下者, 上經欲明積漸, 先悠久, 後能博厚高明. 此經旣能博厚高明, 又須行之悠久, 故反覆言之.

번역 ●經文: “悠久無疆”. ○‘강(疆)’자는 “다하다[窮].”는 뜻이다. 즉 성인의 덕은 이미 만물을 덮어주거나 실어줄 수 있고 또 장구하게 시행하여 다함이 없게 된다는 뜻이다. ‘유구(悠久)’는 곧 앞의 경문에 나오는 ‘유원(悠遠)’에 해당한다. ‘유원(悠遠)’은 ‘박후(博厚)’와 ‘고명(高明)’보다 앞에 기록되어 있는데, 이곳 경문의 ‘유구(悠久)’는 ‘박후(博厚)’와 ‘고명(高明)’보다 뒤에 기록되어 있다. 그 이유는 앞의 경문은 쌓인 것이 점점 늘어나는 것을 밝히고자 함에 우선적으로 유원(悠遠)하게 하고 그 이후에 ‘박후(博厚)’와 ‘고명(高明)’을 할 수 있기 때문이다. 그리고 이곳 경문에서는 이미 ‘박후(博厚)’와 ‘고명(高明)’을 할 수 있으면, 또한 그것을 오래도록 시행할 필요가 있기 때문에 뒤집어 재차 말한 것이다.

集註 悠久, 卽悠遠, 兼內外而言之也. 本以悠遠致高厚, 而高厚又悠久也. 此言聖人與天地同用.

번역 ‘유구(悠久)’는 곧 유원(悠遠)에 해당하니, 내외를 겸해서 말한 것이다. 본래는 유원으로 고후하게 되고, 고후하면 또한 유구하게 된다. 이것은 성인이 천지와 더불어 작용을 동일하게 함을 뜻한다.

集註 此言聖人與天地同體.

번역 땅에 짝하고 하늘에 짝한다는 문장은 성인이 천지와 더불어 본체를 동일하게 함을 뜻한다.

【1694下~1695上】

"如此者, 不見而章, 不動而變, 無爲而成, 天地之道, 可壹言而盡也."

직역 "此와 如한 者는 不見이라도 章하고, 不動이라도 變하며, 爲가 無라도 成하니, 天地의 道는 可히 壹言으로 盡입니다."

의역 공자가 계속하여 말하길, "이와 같은 것들은 구체적인 시행을 볼 수 없지만 그 공덕과 업적이 밝게 드러나고, 직접적인 행위가 드러나지 않지만 만물이 그에 따라 변화하며, 직접적으로 시행하는 것이 없지만 도와 덕을 완성하고, 천지의 도는 한 마디 말로 그 뜻을 다할 수 있으니, 바로 지극한 성실함에 있습니다."라고 했다.

鄭注 言其德化與天地相似. 可一言而盡, 要在至誠.

번역 덕에 따른 교화는 천지와 서로 유사하다는 뜻이다. "한 마디 말로 그 뜻을 다할 수 있다."는 말은 그 요점이 지극한 성실함에 있다는 의미이다.

孔疏 ●"如此者, 不見而章, 不動而變, 無爲而成"者, 言聖人之德如此博厚高明悠久, 不見所爲而功業章顯, 不見動作而萬物改變, 無所施爲而道德成就.

번역 ●經文: "如此者, 不見而章, 不動而變, 無爲而成". ○성인의 덕이 이처럼 넓고 두터우며 높고 밝고 장구하게 시행되는데, 행하는 바를 보지 못하더라도 공덕과 업적이 밝게 드러나며, 행동을 보지 못하더라도 만물이 모두 변화되어, 직접적으로 베풀고 시행하는 것이 없으면서도 도와 덕이 완성된다는 뜻이다.

孔疏 ●"天地之道, 可壹言而盡也"者, 言聖人之德能同於天地之道, 欲尋求所由, 可一句之言而能盡其事理, 正由於至誠, 是"壹言而盡也".

번역 ●經文: "天地之道, 可壹言而盡也". ○성인의 덕은 천지의 도와 함께 할 수 있는데, 비롯되는 바를 찾고자 한다면, 한 마디 말로 그 사물의 이치를 다할 수 있으니, 바로 지극한 성실함에서 비롯된다는 뜻이다. 이것이 바로 "한 마디 말로 그 뜻을 다한다."는 의미이다.

集註 見, 猶示也. 不見而章, 以配地而言也. 不動而變, 以配天而言也. 無爲而成, 以無疆而言也.

번역 '현(見)'자는 "보여주다[示]."는 뜻이다. 보여주지 않아도 드러난다는 말은 땅에 짝함을 기준으로 한 말이다. 움직이지 않아도 변한다는 말은 하늘에 짝함을 기준으로 한 말이다. 행위함이 없어도 완성된다는 말은 다함이 없음을 기준으로 한 말이다.

【1695上】

"其爲物不貳, 則其生物不測."

직역 "그 物을 爲함에 不貳하니, 그 物을 生함을 不測합니다."

의역 공자가 계속하여 말하길, "성인은 지극한 성실함으로 만물을 대함에 차이를 두지 않으니, 만물을 생장함에 있어서 그 많음은 이루 헤아릴 수 없습니다."라고 했다.

鄭注 言至誠無貳, 乃能生萬物, 多無數也.

번역 지극한 성실함은 만물에 대해 차이를 둠이 없어서, 만물을 생장시킬 수 있는데, 그 많음에 있어서는 한정된 수가 없다는 뜻이다.

釋文 不貳, 本亦作貳, 音二.

번역 '不貳'의 '貳'자는 판본에 따라서 또한 '貳'자로도 기록하는데, 그 음은 '二(이)'이다.

孔疏 ●"其爲物不貳, 則其生物不測"者, 言聖人行至誠, 接待於物不有差貳, 以此之故, 能生殖衆物不可測量, 故鄭云"言多無數也".

번역 ●經文: "其爲物不貳, 則其生物不測". ○성인은 지극한 성실함을 시행하여, 사물을 대할 때 차이를 두지 않는다. 이러한 까닭으로 만물을 낳고 번식시킬 수 있음을 헤아릴 수 없다. 그러므로 정현이 "많음에 한정된 수가 없다는 뜻이다."라고 했다.

集註 此以下, 復以天地明至誠無息之功用. 天地之道, 可一言而盡, 不過曰誠而已. 不貳, 所以誠也. 誠故不息, 而生物之多, 有莫知其所以然者.

번역 이곳 구문으로부터 그 이하의 내용은 재차 천지를 통해 지극한 성실함은 그침이 없다는 공덕과 작용을 밝히고 있다. 천지의 도는 한 마디 말로 그 뜻을 다 나타낼 수 있으니, '성(誠)'이라 말하는데 지나지 않을 뿐이다. 차이를 두지 않는 것은 성(誠)을 하는 것이다. 성(誠)하기 때문에 그치지 않고, 만물을 생장시킴이 많아서 그 원인에 대해서는 모르는 점이 있는 것이다.

【1695上】

"天地之道, 博也, 厚也, 高也, 明也, 悠也, 久也."

직역 "天地의 道는 博하고, 厚하며, 高하고, 明하며, 悠하고, 久합니다."

의역 공자가 계속하여 말하길, "천지의 도는 넓고 두터우며, 높고 밝으며, 오래도록 지속되는 것입니다."라고 했다.

鄭注 此言其著見成功也.

번역 이 문장은 공덕을 이룬 것을 드러낸다는 뜻이다.

集註 言天地之道, 誠一不貳, 故能各極所盛, 而有下文生物之功.

번역 천지의 도는 성실하고 전일하여 차이가 나지 않기 때문에 각각 융성함을 지극히 할 수 있고, 아래문장에서 사물을 낳는 공이 있다고 한 것이다.

【1696上~下】

"今夫天, 斯昭昭之多, 及其無窮也, 日月星辰繫焉, 萬物覆焉. 今夫地, 一撮土之多, 及其廣厚, 載華嶽而不重, 振河海而不洩, 萬物載焉. 今夫山, 一拳石之多, 及其廣大, 草木生之, 禽獸居之, 寶藏興焉. 今夫水, 一勺之多, 及其不測, 黿鼉蛟龍魚鱉生焉, 貨財殖焉."

직역 "今히 夫히 天은 이 昭昭의 多인데, 그 窮이 無함에 及해서는 日月과 星辰이 繫하며, 萬物을 覆입니다. 今히 夫히 地는 一히 撮土의 多인데, 그 廣厚함에 及해서는 華嶽을 載하나 不重하고, 河海를 振이나 不洩하며, 萬物을 載합니다. 今

히 夫히 山은 一히 拳石의 多인데, 그 廣大함에 及해서는 草木이 生하고, 禽獸가 居하며, 寶藏이 興합니다. 今히 夫히 水는 一勺의 多인데, 그 不測함에 及해서는, 黿鼉와 蛟龍과 魚鼈이 生하며, 貨財가 殖합니다."

의역 공자가 계속하여 말하길, "현재 저 하늘이라는 것은 자잘한 밝음이 많이 모인 것인데, 다함이 없는데 이르러서는 해・달・별들이 매달려 있고, 만물을 덮어 줍니다. 현재 저 땅이라는 것은 한 줌의 흙이 많이 모인 것인데, 넓고 두터움에 이르러서는 화산을 싣고 있으면서도 무거워하지 않고, 황하와 바다를 거두고 있으면서도 물이 새지 않으며 만물을 실어줍니다. 현재 저 산이라는 것은 주먹만 한 크기의 돌이 많이 모인 것인데, 광대함에 이르러서는 초목이 그곳에서 생장하고 짐승들이 그곳에 머물며 보화가 나옵니다. 현재 저 물이라는 것은 한 잔의 물이 많이 모인 것인데, 깊이를 헤아릴 수 없음에 이르러서는 큰 자라와 악어, 교룡과 자라 및 물고기가 생장하고, 재화가 번식합니다."라고 했다.

鄭注 此言天之高明, 本生"昭昭"; 地之博厚, 本由"撮土"; 山之廣大, 本起 "卷石"; 水之不測, 本從"一勺": 皆合少成多, 自小致大, 爲至誠者, 亦[1]如此 乎! 昭昭猶耿耿, 小明也. 振, 猶收也. 卷, 猶區也.

번역 이 문장은 하늘의 높고 밝음은 본래 작은 것에서부터 생겨나고, 땅의 넓고 두터움은 본래 한 줌의 흙에서 비롯되며, 산의 광대함은 본래 주먹만 한 크기의 돌에서 일어난 것이고, 물의 헤아릴 수 없이 깊음은 본래 한 잔의 물에서 나온 것이라는 뜻으로, 이 모두는 적은 것이 합하여 많음을 이루고, 작은 것으로부터 큼에 이르는 것으로, 지극한 성실함을 시행하는 것도 이와 같다는 뜻이다. '소소(昭昭)'는 경경(耿耿)과 같은 말이니, 작은 밝음을 뜻한다. '진(振)'자는 "거두다[收]."는 뜻이다. '권(卷)'자는 작고 미미한 것을 뜻한다.

---

1) '역(亦)'자에 대하여. '역'자는 본래 '이(以)'자로 기록되어 있었는데, 완원(阮元)의 『교감기(校勘記)』에서는 "혜동(惠棟)의 『교송본(校宋本)』에는 '이'자를 '역'자로 기록했고, 『송감본(宋監本)』・『악본(岳本)』・『가정본(嘉靖本)』 및 위씨(衛氏)의 『집설(集說)』에서도 동일하게 기록했다."라고 했다.

釋文 夫音扶, 下同. 昭, 章遙反, 注同, 本亦作“炤”, 同. 撮, 七活反. 華嶽, 戶化·戶瓜二反, 本亦作“山嶽”. 洩, 息列反. 卷, 李音權, 又羌權反, 范羌阮反, 注同. 藏, 才浪反. 勺, 徐市若反. 黿音元. 鼉, 徒河反, 一音直丹反. 鮫音交, 本又作蛟. 鱉, 必列反. 耿, 公迥反, 又公頂反, 舊音孔頂反. 區, 羌俱反.

번역 ‘夫’자의 음은 ‘扶(부)’이며, 아래문장에 나오는 글자도 그 음이 이와 같다. ‘昭’자는 ‘章(장)’자와 ‘遙(요)’자의 반절음이며, 정현의 주에 나오는 글자도 그 음이 이와 같고, 판본에 따라서는 또한 ‘炤’자로도 기록하는데, 음은 동일하다. ‘撮’자는 ‘七(칠)’자와 ‘活(활)’자의 반절음이다. ‘華嶽’에서의 ‘華’자는 ‘戶(호)’자와 ‘化(화)’자의 반절음이고 또 ‘戶(호)’자와 ‘瓜(과)’자의 반절음도 되는데, 판본에 따라서는 또한 ‘山嶽’이라고도 기록한다. ‘洩’자는 ‘息(식)’자와 ‘列(렬)’자의 반절음이다. ‘卷’자의 이음(李音)은 ‘權(권)’이며, 또한 ‘羌(강)’자와 ‘權(권)’자의 반절음도 되고, 범음(范音)은 ‘羌(강)’자와 ‘阮(완)’자의 반절음이며, 정현의 주에 나오는 글자도 그 음이 이와 같다. ‘藏’자는 ‘才(재)’자와 ‘浪(랑)’자의 반절음이다. ‘勺’자의 서음(徐音)은 ‘市(시)’자와 ‘若(약)’자의 반절음이다. ‘黿’자의 음은 ‘元(원)’이다. ‘鼉’자는 ‘徒(도)’자와 ‘河(하)’자의 반절음이며, 다른 음은 ‘直(직)’자와 ‘丹(단)’자의 반절음이다. ‘鮫’자의 음은 ‘交(교)’이며, 판본에 따라서는 또한 ‘蛟’자로도 기록한다. ‘鱉’자는 ‘必(필)’자와 ‘列(렬)’자의 반절음이다. ‘耿’자는 ‘公(공)’자와 ‘迥(형)’자의 반절음이며, 또한 ‘公(공)’자와 ‘頂(정)’자의 반절음도 되고, 구음(舊音)은 ‘孔(공)’자와 ‘頂(정)’자의 반절음이다. ‘區’자는 ‘羌(강)’자와 ‘俱(구)’자의 반절음이다.

孔疏 ●“今夫”至“不已”. ○正義曰: 此一節明至誠不已, 則能從微至著, 從小至大.

번역 ●經文: “今夫”~“不已”. ○이곳 문단은 지극한 성실함은 그치지 않아서 미미한 것으로부터 드러남에 이르고, 작은 것으로부터 큼에 이를 수 있음을 나타내고 있다.

孔疏 ●"今夫天, 斯昭昭之多"者, 斯, 此也; 昭昭, 狹小之貌. 言天初時唯有此昭昭之多小貌爾, 故云"昭昭之多".

번역 ●經文: "今夫天, 斯昭昭之多". ○'사(斯)'자는 이것[此]이라는 뜻이며, '소소(昭昭)'는 협소한 모양을 뜻한다. 즉 하늘은 애초에 오직 이러한 자잘한 것들이 많이 모인 모양이었을 따름이라는 뜻이다. 그렇기 때문에 "자잘한 것들이 많다."라고 했다.

孔疏 ●"今夫地, 一撮土之多", 言土之初時唯一撮土之多, 言多少唯一撮土.

번역 ●經文: "今夫地, 一撮土之多". ○흙은 애초에 오직 한 줌의 흙들이 많이 모인 것이라는 뜻으로, 그 수량은 오직 한 줌의 흙에서 시작되었다는 의미이다.

孔疏 ●"振河海而不泄"者, 振, 收也. 言地之廣大, 載五嶽而不重, 振收河海而不漏泄.

번역 ●經文: "振河海而不泄". ○'진(振)'자는 "거두다[收]."는 뜻이다. 즉 땅의 광대함은 오악(五嶽)[2]을 싣고 있으면서도 무거워하지 않고, 황하

---

2) 오악(五岳)은 오악(五嶽)이라고도 부르며, 다섯 방위에 따른 대표적인 산들을 뜻한다. 그러나 각 기록에 따라서 해당하는 산의 명칭에는 다소 차이가 있다. 첫 번째 주장은 동쪽의 태산(泰山), 남쪽의 형산(衡山), 서쪽의 화산(華山), 북쪽의 항산(恒山), 중앙의 숭산(嵩山:= 嵩高山)을 '오악'으로 부른다. 『주례』「춘관(春官)·대종백(大宗伯)」편에는 "以血祭祭社稷·五祀·五嶽."이라는 기록이 있는데, 이에 대한 정현의 주에서는 "五嶽, 東曰岱宗, 南曰衡山, 西曰華山, 北曰恒山, 中曰嵩高山."이라고 풀이했다. 두 번째 주장은 동쪽의 태산(泰山), 남쪽의 곽산(霍山), 서쪽의 화산(華山), 북쪽의 항산(恒山), 중앙의 숭산(嵩山)을 '오악'으로 부른다. 『이아』「석산(釋山)」편에는 "泰山爲東嶽, 華山爲西嶽, 霍山爲南嶽, 恒山爲北嶽, 嵩高爲中嶽."이라는 기록이 있다. 세 번째 주장은 동쪽의 대산(岱山), 남쪽의 형산(衡山), 서쪽의 화산(華山), 북쪽의 항산(恒山), 중앙의 악산(嶽山: =吳嶽)을 '오악'으로 부른다. 『주례』「춘관(春官)·

와 바다를 거두고 있으면서도 물이 새지 않는다는 뜻이다.

孔疏 ●“今夫山, 一卷石之多”, 言山之初時唯一卷石之多, 多少唯一卷石耳. 故鄭注云: “卷猶區也.”

번역 ●經文: “今夫山, 一卷石之多”. ○산은 애초에 오직 한 주먹만 한 크기의 돌들이 많이 모여 있던 것으로, 그 수량은 주먹만 한 크기의 돌에서 시작되었을 따름이라는 뜻이다. 그러므로 정현의 주에서는 “‘권(卷)’자는 작고 미미한 것을 뜻한다.”라고 한 것이다.

孔疏 ●“今夫水, 一勺之多”, 言水初時多少唯一勺耳. 此以下皆言爲之不已, 從小至大. 然天之與地, 造化之初, 淸濁二氣爲天地, 分而成二體, 元初作盤薄穹隆, 非是以小至大. 今云“昭昭”與“撮土”·“卷石”與“勺水”者何? 但山或壘石爲高, 水或衆流而成大, 是從微至著. 因說聖人至誠之功亦是從小至大, 以今天地體大, 假言由小而來, 以譬至誠, 非實論也.

번역 ●經文: “今夫水, 一勺之多”. ○물은 애초에 그 수량이 오직 한 잔의 물에서 시작되었을 따름이라는 뜻이다. 이곳 구문으로부터 그 이하의 내용들은 모두 그것을 시행함이 그치지 않아서 작은 것으로부터 큰 것에 이른다는 뜻이다. 그러나 하늘과 땅이 만들어진 초기에 맑고 탁한 두 기운이 천지를 이루고 나뉘어 각각 두 본체를 이루었지만, 애초부터 광대하고 높게 만들어졌으니, 이것은 작은 것으로부터 큼에 이른 것이 아니다. 그런데 이곳에서 ‘소소한 것’이라고 말하고 ‘한 줌의 흙’이라고 말하며, ‘주먹만 한 돌’이라고 말하고 ‘한 잔의 물’이라고 말한 것은 어째서인가? 다만 산 중에는 돌이 쌓여서 높아진 것이 있고, 물 중에는 많은 지류들이 모여 거대하게 된 것도 있으니, 이것은 미미한 것으로부터 밝게 드러난 경우에 해당

대사악(大司樂)」편에는 “凡日月食, 四鎭·五嶽崩.”이라는 기록이 있는데, 이에 대한 정현의 주에서는 “五嶽, 岱在兗州, 衡在荊州, 華在豫州, 嶽在雍州, 恒在幷州.”라고 풀이했고, 『이아』「석산(釋山)」편에는 “河南, 華; 河西, 嶽; 河東, 岱; 河北, 恒; 江南, 衡.”이라고 풀이했다.

한다. 이에 따라서 성인은 지극한 성실함으로 이룬 공덕이 또한 작은 것으로부터 큼에 이른 것에 해당함을 설명하며, 천지의 본체가 비록 크지만, 작은 것으로부터 비롯되어 커진 것이라고 가정해서, 지극한 성실함에 대해 비유를 든 것이니, 사실을 가지고 논의한 말이 아니다.

集註 昭昭, 猶耿耿, 小明也. 此指其一處而言之. 及其無窮, 猶十二章及其至也之意, 蓋擧全體而言也. 振, 收也. 卷, 區也. 此四條, 皆以發明由其不貳不息以致盛大而能生物之意. 然天·地·山·川, 實非由積累而後大, 讀者不以辭害意可也.

번역 '소소(昭昭)'는 경경(耿耿)과 같으니 작은 밝음을 뜻한다. 이 문장은 한 곳을 가리켜서 한 말이다. "무궁함에 미친다."는 말은 12장에서 "그 지극함에 미친다."라고 한 뜻과 같으니, 전체를 제시해서 한 말이다. '진(振)'자는 "거두다[收]."는 뜻이다. '권(卷)'자는 작고 미미한 것을 뜻한다. 여기에 나온 네 조목은 모두 차이가 나지 않고 그치지 않음으로부터 성대함을 이루어서 만물을 생장시킬 수 있다는 뜻을 나타낸 것이다. 그러나 하늘·땅·산·하천은 실제로 작은 것들이 쌓인 뒤에야 커진 것이 아니니, 이 글을 읽는 자들은 말의 표면적인 뜻으로 본래의 의미를 해치지 말아야 한다.

◦그림 26-1　◼ 동악(東岳) : 태산(泰山)

※ 출처: 『삼재도회(三才圖會)』「지리(地理)」 8권

그림 26-2 ▣ 북악(北岳) : 항산(恒山)

※ 출처:『삼재도회(三才圖會)』「지리(地理)」8권

그림 26-3 ■ 서악(西岳) : 화산(華山)

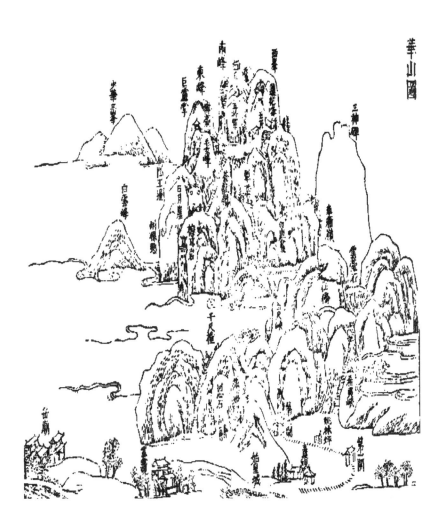

※ 출처: 『삼재도회(三才圖會)』「지리(地理)」 8권

그림 26-4 ▣ 중악(中岳) : 숭산(嵩山)

※ 출처: 『삼재도회(三才圖會)』「지리(地理)」 9권

◉ 그림 26-5 ▣ 남악(南岳) : 형산(衡山)

※ 출처: 『삼재도회(三才圖會)』「지리(地理)」10권

그림 26-6 ■ 원(黿)

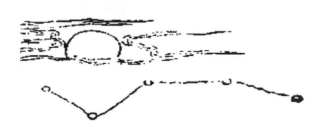

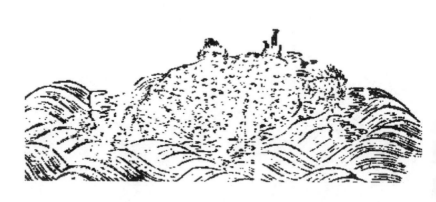

※ 출처:『삼재도회(三才圖會)』「조수(鳥獸)」5권

그림 26-7 ◾ 타(鼍)

※ **출처**: 『삼재도회(三才圖會)』「조수(鳥獸)」5권

그림 26-8 ■ 교(蛟)

蛟

※ 출처: 『삼재도회(三才圖會)』「조수(鳥獸)」 5권

그림 26-9 ▣ 용(龍)

龍

※ **출처:**『삼재도회(三才圖會)』「조수(鳥獸)」5권

그림 26-10 ■ 별(鱉)

※ 출처: 『삼재도회(三才圖會)』「조수(鳥獸)」 5권

【1697上】

> "詩曰, '惟天之命, 於穆不已.' 蓋曰天之所以爲天也. '於乎
> 不顯, 文王之德之純.' 蓋曰文王之所以爲文也, 純亦不已."

직역 "詩에서 曰, '惟히 天의 命이여, 於히 穆하여 不已라.' 蓋히 天이 天이 爲하는 所以를 曰합니다. '於乎라 不顯인가, 文王의 德의 純함이여.' 蓋히 文王이 文이 爲하는 所以를 曰함이니, 純은 亦히 不已입니다."

의역 공자가 계속하여 말하길, "『시』에서 '하늘의 명이여, 아! 아름다워 그치지 않는구나.'라고 했는데, 하늘이 하늘이 되는 까닭을 말하는 것입니다. 또 '오호라! 드러나지 않는단 말인가, 문왕의 덕이 순(純)함이여.'라고 했는데, 문왕이 문덕(文德)이 되는 까닭을 말하는 것이며, '순(純)'자 또한 그치지 않는다는 뜻입니다."라고 했다.

鄭注 天所以爲天, 文王所以爲文, 皆由行之無已, 爲之不止, 如天地山川之云也. 易曰"君子以順德, 積小以成高大", 是與.

번역 하늘이 하늘이 되는 까닭과 문왕이 문덕(文德)이 되는 까닭은 모두 시행하길 그치지 않고 행함을 그치지 않음에서 비롯되었으니, 마치 하늘·땅·산·하천에 대해 한 말과 같다. 『역』에서는 "군자가 그것을 본받아 덕에 따르고, 작은 것을 쌓아 높고 크게 한다."[3]라고 했으니, 바로 이러한 뜻을 말한다.

釋文 於穆, 上音烏, 下"於乎"亦同. 乎, 呼奴反. 愼如字, 一本又作"順". 與音餘.

번역 '於穆'에서의 '於'자는 그 음이 '烏(오)'이며, 아래문장에 나오는 '於

---

3) 『역』「승괘(升卦)」: 象曰, 地中生木, 升, 君子以順德, 積小以高大.

乎'에서의 '於'자 또한 그 음이 이와 같다. '乎'자는 '呼(호)'자와 '奴(노)'자의 반절음이다. '愼'자는 글자대로 읽고, 다른 판본에서는 또한 '順'자로도 기록했다. '與'자의 음은 '餘(여)'이다.

孔疏 ●"詩曰: 惟天之命, 於穆不已", 此一經以上文至誠不已, 已能從小至大, 故此經引詩明不已之事. 所引詩者, 周頌·維天之命文也. 詩稱"維天之命", 謂四時運行所爲敎命. 穆, 美也. "於穆不已"者, 美之不休已也, 此詩之本文也.

번역 ●經文: "詩曰: 惟天之命, 於穆不已". ○이곳 경문은 앞의 문장에서 지극한 성실함은 그치지 않는다고 하여, 이미 작은 것으로부터 큼에 이를 수 있다고 했다. 그렇기 때문에 이곳 경문에서는 『시』를 인용하여 그치지 않는 사안을 나타내고 있다. 인용한 시는 『시』「주송(周頌)·유천지명(維天之命)」편의 문장이다.4) 『시』에서 '유천지명(維天之命)'이라고 한 말은 사계절이 운행하는 것을 교화와 명령으로 삼는 것을 뜻한다. '목(穆)'자는 "아름답다[美]."는 뜻이다. '오목불이(於穆不已)'는 아름다움이 그치지 않는다는 뜻인데, 이것은 『시』의 본문에 해당한다.

孔疏 ●"蓋曰天之所以爲天也", 此是孔子之言, 記者載之. 此詩所論, 蓋說天之所以爲天在乎不已.

번역 ●經文: "蓋曰天之所以爲天也". ○이것은 공자의 말인데, 『예기』를 기록한 자가 수록한 것이다. 이 시에서 논의한 것은 하늘이 하늘이 되는 까닭은 그치지 않음에 달려있음을 설명한 것이다.

孔疏 ●"於乎不顯, 文王之德之純", 此亦周頌·文王之詩. 純, 謂不已. 顯, 謂光明. 詩人歎之云, 於乎不光明乎, 言光明矣.

---

4) 『시』「주송(周頌)·유천지명(維天之命)」: 維天之命, 於穆不已. 於乎不顯, 文王之德之純. 假以溢我, 我其收之. 駿惠我文王, 曾孫篤之.

번역 ●經文: "於乎不顯, 文王之德之純". ○이 또한 『시』「주송(周頌)·유천지명(維天之命)」편의 시이다. '순(純)'자는 그치지 않는다는 뜻이다. '현(顯)'자는 밝게 빛난다는 뜻이다. 『시』를 지은 자는 탄식을 하며, "오호라! 밝게 빛나지 않는단 말인가?"라고 한 것이니, 밝게 빛난다는 뜻이다.

孔疏 ●"文王之德之純", 謂不已也, 言文王德敎不有休已, 與天同功.

번역 ●經文: "文王之德之純". ○그치지 않는다는 뜻이니, 문왕의 덕과 교화는 그치지 않아서, 하늘과 더불어 공덕을 동일하게 한다는 의미이다.

孔疏 ●"蓋曰文王之所以爲文也", 此亦孔子之言, 解詩之文也.

번역 ●經文: "蓋曰文王之所以爲文也". ○이것 또한 공자의 말이니, 『시』의 문장을 풀이한 말이다.

孔疏 ●"純亦不已"者, 言文王之德之純, 亦如天之不休已, 故云"純亦不已".

번역 ●經文: "純亦不已". ○문왕의 덕이 그치지 않는 것은 또한 하늘이 그치지 않는 것과 같다는 뜻이다. 그렇기 때문에 "순(純) 또한 그치지 않는다는 뜻이다."라고 했다.

孔疏 ◎注"易曰君子愼德, 積小以高大". ○正義曰: 此易·升卦之象辭. 按升卦, 巽下坤上, 木生於地中, 升進之義, 故爲"升"也.

번역 ◎鄭注: "易曰君子愼德, 積小以高大". ○이것은 『역』「승괘(升卦)」 대상전의 말이다. 승괘(升卦䷭)를 살펴보면, 손괘(巽卦☴)가 아래에 있고 곤괘(坤卦☷)가 위에 있으니, 나무가 땅속에서 생겨나는 것으로, 올라가고 나아간다는 뜻이 된다. 그렇기 때문에 '승(升)'이 된다.

集註 詩周頌維天之命篇. 於, 歎辭. 穆, 深遠也. 不顯, 猶言豈不顯也. 純, 純一不雜也. 引此以明至誠無息之意. 程子曰, “天道不已, 文王純於天道, 亦不已. 純則無二無雜, 不已則無間斷先後.”

번역 이 시는 『시』「주송(周頌)·유천지명(維天之命)」편이다. ‘오(於)’자는 감탄사이다. ‘목(穆)’자는 심원하다는 뜻이다. ‘불현(不顯)’은 “어찌 드러나지 않는단 말인가?”라고 한 말과 같다. ‘순(純)’자는 순일하여 섞여있지 않다는 뜻이다. 이 시를 인용하여 지극한 정성스러움은 그침이 없다는 뜻을 나타내었다. 정자는 “하늘의 도가 그치지 않는데, 문왕은 하늘의 도에 순일하게 따라서 또한 그치지 않았다. 순수하다면 다름이 없고 섞임이 없는 것이며, 그치지 않는다면 중간에 끊어짐이나 선후의 구별이 없는 것이다.”라고 했다.

集註 右第二十六章. 言天道也.

번역 여기까지는 제 26장이다. 천도를 말하고 있다.

참고 『시』「주송(周頌)·유천지명(維天之命)」

維天之命, (유천지명) : 하늘의 덕만이,

於穆不已. (오목불이) : 오호라, 아름다워서 그치지 않는구나.

於乎不顯, (오호불현) : 오호라, 드러나지 않는단 말인가,

文王之德之純. (문왕지덕지순) : 문왕이 덕에 따라 교화를 펼침에 그치지 않음이여.

假以溢我, (가이일아) : 아름다운 도로 나를 풍요롭게 하거늘,

我其收之. (아기수지) : 내가 그것을 거둬들이노라.

駿惠我文王, (준혜아문왕) : 우리 문왕의 뜻을 극진히 따르니,

曾孫篤之. (증손독지) : 후손들이 독실히 시행하는구나.

毛序 維天之命, 大平告文王也.

모서 「유천지명(維天之命)」편은 태평하게 되었음을 문왕에게 아뢰는 시
이다.

• 제 **27** 장 •

【1698下~1699上】

"大哉聖人之道, 洋洋乎發育萬物, 峻極于天."

직역 "大哉라 聖人의 道여, 洋洋히 萬物을 發育하여, 峻이 天에 極합니다."

의역 공자가 계속하여 말하길, "위대하도다 성인의 도여, 충만하게 만물을 낳고 나타나게 하여, 그 높음이 하늘에 이르렀습니다."라고 했다.

鄭注 育, 生也. 峻, 高大也.

번역 '육(育)'자는 "낳다[生]."는 뜻이다. '준(峻)'자는 높고 크다는 뜻이다.

釋文 洋音羊. 峻, 思潤反.

번역 '洋'자의 음은 '羊(양)'이다. '峻'자는 '思(사)'자와 '潤(윤)'자의 반절음이다.

孔疏 ●"大哉"至"凝焉". ○正義曰: 此一節明聖人之道高大, 苟非至德, 其道不成. 洋洋, 謂道德充滿之貌, 天下洋洋然[1]. 育, 生也. 峻, 高也. 言聖人之道, 高大與山相似, 上極于天.

번역 ●經文: "大哉"~"凝焉". ○이곳 문단은 성인의 도가 높고 큰데, 만

---

[1] '연(然)'자에 대하여. '연'자는 본래 없던 글자인데, 완원(阮元)의 『교감기(校勘記)』에서는 "이곳 판본에는 '연'자가 누락되어 있다."라고 했다.

약 지극한 덕이 아니라면 그 도는 이루어지지 않음을 나타내고 있다. '양양
(洋洋)'은 도와 덕이 충만한 모양으로, 천하에 충만하게 퍼져 있다는 의미
이다. '육(育)'자는 "낳다[生]."는 뜻이다. '준(峻)'자는 "높다[高]."는 뜻이다.
즉 성인의 도는 높고 커서 산과 유사하며, 위로 하늘에 닿는다는 의미이다.

集註 包下文兩節而言.

번역 아래 두 문단을 포괄해서 말한 것이다.

集註 峻, 高大也. 此言道之極於至大而無外也.

번역 '준(峻)'자는 높고 크다는 뜻이다. 이 문장은 도가 지극히 큼을 다
하여 그 외의 것이 없다는 뜻이다.

【1699上】

"優優大哉, 禮儀三百, 威儀三千, 待其人然後行, 故曰, '苟
不至德, 至道不凝焉.'"

직역 "優優히 大哉라, 禮儀는 三百이며, 威儀는 三千인데, 그 人을 待한 然後에
야 行하니, 故로 曰, '苟히 至德이 不라면, 至道는 不凝이라.'합니다"

의역 공자가 계속하여 말하길, "너그럽고도 관대하여 매우 크구나, 예의는 300
가지이고, 위의는 3,000가지인데, 현명한 자를 기다린 뒤에야 시행해야 하므로, 옛
말에서는 '진실로 지극한 덕을 갖춘 자가 아니라면, 지극한 도도 완성되지 않는다.'
라고 했습니다."라고 했다.

鄭注 言爲政在人, 政由禮也. 凝, 猶成也.

[번역] 정치를 시행하는 것은 사람에게 달려 있고, 정치는 예(禮)에서 비롯된다는 뜻이다. '응(凝)'자는 "이루다[成]."는 뜻이다.

[釋文] 優, 於求反, 倡優也. 凝, 本又作疑, 魚澄反.

[번역] '優'자는 '於(어)'자와 '求(구)'자의 반절음이며, 번창하고 넉넉함을 뜻한다. '凝'자는 판본에 따라서 또한 '疑'자로도 기록하는데, '魚(어)'자와 '澄(징)'자의 반절음이다.

[孔疏] ●"優優大哉", 優優, 寬裕之貌. 聖人優優然寬裕其道.

[번역] ●經文: "優優大哉". ○'우우(優優)'는 관대하고 너그러운 모습을 뜻한다. 성인은 관대하고 너그럽게 그 도를 수용한다.

[孔疏] ●"禮儀三百"者[2], 周禮有三百六十官, 言"三百"者, 擧其成數耳.

[번역] ●經文: "禮儀三百". ○『주례』에는 360개의 관직이 수록되어 있는데, '삼백(三百)'이라고 말한 것은 성수를 제시한 것일 뿐이다.

[孔疏] ●"威儀三千"者, 卽儀禮行事之威儀. 儀禮雖十七篇, 其中事有三千.

[번역] ●經文: "威儀三千". ○『의례』에서 구체적인 일들을 시행할 때 나타나는 위엄에 따른 예의범절을 뜻한다. 현존하는 『의례』는 비록 17개 편이 수록되어 있지만, 그 안에 포함된 사안은 3,000여 가지가 된다.

[孔疏] ●"待其人然後行"者, 言三百·三千之禮, 必待賢人然後施行其事.

[번역] ●經文: "待其人然後行". ○300과 3,000가지의 예는 반드시 현명한

---

2) '자(者)'자에 대하여. '자'자는 본래 없던 글자인데, 완원(阮元)의 『교감기(校勘記)』에서는 "이곳 판본에는 '자'자가 누락되어 있다."라고 했다.

자를 기다린 뒤에야 그 사안을 시행해야 한다는 뜻이다.

孔疏 ●"故曰: 苟不至德, 至道不凝焉", 凝, 成也. 古語先有其文, 今夫子既言三百·三千待其賢人始行, 故引古語證之. 苟, 誠也. 不, 非也. 苟誠非至德之人, 則聖人至極之道不可成也. 俗本"不"作"非"也.

번역 ●經文: "故曰: 苟不至德, 至道不凝焉". ○'응(凝)'자는 "이루다[成]."는 뜻이다. 옛 말 중에 앞서 이러한 문장이 있었던 것인데, 현재 공자가 300과 3,000가지의 예가 현명한 자를 기다린 뒤에야 비로소 시행됨을 말했기 때문에, 옛 말을 인용해서 증명을 한 것이다. '구(苟)'자는 진실로[誠]라는 뜻이다. '불(不)'자는 비(非)자의 뜻이다. 진실로 지극한 덕을 갖춘 자가 아니라면, 성인의 지극한 도가 완성될 수 없다는 뜻이다. 세속본에서는 '불(不)'자를 비(非)자로 기록하고 있다.

集註 優優, 充足有餘之意. 禮儀, 經禮也. 威儀, 曲禮也. 此言道之入於至小而無閒也.

번역 '우우(優優)'는 충분하여 남음이 있다는 뜻이다. '예의(禮儀)'는 기준이 되는 예를 뜻한다. '위의(威儀)'는 세부적인 예를 뜻한다. 이 문장은 도는 지극히 작은 곳으로도 들어가 틈이 없음을 뜻한다.

集註 總結上兩節.

번역 그 사람을 기다린 뒤에 행한다는 말은 앞의 두 문단의 뜻을 총괄적으로 결론 맺은 것이다.

集註 至德, 謂其人. 至道, 指上兩節而言也. 凝, 聚也, 成也.

번역 '지덕(至德)'은 '기인(其人)'을 뜻한다. '지도(至道)'는 앞의 두 문단을 가리켜서 한 말이다. '응(凝)'자는 모인다는 뜻이며, 이룬다는 뜻이다.

참고 구문비교

출　　처	내　　용
『禮記』「中庸」	禮儀三百, 威儀三千.
『禮記』「禮器」	經禮三百, 曲禮三千.
『大戴禮記』「衛將軍文子」	禮儀三百, 可勉能也, 威儀三千, 則難也.
『大戴禮記』「本命」	禮經三百, 威儀三千.
『韓詩外傳』「4권」	禮儀三百, 威儀三千.
『孔子家語』「弟子行」	禮經三百, 可勉能也, 威儀三千, 則難也.
『漢書』「禮樂志」	禮經三百, 威儀三千.
『漢書』「藝文志」	禮經三百, 威儀三千.

【1699上~下】

"故君子尊德性而道問學, 致廣大而盡精微, 極高明而道中庸, 溫故而知新, 敦厚以崇禮."

직역 "故로 君子는 德性을 尊하고 問學에 道하며, 廣大를 致하고 精微를 盡하며, 高明을 極하고 中庸을 道하며, 故를 溫하고 新을 知하며, 敦厚하여 禮를 崇합니다."

의역 공자가 계속하여 말하길, "그러므로 군자는 성인의 덕과 본성이 지극히 성실하다는 것을 존경하고 학문을 통해 성실함을 이루며, 넓고 두터움을 지극히 하고 정밀하고 은미한 것을 다하며, 높고 밝은 것을 지극히 하고 중용의 이치를 통달하며, 옛 것을 익숙하게 익히고 새로운 것도 알며, 돈독하고 두텁게 하여 예를 존숭합니다."라고 했다.

鄭注 德性, 謂性至誠者. 道, 猶由也. 問學, 學誠者也. 廣大, 猶博厚也. 溫, 讀如"燖溫"之"溫", 謂故學之熟矣, 後時習之謂之"溫".

번역 '덕성(德性)'은 본성이 지극히 성실한 것을 뜻한다. '도(道)'자는 '~

로부터[由]'라는 뜻이다. '문학(問學)'은 성실함을 배운다는 뜻이다. '광대(廣大)'는 넓고 두텁다는 뜻이다. '온(溫)'자는 "데우고 따뜻하게 한다."라고 할 때의 '온(溫)'자처럼 풀이하니, 예전에 배웠던 것이 익숙해졌다는 뜻으로, 이후 수시로 익히는 것을 '온(溫)'이라고 부른다.

釋文 燖音尋.

번역 '燖'자의 음은 '尋(심)'이다.

孔疏 ●"故君"至"崇禮". ○正義曰: 此一經明君子欲行聖人之道, 當須勤學. 前經明聖人性之至誠, 此經明賢人學而至誠也.

번역 ●經文: "故君"~"崇禮". ○이곳 문단은 군자가 성인의 도를 시행하려고 한다면, 마땅히 학문에 힘써야 함을 나타내고 있다. 앞의 경문에서는 성인의 본성은 지극히 성실하다고 했고, 이곳 경문에서는 현명한 자가 배워서 지극히 성실해짐을 나타내고 있다.

孔疏 ●"君子尊德性"者, 謂君子賢人尊敬此聖人道德之性自然至誠也.

번역 ●經文: "君子尊德性". ○군자와 현명한 자는 성인의 도와 덕의 본성이 자연적으로 지극히 성실했음을 존경한다는 뜻이다.

孔疏 ●"而道問學"者, 言賢人行道由於問學, 謂勤學乃致至誠也.

번역 ●經文: "而道問學". ○현명한 자가 도를 시행하는 것은 학문을 통해 비롯된다는 뜻이니, 학문에 힘쓴다면 지극한 성실함을 이루게 된다는 의미이다.

孔疏 ●"致廣大而盡精微"者, 廣大謂地也, 言賢人由學能致廣大, 如地之生養之德也.

번역 ●經文: "致廣大而盡精微". ○광대함은 땅을 뜻하니, 현명한 자가 학문을 통해 광대함을 이루는 것은 마치 땅이 만물을 낳고 길러주는 덕과 같다는 의미이다.

孔疏 ●"而盡精微", 謂致其生養之德旣能致於廣大, 盡育物之精微, 言無微不盡也.

번역 ●經文: "而盡精微". ○낳고 길러주는 덕을 지극히 하여, 이미 광대함에 이를 수 있다면, 만물을 낳는 정밀함과 은미함을 다한다는 뜻으로, 은미함에 대해 다하지 않음이 없다는 의미이다.

孔疏 ●"極高明而道中庸"者, 高明, 謂天也, 言賢人由學極盡天之高明之德. 道, 通也, 又能通達於中庸之理也.

번역 ●經文: "極高明而道中庸". ○높고 밝다는 말은 하늘을 뜻하니, 현명한 자가 학문을 통해 하늘의 높고 밝은 덕을 지극히 한다는 뜻이다. '도(道)'자는 "통한다[通]."는 뜻이니, 또한 중용의 이치에 통달할 수 있다는 의미이다.

孔疏 ●"溫故而知新"者, 言賢人由學旣能溫尋故事, 又能知新事也.

번역 ●經文: "溫故而知新". ○현명한 자가 학문을 통해 이미 옛 일들을 익숙하고 깊이 체득할 수 있고 또 새로운 일들도 알 수 있다는 뜻이다.

孔疏 ●"敦厚以崇禮"者, 言以敦厚重行於學, 故以尊崇三百·三千之禮也.

번역 ●經文: "敦厚以崇禮". ○학문에 대해서 돈독히 하고 중시 여겨서 시행하기 때문에, 300가지와 3,000가지의 예를 존숭한다는 뜻이다.

孔疏 ◎注"溫讀如燖溫之溫". ○正義曰: 按左傳哀十二年, 公會吳于橐皋, 大宰嚭請尋盟. 子貢對曰: "盟, 若可尋也, 亦可寒也." 賈逵注云: "尋, 溫也." 又有司徹云"乃燖尸俎", 是燖爲溫也. 云"謂故學之熟矣, 後時習之, 謂之溫" 者, 謂賢人舊學已精熟, 在後更習之, 猶若溫尋故食也.

번역 ◎鄭注: "溫讀如燖溫之溫". ○『좌전』애공(哀公) 12년의 기록을 살펴보면, 애공은 탁고(橐皋) 땅에서 오(吳)나라와 회맹을 했는데, 오나라 태재였던 비(嚭)가 심맹(尋盟)을 청원했다. 자공은 대답을 하며, "맹약에 대해 만약 따뜻하게 데울 수 있다면 또한 차갑게 식힐 수도 있다."라고 했다.[3] 가규[4]의 주에서는 "심(尋)자는 따뜻하게 한다는 뜻이다."라고 했다. 또『의례』「유사철(有司徹)」편에서는 "곧 시동에게 바칠 도마의 음식들을 데운다."[5]라고 했는데, 이것은 심(燖)자가 데운다는 뜻이 됨을 나타낸다. 정현이 "예전에 배웠던 것이 익숙해졌다는 뜻으로, 이후 수시로 익히는 것을 '온(溫)'이라고 부른다."라고 했는데, 현명한 자는 이전에 배웠던 것이 이미 정밀하고 익숙하게 되어, 이후에 재차 그것들을 익히니, 마치 이전에 만들었던 음식을 데우는 것과 같다는 뜻이다.

集註 尊者, 恭敬奉持之意. 德性者, 吾所受於天之正理. 道, 由也. 溫, 猶燖溫之溫, 謂故學之矣, 復時習之也. 敦, 加厚也. 尊德性, 所以存心而極乎道體

---

3) 『춘추좌씨전』「애공(哀公) 12년」 : 公會吳于橐皋, 吳子使大宰嚭請尋盟. 公不欲, 使子貢對曰, "盟, 所以周信也, 故心以制之, 玉帛以奉之, 言以結之, 明神以要之. 寡君以爲苟有盟焉, 弗可改也已. 若猶可改, 日盟何益? 今吾子曰'必尋盟', 若可尋也, 亦可寒也." 乃不尋盟.

4) 가규(賈逵, A.D.30~A.D.101) : 후한(後漢) 때의 경학자이다. 자(字)는 경백(景伯)이다. 『춘추좌씨전해고(春秋左氏傳解詁)』를 지었지만, 현재 일실되어 존재하지 않는다. 청대(淸代) 마국한(馬國翰)의 『옥함산방집일서(玉函山房輯佚書)』와 황석(黃奭)의 『한학당총서(漢學堂叢書)』에 일집본(佚輯本)이 남아 있다.

5) 『의례』「유사철(有司徹)」 : 有司徹, 掃堂. 司宮攝酒. 乃燅尸俎. 卒燅, 乃升羊·豕·魚三鼎, 無腊與膚. 乃設扃鼏, 陳鼎于門外如初. 乃議侑于賓以異姓, 宗人戒侑. 侑出, 俟于廟門之外.

之大也. 道問學, 所以致知而盡乎道體之細也. 二者修德凝道之大端也. 不以一毫私意自蔽, 不以一毫私欲自累, 涵泳乎其所已知, 敦篤乎其所已能, 此皆存心之屬也. 析理則不使有毫釐之差, 處事則不使有過不及之謬, 理義則日知其所未知, 節文則日謹其所未謹, 此皆致知之屬也. 蓋非存心無以致知, 而存心者又不可以不致知. 故此五句, 大小相資, 首尾相應, 聖賢所示入德之方, 莫詳於此, 學者宜盡心焉.

번역 '존(尊)'자는 존경하고 받든다는 뜻이다. '덕성(德性)'은 내가 하늘로부터 부여받은 바른 이치를 뜻한다. '도(道)'자는 '~로부터[由]'라는 뜻이다. '온(溫)'자는 "데우고 따뜻하게 한다."라고 할 때의 '온(溫)'자와 같으니, 예전에 그것을 배우고 재차 수시로 익히는 것을 뜻한다. '돈(敦)'자는 두텁게 한다는 뜻이다. "덕성을 존경한다."는 것은 마음을 보존하여 도체의 큼을 지극히 하는 것이다. "학문에 따른다."는 것은 앎을 지극히 하여 도체의 세밀함을 다하는 것이다. 이 두 가지는 덕을 수양하고 도를 이루는 큰 단서가 된다. 한 터럭의 사사로운 뜻이 스스로를 가리지 않도록 하고, 한 터럭의 사사로운 욕심이 스스로 얽어매지 않도록 하여, 이미 알고 있는 것을 익숙히 하고, 이미 잘하는 것들을 돈독히 하는 것들은 모두 마음을 보존하는 방법들이다. 이치를 분석한다면 털끝만큼의 작은 차이도 생기지 않게 하고, 일을 처리한다면 지나치거나 미치지 못하는 잘못이 생기지 않게끔 하며, 의리(義理)에 대해서는 날마다 아직 몰랐던 것을 알게끔 하고, 예의에 대해서는 날마다 아직 삼가지 못하는 것들을 노력하게 하니, 이러한 것들은 모두 앎을 지극히 하는 방법들이다. 무릇 마음을 보존하지 않는다면 앎을 지극히 할 수 없고, 마음을 보존한 자는 또한 앎을 지극히 하지 않아서는 안 된다. 그러므로 이곳의 다섯 구문은 크고 작은 것들이 서로의 바탕이 되고, 머리와 꼬리가 서로 호응하니, 성현이 덕에 들어가는 방법을 보여준 것 중 이보다 자세한 것이 없다. 따라서 배우는 자들은 마땅히 마음을 다해야 한다.

참고 구문비교

출 처	내 용
『禮記』「中庸」	溫故而知新.
『論語』「爲政」	溫故而知新, 可以爲師矣.

【1700上】

"是故居上不驕, 爲下不倍. 國有道, 其言足以興, 國無道, 其默足以容."

직역 "是故로 上에 居하면 不驕하고, 下가 爲하면 不倍합니다. 國에 道가 有하면, 그 言은 足히 興하고, 國에 道가 無하면, 그 默은 足히 容합니다."

의역 공자가 계속하여 말하길, "이러한 까닭으로 윗자리에 있으면 교만하게 굴지 않고, 아랫자리에 있으면 배반하지 않습니다. 나라에 도가 있을 때라면, 그의 말은 나라를 흥성하게 만들기에 충분하고, 나라에 도가 없을 때라면, 그의 침묵은 재앙을 피하기에 충분합니다."라고 했다.

鄭注 興謂起在位也.

번역 '흥(興)'자는 일어나 지위에 오른다는 뜻이다.

釋文 驕, 本亦作"喬", 音嬌. 倍音佩. 默, 亡北反.

번역 '驕'자는 판본에 따라서 또한 '喬'자로도 기록하는데, 그 음은 '嬌(교)'이다. '倍'자의 음은 '佩(패)'이다. '默'자는 '亡(망)'자와 '北(북)'자의 반절음이다.

孔疏 ●"是故"至"謂興". ○正義曰: 此一節明賢人學至誠之道, 中庸之行,若國有道之時, 盡竭知謀, 其言足以興成其國. 興, 謂發謀出慮.

번역 ●經文: "是故"~"謂興". ○이곳 문단은 현명한 자가 학문을 통해 지극히 성실해지는 도를 배우고 중용을 시행하는 것을 배운다는 뜻을 나타내고 있으니, 만약 그 나라에 도가 있는 때라면 지모를 다하여, 그의 말은 그 나라를 흥성하게 만들기 충분하다는 의미이다. '흥(興)'자는 계획을 내놓고 지혜를 내놓는다는 의미이다.

孔疏 ●"國無道, 其默足以容", 若無道之時, 則韜光潛默, 足以自容其身, 免於禍害.

번역 ●經文: "國無道, 其默足以容". ○만약 도가 없는 때라면 빛을 감싸고 침묵해야만 스스로 자신을 수용해서 재앙과 해악에서 면할 수 있다.

集註 興, 謂興起在位也.

번역 '흥(興)'자는 흥성하게 일어나서 지위에 오른다는 뜻이다.

참고 구문비교

출 처	내 용
『禮記』「中庸」	是故居上不驕, 爲下不倍.
『孝經』「諸侯章」	在上不驕, 高而不危.
『孝經』「紀孝行章」	事親者居上不驕, 爲下不亂.
『易』「乾卦」	是故居上位而不驕, 在下位而不憂.

【1700上】

"詩曰, '旣明且哲, 以保其身.' 其此之謂與."

직역 "詩에서 曰, '旣히 明하고 且히 哲하여, 이로써 그 身을 保라.' 그 此를 謂함일 것입니다."

의역 공자가 계속하여 말하길, "시에서 '이미 밝고 또 슬기로워서 그 몸을 보호하는구나.'라고 했으니, 바로 이러한 뜻에 해당할 것입니다."라고 했다.

鄭注 保, 安也.

번역 '보(保)'자는 "편안하게 하다[安]."는 뜻이다.

釋文 哲, 涉列反, 徐本作知, 音智. 與音餘.

번역 '哲'자는 '涉(섭)'자와 '列(렬)'자의 반절음이며, 『서본』에서는 '知'자로 기록하고 있는데, 그 음은 '智(지)'이다. '與'자의 음은 '餘(여)'이다.

孔疏 ●"詩云: "旣明且哲, 以保其身", 此大雅·烝民之篇, 美宣王之詩, 言宣王任用仲山甫, 能顯明其事任, 且又哲知保安全其己身, 言中庸之人亦能如此, 故云"其此之謂與".

번역 ●經文: "詩云: "旣明且哲, 以保其身". ○이 시는 『시』「대아(大雅)·증민(烝民)」편으로,[6] 선왕(宣王)을 찬미한 시이니, 선왕이 중산보를 등용하여 그가 맡은 직무를 현저히 드러낼 수 있었고 또 슬기롭게 자신을 보존할 수 있음을 알았으니, 중용을 실천하는 자는 또한 이처럼 할 수 있다는 뜻이다. 그렇기 때문에 "바로 이것을 뜻할 것이다."라고 했다.

---

6) 『시』「대아(大雅)·증민(烝民)」: 肅肅王命, 仲山甫將之. 邦國若否, 仲山甫明之. 旣明且哲, 以保其身. 夙夜匪解, 以事一人.

集註 詩大雅烝民之篇.

번역 이 시는 『시』「대아(大雅)·증민(烝民)」편이다.

集註 右第二十七章. 言人道也.

번역 여기까지는 제 27장이다. 인도를 말하고 있다.

참고 『시』「대아(大雅)·증민(烝民)」

天生烝民, (천생증민) : 하늘이 만민을 낳음에,
有物有則. (유물유칙) : 본성에 오덕이 있고 정감에 법도가 있도다.
民之秉彝, (민지병이) : 백성들이 항상된 도를 지니고 있어서,
好是懿德. (호시의덕) : 아름다운 덕을 좋아하도다.
天監有周, (천감유주) : 하늘이 주나라의 정사를 살피시어,
昭假于下. (소가우하) : 빛을 아래로 내려주시도다.
保玆天子, (보자천자) : 천자를 보우하여,
生仲山甫. (생중산보) : 중산보를 낳으셨도다.

仲山甫之德, (중산보지덕) : 중산보의 덕은,
柔嘉維則. (유가유칙) : 유순하고 아름다워서 법칙이 되었도다.
令儀令色, (영의령색) : 행동거지를 아름답게 하고 용모를 아름답게 하며,
小心翼翼. (소심익익) : 조심스럽고 공경스럽도다.
古訓是式, (고훈시식) : 옛 도리를 본받으며,
威儀是力. (위의시력) : 위엄스러운 거동에 힘쓰는구나.
天子是若, (천자시약) : 천자를 따르고,
明命使賦. (명명사부) : 성군의 명령을 뭇 신하들이 따르게 하노라.

王命仲山甫, (왕명중산보) : 왕이 중산보에게 명하시어,

式是百辟. (식시백벽) : 제후들의 모범이 되도록 하시도다.

纘戎祖考, (찬융조고) : 너의 선조를 계승하여,

王躬是保. (왕궁시보) : 왕을 보필하도다.

出納王命, (출납왕명) : 왕명을 출납하니,

王之喉舌. (왕지후설) : 왕의 입이 되도다.

賦政于外, (부정우외) : 밖으로 정사를 펼치니,

四方爰發. (사방원발) : 사방에서 호응하도다.

肅肅王命, (숙숙왕명) : 엄숙한 왕의 명령을,

仲山甫將之. (중산보장지) : 중산보가 받들어 시행하도다.

邦國若否, (방국약부) : 제후국 중 따르거나 따르지 않는 자가 있으면,

仲山甫明之. (중산보명지) : 중산보가 선악을 밝히는구나.

旣明且哲, (기명차철) : 밝고도 명철하여,

以保其身. (이보기신) : 자신을 보호하도다.

夙夜匪解, (숙야비해) : 밤낮으로 게을리 하지 않아서,

以事一人. (이사일인) : 왕을 섬기는구나.

人亦有言, (인역유언) : 사람들이 또한 말하길,

柔則茹之, (유즉여지) : 달면 삼키고,

剛則吐之. (강즉토지) : 쓰면 뱉는다 하노라.

維仲山甫, (유중산보) : 중산보만은,

柔亦不茹, (유역불여) : 달더라도 삼키지 않고,

剛亦不吐, (강역불토) : 쓰더라도 뱉지 않으니,

不侮矜寡, (불모긍과) : 홀아비나 과부를 업신여기지 아니하고,

不畏彊禦. (불외강어) : 난폭한 자를 두려워하지 않는구나.

人亦有言, (인역유언) : 사람들이 또한 말하길,

德輶如毛, (덕유여모) : 덕의 가볍기는 털과도 같은데,

民鮮克擧之, (민선극거지) : 사람들 중 들 수 있는 자가 드물다 하니,

我儀圖之. (아의도지) : 내가 그들과 함께 헤아려보도다.

維仲山甫擧之, (유중산보거지) : 오직 중산보만이 들 수 있는데,

愛莫助之. (애막조지) : 도와줄 자가 없음이 애석하도다.

袞職有闕, (곤직유궐) : 군왕의 일에 결함이 있으면,

維仲山甫補之. (유중산보보지) : 중산보만이 도울 수 있구나.

仲山甫出祖, (중산보출조) : 중산보가 출조(出祖)[7]를 하니,

四牡業業. (사모업업) : 네 마리의 수말이 크고도 높구나.

征夫捷捷, (정부첩첩) : 무리들이 재빨리 도착한데,

每懷靡及. (매회미급) : 사람마다 품고 있는 사심이 미치지 못하는구나.

四牡彭彭, (사모팽팽) : 네 마리의 수말이 움직인데,

八鸞鏘鏘. (팔란장장) : 여덟 개의 방울이 쟁쟁 울리는구나.

王命仲山甫, (왕명중산보) : 왕이 중산보에게 명하시어,

城彼東方. (성피동방) : 저 동쪽에 성을 쌓으라 하셨도다.

四牡騤騤, (사모규규) : 네 마리의 수말이 움직인데,

八鸞喈喈. (팔란개개) : 여덟 개의 방울이 쟁쟁 울리는구나.

仲山甫徂齊, (중산보조제) : 중산보가 제(齊)나라에 가니,

式遄其歸. (식천기귀) : 빨리 되돌아오도록 하는구나.

吉甫作誦, (길보작송) : 길보가 시를 지음에,

穆如淸風. (목여청풍) : 조화로움이 맑은 바람과도 같구나.

仲山甫永懷, (중산보영회) : 중산보는 생각이 많고 수고로우니,

---

7) 출조(出祖)는 외부로 출타하게 되었을 때, 도로의 신(神)에게 제사를 지낸다
는 뜻이다. 『시(詩)』「대아(大雅)·한혁(韓奕)」편에는 "韓侯出祖, 出宿于屠."라
는 기록이 있는데, 이에 대한 공영달(孔穎達)의 소(疏)에서는 "言韓侯出京師
之門, 爲祖道之祭."라고 풀이했다. 즉 한후(韓侯)가 수도의 문을 빠져나감에,
도로의 신에게 지내는 제사를 지냈음을 뜻한다.

以慰其心. (이위기심) : 이를 통해 그 마음을 위로하노라.

毛序　烝民, 尹吉甫美宣王也, 任賢使能, 周室中興焉.

모서　「증민(烝民)」편은 윤길보가 선왕(宣王)을 찬미한 시이니, 현명한 자에게 일을 맡기고 유능한 자를 등용하여 주나라 왕실이 중흥하였기 때문이다.

제 28 장

【1700下】

子曰, "愚而好自用, 賤而好自專, 生乎今之世, 反古之道, 如
此者, 災及其身者也."

직역 子曰, "愚한데 自用을 好하고, 賤한데 自專을 好하며, 今의 世에 生한데,
古의 道를 反하면, 此와 如한 者는 災가 그 身에게 及한 者이다."

의역 공자가 말하길, "어리석은데도 제 뜻에 따르기를 좋아하고, 미천한데도
제 마음대로 하길 좋아하며, 지금의 세상에 태어났으면서도 옛날의 도만을 돌이키
려고 한다면, 이와 같은 경우에는 재앙이 그 자신에게 미치게 된다."라고 했다.

鄭注 "反古之道", 謂曉一孔之人, 不知今王之新政可從.

번역 "옛날의 도를 돌이킨다."는 말은 한 가지 사안에 대해서만 깨달은
사람은 오늘날의 천자가 제정한 새로운 정책이 따를만한 것임을 모른다는
뜻이다.

釋文 好, 呼報反, 下同. 災音災.

번역 '好'자는 '呼(호)'자와 '報(보)'자의 반절음이며, 아래문장에 나오는
글자도 그 음이 이와 같다. '災'자의 음은 '災(재)'이다.

孔疏 ●"子曰"至"樂焉". ○正義曰: 上經論賢人學至誠, 商量國之有道無
道能或語或默, 以保其身. 若不能中庸者, 皆不能量事制宜, 必及禍患矣. 因明
己以此之故, 不敢專輒制作禮樂也.

번역 ●經文: "子曰"~"樂焉". ○앞의 경문에서는 현명한 자가 학문을 통해 지극한 성실함을 이루고, 나라의 도가 있거나 없는 것을 헤아려서 어떤 경우에는 의견을 개진하고 어떤 경우에는 침묵을 고수하여 자신을 보전한다는 사안을 논의하였다. 만약 중용에 따를 수 없는 자라면, 모든 경우 사안을 헤아려 마땅하게 할 수 없으니, 반드시 재앙이 미치게 된다. 그에 따라 자신은 이러한 연유로 인해 감히 자기 마음대로 예악을 제정할 수 없음을 나타내고 있다.

孔疏 ●"生乎今之世, 反古之道, 如此者, 灾及其身者也", 此謂尋常之人, 不知大道. 若賢人君子, 雖生今時, 能持古法, 故儒行云"今人與居, 古人與稽", 是也. 俗本"反"下有"行"字, 又無"如此者"三字, 非也.

번역 ●經文: "生乎今之世, 反古之道, 如此者, 灾及其身者也". ○이 문장은 일반인들은 대도를 모른다는 뜻이다. 만약 현명한 자나 군자인 경우라면, 비록 지금 세상에 태어났더라도 옛 법도를 지킬 수 있다. 그렇기 때문에 『예기』「유행(儒行)」편에서는 "지금 사람과는 더불어 살고, 옛 사람과는 더불어 상고한다."[1]라고 했다. 세속본에는 '반(反)'자 뒤에 '행(行)'자가 기록되어 있고, 또 '여차자(如此者)'라는 세 글자가 없는데, 잘못된 기록이다.

孔疏 ◎注"反古之道, 謂曉一孔之人". ○正義曰: 孔, 謂孔穴, 孔穴所出. 事有多塗, 今唯曉知一孔之人, 不知餘孔通達, 唯守此一處, 故云"曉一孔之人".

번역 ◎鄭注: "反古之道, 謂曉一孔之人". ○'공(孔)'자는 구멍을 뜻하니, 구멍에서 나온 것을 뜻한다. 어떠한 사안에는 여러 가지가 뒤섞여 있는데, 현재 오직 한 가지 구멍에 대해서만 아는 자는 나머지 구멍에서 나온 것들

---

1) 『예기』「유행(儒行)」【684c】: 儒有<u>今人與居, 古人與稽</u>. 今世行之, 後世以爲楷. 適弗逢世上弗授下弗推. 讒諂之民, 有比黨而危之者, 身可危也, 而志不可奪也. 雖危, 起居竟信其志, 猶將不忘百姓之病. 其憂思有如此者.

을 알지 못하여, 오직 한 가지만 고수한다. 그렇기 때문에 "한 가지 구멍만을 깨우친 사람이다."라고 했다.

集註 以上孔子之言, 子思引之. 反, 復也.

번역 이상은 공자의 말로, 자사가 인용을 한 것이다. '반(反)'자는 "반복한다[復]."는 뜻이다.

【1700下】

"非天子, 不議禮, 不制度, 不考文."

직역 "天子가 非라면, 禮를 不議하고, 度를 不制하며, 文을 不考한다."

의역 공자가 계속하여 말하길, "천자가 아니라면, 예를 의논하지 못하고, 법도를 제정하지 못하며, 글자의 명칭을 정하지 못한다."라고 했다.

鄭注 此天下所共行, 天子乃能一之也. 禮, 謂人所服行也. 度, 國家宮室及車輿也. 文, 書名也.

번역 이 문장은 천하 사람들이 공동으로 따르는 것에 대해 천자여야만 일치시킬 수 있다는 뜻이다. '예(禮)'는 사람들이 따르는 것이다. '도(度)'는 국가의 궁실 및 수레 등에 대한 규정이다. '문(文)'은 글의 명칭이다.

孔疏 ●"非天子不議禮"者, 此論禮由天子所行, 旣非天子, 不得論議禮之是非.

번역 ●經文: "非天子不議禮". ○이 문장은 예가 천자가 시행하는 것에서 비롯됨을 논의하고 있으니, 이미 본인이 천자가 아니라면 예의 옳고 그

름에 대해서 논의할 수 없다는 의미이다.

孔疏 ●"不制度", 謂不敢制造法度, 及國家宮室大小高下及車輿也.

번역 ●經文: "不制度". ○감히 법도를 제정할 수 없으니, 국가의 궁실 크기 및 높이에 대한 규정과 수레에 대한 규정 등을 제정할 수 없다는 뜻이다.

孔疏 ●"不考文", 亦不得考成文章書籍之名也.

번역 ●經文: "不考文". ○또한 문장이나 서적의 명칭을 정할 수 없다는 뜻이다.

集註 此以下, 子思之言. 禮, 親疏貴賤相接之體也. 度, 品制. 文, 書名.

번역 이곳 구문으로부터 그 이하의 내용은 자사의 말에 해당한다. '예(禮)'는 친소·귀천의 관계에 있는 자들이 서로를 대하는 본체이다. '도(度)'는 등급에 따른 규정이다. '문(文)'은 글의 명칭이다.

【1700下】

"今天下車同軌, 書同文, 行同倫."

직역 "今히 天下는 車는 軌가 同하고, 書는 文이 同하며, 行은 倫이 同한다."

의역 공자가 계속하여 말하길, "오늘날 천하는 수레에 있어서 바퀴의 치수가 동일하고, 글에 있어서 문자가 동일하며, 행실에 있어서 도가 동일하다."라고 했다.

鄭注 今, 孔子謂其時.

번역 '금(今)'자는 공자가 자기가 살고 있는 당시를 가리켜서 한 말이다.

釋文 行, 下孟反.

번역 '行'자는 '下(하)'자와 '孟(맹)'자의 반절음이다.

孔疏 ●"今天下車同軌"者, 今謂孔子時. "車同軌", 覆上"不制度". "書同文", 覆上"不考文". "行同倫", 倫, 道也, 言人所行之行, 皆同道理, 覆上"不議禮". 當孔子時, 禮壞樂崩, 家殊國異, 而云此者, 欲明己雖有德, 身無其位, 不敢造作禮樂, 故極行而虛己, 先說以自謙也.

번역 ●經文: "今天下車同軌". ○'금(今)'자는 공자 생존 당시를 뜻한다. "수레가 바퀴의 치수를 동일하게 한다."는 말은 앞에서 "법도를 제정하지 않는다."라고 한 말을 설명한 것이다. "글이 문자를 동일하게 한다."는 말은 앞에서 "글자의 명칭을 정하지 않는다."라고 한 말을 설명한 것이다. "행동이 도를 동일하게 한다."라고 했는데, '윤(倫)'자는 도(道)를 뜻하니, 사람이 시행하는 행실이 모두 도를 동일하게 따른다는 의미로, 앞에서 "예를 의논하지 않는다."라고 한 말을 설명한 것이다. 공자 생존 당시에는 예악이 붕괴되었고 가정과 나라마다 차이가 발생했다. 그런데도 이처럼 말한 것은 본인에게 비록 덕이 있더라도, 자신은 해당하는 지위가 없으니, 감히 예악을 만들 수 없음을 나타내고자 한 것이다. 그렇기 때문에 행실이 지극하더라도 자신을 비우고서, 먼저 스스로 겸손하게 처신할 것을 설명한 것이다.

集註 今, 子思自謂當時也. 軌, 轍迹之度. 倫, 次序之體. 三者皆同, 言天下一統也.

번역 '금(今)'자는 자사가 스스로 자기가 살던 당시를 가리켜서 한 말이다. '궤(軌)'자는 수레바퀴 자국에 나타나는 치수를 뜻한다. '윤(倫)'자는 차례와 질서의 본체이다. 이 세 가지가 모두 동일하다는 것은 천하가 하나로 통일되었음을 뜻한다.

【1700下】

"雖有其位, 苟無其德, 不敢作禮樂焉. 雖有其德, 苟無其位, 亦不敢作禮樂焉."

직역 "雖히 그 位가 有라도, 苟히 그 德이 無라면, 敢히 禮樂을 作하길 不한다. 雖히 그 德이 有라도, 苟히 그 位가 無라면, 亦히 敢히 禮樂을 作하길 不한다."

의역 공자가 계속하여 말하길, "비록 천자의 지위를 가지고 있더라도, 만약 그에 걸맞은 성인의 덕이 없다면, 감히 예악을 제정하지 않는다. 반면 비록 성인의 덕을 가지고 있더라도, 만약 천자의 지위가 없다면, 이러한 경우에도 감히 예악을 제정하지 않는다."라고 했다.

鄭注 言作禮樂者, 必聖人在天子之位.

번역 예악을 제정할 수 있는 경우는 반드시 성인이면서도 천자의 지위에 있어야만 한다는 뜻이다.

集註 鄭氏曰, "言作禮樂者, 必聖人在天子之位."

번역 정현이 말하길, "예악을 제정할 수 있는 경우는 반드시 성인이면서도 천자의 지위에 있어야만 한다는 뜻이다."라고 했다.

【1701上】

子曰, "吾說夏禮, 杞不足徵也. 吾學殷禮, 有宋存焉. 吾學周禮, 今用之, 吾從周."

직역 子曰, "吾는 夏禮를 說이나 杞는 徵하기에 不足하다. 吾는 殷禮를 學한데, 宋에 存함이 有하다. 吾는 周禮를 學한데, 今에 用하니, 吾는 周를 從이라."

의역 공자가 말하길, "나는 하나라의 예를 설명할 수 있는데, 기나라에 그것이 보존되어 있지만 기나라의 군주는 그것을 도와서 밝히기에 부족하다. 나는 은나라의 예를 배웠는데, 송나라에 그것이 보존되어 있지만 송나라의 군주는 그것을 도와서 밝히기에 부족하다. 나는 주나라의 예를 배웠는데, 현재 제후국들이 그에 따르고 있으니, 나는 주나라의 예를 따르겠다."라고 했다.

鄭注 徵, 猶明也, 吾能說夏禮, 顧杞之君不足與明之也. "吾從周", 行今之道.

번역 '징(徵)'자는 "밝힌다[明]."는 뜻이니, 내가 하나라의 예를 설명할 수 있지만, 기나라의 군주를 살펴보니, 그와 더불어 그 예를 밝히기에는 부족하다는 뜻이다. "나는 주나라를 따르겠다."라고 한 말은 지금 통행되는 도를 시행한다는 의미이다.

釋文 杞音起.

번역 '杞'자의 음은 '起(기)'이다.

孔疏 ●"子曰"至"者也". ○正義曰: 以上文孔子身無其位, 不敢制作二代之禮, 夏·殷不足可從, 所以獨從周禮之意, 因明君子行道, 須本於身, 達諸天地, 質諸鬼神, 使動則爲天下之道, 行則爲後世之法, 故能早有名譽於天下. 蓋孔子微自明己之意.

번역 ●經文: "子曰"~"者也". ○앞의 문장에서는 공자 본인은 지위가 없어서 감히 하나라나 은나라의 예를 제정할 수 없다고 했는데, 하나라와 은나라의 예는 따를 만 하기에는 부족하므로, 유독 주나라의 예를 따르겠다고 한 뜻이 되니, 그에 따라 군자가 도를 시행함에 자신에게 근본을 두고 천지에 두루 통하며 귀신에게 질정하여 움직임을 천하의 도로 삼도록 하고, 행동을 후세의 모범이 되도록 하므로, 일찍이 천하에 명예를 떨칠 수 있음을 나타내고 있다. 무릇 공자가 은미하게 자신의 뜻을 드러낸 것이다.

孔疏 ●"子曰: 吾說夏禮, 杞不足徵也", 徵, 成也, 明也. 孔子言: 我欲明說夏代之禮, 須行夏禮之國贊而成之. 杞雖行夏禮, 其君暗弱, 不足贊而成之.

번역 ●經文: "子曰: 吾說夏禮, 杞不足徵也". ○'징(徵)'자는 "완성하다[成]."는 뜻이며, "밝히다[明]."는 뜻이다. 공자는 다음과 같이 말한 것이니, 내가 하나라 때의 예를 설명할 수 있지만, 하나라의 예를 시행하고 있는 나라에서 그것을 도와 완성해야만 한다. 그런데 기나라는 비록 하나의 예를 시행하고 있지만, 그 나라의 군주는 우둔하고 나약하여, 그것을 도와서 완성시키기에 부족하다.

孔疏 ●"吾學殷禮, 有宋存焉"者, 宋行殷禮, 故云"有宋存焉". 但宋君暗弱, 欲其贊明殷禮, 亦不足可成. 故論語云: "宋不足徵也." 此云"杞不足徵", 卽宋亦不足徵. 此云"有宋存焉", 則杞亦存焉. 互文見義.

번역 ●經文: "吾學殷禮, 有宋存焉". ○송나라는 은나라의 예를 시행하고 있다. 그렇기 때문에 "송나라에 보존된 것이 있다."라고 했다. 다만 송나라의 군주는 우둔하고 나약하니, 은나라의 예를 도와 나타내고자 하더라도 또한 완성시키기에는 부족하다. 그러므로 『논어』에서는 "송나라는 밝히기에 부족하다."[2]라고 말한 것이다. 이곳에서는 "기나라는 밝히기에 부족하

---

2) 『논어』「팔일(八佾)」: 子曰, "夏禮吾能言之, 杞不足徵也, 殷禮吾能言之, 宋不足徵也. 文獻不足故也. 足則吾能徵之矣."

다.”라고 했으니, 송나라 또한 밝히기에 부족하다는 뜻이 된다. 그리고 이곳에서는 “송나라에 보존된 것이 있다.”라고 했으니, 기나라에도 또한 보존된 것이 있는 것이다. 이것은 상호 그 뜻을 드러내도록 기록한 문장이다.

孔疏 ●“吾學周禮, 今用之, 吾從周”者, 旣杞·宋二國不足明, 己當不復行前代之禮, 故云“吾從周”. 按趙商問: 孔子稱“吾學周禮, 今用之, 吾從周”, 檀弓云“今丘也, 殷人也”, 兩楹奠殯哭師之處, 皆所法於殷禮, 未必由周, 而云“吾從周”者, 何也? 鄭答曰: “今用之者, 魯與諸侯皆用周之禮法, 非專自施於己. 在宋冠章甫之冠, 在魯衣逢掖之衣, 何必純用之? ‘吾從周’者, 言周禮法最備, 其爲殷·周事豈一也?” 如鄭此言, 諸侯禮法則從周, 身之所行雜用殷禮也.

번역 ●經文: “吾學周禮, 今用之, 吾從周”. ○이미 기나라와 송나라는 밝히기에 부족하다고 했는데, 본인도 마땅히 이전 시대의 예를 다시 시행해서는 안 되므로, “나는 주나라를 따른다.”라고 했다. 조상[3]이 질문한 내용을 살펴보면, 공자는 “나는 주나라의 예를 배웠고, 현재 그것을 따르고 있으니, 나는 주나라를 따르겠다.”라고 했는데, 『예기』「단궁(檀弓)」편에서는 “나는 은나라 사람이다.”[4]라고 하여, 양쪽 기둥 사이에 전제사[5]를 지내고 스승에게 곡을 하는 자리에 빈소를 마련했으니, 이 모두는 은나라의 예법에 따른 것이며, 주나라의 예에 따랐다고 볼 수 없는데도, “나는 주나라를 따른다.”라고 말한 것은 어째서입니까? 정현은 대답을 하며, “현재 사용한다고 한 말은 노나라와 다른 나라의 제후들이 모두 주나라의 예법을 따르고 있다는 뜻이며, 전적으로 자신이 시행하는 것만을 뜻하는 것이 아니다.

---

3) 조상(趙商, ?~?): 정현(鄭玄)의 제자이다. 자(字)는 자성(子聲)이다. 하내(河內) 지역 출신이다.

4) 『예기』「단궁상(檀弓上)」【85a】: 夫子曰, “賜! 爾來何遲也? 夏后氏殯於東階之上, 則猶在阼也. 殷人殯於兩楹之間, 則與賓主夾之也. 周人殯於西階之上, 則猶賓之也. 而丘也, 殷人也. 予疇昔之夜, 夢坐奠於兩楹之間. 夫明王不興, 而天下其孰能宗予? 予殆將死也!” 蓋寢疾七日而沒.

5) 전제(奠祭)는 죽은 자 및 귀신들에게 음식을 헌상하는 제사이다. 상례(喪禮)를 치를 때, 빈소를 차리고 나면, 매일 아침과 저녁에 음식을 바치며 제사를 지내게 되는데, ‘전제’는 주로 이러한 제사를 뜻한다.

송나라에서는 장보(章甫)의 관을 쓰고, 노나라에서는 소매를 넓게 한 의복을 착용하는데, 어찌 반드시 모든 것을 주나라의 도에 따른다고 하겠는가? '나는 주나라를 따른다.'라고 한 말은 주나라의 예법이 가장 잘 갖춰져 있다는 뜻인데, 은나라의 예법에 따른 일과 주나라의 예법에 따른 일을 어찌 동일시 할 수 있겠는가?"라고 했다. 이와 같은 정현의 말대로라면, 제후들이 따르는 예법은 주나라의 예를 따른 것이며, 공자 본인이 시행했던 것에는 은나라의 예를 따르는 것도 섞여 있었던 것이다.

集註 此又引孔子之言. 杞, 夏之後. 徵, 證也. 宋, 殷之後. 三代之禮, 孔子皆嘗學之而能言其意; 但夏禮旣不可考證, 殷禮雖存, 又非當世之法, 惟周禮乃時王之制, 今日所用. 孔子旣不得位, 則從周而已.

번역 이 문장 또한 공자의 말을 인용한 것이다. 기나라는 하나라의 후손국이다. '징(徵)'자는 "증명하다[證]."는 뜻이다. 송나라는 은나라의 후손국이다. 삼대의 예에 대해서 공자는 모든 것들을 일찍이 공부하여 그 의미를 말할 수 있었다. 다만 하나라의 예는 이미 고증할 수 없고, 은나라의 예는 비록 남아 있지만, 또한 당시에 사용하는 예법이 아니며, 오직 주나라의 예법만이 당시의 천자가 제정한 것이고, 현재도 사용하는 것이다. 공자는 이미 지위를 얻지 못했으니, 주나라의 예를 따랐을 뿐이다.

集註 右第二十八章. 承上章爲下不倍而言, 亦人道也.

번역 여기까지는 제 28장이다. 앞 장에서 "아랫자리에 있게 되면 배반하지 않는다."고 한 말을 이어서 말한 것이니, 이 또한 인도를 말하고 있다.

참고 구문비교

출 처	내 용
『禮記』「中庸」	吾說夏禮, 杞不足徵也.
『禮記』「禮運」	我欲觀夏道, 是故之杞, 而不足徵也, 吾得夏時焉.
『論語』「八佾」	夏禮吾能言之, 杞不足徵也.
『禮記』「中庸」	吾學殷禮, 有宋存焉.
『禮記』「禮運」	我欲觀殷道, 是故之宋, 而不足徵也, 吾得坤乾焉.
『論語』「八佾」	殷禮吾能言之, 宋不足徵也. 文獻不足故也. 足則吾能徵之矣.

참고 구문비교

출 처	내 용
『禮記』「中庸」	吾學周禮, 今用之, 吾從周.
『禮記』「檀弓上」	殷已愨, 吾從周.
『禮記』「坊記」	死, 民之卒事也, 吾從周.
『論語』「八佾」	周監於二代, 郁郁乎文哉! 吾從周.
『孔子家語』「曲禮子夏問」	死, 人卒事也, 殷以愨, 吾從周.

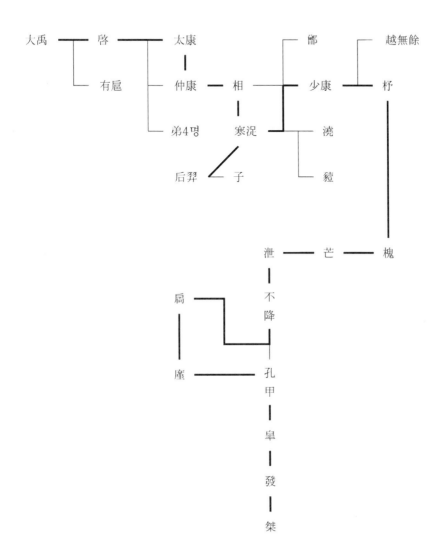

그림 28-1 ◼ 하(夏)나라 세계도(世系圖)

※ **출처**: 『역사(繹史)』 1권 「역사세계도(繹史世系圖)」

그림 28-2 ◪ 기(杞)나라 세계도(世系圖)

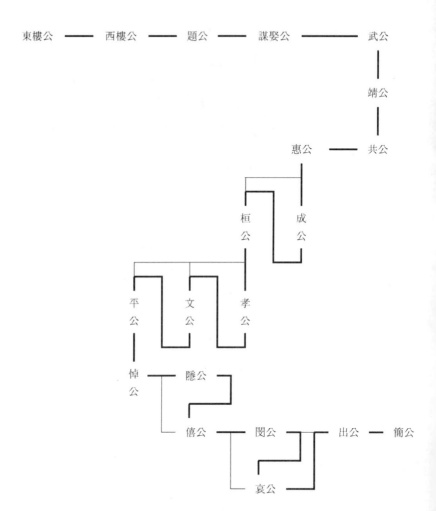

그림 28-3 ◼ 은(殷)나라 세계도(世系圖)

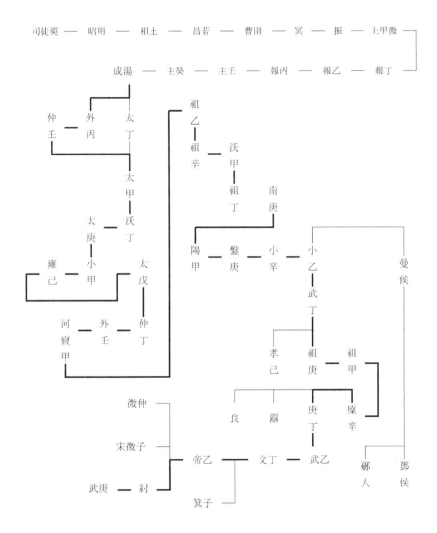

※ 출처:『역사(繹史)』1권「역사세계도(繹史世系圖)」

● 그림 28-4 ■ 송(宋)나라 세계도(世系圖)

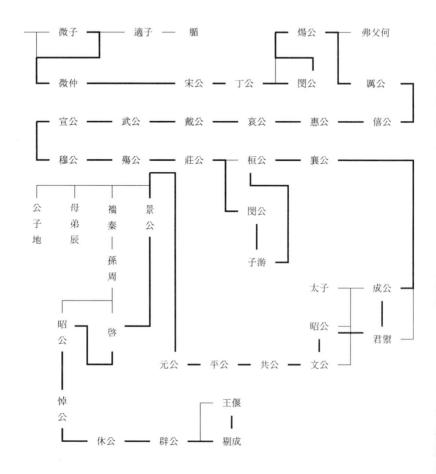

※ 출처: 『역사(繹史)』 1권 「역사세계도(繹史世系圖)」

그림 28-5 ◼ 장보(章甫)

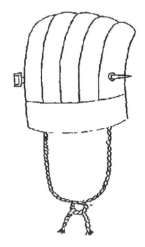
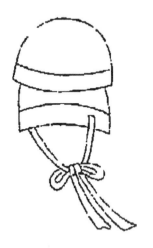

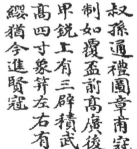

綏猶今進賢冠
高四寸象笄左右有
甲銳上有三辟積武
制如覆盃前高廣後
叔孫通禮圖章甫冠

※ **출처**: 좌-『주례도설(周禮圖說)』하권
　　　　　 우-『삼례도집주(三禮圖集注)』3권

• 제 29 장 •

【1701上~下】

"王天下有三重焉, 其寡過矣乎!"

직역 "天下를 王함에는 三重이 有하니, 그 過가 寡할 것이다!"

의역 공자가 계속하여 말하길, "천하를 통치하는 자에게 있어서 세 가지 중요한 것이 있으니, 삼대(三代) 때의 예(禮)로, 그것을 시행할 수 있다면 과실이 적을 것이다."라고 했다.

鄭注 "三重", 三王之禮.

번역 '삼중(三重)'은 삼왕(三王)[1] 때의 예를 뜻한다.

釋文 王, 于況反, 又如字.

번역 '王'자는 '于(우)'자와 '況(황)'자의 반절음이며, 또한 글자대로 읽기도 한다.

孔疏 ●"王天下有三重焉, 其寡過矣乎", 言爲君王有天下者, 有三種之重

---

1) 삼왕(三王)은 하(夏), 은(殷), 주(周) 삼대(三代)의 왕을 뜻한다. 『춘추곡량전』 「은공(隱公) 8年」편에는 "盟詛不及三王."이라는 기록이 있고, 이에 대한 범녕(範寧)의 주에서는 '삼왕'을 하나라의 우(禹), 은나라의 탕(湯), 주나라의 무왕(武王)을 지칭한다고 풀이했다. 그리고 『맹자』「고자하(告子下)」편에는 "五霸者, 三王之罪人也."이라는 기록이 있고, 이에 대한 조기(趙岐)의 주에서는 '삼왕'을 범녕의 주장과 달리, 주나라의 무왕 대신 문왕(文王)을 지칭한다고 풀이했다.

焉, 謂夏·殷·周三王之禮, 其事尊重, 若能行之, 寡少於過矣.

번역 ●經文: "王天下有三重焉, 其寡過矣乎". ○군왕이 되어 천하를 소유한 자에게는 세 가지 중요한 것이 있으니, 하·은·주 등 삼왕의 예법을 뜻하는 것으로, 그 사안이 존귀하고 중대하므로 만약 그것을 시행할 수 있다면, 과실을 적게 할 수 있다는 의미이다.

集註 呂氏曰: 三重, 謂議禮·制度·考文. 惟天子得以行之, 則國不異政, 家不殊俗, 而人得寡過矣.

번역 여씨가 말하길, '삼중(三重)'은 예를 의논하는 것, 제도를 만드는 것, 문장을 상고하는 것을 뜻한다. 오직 천자만이 이러한 것들을 시행할 수 있다면, 제후국에서는 정사를 달리하지 않고, 대부의 가(家)에서도 풍속을 달리하지 않아서, 사람들은 과실을 적게 할 수 있다.

【1701下】

"上焉者, 雖善無徵, 無徵不信, 不信, 民弗從. 下焉者, 雖善不尊, 不尊不信, 不信, 民弗從."

직역 "上한 者가 雖히 善이라도 徵이 無하니, 徵이 無라면 不信하고, 不信하면, 民이 從을 弗한다. 下한 者가 雖히 善이라도 不尊하니, 不尊하면 不信하고, 不信하면, 民이 從을 弗한다."

의역 공자가 계속하여 말하길, "군주가 비록 선을 시행하더라도 나타냄이 없으니, 나타냄이 없다면 믿지 않고, 믿지 않는다면 백성들이 따르지 않는다. 신하가 비록 선을 시행하더라도 군주를 존경하지 않으니, 존경하지 않는다면 믿지 않고, 믿지 않는다면 백성들이 따르지 않는다."라고 했다.

鄭注 上, 謂君也. 君雖善, 善無明徵, 則其善不信也. 下, 謂臣也. 臣雖善, 善而不尊君, 則其善亦不信也. 徵或爲"證".

번역 '상(上)'자는 군주를 뜻한다. 군주가 비록 선하더라도 선함에 있어서 밝게 나타냄이 없다면 그 선함을 믿지 않는다. '하(下)'자는 신하를 뜻한다. 신하가 비록 선하더라도 선하면서 군주를 존숭하지 않는다면, 그 선함 또한 믿지 않는다. '정(徵)'자를 다른 판본에서는 '증(證)'자로 기록하기도 한다.

孔疏 ●"上焉者, 雖善無徵, 無徵不信, 不信, 民弗從", 上, 謂君也, 言爲君雖有善行, 無分明徵驗, 則不信著於下, 旣不信著, 則民不從.

번역 ●經文: "上焉者, 雖善無徵, 無徵不信, 不信, 民弗從". ○'상(上)'자는 군주를 뜻하니, 군주의 지위에 오른 자가 비록 선행을 실천하더라도 분명하게 드러냄이 없다면, 아랫사람에게 믿음을 줄 수 없고, 이미 믿음을 줄 수 없다면 백성들이 따르지 않는다는 의미이다.

孔疏 ●"下焉者, 雖善不尊, 不尊²⁾不信, 不信, 民弗從", 下, 謂臣也, 言臣所行之事, 雖有善行而不尊, 不尊敬於君, 則善不信著於下, 旣不信著, 則民不從, 故下云"徵諸庶民", 謂行善須有徵驗於庶民也. 皇氏云"無徵, 謂無符應之徵", 其義非也.

번역 ●經文: "下焉者, 雖善不尊, 不尊不信, 不信, 民弗從". ○'하(下)'자는 신하를 뜻하니, 신하가 시행한 일들 중 비록 선한 행실이 있더라도 존경하지 않으니, 군주를 존경하지 않는다면, 그 선함은 아랫사람에게 믿음을 줄 수 없고, 이미 믿음을 줄 수 없다면 백성들이 따르지 않는다는 뜻이다.

---

2) '부존(不尊)'에 대하여. 이 두 글자는 본래 없던 글자인데, 완원(阮元)의 『교감기(校勘記)』에서는 "『민본(閩本)』·『명감본(明監本)』·『모본(毛本)』에는 '불신(不信)'이라는 글자 앞에 '부존'이라는 두 글자가 기록되어 있으니, 이곳 판본에는 잘못하여 누락된 것이다."라고 했다.

그렇기 때문에 아래문장에서는 "백성들에게 징험한다."라고 한 것이니, 선을 시행하면 백성들에게 징험함이 있어야 한다는 의미이다. 황간은 "'무징(無徵)'은 부응의 징조가 없다는 뜻이다."라고 했는데, 잘못된 주장이다.

集註 上焉者, 謂時王以前, 如夏·商之禮雖善, 而皆不可考. 下焉者, 謂聖人在下, 如孔子雖善於禮, 而不在尊位也.

번역 '상언(上焉)'은 당시 제왕 이전 시대를 뜻하니, 예를 들어 하나라와 은나라의 예가 비록 선하더라도 이 모두를 상고할 수 없는 경우와 같다. '하언(下焉)'은 성인이 아랫자리에 있는 것을 뜻하니, 예를 들어 공자가 비록 예에 대해서 잘 알고 있었지만 존귀한 지위에 있지 않았던 경우와 같다.

【1701下】

"故君子之道, 本諸身, 徵諸庶民, 考諸三王而不繆, 建諸天地而不悖, 質諸鬼神而無疑, 百世以俟聖人而不惑. '質諸鬼神而無疑', 知天也. '百世以俟聖人而不惑', 知人也."

직역 "故로 君子의 道는 身에게 本하고, 庶民에게 徵하니, 三王에서 考하더라도 不繆하고, 天地에 建하더라도 不悖하며, 鬼神에게 質하더라도 疑가 無하며, 百世하여 聖人을 俟하더라도 不惑한다. '鬼神에게 質하더라도 疑가 無하다.'는 天을 知함이다. '百世하여 聖人을 俟하더라도 不惑한다.'는 人을 知함이다."

의역 공자가 계속하여 말하길, "그러므로 군자의 도는 자신을 통해서 일으키고 백성들에게 드러내야 하니, 삼왕 때와 비교를 하더라도 어긋나지 않고, 천지에 세워보더라도 거스르지 않으며, 귀신을 통해 바름을 따지더라도 의혹됨이 없고, 100세대가 지나서 후세의 성인이 따져보길 기다리더라도 의혹을 품지 않는다. '귀신을 통해 바름을 따지더라도 의혹됨이 없다.'는 말은 하늘의 도를 안다는 뜻이다. '100

세대가 지나서 후세의 성인이 따져보길 기다리더라도 의혹을 품지 않는다.'는 말은
사람의 도를 안다는 뜻이다."라고 했다.

鄭注 知天·知人, 謂知其道也. 鬼神, 從天地者也. 易曰: "故知鬼神之情狀,
與天地相似." 聖人則之, 百世同道. 徵或爲"證".

번역 하늘을 안다는 것과 사람을 안다는 것은 해당하는 도를 안다는 뜻이
다. '귀신(鬼神)'은 천지를 따르는 것이다.『역』에서는 "그러므로 귀신의
실정을 아니, 천지와 더불어 서로 같다."³⁾라고 했다. 성인은 그것을 본받고,
100세대가 지나더라도 도를 동일하게 따른다. '징(徵)'자를 다른 판본에서
는 '증(證)'자로 기록하기도 한다.

釋文 繆音謬. 悖, 布內反, 後同.

번역 '繆'자의 음은 '謬(류)'이다. '悖'자는 '布(포)'자와 '內(내)'자의 반절
음이며, 이후에 나오는 글자도 그 음이 이와 같다.

孔疏 ●"故君子之道"者, 言君臣爲善, 須有徵驗, 民乃順從, 故明之也.

번역 ●經文: "故君子之道". ○군주와 신하가 선을 시행하면 징험을 할
필요가 있으니, 그래야만 백성들이 곧 순종하게 된다. 그렇기 때문에 그것
을 나타내는 것이다.

孔疏 ●"本諸身"者, 言君子行道, 先從身起, 是"本諸身"也.

번역 ●經文: "本諸身". ○군자가 도를 시행할 때에는 우선적으로 자신
을 통해서 일으킨다는 뜻이다. 이것은 "자신에게 근본을 둔다."는 말에 해
당한다.

---

3)『역』「계사상(繫辭上)」: 是故知鬼神之情狀. 與天地相似, 故不違, 知周乎萬物而
道濟天下, 故不過, 旁行而不流, 樂天知命, 故不憂, 安土敦乎仁, 故能愛.

孔疏 ●"徵諸庶民"者, 徵, 驗也; 諸, 於也. 謂立身行善, 使有徵驗於庶民. 若晉文公出定襄王, 示民尊上也; 伐原, 示民以信之類也.

번역 ●經文: "徵諸庶民". ○'징(徵)'자는 "징험하다[驗]."는 뜻이며, '저 (諸)'자는 어(於)자의 뜻이다. 즉 자신을 확립하고 선을 시행하여 백성들에 게 징험함이 있도록 해야 한다는 뜻이다. 예를 들어 진(晉)나라 문공(文公) 이 군대를 이끌고 출정하여 양왕(襄王)을 수도로 돌려보내 백성들에게 윗 사람을 존경해야 함을 보여준 것이나 문공이 원(原)나라를 정벌하여, 백성 들에게 신의를 보여주었던 부류와 같다.

孔疏 ●"考諸三王而不繆"者, 繆, 亂也. 謂己所行之事, 考校與三王合同, 不有錯繆也.

번역 ●經文: "考諸三王而不繆". ○'유(繆)'자는 "어지럽다[亂]."는 뜻이 다. 즉 자신이 시행했던 사안을 삼왕(三王) 때와 비교하여 고찰해보면 합치 되고 동일하여 어긋나는 점이 없다는 뜻이다.

孔疏 ●"建諸天地而不悖"者, 悖, 逆也. 言己所行道, 建達於天地, 而不有 悖逆, 謂與天地合也.

번역 ●經文: "建諸天地而不悖". ○'패(悖)'자는 "거스르다[逆]."는 뜻이 다. 즉 자신이 시행했던 도를 천지에 세우고 두루 통하게 해도 어긋나는 점이 없다는 뜻이니, 천지와 합한다는 의미이다.

孔疏 ●"質諸鬼神而無疑, 知天也"者, 質, 正也. 謂己所行之行, 正諸鬼神 不有疑惑, 是識知天道也. 此鬼神, 是陰陽七八·九六之鬼神生成萬物者. 此是 天地所爲, 既能質正陰陽, 不有疑惑, 是識知天道也.

번역 ●經文: "質諸鬼神而無疑, 知天也". ○'질(質)'자는 "바로잡다[正]." 는 뜻이다. 즉 자신이 시행했던 행실을 귀신을 통해 바름을 따지더라도 의

혹될 것이 없다는 의미이니, 이것은 하늘의 도를 안다는 뜻이다. 여기에서 말한 '귀신(鬼神)'은 음양의 7·8과 9·6에 따른 귀신으로 만물을 생성하는 것이다. 이것은 천지가 시행하는 일인데, 이미 음양을 통해 바름을 따져서 의혹됨이 없을 수 있으니, 이것은 하늘의 도를 아는 것이다.

孔疏 ●"百世以俟聖人而不惑, 知人也"者, 以聖人身有聖人之德, 垂法於後, 雖在後百世, 亦堪俟待後世[4]之聖人, 其道不異, 故云"知人也".

번역 ●經文: "百世以俟聖人而不惑, 知人也". ○성인 본인에게는 성인다운 덕이 갖춰져 있어서, 후세에 법도를 드리우는데, 비록 이후 100세대가 지나더라도 또한 후세의 성인을 기다릴 수 있으니, 그 도에 차이가 없기 때문에 "사람을 안다."라고 했다.

孔疏 ◎注"知天"至"同道". ○正義曰: 以經云知天·知人, 故鄭引經總結之. 云"知其道"者, 以天地陰陽, 生成萬物, 今能正諸陰陽鬼神而不有疑惑, 是知天道也. 以聖人之道, 雖相去百世, 其歸一揆, 今能百世以待聖人而不有疑惑, 是知聖人之道. 云"鬼神從天地者也", 解所以質諸鬼神之德·知天道之意, 引易曰"故知鬼神之情狀, 與天地相似"者, 證鬼神從天地之意. 按易·繫辭云"精氣爲物, 游魂爲變." 鄭云: "木火之神生物, 金水之鬼成物." 以七八之神生物, 九六之鬼成物, 是鬼神以生成爲功, 天地亦以生成爲務, 是鬼神之狀與天地相似. 云"聖人則之, 百世同道"者[5], 解經知人之道, 以前世聖人旣能垂法以俟待後世聖人, 是識知聖人之道百世不殊, 故"聖人則之, 百世同道"也.

번역 ◎鄭注: "知天"~"同道". ○경문에서는 하늘을 안다고 했고 사람

---

4) '세(世)'자에 대하여. '세'자는 본래 '세세(世世)'로 기록되어 있었는데, 완원 (阮元)의 『교감기(校勘記)』에서는 "『고문(考文)』에서 인용하고 있는 송나라 때의 판본에서는 '세'자가 중복되어 있지 않다."라고 했다.

5) '자(者)'자에 대하여. '자'자는 본래 없던 글자인데, 완원(阮元)의 『교감기(校勘記)』에서는 "혜동(惠棟)의 『교송본(校宋本)』에는 '자'자가 기록되어 있다."라고 했다.

을 안다고 했다. 그렇기 때문에 정현이 경문을 인용해서 총괄적으로 결론
을 맺은 것이다. 정현이 "그 도를 안다는 뜻이다."라고 했는데, 천지와 음양
은 만물을 생성하는데, 현재 음양과 귀신을 통해 바름을 따져서 의혹됨이
없을 수 있으니, 이것은 하늘의 도를 아는 것에 해당한다. 그리고 성인의
도는 비록 100세대가 지나더라도 동일한 이치로 귀의하니, 현재 100세대가
지나 후대의 성인을 기다리더라도 의혹됨이 없을 수 있으며, 이것은 성인
의 도를 아는 것에 해당한다. 정현이 "'귀신(鬼神)'은 천지를 따르는 것이
다."라고 했는데, 귀신의 덕에 질정하고, 천도를 안다는 뜻을 풀이한 것이
며, 『역』에서 "그러므로 귀신의 실정을 아니, 천지와 더불어 서로 같다."라
고 한 말을 인용한 것은 귀신이 천지를 따른다는 뜻을 증명하기 위한 것이
다. 『역』「계사전(繫辭傳)」을 살펴보면, "정기가 사물이 되고 떠도는 혼(魂)
은 변(變)이 된다."[6]라고 했고, 정현은 "목(木)과 화(火)를 관장하는 신(神)
은 만물을 태어나게 하고, 금(金)과 수(水)를 관장하는 귀(鬼)는 만물을 완
성시킨다."라고 했다. 즉 7·8에 해당하는 신(神)은 만물을 태어나게 하고,
9·6에 해당하는 귀(鬼)는 만물을 완성시키니, 이것은 귀신이 태어나게 하고
완성시키는 것을 공덕으로 삼고, 천지 또한 태어나게 하고 완성시키는 것
을 임무로 여긴다는 뜻으로, 귀신의 실정이 천지와 더불어 서로 같다는 의
미이다. 정현이 "성인은 그것을 본받고, 100세대가 지나더라도 도를 동일하
게 따른다."라고 했는데, 경문에서 사람의 도를 안다고 했던 뜻을 풀이한
것으로, 이전 세대의 성인은 이미 법도를 드리워서 후세의 성인을 기다릴
수 있으니, 이것은 성인의 도가 100세대가 지나더라도 달라지지 않음을 아
는 것이다. 그렇기 때문에 "성인은 그것을 본받고, 100세대가 지나더라도
도를 동일하게 따른다."라고 말한 것이다.

集註 此君子, 指王天下者而言. 其道, 卽議禮·制度·考文之事也. 本諸身,
有其德也. 徵諸庶民, 驗其所信從也. 建, 立也, 立於此而參於彼也. 天地者, 道

---

6) 『역』「계사상(繫辭上)」: 易與天地準, 故能彌綸天地之道. 仰以觀於天文, 俯以
　察於地理, 是故知幽明之故, 原始反終, 故知死生之說, 精氣爲物, 遊魂爲變.

也. 鬼神者, 造化之迹也. 百世以俟聖人而不惑, 所謂聖人復起, 不易吾言者也.

번역 여기에서 말한 '군자(君子)'는 천하에 왕노릇하는 군왕을 가리켜서 한 말이다. 그 도는 바로 예를 의논하고 법도를 제정하며 문자를 상고하는 일에 해당한다. 자신에게 근본을 둔다는 말은 해당하는 덕을 갖추고 있다는 뜻이다. 백성들에게 징험한다는 말은 믿고 따르는 것을 징험한다는 뜻이다. '건(建)'자는 "세우다[立]."는 뜻이니, 여기에 세우고 저기에 참여하는 것이다. '천지(天地)'는 도(道)에 해당한다. '귀신(鬼神)'은 조화가 드러난 자취이다. 100세대가 지나 후대의 성인을 기다려도 의혹하지 않는다는 말은 "성인이 다시 태어나더라도 나의 말을 바꾸지 않는다."[7]는 뜻이다.

集註 知天知人, 知其理也.

번역 하늘을 알고 사람을 안다는 말은 해당하는 이치를 안다는 뜻이다.

【1701下】

"是故君子動而世爲天下道, 行而世爲天下法, 言而世爲天下則. 遠之則有望, 近之則不厭."

직역 "是故로 君子는 動하여 世히 天下의 道가 爲하고, 行하여 世히 天下의 法이 爲하며, 言하여 世히 天下의 則이 爲한다. 遠하면 望이 有하고, 近하면 不厭한다."

의역 공자가 계속하여 말하길, "이러한 까닭으로 군주가 움직이면 대대로 천하의 도가 되고, 행동하면 대대로 천하의 법도가 되며, 말하면 대대로 천하의 법칙이

---

7) 『맹자』「등문공하(滕文公下)」: 吾爲此懼, 閑先聖之道, 距楊墨, 放淫辭, 邪說者不得作. 作於其心, 害於其事, 作於其事, 害於其政. 聖人復起, 不易吾言矣.

된다. 따라서 멀리 떨어지면 기대함이 생겨나고, 가까이 있더라도 싫증을 내지 않는다."라고 했다.

鄭注 用其法度, 想思若其將來也.

번역 그 법도를 사용하여, 마치 앞으로 도래할 것처럼 생각한다.

釋文 遠如字, 又于萬反. 近如字, 又附近之近. 厭, 於豔反, 後皆同.

번역 '遠'자는 글자대로 읽으며, 또한 '于(우)'자와 '萬(만)'자의 반절음도 된다. '近'자는 글자대로 읽으며, 또한 '부근(附近)'이라고 할 때의 '近'도 된다. '厭'자는 '於(어)'자와 '豔(염)'자의 반절음이며, 이후에 나오는 이 글자는 모두 그 음이 이와 같다.

孔疏 ●"遠之則有望, 近之則不厭"者, 言聖人之道, 爲世法則, 若遠離之則有企望, 思慕之深也. 若附近之則不厭倦, 言人愛之無已.

번역 ●經文: "遠之則有望, 近之則不厭". ○성인의 도는 대대로 법칙이 된다는 뜻이니, 만약 멀리 떨어진다면 기대함이 생기는 것으로, 사모함이 깊은 것이다. 만약 가까이 있다면 싫증을 내지 않으니, 사람들이 친애하길 그치지 않는다는 뜻이다.

集註 動, 兼言行而言. 道, 兼法則而言. 法, 法度也. 則, 準則也.

번역 '동(動)'자는 말과 행동을 겸해서 말한 것이다. '도(道)'는 법도와 법칙을 겸해서 말한 것이다. '법(法)'자는 법도를 뜻한다. '칙(則)'자는 준칙을 뜻한다.

【1701下~1702上】

"詩曰, '在彼無惡, 在此無射, 庶幾夙夜, 以永終譽.' 君子未有不如此而蚤有譽於天下者也."

직역 "詩에서 曰, '彼에 在하면 惡가 無하고, 此에 在하면 射이 無하니, 庶幾히 夙夜하여, 이로써 譽를 永終이라.' 君子는 此와 不如하고도 蚤히 天下에 譽를 有한 者는 未有라."

의역 공자가 계속하여 말하길, "『시』에서 '저기에 있으면 미워하는 자가 없고, 여기에 있으면 싫어하는 자가 없으니, 아침 일찍부터 밤늦게까지 시행하여, 이로써 명예를 길이 마친다.'라고 했으니, 군자 중에는 이처럼 하지 못하고서 일찍이 천하 사람들에게 명예를 얻었던 자가 없었다."라고 했다.

鄭注 射, 厭也. 永, 長也.

번역 '역(射)'자는 "싫어하다[厭]."는 뜻이다. '영(永)'자는 "길다[長]."는 뜻이다.

釋文 射音亦, 注同. 蚤音早.

번역 '射'자의 음은 '亦(역)'이며, 정현의 주에 나오는 글자도 그 음이 이와 같다. '蚤'자의 음은 '무(조)'이다.

孔疏 ●"詩云: 在彼無惡, 在此無射, 庶幾夙夜, 以永終譽", 此引周頌·振鷺之篇, 言微子來朝, 身有美德, 在彼宋國之內, 民無惡之, 在此來朝, 人無厭倦. 故庶幾夙夜, 以長永終竟美善聲譽. 言君子之德亦能如此, 故引詩以結成之.

번역 ●經文: "詩云: 在彼無惡, 在此無射, 庶幾夙夜, 以永終譽". ○이것은 『시』「주송(周頌)·진로(振鷺)」편을 인용한 것이니,[8] 미자가 찾아와서 조

회를 했는데, 본인에게 아름다운 덕이 있어서 저 송나라에 있으면 백성들 중에 그를 미워하는 자가 없고, 이곳에 찾아와서 조회를 하면 사람들 중 싫어하는 자가 없다. 그러므로 일찍 일어나고 밤늦게 자서 아름답고 선한 명예를 길이 끝맺는다는 뜻이다. 즉 군자의 덕 또한 이와 같을 수 있기 때문에 『시』를 인용해서 결론을 맺은 것이다.

孔疏 ●"君子未有不如此而蚤有譽於天下者也", 言欲蚤有名譽會須如此, 未嘗有不行如此而蚤得有聲譽者也.

번역 ●經文: "君子未有不如此而蚤有譽於天下者也". ○일찍부터 명예를 갖추고자 한다면 이와 같이 해야 하니, 일찍이 이처럼 시행하지 않고서 명예를 얻었던 자가 없었다는 뜻이다.

集註 詩周頌振鷺之篇. 射, 厭也. 所謂此者, 指本諸身以下六事而言.

번역 이 시는 『시』「주송(周頌)·진로(振鷺)」편이다. '역(射)'자는 "싫어하다[厭]."는 뜻이다. 이른바 이것이라는 말은 "자신에게 근본을 둔다."라는 말로부터 그 이하의 여섯 가지 사안을 가리켜서 한 말이다.

集註 右第二十九章. 承上章居上不驕而言, 亦人道也.

번역 여기까지는 제 29장이다. 앞 장에서 윗자리에 있으면 교만하지 않는다는 뜻을 이어서 말한 것이니, 또한 인도에 해당한다.

참고 『시』「주송(周頌)·진로(振鷺)」

振鷺于飛, (진로우비) : 떼 지어 다니는 백로가 이에 날아드니,

---

8) 『시』「주송(周頌)·진로(振鷺)」 : 振鷺于飛, 于彼西雝. 我客戾止, 亦有斯容. 在彼無惡, 在此無斁. 庶幾夙夜, 以永終譽.

于彼西雝. (우피서옹) : 저 서쪽 못에 이르도다.

我客戾止, (아객려지) : 우리 손님이 찾아오니,

亦有斯容. (역유사용) : 또한 이러한 자태가 있도다.

在彼無惡, (재피무오) : 저기에 있어도 미워하는 자가 없고,

在此無斁. (재차무두) : 여기에 있어도 싫어하는 자가 없구나.

庶幾夙夜, (서기숙야) : 거의 밤낮으로 노력하여,

以永終譽. (이영종예) : 아름다운 명예를 길이 마치는구나.

毛序   振鷺, 二王之後來助祭也.

모서   「진로(振鷺)」편은 하나라와 은나라 왕조의 후예가 찾아와서 제사
를 돕는 것을 노래한 시이다.

제 30 장

【1703下~1704上】

仲尼祖述堯舜, 憲章文武, 上律天時, 下襲水土.

직역 仲尼는 堯舜을 祖述하고, 文武를 憲章하며, 上으로는 天時를 律하고, 下로는 水土를 襲이라.

의역 공자는 요와 순임금의 도를 조술하고, 문왕과 무왕의 법도를 본받아 드러냈으며, 위로는 천시를 서술하고, 아래로는 제후국의 일들을 기술하였다.

鄭注 此以春秋之義說孔子之德. 孔子曰: "吾志在春秋, 行在孝經." 二經固足以明之, 孔子所述堯·舜之道而制春秋, 而斷以文王·武王之法度. 春秋傳曰: "君子曷爲爲春秋? 撥亂世, 反諸正, 莫近諸春秋. 其諸君子樂道堯舜之道與? 末不亦樂乎堯舜之知君子也." 又曰: "是子也, 繼文王之體, 守文王之法度. 文王之法無求而求, 故譏之也." 又曰: "王者孰謂? 謂文王也." 此孔子兼包堯·舜·文·武之盛德而著之春秋, 以俟後聖者也. 律, 述也. 述天時, 謂編年, 四時具也. 襲, 因也. 因水土, 謂記諸夏之事, 山川之異.

번역 이 문장은 『춘추』의 뜻에 따라 공자의 덕을 설명한 것이다. 공자는 "나의 뜻은 『춘추』에 수록되어 있고, 행실은 『효경』에 수록되어 있다."라고 했다. 두 경전은 진실로 공자를 나타내기에 충분한데, 공자는 요와 순임금의 도를 조술하여 『춘추』를 정리하고, 문왕과 무왕의 법도에 따라 판단을 했다. 『춘추전』에서는 "공자는 어찌하여 『춘추』를 지었는가? 난세를 다스리고 바른 곳으로 되돌리는 데에는 『춘추』만한 것이 없다. 공자는 요와 순임금의 도를 조술하길 왜 좋아했는가? 후대의 성인인 공자 또한 요와 순임금이 후대에 군자가 나타날 것을 알아보았던 것을 좋아하지 않았겠는가?"[1]

라고 했다. 또 "왕위를 계승한 그 아들은 문왕의 본체를 계승하고, 문왕의 법도를 지켜야 한다. 문왕의 법도에 따르면 금을 구해서는 안 되는데도 구했기 때문에 기롱을 한 것이다."[2]라고 했다. 또 "왕(王)이란 누구를 뜻하는가? 문왕을 가리킨다."[3]라고 했다. 이것은 공자가 요와 순임금, 문왕과 무왕의 융성한 덕을 포괄하여 『춘추』를 저술하고, 후대의 성인을 기다렸음을 나타낸다. '율(律)'자는 "서술하다[述]."는 뜻이다. 천시를 서술한다는 말은 사료를 연도에 따라 차례대로 기술하고, 사계절을 순서에 따라 갖춘다는 뜻이다.[4] '습(襲)'자는 "~에 따른다[因]."는 뜻이다. 수(水)와 토(土)에 따른다는 말은 각 제후국들에게 발생한 일들과 산천의 차이에 대해서 기술했다는 뜻이다.

釋文 行, 下孟反. 斷, 丁亂反. 曷爲, 于僞反. 以, 如字. 撥, 生末反. 近, 附近之近, 又如字. 與音餘. 編, 必縣反, 又甫連反.

번역 '行'자는 '下(하)'자와 '孟(맹)'자의 반절음이다. '斷'자는 '丁(정)'자와 '亂(란)'자의 반절음이다. '曷爲'에서의 '爲'자는 '于(우)'자와 '僞(위)'자의 반절음이다. '以'자는 글자대로 읽는다. '撥'자는 '生(생)'자와 '末(말)'자의 반절음이다. '近'자는 '부근(附近)'이라고 할 때의 '近'자이며, 또한 글자대로 읽기도 한다. '與'자의 음은 '餘(여)'이다. '編'자는 '必(필)'자와 '縣(현)'자의 반절음이며, 또한 '甫(보)'자와 '連(련)'자의 반절음도 된다.

---

1) 『춘추공양전』「애공(哀公) 14년」: 君子曷爲爲春秋. 撥亂世. 反諸正, 莫近諸春秋. 則未知其爲是與, 其諸君子樂道堯舜之道與. 末不亦樂乎堯舜之知君子也. 制春秋之義, 以俟後聖. 以君子之爲, 亦有樂乎此也.

2) 『춘추공양전』「문공(文公) 9년」: 毛伯來求金, 何以書, 譏, 何譏爾, 王者無求. 求金, 非禮也, 然則是王者與. 曰, 非也, 非王者, 則曷爲謂之王者, 王者無求, 曰, 是子也. 繼文王之體, 守文王之法度, 文王之法無求, 而求, 故譏之也.

3) 『춘추공양전』「은공(隱公) 1년」: 元年, 春, 王正月. 元年者何? 君之始年也. 春者何? 歲之始也. 王者孰謂? 謂文王也.

4) 『춘추공양전』「은공(隱公) 6년」: 首時過, 則何以書? 春秋編年, 四時具, 然後爲年.

孔疏 ●"仲尼"至"以色". ○正義曰: 此一節明子思申明夫子之德, 與天地相似堪以配天地而育萬物, 傷有聖德無其位也. 今各隨文解之.

번역 ●經文: "仲尼"~"以色". ○이곳 문단은 자사가 공자의 덕이 천지와 비슷하여 천지에 짝하고 만물을 생육시킬 수 있음을 거듭 나타내고, 성인의 덕을 갖추고 있었음에도 지위가 없었음을 상심한 것이다. 현재 각각의 문장에 따라서 풀이하겠다.

孔疏 ●"仲尼祖述堯舜"者, 祖, 始也. 言仲尼祖述始行堯·舜之道也.

번역 ●經文: "仲尼祖述堯舜". ○'조(祖)'자는 처음[始]이라는 뜻이다. 즉 공자가 요와 순임금의 도를 조술하여 처음으로 시행했다는 의미이다.

孔疏 ●"憲章文武"者, 憲, 法也; 章, 明也. 言夫子發明文·武之德.

번역 ●經文: "憲章文武". ○'헌(憲)'자는 "본받다[法]."는 뜻이며, '장(章)'자는 "밝히다[明]."는 뜻이다. 즉 공자가 문왕과 무왕의 덕을 드러냈다는 의미이다.

孔疏 ●"上律天時"者, 律, 述也. 言夫子上則述行天時, 以與言陰陽時候也.

번역 ●經文: "上律天時". ○'율(律)'자는 "서술하다[述]."는 뜻이다. 즉 공자는 위로 천시를 서술하여, 음양에 따른 기후에 대해서 설명했다는 의미이다.

孔疏 ●"下襲水土"者, 襲, 因也. 下則因襲諸侯之事, 水土所在. 此言子思贊揚聖祖之德, 以仲尼修春秋而有此等之事也.

번역 ●經文: "下襲水土". ○'습(襲)'자는 "~에 따른다[因]."는 뜻이다.

아래로는 제후들의 일과 수(水) 및 토(土)가 소재한 것에 따랐다는 의미이다. 이 문장은 자사가 성인인 조부의 덕을 드러내서, 공자가『춘추』를 정리함에 이러한 일들이 포함되었음을 나타낸 것이다.

孔疏 ◎注“吾志”至“之異”. ○正義曰: “吾志在春秋, 行在孝經”者, 孝經緯文, 言襃貶諸侯善惡, 志在於春秋, 人倫尊卑之行在於孝經. 云“二經固足以明之”者, 此是鄭語, 言春秋·孝經足以顯明先祖述憲章之事. 云“孔子祖述堯舜之道而制春秋”者, 則下文所引公羊傳云“君子樂道堯·舜之道與”, 是也. 云“斷以文王武王之法度”者, 則下文引公羊云“王者孰謂? 謂文王”, 是也. 云“春秋傳曰”至“堯舜之知君子”也. 哀十四年公羊傳文. 引之者, 謂祖述堯·舜之事. “君子曷爲爲春秋”, 曷, 何也; “君子”, 謂孔子. 傳曰“孔子何爲作春秋”, 云“撥亂世, 反諸正, 莫近諸春秋”者, 此傳之文, 答孔子爲春秋之意. 何休云: “撥猶治也.” 言欲治於亂世, 使反歸正道. 莫近, 莫過也. 言餘書莫過於春秋, 言治亂世者, 春秋最近之也. 云“其諸君子樂道堯舜之道與”者, 上“道”, 論道; 下“道”, 謂道德; “與”, 語辭; 言“君子”, 孔子也. 言孔子樂欲論道堯舜之道與也. 云“末不亦樂乎堯舜之知君子也”者, 末謂終末, 謂孔子末, 聖漢之初, 豈不亦愛樂堯·舜之知君子也. 按何休云: “得麟之後, 天下血書魯端門, 曰‘趨作法, 孔聖沒, 周姬亡, 彗東出. 秦政起, 胡破術, 書記散, 孔不絶’. 子夏明日往視之, 血書飛爲赤鳥, 化爲白書.” 漢當秦大亂之後, 故作撥亂之法, 是其事也. 云“又曰是子也, 繼文王之體, 守文王之法度, 文王之法無求而求, 故譏之也”者, 此文九年公羊傳文. 八年天王崩, 謂周襄王也. 九年春, 毛伯來求金, 傳云: “是子繼文王之體, 守文王之法度. 文王之法無求而求, 故譏之.” “是子”, 謂嗣位之王, 在喪未合稱王, 故稱“是子”. 嗣位之王, 守文王之法度. 文王之法度無所求也, 謂三分有二以服事殷. 謂在喪之內, 無合求金之法度, 今遣毛伯來求金, 是“無求而求”也, 故書以譏之. 彼傳云“是子”, 俗本云“子是”者, 誤也. 云“又曰王者孰謂, 謂文王也”, 此隱元年公羊傳文. 按傳云: “元年, 春, 王, 正月. 王者孰謂? 謂文王也.” 武王道同, 擧⁵⁾文王可知也. 云“著之春秋, 以俟後聖者也”, 哀十四

───────────────

5) ‘거(擧)’자에 대하여. ‘거’자는 본래 ‘예(譽)’자로 기록되어 있었는데, 완원(阮

年公羊傳云"制春秋之義, 以俟後聖". 何休云: "待聖漢之王, 以爲法也." 云
"述天時, 謂編年, 四時具也", 按合成圖云: "皇帝立五始, 制以天道." 元命包
云: "諸侯不上奉王之正, 則不得卽位. 正不由王出, 不得爲正. 王不承於天以
制號令, 則無法. 天不得正其元, 則不能成其化也."

번역 ◎鄭注: "吾志"~"之異". ○정현이 "나의 뜻은『춘추』에 수록되어
있고, 행실은『효경』에 수록되어 있다."라고 했는데, 이것은『효경』에 대한
위서(緯書)의 기록으로, 제후들의 선악에 대해서 기리거나 폄하하였는데,
그 뜻은『춘추』에 수록되어 있고, 인륜과 존비에 따른 행실은『효경』에 기
록되어 있다는 뜻이다. 정현이 "두 경전은 진실로 공자를 나타내기에 충분
하다."라고 했는데, 이것은 정현의 말이니,『춘추』와『효경』은 앞서 조술하
고 본받아 밝혔던 일을 나타내기에 충분하다는 뜻이다. 정현이 "공자는 요
와 순임금의 도를 조술하여『춘추』를 정리했다."라고 했는데, 아래문장에
서『공양전』을 인용하여, "공자는 요와 순임금의 도를 조술하길 왜 좋아했
는가?"라고 한 말이 이러한 뜻을 나타낸다. 정현이 "문왕과 무왕의 법도에
따라 판단했다."라고 했는데, 아래문장에서『공양전』을 인용하여, "왕(王)
이란 누구를 뜻하는가? 문왕을 가리킨다."라고 한 말이 이러한 뜻을 나타낸
다. 정현이 "『춘추전』에서 말하길"이라고 한 말로부터 "요와 순임금이 군
자를 알아보았다."라고 한 말까지는 애공(哀公) 14년에 대한『공양전』의
문장이다. 정현이 이 문장을 인용한 것은 요와 순임금의 일들을 조술했음
을 뜻한다. "공자는 어찌하여『춘추』를 지었는가?"라고 했는데, '갈(曷)'자
는 하(何)자의 뜻이며, '군자(君子)'는 공자를 가리킨다.『공양전』의 말은
"공자가 어찌하여『춘추』를 지었는가?"라는 의미이다. "난세를 다스리고
바른 곳으로 되돌리는 데에는『춘추』만한 것이 없다."라고 했는데, 이것은
『공양전』의 문장으로, 공자가『춘추』를 지은 뜻에 대답한 내용이다. 하휴6)

元)의『교감기(校勘記)』에서는 "혜동(惠棟)의『교송본(校宋本)』에는 '예'자가
'거'자로 기록되어 있다."라고 했다.
6) 하휴(何休, A.D.129~A.D.182): 전한(前漢) 때의 금문경학자(今文經學者)이
다. 자(字)는 소공(邵公)이다.『춘추공양전해고(春秋公羊傳解詁)』를 지었으
며,『효경(孝經)』,『논어(論語)』등에 대해서도 주를 달았고,『춘추한의(春秋

는 "발(撥)자는 다스린다는 뜻이다."라고 했다. 즉 난세를 다스려서 바른 도리로 되돌리고자 한다는 뜻이다. '막근(莫近)'은 막과(莫過)라는 뜻이다. 즉 다른 책들 중『춘추』보다 뛰어난 것이 없다는 의미이니, 난세를 다스릴 경우『춘추』가 그 방도에 가장 가깝다는 뜻이다. "공자는 요와 순임금의 도를 조술하길 왜 좋아했는가?"라고 했는데, 앞의 '도(道)'자는 도를 논의한 다는 뜻이며, 뒤의 '도(道)'자는 도와 덕을 가리키고, '여(與)'자는 어조사이 며, '군자(君子)'라고 한 말은 공자를 뜻한다. 즉 공자는 요와 순임금의 도를 논의하길 좋아했다는 뜻이다. "후대의 성인인 공자 또한 요와 순임금이 후 대에 군자가 나타날 것을 알아보았던 것을 좋아하지 않았겠는가?"라고 했 는데, '말(末)'자는 끝을 뜻하니, 공자 말년을 의미하는데, 한고조가 천명을 받았을 때, 어찌 요와 순임금이 군자를 알아본 것을 좋아하지 않았겠느냐 는 의미이다. 하휴의 주를 살펴보면, "기린을 잡은 이후 노나라 남쪽 정문에 혈서가 기록되어, '서둘러 법도를 기술해야 하니, 공자가 죽을 것이고, 주나 라가 멸망할 것이며, 살별이 동쪽에서 출현할 것이다. 진나라의 폭정이 일 어나고 호해가 선왕의 법도를 무너트리며, 법도를 기록한 문서들이 없어질 것이지만 공자가 조술한 것은 없어지지 않을 것이다.'라고 했다. 자하가 다 음날 그곳을 찾아가서 살펴보니, 혈서가 갑자기 날아올라 붉은 새가 되었 고 변화하여 백서가 되었다."라고 했다. 한나라는 진나라의 큰 혼란을 치른 뒤였기 때문에, 난세를 다스리는 법도를 기술하였으니, 바로 그 사안에 해 당한다. "또 말하길, 왕위를 계승한 그 아들은 문왕의 본체를 계승하고, 문 왕의 법도를 지켜야 한다. 문왕의 법도에 따르면 금을 구해서는 안 되는데 도 구했기 때문에 기롱을 한 것이다."라고 했는데, 이것은 문공(文公) 9년에 대한『공양전』의 문장이다. 문공 8년에 천자가 붕어를 했으니, 주나라 양왕 (襄王)을 의미한다. 문공 9년 봄에 모백이 찾아와서 금을 요구하였는데,『 공양전』에서는 "왕위를 계승한 그 아들은 문왕의 본체를 계승하고, 문왕의 법도를 지켜야 한다. 문왕의 법도에 따르면 금을 구해서는 안 되는데도 구 했기 때문에 기롱을 한 것이다."라고 했다. '시자(是子)'는 지위를 계승한

漢議)』를 짓기도 하였다.

천자를 뜻하는데, 아직 상중에 있었으므로 왕(王)이라고 부를 수 없었기 때문에 '시자(是子)'라고 했다. 지위를 계승한 천자는 문왕의 법도를 지켜야 한다. 문왕의 법도에서는 구하는 것이 없었다고 했는데, 천하를 세 등분하여 그 중에서 둘을 가지고 있었음에도 은나라를 섬겼다는 뜻이다. 즉 상중에 있을 때에는 금을 구하는 법도가 없는데, 현재 모백을 파견하여 금을 요구하였으니, 이것은 "구하는 것이 없는데도 구한다."는 뜻에 해당한다. 그렇기 때문에 이 일을 기록하여 기롱한 것이다. 『공양전』의 기록에서는 '시자(是子)'라고 기록했는데, 세속본에는 '자시(子是)'라고 기록한 것도 있지만, 잘못된 기록이다. "또 말하길 왕(王)이란 누구를 뜻하는가? 문왕을 가리킨다."라고 했는데, 이것은 은공(隱公) 1년에 대한 『공양전』의 기록이다. 『공양전』을 살펴보면, "원년(元年)이고, 봄이며, 왕(王)이고, 정월이다. 왕(王)이란 누구를 뜻하는가? 문왕을 가리킨다."라고 했다. 무왕의 도도 문왕과 동일하였으니, 문왕을 제시하면 무왕의 도에 대해서도 알 수 있다. "『춘추』를 저술하고, 후대의 성인을 기다렸다."라고 했는데, 애공(哀公) 14년에 대한 『공양전』의 기록에서는 "『춘추』의 뜻을 저술하여, 후대의 성인을 기다렸다."라고 했다. 그리고 하휴는 "성인인 한고조가 나타나서 이것을 법도로 삼기를 기다린 것이다."라고 했다. 정현이 "천시를 서술한다는 말은 사료를 연도에 따라 차례대로 기술하고, 사계절을 순서에 따라 갖춘다는 뜻이다."라고 했는데, 『합성도』를 살펴보면, "황제(皇帝)는 오시(五始)[7]를 세우고 하늘의 도로써 제정하였다."라고 했다. 『원명포』에서는 "제후가 위로 천자의 바름을 받들지 않는다면, 즉위를 할 수 없다. 바름이 천자로부터 나오지 않았다면 정(正)이 될 수 없다. 천자가 하늘의 뜻을 계승하여 명령을 제정하지 않는다면 법도가 없는 것이다. 하늘은 그 으뜸[元]을 바르게 하지 못한다면 조화를 이룰 수 없다."라고 했다.

---

7) 오시(五始)는 『춘추』의 기록에 있어서, 각 공(公)들의 첫 해를 원년(元年), 춘(春), 왕(王), 정월(正月), 어느 공(公)이 즉위했다고 기록한다. 이러한 다섯 가지 사안을 '오시'라고 부른다.

孔疏 ○“五始”者, 元年, 一也; 春, 二也; 王, 三也; 正月, 四也; 公卽位, 五也. 此春秋元年, 卽當堯典“欽若昊天”也. 春秋四時, 卽當堯典“日中星鳥, 日永星火, 宵中星虛, 日短星昴”之類, 是也. 春秋獲麟, 則當益稷“百獸率舞, 鳳凰來儀”, 是也. 此皆祖述堯·舜之事, 言春秋四時皆具. 桓四年及七年不書“秋七月”·“冬十月”, 成十年不書“冬十月”, 桓十七年直云“五月”不云“夏”, 昭十年直云“十二月”不云“冬”, 如此不具者, 賈·服之義: 若登臺而不視朔, 則書“時”不書“月”; 若視朔而不登臺, 則書“月”不書“時”; 若雖無事視朔·登臺, 則空書時月. 若杜元凱之意, 凡時月不具者, 皆史闕文. 其公羊·穀梁之義, 各爲曲說. 今略而不取也. 云“襲, 因也. 因水土, 謂記諸夏之事, 山川之異”者, “諸夏之事”, 謂諸侯征伐·會盟所在之地. “山川之異”, 若僖十四年“沙鹿崩”, 成五年“梁山崩”之屬, 是也.

번역 ○‘오시(五始)’라고 했는데, ‘원년(元年)’이라고 기록한 것이 첫 번째이며, ‘춘(春)’이라고 기록한 것이 두 번째이고, ‘왕(王)’이라고 기록한 것이 세 번째이며, ‘정월(正月)’이라고 기록한 것이 네 번째이고, ‘공즉위(公卽位)’라고 기록한 것이 다섯 번째이다. 『춘추』에서 원년(元年)이라고 하는 것은 『서』「요전(堯典)」에서 “호천(昊天)을 공경히 따른다.”8)라고 한 말에 해당한다. 『춘추』에서 사시(四時)라고 하는 것은 「요전」에서 “춘분의 날에 해당하는 별은 주조(朱鳥)의 중성(中星)이며, 하지의 날에 해당하는 별은 창룡(蒼龍)의 중성(中星)이고, 추분의 날에 해당하는 별은 현무(玄武)의 중성(中星)이며, 동지의 날에 해당하는 별은 백호(白虎)의 중성(中星)이다.”9)라고 한 부류에 해당한다. 『춘추』에서 기린을 잡았다는 것은 『서』「익직(益稷)」에서 “모든 짐승들이 서로 이끌어 춤을 추고 봉황이 찾아와서 아름다운 자태를 뽐낸다.”10)라고 한 말에 해당한다. 이러한 것들은 모두 요와 순

8) 『서』「우서(虞書)·요전(堯典)」 : 乃命羲和, 欽若昊天, 曆象日月星辰, 敬授人時.
9) 『서』「우서(虞書)·요전(堯典)」 : 日中星鳥, 以殷仲春, 厥民析, 鳥獸孳尾. 申命羲叔, 宅南交, 平秩南訛, 敬致, 日永星火, 以正仲夏, 厥民因, 鳥獸希革. 分命和仲, 宅西, 曰昧谷, 寅餞納日, 平秩西成, 宵中星虛, 以殷仲秋, 厥民夷, 鳥獸毛毨. 申命和叔, 宅朔方, 曰幽都, 平在朔易, 日短星昴, 以正仲冬.
10) 『서』「우서(虞書)·익직(益稷)」 : 夔曰, 戞擊鳴球, 搏拊琴瑟以詠, 祖考來格, 虞

임금의 일을 기록한 것인데,『춘추』에서 사계절을 모두 갖추고 있음을 뜻
한다. 환공(桓公) 4년 및 7년의 기록에서는 "가을 7월이다."라는 말이나 "겨
울 10월이다."라는 말을 기록하지 않았고, 성공(成公) 10년에는 "겨울 10월
이다."라는 말을 기록하지 않았으며, 환공 17년에는 단지 "5월이다."라고
기록하여 '여름[夏]'을 언급하지 않았고,11) 소공(昭公) 10년에는 단지 "12월
이다."라고 기록하여 '겨울[冬]'을 언급하지 않았는데,12) 이와 같은 기록들
은 사계절을 모두 구비한 것이 아니다. 가규와 복건13)의 뜻에 따르면, 만약
대(臺)에 올랐는데 시삭(視朔)14)을 하지 않았다면, 계절은 기록하지만 달
은 기록하지 않으며, 만약 시삭을 했지만 대(臺)에 오르지 않는다면, 달은
기록하지만 계절은 기록하지 않으며, 만약 특별한 일이 없는데도 시삭을
하고 대(臺)에 올랐다면 계절과 달만을 기록해둔다고 했다. 반면 두원개15)
의 뜻에 따르면, 계절과 달에 대해서 모두 갖춰서 기록하지 않은 것은 모두
사관이 문장을 빠트린 것이다.『공양전』과『곡량전』의 뜻에는 각각 이에
대해 자세한 설명을 하고 있다. 그러나 이곳에서는 생략하고 그 설들을 취
하지 않는다. 정현이 "'습(襲)'자는 '~에 따른다[因].'는 뜻이다. 수(水)와 토

賓在位, 群后德讓, 下管鼗鼓, 合止柷敔, 笙鏞以間, 鳥獸蹌蹌, 簫韶九成, 鳳皇來
儀. 夔曰, 於, 予擊石拊石, 百獸率舞, 庶尹允諧.

11)『춘추』「환공(桓公) 17년」: 五月, 丙午, 及齊師戰于奚.
12)『춘추』「소공(昭公) 10년」: 十有二月, 甲子, 宋公戌卒.
13) 복건(服虔, ?~?) : 후한대(後漢代)의 유학자이다. 자(字)는 자신(子愼)이다.
초명은 중(重)이었으며, 기(祇)라고도 불렸다. 후에 이름을 건(虔)으로 고쳤
다.『춘추좌씨전(春秋左氏傳)』에 주석을 남겼지만, 산일되어 전해지지 않는
다. 현재는『좌전가복주집술(左傳賈服注輯述)』로 일집본이 편찬되었다.
14) 시삭(視朔)은 천자 및 제후가 매월 초하루에, 종묘(宗廟)에 고하여 해당 월의
달력을 받고, 그곳에서 해당 월에 시행해야 할 정무를 처리하였던 것을 뜻한
다.『춘추좌씨전』「희공(僖公) 5년」편에는 "公旣視朔, 遂登觀臺以望, 而書, 禮
也."라는 기록이 있고, 이에 대한 공영달(孔穎達)의 소(疏)에서는 "視朔者, 公
旣告廟受朔, 卽聽視此朔之政, 是其親告朔也."라고 풀이했다.
15) 두예(杜預, A.D.222~A.D.284) : =두원개(杜元凱). 서진(西晉) 때의 유학자이
다. 경조(京兆) 두릉(杜陵) 출신이다. 자(字)는 원개(元凱)이다.『춘추경전집
해(春秋經典集解)』를 저술하였는데, 이 책은 현존하는『춘추(春秋)』의 주석
서 중 가장 오래된 것이며,『십삼경주소(十三經注疏)』의『춘추좌씨전정의(春
秋左氏傳正義)』에도 채택되어 수록되었다.

(土)에 따른다는 말은 각 제후국들에게 발생한 일들과 산천의 차이에 대해서 기술했다는 뜻이다."라고 했는데, '제하지사(諸夏之事)'라는 말은 제후가 정벌을 하거나 회맹했던 일이 벌어진 장소를 뜻한다. '산천지리(山川之異)'는 희공(僖公) 14년에 "사록산이 무너졌다."[16)라고 말하거나 성공(成公) 5년에 "양산이 무너졌다."[17)라고 말한 부류에 해당한다.

集註 祖述者, 遠宗其道. 憲章者, 近守其法. 律天時者, 法其自然之運. 襲水土者, 因其一定之理. 皆兼內外該本末而言也.

번역 '조술(祖述)'은 멀리 그 도를 높여서 종주로 삼는다는 뜻이다. '헌장(憲章)'은 가까이 그 법을 지킨다는 뜻이다. '율천시(律天時)'는 자연의 운행을 본받는다는 뜻이다. '습수토(襲水土)'는 하나로 확정된 이치에 따른다는 뜻이다. 이 모두는 내외와 본말을 포함해서 한 말이다.

참고 『춘추』 은공(隱公) 경문(經文) 각 계절별 시(時)·월(月)·일(日) 기록

년(年)	경문 기록	기록 유무		
		時	月	日
1	元年, 春, 王正月.	O	O	×
	夏, 五月, 鄭伯克段于鄢.	O	O	×
	秋, 七月, 天王使宰咺來歸惠公·仲子之賵.	O	O	×
	冬, 十有二月, 祭伯來.	O	O	×
2	二年, 春, 公會戎于潛.	O	×	×
	夏, 五月, 莒人入向.	O	O	×
	秋, 八月, 庚辰, 公及戎盟于唐.	O	O	O
	冬, 十月, 伯姬歸于紀.	O	O	×
3	三年, 春, 王二月, 己巳, 日有食之.	O	O	O
	夏, 四月, 辛卯, 君氏卒.	O	O	O

---

16) 『춘추』「희공(僖公) 14년」: 秋八月辛卯, 沙鹿崩.
17) 『춘추』「성공(成公) 5년」: 梁山崩.

	秋, 武氏子來求賻.	○	×	×
	冬, 十有二月, 齊侯·鄭伯盟于石門.	○	○	×
4	四年, 春, 王二月, 莒人伐杞, 取牟婁.	○	○	×
	夏, 公及宋公遇于淸.	○	×	×
	秋, 翬帥師會宋公·陳侯·蔡人·衛人伐鄭.	○	×	×
	冬, 十有二月, 衛人立晉.	○	○	×
5	五年, 春, 公矢魚于棠.	○	×	×
	夏, 四月, 葬衛桓公.	○	○	×
	秋, 衛師入郕.	○	×	×
	冬, 十有二月, 辛巳, 公子彄卒.	○	○	○
6	六年, 春, 鄭人來渝平.	○	×	×
	夏, 五月, 辛酉, 公會齊侯, 盟于艾.	○	○	○
	秋, 七月.	○	○	×
	冬, 宋人取長葛.	○	×	×
7	七年, 春, 王三月, 叔姬歸于紀.	○	×	×
	夏, 城中丘.	○	×	×
	秋, 公伐邾.	○	×	×
	冬, 天王使凡伯來聘.	○	×	×
8	八年, 春, 宋公·衛侯遇于垂.	○	×	×
	夏, 六月, 己亥, 蔡叔考父卒.	○	○	○
	秋, 七月, 庚午, 宋公·齊侯·衛侯盟于瓦屋.	○	○	○
	冬, 十有二月, 無駭卒.	○	○	×
9	九年, 春, 天王使南季來聘.	○	×	×
	夏, 城郎.	○	×	×
	秋, 七月.	○	○	×
	冬, 公會齊侯于防.	○	×	×
10	十年, 春, 王二月, 公會齊侯·鄭伯于中丘.	○	○	×
	夏, 翬帥師會齊人·鄭人伐宋.	○	×	×
	秋, 宋人·衛人入鄭. 宋人·蔡人·衛人伐戴. 鄭伯伐取之.	○	×	×
	冬, 十月, 壬午, 齊人·鄭人·入郕.	○	○	○
11	十有一年, 春, 滕侯·薛侯來朝.	○	×	×
	夏, 公會鄭伯于時來.	○	×	×
	秋, 七月, 壬午, 公及齊侯·鄭伯入許.	○	○	○
	冬, 十有一月, 壬辰, 公薨.	○	○	○

참고 『춘추』 환공(桓公) 경문(經文) 각 계절별 시(時)·월(月)·일(日) 기록

년(年)	경문 기록	기록 유무		
		時	月	日
1	元年, 春, 王正月, 公卽位.	○	○	×
	夏, 四月, 丁未, 公及鄭伯盟于越.	○	○	○
	秋, 大水.	○	×	×
	冬, 十月.	○	○	×
2	二年, 春, 王正月戊申, 宋督弑其君與夷及其大夫孔父.	○	○	○
	夏四月, 取郜大鼎于宋.	○	○	×
	秋七月, 杞侯來朝.	○	○	×
	冬, 公至自唐.	○	×	×
3	三年, 春, 正月, 公會齊侯于嬴.	○	○	×
	夏, 齊侯·衛侯胥命于蒲.	○	×	×
	秋, 七月, 壬辰朔, 日有食之, 旣.	○	○	○
	冬, 齊侯使其弟年來聘.	○	×	×
4	四年, 春, 正月, 公狩于郎.	○	○	×
	夏, 天王使宰渠伯糾來聘.	○	×	×
		×	×	×
		×	×	×
5	五年, 春, 正月, 甲戌, 己丑, 陳侯鮑卒.	○	○	○
	夏, 齊侯·鄭伯如紀.	○	×	×
	秋, 蔡人·衛人·陳人從王伐鄭.	○	×	×
	冬, 州公如曹.	○	×	×
6	六年, 春, 正月, 寔來.	○	○	×
	夏, 四月, 公會紀侯于成.	○	○	×
	秋, 八月, 壬午, 大閱.	○	○	○
	冬, 紀侯來朝.	○	×	×
7	七年, 春, 二月, 己亥, 焚咸丘.	○	○	○
	夏, 穀伯綏來朝.	○	×	×
		×	×	×
		×	×	×
8	八年, 春, 正月, 己卯, 烝.	○	○	○
	夏, 五月, 丁丑, 烝.	○	○	○
	秋, 伐邾.	○	×	×

	冬, 十月, 雨雪.	○	○	×
9	九年春, 紀季姜歸于京師.	○	×	×
	夏, 四月.	○	○	×
	秋, 七月.	○	○	×
	冬, 曹伯使其世子射姑來朝.	○	×	×
10	十年, 春, 王正月, 庚申, 曹伯終生卒.	○	○	○
	夏, 五月, 葬曹桓公.	○	○	×
	秋, 公會衛侯于桃丘, 弗遇.	○	×	×
	冬, 十有二月, 丙午, 齊侯·衛侯·鄭伯來戰于郎.	○	○	×
11	十有一年, 春, 正月, 齊人·衛人·鄭人盟于惡曹.	○	○	×
	夏, 五月, 癸未, 鄭伯寤生卒.	○	○	○
	秋, 七月, 葬鄭莊公.	○	○	×
	冬, 十有二月, 公會宋公于闞.	○	○	×
12	十有二年, 春, 正月.	○	○	×
	夏, 六月, 壬寅, 公會杞侯·莒子, 盟于曲池.	○	○	○
	秋, 七月, 丁亥, 公會宋公·燕人, 盟于穀丘.	○	○	○
	冬, 十有一月, 公會宋公于龜.	○	○	×
13	十有三年, 春, 二月, 公會紀侯·鄭伯.	○	○	×
	夏, 大水.	○	×	×
	秋, 七月.	○	○	×
	冬, 十月.	○	○	×
14	十有四年, 春, 正月, 公會鄭伯于曹.	○	○	×
	夏, 五.	○	◎	×
	秋, 八月, 壬申, 御廩災.	○	○	○
	冬, 十有二月, 丁巳, 齊侯祿父卒.	○	○	○
15	十有五年, 春, 二月, 天王使家父來求車.	○	○	×
	夏, 四月, 己巳, 葬齊僖公.	○	○	×
	秋, 九月, 鄭伯突入于櫟.	○	○	×
	冬, 十有一月, 公會宋公·衛侯陳侯于袤, 伐鄭.	○	○	×
16	十有六年, 春, 正月, 公會宋公·蔡侯·衛侯于曹.	○	○	×
	夏, 四月, 公會宋公·衛侯·陳侯·蔡侯伐鄭.	○	○	×
	秋, 七月, 公至自伐鄭.	○	○	×
	冬, 城向.	○	×	×
17	十有七年, 春, 正月, 丙辰, 公會齊侯·紀侯盟于黃.	○	○	○
	夏, 五月, 丙午, 及齊師戰于奚.	○	○	○

	秋, 八月, 蔡季自陳歸于蔡.	○	○	×
	冬, 十月, 朔, 日有食之.	○	○	×
18	十有八年, 春, 王正月, 公會齊侯于濼.	○	○	×
	夏, 四月, 丙子, 公薨于齊.	○	○	○
	秋, 七月.	○	○	×
	冬, 十有二月, 己丑, 葬我君桓公.	○	○	○

참고 『춘추』 장공(莊公) 경문(經文) 각 계절별 시(時)·월(月)·일(日) 기록

년(年)	경문 기록	기록 유무		
		時	月	日
1	元年, 春, 王正月.	○	○	×
	夏, 單伯送王姬.	○	×	×
	秋, 築王姬之館于外.	○	×	×
	冬, 十月, 乙亥, 陳侯林卒.	○	○	○
2	二年, 春, 王二月, 葬陳莊公.	○	○	×
	夏, 公子慶父帥師伐於餘丘.	○	×	×
	秋, 七月, 齊王姬卒.	○	○	×
	冬, 十有二月, 夫人姜氏會齊侯于禚.	○	○	×
3	三年, 春, 王正月, 溺會齊師伐衛.	○	○	×
	夏, 四月, 葬宋莊公.	○	○	×
	秋, 紀季以鄼入于齊.	○	×	×
	冬, 公次于滑.	○	×	×
4	四年, 春, 王二月, 夫人姜氏享齊侯于祝丘.	○	○	×
	夏, 齊侯·陳侯·鄭伯遇于垂.	○	×	×
	秋, 七月.	○	○	×
	冬, 公及齊人狩于禚.	○	×	×
5	五年, 春, 王正月.	○	○	×
	夏, 夫人姜氏如齊師.	○	×	×
	秋, 郳犂來來朝.	○	×	×
	冬, 公會齊人·宋人·陳人·蔡人伐衛.	○	×	×
6	六年, 春, 王正月, 王人子突救衛.	○	○	×
	夏, 六月, 衛侯朔入于衛.	○	○	×

	秋, 公至自伐衛.	○	×	×
	冬, 齊人來歸衛俘.	○	×	×
7	七年, 春, 夫人姜氏會齊侯于防.	○	×	×
	夏, 四月, 辛卯, 夜, 恒星不見.	○	○	○
	秋, 大水.	○	×	×
	冬, 夫人姜氏會齊侯于穀.	○	×	×
8	八年, 春, 王正月, 師次于郎, 以俟陳人·蔡人.	○	○	×
	夏, 師及齊師圍郕, 郕降于齊師.	○	×	×
	秋, 師還.	○	×	×
	冬, 十有一月, 癸未, 齊無知弑其君諸兒.	○	○	○
9	九年, 春, 齊人殺無知.	○	×	×
	夏, 公伐齊, 納子糾.	○	×	×
	秋, 七月, 丁酉, 葬齊襄公.	○	○	○
	冬, 浚洙.	○	×	×
10	十年, 春, 王正月, 公敗齊師于長勺.	○	○	×
	夏, 六月, 齊師·宋師次于郎.	○	○	×
	秋, 九月, 荊敗蔡師于莘.	○	○	×
	冬, 十月, 齊師滅譚.	○	×	×
11	十有一年, 春, 王正月.	○	○	×
	夏, 五月, 戊寅, 公敗宋師于鄑.	○	○	○
	秋, 宋大水.	○	×	×
	冬, 王姬歸于齊.	○	×	×
12	十有二年, 春, 王三月, 紀叔姬歸于酅.	○	○	×
	夏, 四月.	○	○	×
	秋, 八月, 甲午, 宋萬弑其君捷及其大夫仇牧.	○	○	○
	冬, 十月, 宋萬出奔陳.	○	○	×
13	十有三年, 春, 齊侯·宋人·陳人·蔡人·邾人會于北杏.	○	×	×
	夏, 六月, 齊人滅遂.	○	○	×
	秋, 七月.	○	○	×
	冬, 公會齊侯, 盟于柯.	○	×	×
14	十有四年, 春, 齊人·陳人·曹人伐宋.	○	×	×
	夏, 單伯會伐宋.	○	×	×
	秋, 七月, 荊入蔡.	○	○	×
	冬, 單伯會齊侯·宋公·衛侯·鄭伯于鄄.	○	×	×
15	十有五年, 春, 齊侯·宋公·陳侯·衛侯·鄭伯會于鄄.	○	×	×

	夏, 夫人姜氏如齊.	○	×	×
	秋, 宋人·齊人·邾人伐郳.	○	×	×
	冬, 十月.	○	○	×
16	十有六年, 春, 王正月.	○	○	×
	夏, 宋人·齊人·衛人伐鄭.	○	×	×
	秋, 荊伐鄭.	○	×	×
	冬, 十有二月, 會齊侯·宋公·陳侯·衛侯·鄭伯·許男·滑伯·滕子, 同盟于幽.	○	○	×
17	十有七年, 春, 齊人執鄭詹.	○	×	×
	夏, 齊人殲于遂.	○	×	×
	秋, 鄭詹自齊逃來.	○	×	×
	冬, 多麋.	○	×	×
18	十有八年, 春, 王三月, 日有食之.	○	○	×
	夏, 公追戎于濟西.	○	×	×
	秋, 有蜮.	○	×	×
	冬, 十月.	○	○	○
19	十有九年, 春, 王正月.	○	○	×
	夏, 四月.	○	○	×
	秋, 公子結媵陳人之婦于鄄, 遂及齊侯·宋公盟.	○	×	×
	冬, 齊人·宋人·陳人伐我西鄙.	○	×	×
20	二十年, 春, 王二月, 夫人姜氏如莒.	○	○	×
	夏, 齊大災.	○	×	×
	秋, 七月.	○	○	×
	冬, 齊人伐戎.	○	×	×
21	二十有一年, 春, 王正月.	○	○	×
	夏, 五月, 辛酉, 鄭伯突卒.	○	○	○
	秋, 七月, 戊戌, 夫人姜氏薨.	○	○	○
	冬, 十有二月, 葬鄭厲公.	○	○	×
22	二十二年, 春, 王正月, 肆大眚.	○	○	×
	夏, 五月.	○	○	×
	秋, 七月, 丙申, 及齊高傒盟于防.	○	○	○
	冬, 公如齊納幣.	○	×	×
23	二十有三年, 春, 公至自齊.	○	×	×
	夏, 公如齊觀社.	○	×	×
	秋, 丹桓宮楹.	○	×	×

	冬, 十有一月, 曹伯射姑卒.	○	○	×
24	二十有四年, 春, 王三月, 刻桓宮桷.	○	○	×
	夏, 公如齊逆女.	○	×	×
	秋, 公至自齊.	○	×	×
	冬, 戎侵曹.	○	×	×
25	二十有五年, 春, 陳侯使女叔來聘.	○	○	×
	夏, 五月, 癸丑, 衛侯朔卒.	○	○	○
	秋, 大水. 鼓, 用牲于社, 于門.	○	×	×
	冬, 公子友如陳.	○	×	×
26	二十有六年, 春, 公伐戎.	○	×	×
	夏, 公至自伐戎.	○	×	×
	秋, 公會宋人·齊人伐徐.	○	×	×
	冬, 十有二月, 癸亥, 朔, 日有食之.	○	○	○
27	二十有七年, 春, 公會杞伯姬于洮.	○	×	×
	夏, 六月, 公會齊侯·宋公·陳侯·鄭伯同盟于幽.	○	○	×
	秋, 公子友如陳, 葬原仲.	○	×	×
	冬, 杞伯姬來.	○	×	×
28	二十有八年, 春, 王三月, 甲寅, 齊人伐衛. 衛人及齊人戰, 衛人敗績.	○	○	○
	夏, 四月, 丁未, 邾子瑣卒.	○	○	○
	秋, 荊伐鄭, 公會齊人·宋人救鄭.	○	×	×
	冬, 築郿.	○	×	×
29	二十有九年, 春, 新延廄.	○	×	×
	夏, 鄭人侵許.	○	×	×
	秋, 有蜚.	○	×	×
	冬, 十有二月, 紀叔姬卒.	○	○	×
30	三十年, 春, 王正月.	○	○	×
	夏, 次于成.	○	×	×
	秋, 七月, 齊人降鄣.	○	○	×
	冬, 公及齊侯遇于魯濟.	○	×	×
31	三十有一年, 春, 築臺于郎.	○	×	×
	夏, 四月, 薛伯卒.	○	○	×
	秋, 築臺于秦.	○	×	×
	冬, 不雨.	○	×	×
32	三十有二年, 春, 城小穀.	○	×	×

		時	月	日
	夏, 宋公·齊侯遇于梁丘.	○	×	×
	秋, 七月, 癸巳, 公子牙卒.	○	○	○
	冬, 十月, 己未, 子般卒.	○	○	○

참고 『춘추』 민공(閔公) 경문(經文) 각 계절별 시(時)·월(月)·일(日) 기록

년(年)	경문 기록	기록 유무		
		時	月	日
1	元年, 春, 王正月.	○	○	×
	夏, 六月, 辛酉, 葬我君莊公.	○	○	○
	秋, 八月, 公及齊侯盟于落姑.	○	○	×
	冬, 齊仲孫來.	○	×	×
2	二年, 春, 王正月, 齊人遷陽.	○	○	×
	夏, 五月, 乙酉, 吉禘于莊公.	○	○	○
	秋, 八月, 辛丑, 公薨.	○	○	○
	冬, 齊高子來盟.	○	×	×

참고 『춘추』 희공(僖公) 경문(經文) 각 계절별 시(時)·월(月)·일(日) 기록

년(年)	경문 기록	기록 유무		
		時	月	日
1	元年, 春, 王正月.	○	○	×
	夏, 六月, 邢遷于夷儀.	○	○	×
	秋, 七月, 戊辰, 夫人姜氏薨于夷, 齊人以歸.	○	○	○
	冬, 十月, 壬午, 公子友帥師敗莒師于酈, 獲莒挐.	○	○	○
2	二年, 春, 王正月, 城楚丘.	○	○	×
	夏, 五月, 辛巳, 葬我小君哀姜.	○	○	○
	秋, 九月, 齊侯·宋公·江人·黃人盟于貫.	○	○	×
	冬, 十月, 不雨.	○	○	×
3	三年, 春, 王正月, 不雨.	○	○	×
	夏, 四月, 不雨.	○	○	×
	秋, 齊侯·宋公·江人·黃人會于陽穀.	○	×	×
	冬, 公子友如齊涖盟.	○	×	×

4	四年, 春, 王正月, 公會齊侯·宋公·陳侯·衛侯·鄭伯·許男·曹伯侵蔡.	○	○	×
	夏, 許男新臣卒.	○	×	×
	秋, 及江人·黃人伐陳.	○	×	×
	冬, 十有二月, 公孫茲帥師會齊人·宋人·衛人·鄭人·許人·曹人侵陳.	○	○	×
5	五年, 春, 晉侯殺其世子申生.	○	×	×
	夏, 公孫茲如牟.	○	×	×
	秋, 八月, 諸侯盟于首止.	○	○	×
	冬, 晉人執虞公.	○	○	×
6	六年, 春, 王正月.	○	○	×
	夏, 公會齊侯·宋公·陳侯·衛侯·曹伯伐鄭, 圍新城.	○	×	×
	秋, 楚人圍許.	○	×	×
	冬, 公至自伐鄭.	○	×	×
7	七年, 春, 齊人伐鄭.	○	×	×
	夏, 小邾子來朝.	○	×	×
	秋, 七月, 公會齊侯·宋公·陳世子款·鄭世子華, 盟于甯母.	○	○	×
	冬, 葬曹昭公.	○	×	×
8	八年, 春, 王正月, 公會王人·齊侯·宋公·衛侯·許男·曹伯·陳世子款盟于洮.	○	○	×
	夏, 狄伐晉.	○	×	×
	秋, 七月, 禘于大廟, 用致夫人.	○	○	×
	冬, 十有二月, 丁未, 天王崩.	○	○	○
9	九年, 春, 王三月, 丁丑, 宋公御說卒.	○	○	○
	夏, 公會宰周公·齊侯·宋子·衛侯·鄭伯·許男·曹伯于葵丘.	○	×	×
	秋, 七月, 乙酉, 伯姬卒.	○	○	○
	冬, 晉里奚克殺其君之子奚齊.	○	×	×
10	十年, 春, 王正月, 公如齊.	○	○	×
	夏, 齊侯·許男伐北戎.	○	×	×
	秋, 七月.	○	○	×
	冬, 大雨雪.	○	×	×
11	十有一年, 春, 晉殺其大夫丕鄭父.	○	×	×
	夏, 公及夫人姜氏會齊侯于陽穀.	○	×	×
	秋, 八月, 大雩.	○	○	×
	冬, 楚人伐黃.	○	×	×

12	十有二年, 春, 王三月, 庚午, 日有食之.	○	○	○
	夏, 楚人滅黃.	○	×	×
	秋, 七月.	○	○	×
	冬, 十月二月, 丁丑, 陳侯杵臼卒.	○	○	○
13	十有三年, 春, 狄侵衛.	○	×	×
	夏, 四月, 葬陳宣公.	○	○	×
	秋, 九月, 大雩.	○	○	×
	冬, 公子友如齊.	○	×	×
14	十有四年, 春, 諸侯城緣陵.	○	×	×
	夏, 六月, 季姬及鄫子遇于防, 使鄫子來朝.	○	○	×
	秋, 八月, 辛卯, 沙鹿崩.	○	○	○
	冬, 蔡侯肹卒.	○	×	×
15	十有五年, 春, 王正月, 公如齊.	○	○	×
	夏, 五月, 日有食之.	○	○	×
	秋, 七月, 齊師·曹師伐厲.	○	○	×
	冬, 宋人伐曹. 楚人敗徐于婁林.	○	○	×
16	十有六年, 春, 王正月, 戊申, 朔, 隕石于宋, 五.	○	○	○
	夏, 四月, 丙申, 鄫季姬卒.	○	○	○
	秋, 七月, 甲子, 公孫玆卒.	○	○	○
	冬, 十有二月, 公會齊侯·宋公·陳侯·衛侯·鄭伯·許男·邢侯·曹伯于淮.	○	○	×
17	十有七年, 春, 齊人·徐人伐英氏.	○	×	×
	夏, 滅項.	○	×	×
	秋, 夫人姜氏會齊侯于卞.	○	×	×
	冬, 十有二月, 乙亥, 齊侯小白卒.	○	○	○
18	十有八年, 春, 王正月, 宋公·曹伯·衛人·邾人伐齊.	○	○	×
	夏, 師救齊.	○	×	×
	秋, 八月, 丁亥, 葬齊桓公.	○	○	○
	冬, 邢人·狄人伐衛.	○	×	×
19	十有九年, 春, 王三月, 宋人執滕子嬰齊.	○	○	×
	夏, 六月, 宋公·曹人·邾人盟于曹南.	○	○	×
	秋, 宋人圍曹. 衛人伐邢.	○	×	×
	冬, 會陳人·蔡人·楚人·鄭人盟于齊.	○	×	×
20	二十年, 春, 新作南門.	○	×	×
	夏, 郜子來朝.	○	×	×

	秋, 齊人·狄人盟于邢.	○	×	×
	冬, 楚人伐隨.	○	×	×
21	二十有一年, 春, 狄侵衛.	○	×	×
	夏, 大旱.	○	×	×
	秋, 宋公·楚子·陳侯·蔡侯·鄭伯·許男·曹伯會于盂.	○	×	×
	冬, 公伐邾.	○	×	×
22	二十有二年, 春, 公伐邾, 取須句.	○	×	×
	夏, 宋公·衛侯·許男·滕子伐鄭.	○	×	×
	秋, 八月, 丁未, 及邾人戰于升陘.	○	○	○
	冬, 十一月, 己巳, 朔, 宋公及楚人戰于泓, 宋師敗績.	○	○	○
23	二十有三年, 春, 齊侯伐宋, 圍緡.	○	×	×
	夏, 五月, 庚寅, 宋公玆父卒.	○	○	○
	秋, 楚人伐陳.	○	×	×
	冬, 十有一月, 杞子卒.	○	○	×
24	二十有四年, 春, 王正月.	○	○	×
	夏, 狄伐鄭.	○	×	×
	秋, 七月.	○	×	×
	冬, 天王出居于鄭.	○	×	×
25	二十有五年, 春, 王正月, 丙午, 衛侯燬滅邢.	○	○	○
	夏, 四月, 癸酉, 衛侯燬卒.	○	○	○
	秋, 楚人圍陳, 納頓子于頓.	○	×	×
	冬, 十有二月, 癸亥, 公會衛子·莒慶, 盟于洮.	○	×	×
26	二十有六年, 春, 王正月, 己未, 公會莒子·衛甯速盟于向.	○	○	○
	夏, 齊人伐我北鄙.	○	×	×
	秋, 楚人滅夔, 以夔子歸.	○	×	×
	冬, 楚人伐宋, 圍緡. 公以楚師伐齊, 取穀.	○	×	×
27	二十有七年, 春, 杞子來朝.	○	×	×
	夏, 六月, 庚寅, 齊侯昭卒.	○	○	○
	秋, 八月, 乙未, 葬齊孝公.	○	○	○
	冬, 楚人·陳侯·蔡侯·鄭伯·許男圍宋.	○	×	×
28	二十有八年, 春, 晉侯侵曹. 晉侯伐衛.	○	×	×
	夏, 四月, 己巳, 晉侯·齊師·宋師·秦師及楚人戰于城濮, 楚師敗績.	○	○	○
	秋, 杞伯姬來.	○	×	×

	冬, 公會晉侯·齊侯·宋公·蔡侯·鄭伯·陳子·莒子·邾人·秦人于溫.	○	×	×
29	二十有九年, 春, 介葛盧來.	○	×	×
	夏, 六月, 會王人晉人·宋人·齊人·陳人·蔡人·秦人, 盟于翟泉.	○	○	×
	秋, 大雨雹.	○	×	×
	冬, 介葛盧來.	○	×	×
30	三十年, 春, 王正月.	○	○	×
	夏, 狄侵齊.	○	×	×
	秋, 衛殺其大夫元咺及公子瑕.	○	×	×
	冬, 天王使宰周公來聘.	○	×	×
31	三十有一年, 春, 取濟西田.	○	×	×
	夏, 四月, 四卜郊, 不從, 乃免牲.	○	○	×
	秋, 七月.	○	○	×
	冬, 杞伯姬來求婦.	○	×	×
32	三十有二年, 春, 王正月.	○	○	×
	夏, 四月, 己丑, 鄭伯捷卒.	○	○	○
	秋, 衛人及狄盟.	○	×	×
	冬, 十有二月, 己卯, 晉侯重耳卒.	○	○	○
33	三十有三年, 春, 王二月, 秦人入渭.	○	○	×
	夏, 四月, 辛巳, 晉人及姜戎敗秦師于殽.	○	○	○
	秋, 公子遂帥師伐邾.	○	×	×
	冬, 十月, 公如齊.	○	○	×

참고 『춘추』 문공(文公) 경문(經文) 각 계절별 시(時)·월(月)·일(日) 기록

년(年)	경문 기록	기록 유무		
		時	月	日
1	元年, 春, 王正月, 公卽位.	○	○	×
	夏, 四月, 丁巳, 葬我君僖公.	○	○	○
	秋, 公孫敖會晉侯于戚.	○	×	×
	冬, 十月, 丁未, 楚世子商臣弑其君頵.	○	○	○
2	二年, 春, 王二月, 甲子, 晉侯及秦師戰于彭衙, 秦師敗績.	○	○	○
	夏, 六月, 公孫敖會宋公·陳侯·鄭伯·晉士縠·盟于垂隴.	○	○	×

	自十有二月不雨, 至于秋七月.	◎	◎	×
	冬, 晉人·宋人·陳人·鄭人伐秦.	○	×	×
3	三年, 春, 王正月, 叔孫得臣會晉人·宋人·陳人·衛人·鄭人伐沈. 沈潰.	○	○	×
	夏, 五月, 王子虎卒.	○	○	×
	秋, 楚人圍江.	○	×	×
	冬, 公如晉.	○	×	×
4	四年, 春, 公至自晉.	○	×	×
	夏, 逆婦姜于齊.	○	×	×
	秋, 楚人滅江.	○	×	×
	冬, 十有一月, 壬寅, 夫人風氏薨.	○	○	○
5	五年, 春, 王正月, 王使榮叔歸含且賵.	○	○	×
	夏, 公孫敖如晉.	○	×	×
	秋, 楚人滅六.	○	×	×
	冬, 十月, 甲申, 許男業卒.	○	○	○
6	六年, 春, 葬許僖公.	○	×	×
	夏, 季孫行父如陳.	○	×	×
	秋, 季孫行父如晉.	○	×	×
	冬, 十月, 公子遂如晉, 葬晉襄公.	○	○	×
7	七年, 春, 公伐邾.	○	×	×
	夏, 四月, 宋公王臣卒.	○	○	×
	秋, 八月, 公會諸侯·晉大夫盟于扈.	○	○	×
	冬, 徐伐莒.	○	×	×
8	八年, 春, 王正月.	○	×	×
	夏, 四月.	○	○	×
	秋, 八月, 戊申, 天王崩.	○	○	○
	冬, 十月, 壬午, 公子遂會晉趙盾, 盟于衡雍.	○	○	○
9	九年, 春, 毛伯來求金.	○	×	×
	夏, 狄侵齊.	○	×	×
	秋, 八月, 曹伯襄卒.	○	○	×
	冬, 楚子使椒來聘.	○	×	×
10	十年, 春, 王三月, 辛卯, 臧孫辰卒.	○	○	○
	夏, 秦伐晉.	○	×	×
	自正月不雨, 至于秋七月.	◎	◎	×
	冬, 狄侵宋.	○	×	×

11	十有一年, 春, 楚子伐麇.	○	×	×
	夏, 叔仲彭生會晉郤缺于承筐.	○	×	×
	秋, 曹伯來朝.	○	×	×
	冬, 十月, 甲午, 叔孫得臣敗狄于鹹.	○	○	○
12	十有二年, 春, 王正月, 郕伯來奔.	○	○	×
	夏, 楚人圍巢.	○	×	×
	秋, 滕子來朝. 秦伯使術來聘.	○	×	×
	冬, 十有二月, 戊午, 晉人·秦人戰于河曲.	○	○	×
13	十有三年, 春, 王正月.	○	○	×
	夏, 五月, 壬午, 陳侯朔卒.	○	○	○
	自正月不雨, 至于秋七月.	◎	◎	×
	冬, 公如晉衛侯會公于沓.	○	×	×
14	十有四年, 春, 王正月, 公至自晉.	○	○	×
	夏, 五月, 乙亥, 齊侯潘卒.	○	○	○
	秋, 七月, 有星孛入于北斗.	○	○	×
	冬, 單伯如齊.	○	×	×
15	十有五年, 春, 季孫行父如晉.	○	×	×
	夏, 曹伯來朝.	○	×	×
	秋, 齊人侵我西鄙.	○	×	×
	冬, 十有一月, 諸侯盟于扈.	○	○	×
16	十有六年, 春, 季孫行父會齊侯于陽穀, 齊侯弗及盟.	○	×	×
	夏, 五月, 公四不視朔.	○	○	×
	秋, 八月, 辛未, 夫人姜氏薨.	○	○	○
	冬, 十有一月, 宋人弑其君杵臼.	○	○	×
17	十有七年, 春, 晉人·衛人·陳人·鄭人伐宋.	○	×	×
	夏, 四月, 癸亥, 葬我小君聲姜.	○	×	○
	秋, 公至自穀.	○	×	×
	冬, 公子遂如齊.	○	×	×
18	十有八年, 春, 王二月, 丁丑, 公薨于臺下.	○	○	○
	夏, 五月, 戊戌, 齊人弑其君商人.	○	○	○
	秋, 公子遂·叔孫得臣如齊.	○	×	×
	冬, 十月, 子卒.	○	○	×

참고 『춘추』 선공(宣公) 경문(經文) 각 계절별 시(時)·월(月)·일(日) 기록

년(年)	경문 기록	기록 유무		
		時	月	日
1	元年, 春, 王正月, 公卽位.	○	○	×
	夏, 季孫行父如齊.	○	×	×
	秋, 邾子來朝.	○	×	×
	冬, 晉趙穿帥師侵崇.	○	×	×
2	二年, 春, 王二月, 壬子宋華元帥師及鄭公子歸生帥師, 戰于大棘. 宋師敗績. 獲宋華元.	○	○	×
	夏, 晉人·宋人·衛人·陳人侵鄭.	○	×	×
	秋, 九月, 乙丑, 晉趙盾弑其君夷皋.	○	○	○
	冬, 十月, 乙亥, 天王崩.	○	○	○
3	三年, 春, 王正月, 郊牛之口傷, 改卜牛. 牛死, 乃不郊.	○	○	×
	夏, 楚人侵鄭.	○	×	×
	秋, 赤狄侵齊.	○	×	×
	冬, 十月, 丙戌, 鄭伯蘭卒.	○	○	○
4	四年, 春, 王正月, 公及齊侯平莒及郯. 莒人不肯. 公伐莒, 取向.	○	○	×
	夏, 六月, 乙酉, 鄭公子歸生弑其君夷.	○	○	○
	秋, 公如齊. 公至自齊.	○	×	×
	冬, 楚子伐鄭.	○	×	×
5	五年, 春, 公如齊.	○	×	×
	夏, 公至自齊.	○	×	×
	秋, 九月, 齊高固來逆叔姬.	○	○	×
	冬, 齊高固及子叔姬來.	○	×	×
6	六年, 春, 晉趙盾·衛孫免侵陳.	○	×	×
	夏, 四月.	○	○	×
	秋, 八月, 螽.	○	○	×
	冬, 十月.	○	○	×
7	七年, 春, 衛侯使孫良夫來盟.	○	×	×
	夏, 公會齊侯伐萊.	○	×	×
	秋, 公至自伐萊.	○	×	×
	冬, 公會晉侯·宋公·衛侯·鄭伯·曹伯于黑壤.	○	×	×
8	八年, 春, 公至自會.	○	×	×

	夏, 六月, 公子遂如齊, 至黃乃復.	○	○	×
	秋, 七月, 甲子, 日有食之, 旣.	○	○	○
	冬, 十月, 己丑, 葬我小君敬嬴.	○	○	○
9	九年, 春, 王正月, 公如齊.	○	○	×
	夏, 仲孫蔑如京師.	○	×	×
	秋, 取根牟.	○	×	×
	冬, 十月, 癸酉, 衛侯鄭卒.	○	○	○
10	十年, 春, 公如齊. 公至自齊.	○	×	×
	夏, 四月, 丙辰, 日有食之.	○	○	○
	秋, 天王使王季子來聘.	○	×	×
	冬, 公孫歸父如齊. 齊侯使國佐來聘.	○	×	×
11	十有一年, 春, 王正月.	○	○	×
	夏, 楚子·陳侯·鄭伯盟于辰陵.	○	×	×
	秋, 晉侯會狄于欑函.	○	×	×
	冬, 十月, 楚人殺陳夏徵舒.	○	×	×
12	十有二年, 春, 葬陳靈公.	○	×	×
	夏, 六月, 乙卯, 晉荀林父帥師及楚子戰于邲, 晉師敗績.	○	○	○
	秋, 七月.	○	○	×
	冬, 十有二月, 戊寅, 楚子滅蕭.	○	○	○
13	十有三年, 春, 齊師伐莒.	○	×	×
	夏, 楚子伐宋.	○	×	×
	秋, 螽.	○	×	×
	冬, 晉殺其大夫先縠.	○	×	×
14	十有四年, 春, 衛殺其大夫孔達.	○	×	×
	夏, 五月, 壬申, 曹伯壽卒.	○	○	○
	秋, 九月, 楚子圍宋.	○	○	×
	冬, 公孫歸父會齊侯于穀.	○	×	×
15	十有五年, 春, 公孫歸父會楚子于宋.	○	×	×
	夏, 五月, 宋人及楚人平.	○	○	×
	秋, 螽.	○	×	×
	冬, 蝝生.	○	×	×
16	十有六年, 春, 王正月, 晉人滅赤狄甲氏及留吁.	○	○	×
	夏, 成周宣榭火.	○	×	×
	秋, 郯伯姬來歸.	○	×	×
	冬, 大有年.	○	×	×

17	十有七年, 春, 王正月. 庚子, 許男錫我卒.	○	○	○
	夏, 葬許昭公.	○	×	×
	秋, 公至自會.	○	×	×
	冬, 十有一月, 壬午, 公弟叔肸卒.	○	○	○
18	十有八年, 春, 晉侯·世子臧伐齊.	○	×	×
	夏, 四月.	○	○	×
	秋, 七月, 邾人戕鄫子于鄫.	○	○	×
	冬, 十月, 壬戌, 公薨于路寢.	○	○	○

참고 『춘추』 성공(成公) 경문(經文) 각 계절별 시(時)·월(月)·일(日) 기록

년(年)	경문 기록	기록 유무		
		時	月	日
1	元年, 春, 王正月, 公卽位.	○	○	×
	夏, 臧孫許及晉侯盟于赤棘.	○	×	×
	秋, 王師敗績于茅戎.	○	×	×
	冬, 十月.	○	○	×
2	二年, 春, 齊侯伐我北鄙.	○	×	×
	夏, 四月, 丙戌, 衛孫良夫帥師及齊師戰于新築, 衛師敗績.	○	○	○
	秋, 七月, 齊侯使國佐如師.	○	○	×
	冬, 楚師·鄭師侵衛.	○	×	×
3	三年, 春, 王正月, 公會晉侯·宋公·衛侯·曹伯伐鄭.	○	○	×
	夏, 公如晉.	○	×	×
	秋, 叔孫僑如帥師圍棘.	○	×	×
	冬, 十有一月, 晉侯使荀庚來聘.	○	○	×
4	四年, 春, 宋公使華元來聘.	○	×	×
	夏, 四月, 甲寅, 臧孫許卒.	○	○	○
	秋, 公至自晉.	○	×	×
	冬, 城郓.	○	×	×
5	五年, 春, 王正月, 杞叔姬來歸.	○	○	×
	夏, 叔孫僑如會晉荀首于穀.	○	×	×
	秋, 大水.	○	×	×
	冬, 十有一月, 己酉, 天王崩.	○	○	○

6	六年, 春, 王正月, 公至自會.	○	○	×
	夏, 六月, 邾子來朝.	○	○	×
	秋, 仲孫蔑·叔孫僑如帥師侵宋.	○	×	×
	冬, 季孫行父如晉.	○	×	×
7	七年, 春, 王正月, 鼷鼠食郊牛角, 改卜牛.	○	○	×
	夏, 五月, 曹伯來朝.	○	○	×
	秋, 楚公子嬰齊帥師伐鄭.	○	×	×
	冬, 大雩.	○	×	×
8	八年, 春, 晉侯使韓穿來言汶陽之田, 歸之于齊.	○	×	×
	夏, 宋公使公孫壽來納幣.	○	×	×
	秋, 七月, 天子使召伯來賜公命.	○	○	×
	冬, 十月, 癸卯, 杞叔姬卒.	○	○	○
9	九年, 春, 王正月, 杞伯來逆叔姬之喪以歸.	○	○	×
	夏, 季孫行父如宋致女.	○	×	×
	秋, 七月, 丙子, 齊侯無野卒.	○	○	○
	冬, 十有一月, 葬齊頃公.	○	○	×
10	十年, 春, 衛侯之弟黑背帥師侵鄭.	○	×	×
	夏, 四月, 五卜郊, 不從, 乃不郊.	○	○	×
	秋, 七月, 公如晉.	○	○	×
	冬, 十月.	○	○	×
11	十有一年, 春, 王三月, 公至自晉.	○	×	×
	夏, 季孫行父如晉.	○	×	×
	秋, 叔孫僑如如齊.	○	×	×
	冬, 十月.	○	○	×
12	十有二年, 春, 周公出奔晉.	○	×	×
	夏, 公會晉侯·衛侯于瑣澤.	○	×	×
	秋, 晉人敗狄于交剛.	○	×	×
	冬, 十月.	○	○	×
13	十有三年, 春, 晉侯使郤錡來乞師.	○	×	×
	夏, 五月, 公自京師, 遂會晉侯·齊侯·宋公·衛侯·鄭伯·曹伯·邾人·滕人伐秦.	○	○	×
	秋, 七月, 公至自伐秦.	○	○	×
	冬, 葬曹宣公.	○	×	×
14	十有四年, 春, 王正月, 莒子朱卒.	○	○	×
	夏, 衛孫林父自晉歸于衛.	○	×	×

		時	月	日
	秋, 叔孫僑如如齊逆女.	○	×	×
	冬, 十月, 庚寅, 衛侯臧卒.	○	○	○
15	十有五年, 春, 王二月, 葬衛定公.	○	○	×
	夏, 六月, 宋公固卒.	○	○	×
	秋, 八月, 庚辰, 葬宋共公.	○	○	○
	冬, 十有一月, 叔孫僑如會晉士燮·齊高無咎·宋華元·衛孫林父·鄭公子鰌·邾人會吳于鍾離.	○	○	×
16	十有六年, 春, 王正月, 雨木冰.	○	○	×
	夏, 四月, 辛未, 滕子卒.	○	○	○
	秋, 公會晉侯·齊侯·衛侯·宋華元·邾人于沙隨.	○	×	×
	冬, 十月, 乙亥, 叔孫僑如出奔齊.	○	○	×
17	十有七年, 春, 衛北宮括帥師侵鄭.	○	×	×
	夏, 公會尹子·單子·晉侯·齊侯·宋公·衛侯·曹伯·邾人伐鄭.	○	×	×
	秋, 公至自會.	○	×	×
	冬, 公會單子·晉侯·宋公·衛侯·曹伯·齊人·邾人伐鄭.	○	×	×
18	十有八年, 春, 王正月, 晉殺其大夫胥童.	○	○	×
	夏, 楚子·鄭伯伐宋. 宋魚石復入于彭城.	○	×	×
	秋, 杞伯來朝.	○	×	×
	冬, 楚人·鄭人侵宋.	○	×	×

참고 『춘추』 양공(襄公) 경문(經文) 각 계절별 시(時)·월(月)·일(日) 기록

년(年)	경문 기록	기록 유무		
		時	月	日
1	元年, 春, 王正月, 公卽位.	○	○	×
	夏, 晉韓厥帥師伐鄭.	○	×	×
	秋, 楚公子壬夫帥師侵宋.	○	×	×
	冬, 衛侯使公孫剽來聘.	○	×	×
2	二年, 春, 王正月, 葬簡王.	○	○	×
	夏, 五月, 庚寅, 夫人姜氏薨.	○	○	○
	秋, 七月, 仲孫蔑會晉荀罃·宋華元·衛孫林父·曹人·邾人于戚.	○	○	×
	冬, 仲孫蔑會晉荀罃·齊崔杼·宋華元·衛孫林父·曹人·邾人·滕人·薛人·小邾人于戚, 遂城虎牢.	○	×	×

422 譯註 禮記集說大全 中庸 附『正義』·『集註』

3	三年, 春, 楚公子嬰齊帥師伐吳. 公如晉.	○	×	×
	夏, 四月, 壬戌, 公及晉侯盟于長樗.	○	○	○
	秋, 公至自會.	○	×	×
	冬, 晉荀罃帥師伐許.	○	×	×
4	四年, 春, 王三月, 己酉, 陳侯午卒.	○	○	○
	夏, 叔孫豹如晉.	○	×	×
	秋, 七月, 戊子, 夫人姒氏薨.	○	×	×
	冬, 公如晉.	○	×	×
5	五年, 春, 公至自晉.	○	×	×
	夏, 鄭伯使公子發來聘.	○	×	×
	秋, 大雩.	○	×	×
	冬, 戍陳.	○	×	×
6	六年, 春, 王三月, 壬午, 杞伯姑容卒.	○	○	○
	夏, 宋華弱來奔.	○	×	×
	秋, 葬杞桓公.	○	×	×
	冬, 叔孫豹如邾.	○	×	×
7	七年, 春, 郯子來朝.	○	×	×
	夏, 四月, 三卜郊, 不從, 乃免牲.	○	○	×
	秋, 季孫宿如衛.	○	×	×
	冬, 十月, 衛侯使孫林父來聘.	○	×	×
8	八年, 春, 王正月, 公如晉.	○	○	×
	夏, 葬鄭僖公.	○	×	×
	秋, 九月, 大雩.	○	○	×
	冬, 楚公子貞帥師伐鄭.	○	×	×
9	九年, 春, 宋災.	○	×	×
	夏, 季孫宿如晉.	○	×	×
	秋, 八月, 癸未葬我小君穆姜.	○	○	×
	冬, 公會晉侯·宋公·衛侯·曹伯·莒子·邾子·滕子·薛伯·杞伯·小邾子·齊世子光伐鄭.	○	×	×
10	十年, 春, 公會晉侯·宋公·衛侯·曹伯·莒子·邾子·滕子·薛伯·杞伯·小邾子·齊世子光會吳于柤.	○	×	×
	夏, 五月, 甲午, 遂滅偪陽.	○	○	○
	秋, 莒人伐我東鄙.	○	×	×
	冬, 盜殺鄭公子騑·公子發·公孫輒.	○	×	×
11	十有一年, 春, 王正月, 作三軍.	○	○	×

	夏, 四月, 四卜郊, 不從, 乃不郊.	○	○	×
	秋, 七月, 己未, 同盟于亳城北.	○	○	○
	冬, 秦人伐晉.	○	×	×
12	十有二年, 春, 王二月, 莒人伐我東鄙, 圍台.	○	○	×
	夏, 晉侯使士魴來聘.	○	×	×
	秋, 九月, 吳子乘卒.	○	○	×
	冬, 楚公子貞帥師侵宋.	○	×	×
13	十有三年, 春, 公至自晉.	○	×	×
	夏, 取邿.	○	×	×
	秋, 九月, 庚辰, 楚子審卒.	○	○	○
	冬, 城防.	○	×	×
14	十有四年, 春, 王正月, 季孫宿·叔老會晉士匄·齊人·宋人·衛人·鄭公孫蠆·曹人·莒人·邾人·滕人·薛人·杞人·小邾人會吳于向.	○	○	×
	夏, 四月, 叔孫豹會晉荀偃·齊人·宋人·衛北宮括·鄭公孫蠆·曹人·莒人·邾人·滕人·薛人·杞人·小邾人伐秦.	○	○	×
	秋, 楚公子貞帥師伐吳.	○	×	×
	冬, 季孫宿會晉士匄·宋華閱·衛孫林父·鄭公孫蠆·莒人·邾人于戚.	○	×	×
15	十有五年, 春, 宋公使向戌來聘.	○	×	×
	夏, 齊侯伐我北鄙, 圍成.	○	×	×
	秋, 八月, 丁巳, 日有食之.	○	○	○
	冬, 十有一月, 癸亥, 晉侯周卒.	○	○	○
16	十有六年, 春, 王正月, 葬晉悼公.	○	○	×
	夏, 公至自會.	○	×	×
	秋, 齊侯伐我北鄙, 圍郕.	○	×	×
	冬, 叔孫豹如晉.	○	×	×
17	十有七年, 春, 王二月, 庚午, 邾子牼卒.	○	○	○
	夏, 衛石買帥師伐曹.	○	×	×
	秋, 齊侯伐我北鄙, 圍桃.	○	×	×
	冬, 邾人伐我南鄙.	○	×	×
18	十有八年, 春, 白狄來.	○	×	×
	夏, 晉人執衛行人石買.	○	×	×
	秋, 齊師伐我北鄙.	○	×	×
	冬, 十月, 公會晉侯·宋公·衛侯·鄭伯·曹伯·莒子·邾子·	○	○	×

	滕子·薛伯·杞伯·小邾子同圍齊.			
19	十有九年, 春, 王正月, 諸侯盟于祝柯.	○	○	×
	夏, 衛孫林父帥師伐齊.	○	×	×
	秋, 七月, 辛卯, 齊侯環卒.	○	○	○
	冬, 葬齊靈公.	○	×	×
20	二十年, 春, 王正月, 辛亥, 仲孫速會莒人盟于向.	○	○	○
	夏, 六月, 庚申, 公會晉侯·齊侯·宋公·衛侯·鄭伯·曹伯· 莒子·邾子·滕子·薛伯·杞伯·小邾子盟于澶淵.	○	○	○
	秋, 公至自會.	○	×	×
	冬, 十月, 丙辰, 朔, 日有食之.	○	×	×
21	二十有一年, 春, 王正月, 公如晉.	○	○	×
	夏, 公至自晉.	○	×	×
	秋, 晉欒盈出奔楚.	○	×	×
	冬, 十月, 庚辰, 朔, 日有食之.	○	○	○
22	二十有二年, 春, 王正月, 公至自會.	○	○	×
	夏, 四月.	○	○	×
	秋, 七月, 辛酉, 叔老卒.	○	○	○
	冬, 公會晉侯·齊侯·宋公·衛侯·鄭伯·曹伯·莒子·邾子· 薛伯·杞伯·小邾子于沙隨.	○	×	×
23	二十有三年, 春, 王二月, 癸酉, 朔, 日有食之.	○	○	○
	夏, 邾畀我來奔.	○	×	×
	秋, 齊侯伐衛, 遂伐晉.	○	×	×
	冬, 十月, 乙亥, 臧孫紇出奔邾.	○	×	×
24	二十有四年, 春, 叔孫豹如晉.	○	×	×
	夏, 楚子伐吳.	○	×	×
	秋, 七月, 甲子, 朔, 日有食之, 既.	○	×	×
	冬, 楚子·蔡侯·陳侯·許男伐鄭. 公至自會.	○	×	×
25	二十有五年, 春, 齊崔杼帥師伐我北鄙.	○	×	×
	夏, 五月, 乙亥, 齊崔杼弑其君光.	○	○	○
	秋, 八月, 己巳, 諸侯同盟于重丘.	○	○	○
	冬, 鄭公孫夏帥師伐陳.	○	×	×
26	二十有六年, 春, 王二月, 辛卯, 衛甯喜弑其君剽.	○	○	○
	夏, 晉侯使荀吳來聘.	○	×	×
	秋, 宋公殺其世子痤.	○	×	×
	冬, 楚子·蔡侯陳侯伐鄭.	○	×	×

	경문 기록	時	月	日
27	二十有七年, 春, 齊侯使慶封來聘.	○	×	×
	夏, 叔孫豹會晉趙武·楚屈建·蔡公孫歸生·衛石惡·陳孔奐·鄭良霄·許人·曹人于宋.	○	×	×
	秋, 七月, 辛巳, 豹及諸侯之大夫盟于宋.	○	○	○
	冬, 十有二月, 乙卯, 朔, 日有食之.	○	○	○
28	二十有八年, 春, 無冰.	○	×	×
	夏, 衛石惡出奔晉.	○	×	×
	秋, 八月, 大雩.	○	○	×
	冬, 齊慶封來奔.	○	×	×
29	二十有九年, 春, 王正月, 公在楚.	○	○	×
	夏, 五月, 公至自楚.	○	○	×
	秋, 九月, 葬衛獻公.	○	○	×
	冬, 仲孫羯如晉.	○	×	×
30	三十年, 春, 王正月, 楚子使遠罷來聘.	○	○	×
	夏, 四月, 蔡世子般弑其君固.	○	○	○
	秋, 七月, 叔弓如宋, 葬宋共姬.	○	○	×
	冬, 十月, 葬蔡景公.	○	○	×
31	三十有一年, 春, 王正月.	○	○	×
	夏, 六月, 辛巳, 公薨于楚宮.	○	○	○
	秋, 九月, 癸巳, 子野卒.	○	○	○
	冬, 十月, 滕子來會葬.	○	○	×

참고 『춘추』 소공(昭公) 경문(經文) 각 계절별 시(時)·월(月)·일(日) 기록

년(年)	경문 기록	기록 유무		
		時	月	日
1	元年, 春, 王正月, 公卽位.	○	○	×
	夏, 秦伯之弟鍼出奔晉.	○	×	×
	秋, 莒去疾自齊入于莒.	○	×	×
	冬, 十有一月, 己酉, 楚子麇卒.	○	○	○
2	二年, 春, 晉侯使韓起來聘.	○	×	×
	夏, 叔弓如晉.	○	×	×
	秋, 鄭殺其大夫公孫黑.	○	×	×
	冬, 公如晉, 至河乃復.	○	×	×

3	三年, 春, 王正月, 丁未, 滕子原卒.	○	○	○
	夏, 叔弓如滕.	○	×	×
	秋, 小邾子來朝.	○	×	×
	冬, 大雨雹.	○	×	×
4	四年, 春, 王正月, 大雨雹.	○	○	×
	夏, 楚子·蔡侯·陳侯·鄭伯·許男·徐子·滕子·頓子·胡子·沈子·小邾子·宋世子佐·淮夷會于申.	○	×	×
	秋, 七月, 楚子·蔡侯·陳侯·許男·頓子·胡子·沈子·淮夷伐吳.	○	○	×
	冬, 十有二月, 乙卯, 叔孫豹卒.	○	○	○
5	五年, 春, 王正月, 舍中軍.	○	○	×
	夏, 莒牟夷以牟婁及防·茲來奔.	○	×	×
	秋, 七月, 公至自晉.	○	○	×
	冬, 楚子·蔡侯·陳侯·許男·頓子·沈子·徐人·越人伐吳.	○	×	×
6	六年, 春, 王正月, 杞伯益姑卒.	○	○	×
	夏, 季孫宿如晉. 葬杞文公.	○	×	×
	秋, 九月, 大雩.	○	○	×
	冬, 叔弓如楚.	○	×	×
7	七年, 春, 王正月, 暨齊平.	○	○	×
	夏, 四月, 甲辰, 朔, 日有食之.	○	○	○
	秋, 八月, 戊辰, 衛侯惡卒.	○	○	○
	冬, 十有一月, 癸未, 季孫宿卒.	○	○	○
8	八年, 春, 陳侯之弟招殺陳世子偃師.	○	×	×
	夏, 四月, 辛丑, 陳侯溺卒.	○	○	○
	秋, 蒐于紅.	○	×	×
	冬, 十月, 壬午, 楚師滅陳.	○	×	×
9	九年, 春, 叔弓會楚子于陳.	○	×	×
	夏, 四月, 陳災.	○	×	×
	秋, 仲孫貜如齊.	○	×	×
	冬, 築郎囿.	○	×	×
10	十年, 春, 王正月.	○	×	×
	夏, 齊欒施來奔.	○	×	×
	秋, 七月, 季孫意如·叔弓·仲孫貜帥師伐莒.	○	○	×
	十有二月, 甲子, 宋公成卒.	×	○	○
11	十有一年, 春, 王二月, 叔弓如宋.	○	○	×

	夏, 四月, 丁巳, 楚子虔誘蔡侯般, 殺之于申.	○	○	○
	秋, 季孫意如會晉韓起·齊國弱·宋華亥·衛北宮佗·鄭罕虎·曹人·杞人于厥憖.	○	×	×
	冬, 十有一月, 丁酉, 楚師滅蔡, 執蔡世子有以歸, 用之.	○	○	○
12	十有二年, 春, 齊高偃帥師納北燕伯于陽.	○	×	×
	夏, 宋公使華定來聘.	○	×	×
	秋, 七月.	○	○	×
	冬, 十月, 公子憖出奔齊.	○	○	×
13	十有三年, 春, 叔弓帥師圍費.	○	×	×
	夏, 四月, 楚公子比自晉歸于楚, 弑其君虔于乾谿.	○	○	×
	秋, 公會劉子·晉侯·齊侯·宋公·衛侯·鄭伯·曹伯·莒子·邾子·滕子·薛伯·杞伯·小邾子于平丘.	○	×	×
	冬, 十月, 葬蔡靈公.	○	○	×
14	十有四年, 春, 意如至自晉.	○	×	×
	夏, 四月.	○	○	×
	秋, 葬曹武公.	○	×	×
	冬, 莒殺其公子意恢.	○	×	×
15	十有五年, 春, 王正月, 吳子夷末卒.	○	○	×
	夏, 蔡朝吳出奔鄭.	○	×	×
	秋, 晉荀吳帥師伐鮮虞.	○	×	×
	冬, 公如晉.	○	×	×
16	十有六年, 春, 齊侯伐徐.	○	×	×
	夏, 公至自晉.	○	×	×
	秋, 八月, 己亥, 晉侯夷卒.	○	○	○
	冬, 十月, 葬晉昭公.	○	○	×
17	十有七年, 春, 小邾子來朝.	○	×	×
	夏, 六月, 甲戌, 朔, 日有食之.	○	○	○
	秋, 郯子來朝.	○	×	×
	冬, 有星孛于大辰.	○	×	×
18	十有八年, 春, 王三月, 曹伯須卒.	○	○	×
	夏, 五月, 壬午, 宋·衛·陳·鄭災.	○	○	○
	秋, 葬曹平公.	○	×	×
	冬, 許遷于白羽.	○	×	×
19	十有九年, 春, 宋公伐邾.	○	×	×
	夏, 五月, 戊辰, 許世子止弑其君買.	○	○	○

	秋, 齊高發帥師伐莒.	○	×	×
	冬, 葬許悼公.	○	×	×
20	二十年, 春, 王正月.	○	○	×
	夏, 曹公孫會自鄸出奔宋.	○	×	×
	秋, 盜殺衛侯之兄縶.	○	×	×
	冬, 十月, 宋華亥·向甯·華定出奔陳.	○	×	×
21	二十有一年, 春, 王三月, 葬蔡平公.	○	○	×
	夏, 晉侯使士鞅來聘.	○	×	×
	秋, 七月, 壬午, 朔, 日有食之.	○	○	○
	冬, 蔡侯朱出奔楚.	○	×	×
22	二十有二年, 春, 齊侯伐莒.	○	×	×
	夏, 四月, 乙丑, 天王崩.	○	○	○
	秋, 劉子·單子以王猛入于王城.	○	×	×
	冬十月, 王子猛卒.	○	○	×
23	二十有三年, 春, 王正月, 叔孫婼如晉.	○	×	×
	夏, 六月, 蔡侯東國卒于楚.	○	×	×
	秋, 七月, 莒子庚輿來奔.	○	×	×
	冬, 公如晉, 至河, 有疾, 乃復.	○	×	×
24	二十四年, 春, 王三月, 丙戌, 仲孫貜卒.	○	○	○
	夏, 五月, 乙未, 朔, 日有食之.	○	○	○
	秋, 八月, 大雩.	○	○	×
	冬, 吳滅巢.	○	×	×
25	二十有五年, 春, 叔孫婼如宋.	○	×	×
	夏, 叔詣會晉趙鞅·宋樂大心·衛北宮喜·鄭游吉·曹人·邾人·滕人·薛人·小邾人于黃父.	○	×	×
	秋, 七月, 上辛, 大雩. 季辛, 又雩.	○	○	○
	冬, 十月, 戊辰, 叔孫婼卒.	○	○	○
26	二十有六年, 春, 王正月, 葬宋元公.	○	○	×
	夏, 公圍成.	○	×	×
	秋, 公會齊侯·莒子·邾子·杞伯, 盟于鄟陵.	○	×	×
	冬, 十月, 天王入于成周.	○	○	×
27	二十有七年, 春, 公如齊.	○	×	×
	夏, 四月, 吳弒其君僚.	○	○	×
	秋, 晉士鞅·宋樂祁犁·衛北宮喜·曹人·邾人·滕人會于扈.	○	×	×
	冬, 十月, 曹伯午卒.	○	○	×

	경문 기록	時	月	日
28	二十有八年, 春, 王三月, 葬曹悼公.	○	○	×
	夏, 四月, 丙戌, 鄭伯甯卒.	○	○	○
	秋, 七月, 癸巳, 滕子甯卒.	○	○	○
	冬, 葬滕悼公.	○	×	×
29	二十有九年, 春, 公至自乾侯, 居于鄆.	○	×	×
	夏, 四月, 庚子, 叔詣卒.	○	○	○
	秋, 七月.	○	○	×
	冬, 十月, 鄆潰.	○	○	×
30	三十年, 春, 王正月, 公在乾侯.	○	○	×
	夏, 六月, 庚辰, 晉侯去疾卒.	○	○	○
	秋, 八月, 葬晉頃公.	○	○	×
	冬, 十有二月, 吳滅徐, 徐子章羽奔楚.	○	○	×
31	三十有一年, 春, 王正月, 公在乾侯. 季孫意如會晉荀躒于適歷.	○	○	×
	夏, 四月, 丁巳, 薛伯穀卒.	○	○	○
	秋, 葬薛獻公.	○	×	×
	冬, 黑肱以濫來奔.	○	×	×
32	三十有二年, 春, 王正月, 公在乾侯.	○	○	×
	夏, 吳伐越.	○	×	×
	秋, 七月.	○	○	×
	冬, 仲孫何忌會晉韓不信·齊高張·宋仲幾·衛世叔申·鄭國參·曹人·莒人·薛人·杞人·小邾人城成周.	○	×	×

참고 『춘추』 정공(定公) 경문(經文) 각 계절별 시(時)·월(月)·일(日) 기록

년(年)	경문 기록	기록 유무		
		時	月	日
1	元年, 春, 王.	○	×	×
	夏, 六月, 癸亥, 公之喪至自乾侯.	○	○	○
	秋, 七月, 癸巳, 葬我君昭公.	○	○	○
	冬, 十月, 隕霜殺菽.	○	○	×
2	二年, 春, 王正月.	○	○	×
	夏, 五月, 壬辰, 雉門及兩觀災.	○	○	○
	秋, 楚人伐吳.	○	×	×

	冬, 十月, 新作雉門及兩觀.	○	○	×
3	三年, 春, 王正月, 公如晉, 至河乃復.	○	○	×
	夏, 四月.	○	○	×
	秋, 葬邾莊公.	○	×	×
	冬, 仲孫何忌及邾子盟于拔.	○	×	×
4	四年, 春, 王二月, 癸巳, 陳侯吳卒.	○	○	○
	夏, 四月, 庚辰, 蔡公孫姓帥師滅沈, 以沈子嘉歸, 殺之.	○	○	○
	秋, 七月, 公至自會.	○	○	×
	冬, 十有一月, 庚午, 蔡侯以吳子及楚人戰于柏擧, 楚師敗績.	○	○	○
5	五年, 春, 王三月, 辛亥, 朔, 日有食之.	○	○	○
	夏, 歸粟于蔡.	○	×	×
	秋, 七月, 壬子, 叔孫不敢卒.	○	○	×
	冬, 晉士鞅帥師圍鮮虞.	○	×	×
6	六年, 春, 王正月, 癸亥, 鄭游速帥師滅許, 以許男斯歸.	○	○	○
	夏, 季孫斯·仲孫何忌如晉.	○	×	×
	秋, 晉人執宋行人樂祁犁.	○	×	×
	冬, 城中城.	○	×	×
7	七年, 春, 王正月.	○	○	×
	夏, 四月.	○	○	×
	秋, 齊侯·鄭伯盟于鹹.	○	×	×
	冬, 十月.	○	○	×
8	八年, 春, 王正月, 公侵齊.	○	○	×
	夏, 齊國夏帥師伐我西鄙.	○	×	×
	秋, 七月, 戊辰, 陳侯柳卒.	○	○	○
	冬, 衛侯·鄭伯盟于曲濮.	○	×	×
9	九年, 春, 王正月.	○	○	×
	夏, 四月, 戊申, 鄭伯蠆卒.	○	○	×
	秋, 齊侯·衛侯次于五氏.	○	×	×
	冬, 葬秦哀公.	○	×	×
10	十年, 春, 王三月, 及齊平.	○	○	×
	夏, 公會齊侯于夾谷.	○	×	×
	秋, 叔孫州仇·仲孫何忌帥師圍郈.	○	×	×
	冬, 齊侯·衛侯·鄭游速會于安甫.	○	×	×
11	十有一年, 春, 宋公之弟辰及仲佗·石彄·公子地自陳入	○	×	×

	경문	時	月	日
	于蕭以叛.			
	夏, 四月.	○	○	×
	秋, 宋樂大心自曹入于蕭.	○	×	×
	冬, 及鄭平.	○	×	×
12	十有二年, 春, 薛伯定卒.	○	×	×
	夏, 葬薛襄公.	○	×	×
	秋, 大雩.	○	×	×
	冬, 十月, 癸亥, 公會齊侯盟于黃.	○	○	○
13	十有三年, 春, 齊侯·衛侯次于垂葭.	○	×	×
	夏, 築蛇淵囿.	○	×	×
	秋, 晉趙鞅入于晉陽以叛.	○	×	×
	冬, 晉荀寅·士吉射入于朝歌以叛.	○	×	×
14	十有四年, 春, 衛公叔戌來奔. 衛趙陽出奔宋.	○	×	×
	夏, 衛北宮結來奔.	○	×	×
	秋, 齊侯宋公會于洮.	○	×	×
	城莒父及霄.	×	×	×
15	十有五年, 春, 王正月, 邾子來朝.	○	○	×
	夏, 五月, 辛亥, 郊.	○	○	○
	秋, 七月, 壬申, 姒氏卒.	○	○	○
	冬, 城漆.	○	×	×

참고 『춘추』 애공(哀公) 경문(經文) 각 계절별 시(時)·월(月)·일(日) 기록

년(年)	경문 기록	기록 유무		
		時	月	日
1	元年, 春, 王正月, 公卽位.	○	○	×
	夏, 四月, 辛巳郊.	○	○	○
	秋, 齊侯·衛侯伐晉.	○	×	×
	冬, 仲孫何忌帥師伐邾.	○	×	×
2	二年, 春, 王二月, 季孫斯·叔孫州仇·仲孫何忌帥師伐邾, 取漷東田及沂西田.	○	○	×
	夏, 四月, 丙子, 衛侯元卒.	○	○	○
	秋, 八月, 甲戌, 晉趙鞅帥師及鄭罕達帥師戰于鐵, 鄭師敗績.	○	○	○

	冬, 十月, 葬衛靈公.	○	○	×
3	三年, 春, 齊國夏·衛石曼姑帥師圍戚.	○	×	×
	夏, 四月, 甲午, 地震.	○	○	○
	秋, 七月, 丙子, 季孫斯卒.	○	○	○
	冬, 十月, 癸卯, 秦伯卒.	○	○	×
4	四年, 春, 王二月, 庚戌, 盜殺蔡侯申.	○	○	○
	夏, 蔡殺其大夫公孫姓·公孫霍.	○	×	×
	秋, 八月, 甲寅, 滕子結卒.	○	×	×
	冬, 十有二月, 葬蔡昭公.	○	○	×
5	五年, 春, 城毗.	○	×	×
	夏, 齊侯伐宋.	○	×	×
	秋, 九月, 癸酉, 齊侯杵臼卒.	○	○	○
	冬, 叔還如齊.	○	×	×
6	六年, 春, 城邾瑕.	○	×	×
	夏, 齊國夏及高張來奔.	○	×	×
	秋, 七月, 庚寅, 楚子軫卒.	○	○	○
	冬, 仲孫何忌帥師伐邾.	○	×	×
7	七年, 春, 宋皇瑗帥師侵鄭.	○	×	×
	夏, 公會吳于鄫.	○	×	×
	秋, 公伐邾.	○	×	×
	冬, 鄭駟弘帥師救曹.	○	×	×
8	八年, 春, 王正月, 宋公入曹, 以曹伯陽歸.	○	○	×
	夏, 齊人取讙及闡.	○	×	×
	秋, 七月.	○	○	×
	冬, 十有二月, 癸亥, 杞伯過卒.	○	○	○
9	九年, 春, 王二月, 葬杞僖公.	○	○	×
	夏, 楚人伐陳.	○	×	×
	秋, 宋公伐鄭.	○	×	×
	冬, 十月.	○	○	×
10	十年, 春, 王二月, 邾子益來奔.	○	○	×
	夏, 宋人伐鄭.	○	×	×
	秋, 葬薛惠公.	○	×	×
	冬, 楚公子結帥師伐陳.	○	×	×
11	十有一年, 春, 齊國書帥師伐我.	○	×	×
	夏, 陳轅頗出奔鄭.	○	×	×

	秋, 七月, 辛酉, 滕子虞母卒.	○	○	○
	冬, 十有一月, 葬滕隱公.	○	○	×
12	十有二年, 春, 用田賦.	○	×	×
	夏, 五月, 甲辰, 孟子卒.	○	○	○
	秋, 公會衛侯·宋皇瑗于鄖.	○	×	×
	冬, 十有二月, 螽.	○	○	×
13	十有三年, 春, 鄭罕達帥師取宋師于嵒.	○	×	×
	夏, 許男成卒.	○	×	×
	秋, 公至自會.	○	×	×
	冬, 十有一月, 有星孛于東方.	○	○	×
14	十有四年, 春, 西狩獲麟.	○	×	×
	夏, 四月, 齊陳恒執其君, 寘于舒州.	○	○	×
	秋, 晉趙鞅帥師伐衛.	○	×	×
	冬, 陳宗豎自楚復入于陳, 陳人殺之.	○	×	×
15	十有五年, 春, 王正月, 成叛.	○	○	×
	夏, 五月, 齊高無丕出奔北燕.	○	○	×
	秋, 八月, 大雩.	○	○	×
	冬, 晉侯伐鄭.	○	×	×
16	十有六年, 春, 王正月, 己卯, 世子蒯聵自戚入于衛.	○	○	○
	夏, 四月, 己丑, 孔丘卒.	○	○	○
		×	×	×
		×	×	×

참고 구문비교

출 처	내 용
『禮記』「中庸」	仲尼祖述堯舜, 憲章文武, 上律天時, 下襲水土.
『孔子家語』「本姓解」	孔子生於衰周, 先王典籍, 錯亂無紀, 而乃論百家之遺記, 考正其義, 祖述堯舜, 憲章文武, 刪詩述書, 定禮理樂, 制作春秋, 讚明易道, 垂訓後嗣, 以爲法式, 其文德著矣.
『漢書』「藝文志」	游文於六經之中, 留意於仁義之際, 祖述堯舜, 憲章文武, 宗師仲尼, 以重其言, 於道最爲高.

그림 30-1 ◼ 대(臺)

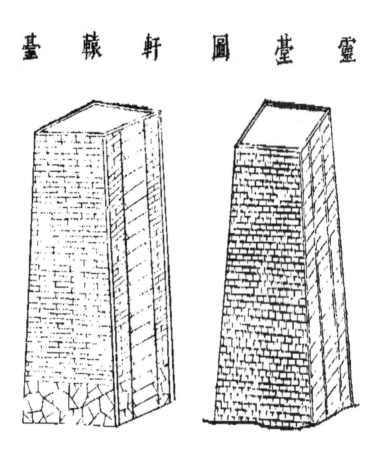

臺轊軒圖臺靈

※ 출처: 『삼재도회(三才圖會)』「궁실(宮室)」 1권

【1704上】

辟如天地之無不持載, 無不覆幬. 辟如四時之錯行, 如日月之
代明. 萬物並育而不相害, 道並行而不相悖, 小德川流, 大德
敦化, 此天地之所以爲大也.

직역 辟하면 天地가 持載를 不함이 無하고, 覆幬를 不함이 無함과 如하다. 辟
하면 四時가 錯行함과 如하고, 日月이 代明함과 如하다. 萬物이 並育하나 相히 害
를 不하고, 道가 並行하나 相히 悖함을 不하니, 小德은 川流하고, 大德은 敦化하니,
此는 天地가 大가 爲하는 所以이다.

의역 비유하자면 천지가 실어주지 않는 것이 없고 덮어주지 않는 것이 없음과
같다. 비유하자면 사계절이 순차적으로 운행하고 해와 달이 교대로 비춰주는 것과
같다. 만물이 함께 생장하면서도 서로에게 해를 끼치지 않고 도가 함께 시행되면서
도 서로 어그러지지 않으니, 작은 덕은 하천의 흐름과 같고 큰 덕은 두터이 교화를
하니, 이것은 천지가 큼이 되는 이유이다.

鄭注 聖人制作, 其德配天地如此, 唯五始可以當焉. 幬亦覆也. "小德川
流", 浸潤萌芽, 喩諸侯也. "大德敦化", 厚生萬物, 喩天子也. 幬或作"燾".

번역 성인은 예법을 제작하니, 그 덕은 이처럼 천지에 짝하는데, 오직
오시(五始)만이 그에 해당할 수 있다. '주(幬)'자 또한 "덮는다[覆]."는 뜻이
다. "작은 덕은 하천이다."라고 했는데, 싹에 젖어 들어가니, 제후를 비유한
것이다. "큰 덕은 두텁게 교화한다."라고 했는데, 만물을 두텁게 하고 태어
나게 하니, 천자를 비유한 것이다. '주(幬)'자를 다른 판본에서는 '도(燾)'자
로 기록하기도 한다.

釋文 辟音譬, 下同. 幬, 徒報反. 錯, 七各反. 當, 丁浪反, 又下郞反. 浸, 子鴆
反. 燾, 徒報反.

번역 '䠶'자의 음은 '譬(비)'이며, 아래문장에 나오는 글자도 그 음이 이와 같다. '幬'자는 '徒(도)'자와 '報(보)'자의 반절음이다. '錯'자는 '七(칠)'자와 '各(각)'자의 반절음이다. '當'자는 '丁(정)'자와 '浪(랑)'자의 반절음이며, 또한 '下(하)'자와 '郞(낭)'자의 반절음도 된다. '浸'자는 '子(자)'자와 '鴆(짐)'자의 반절음이다. '燾'자는 '徒(도)'자와 '報(보)'자의 반절음이다.

孔疏 ●"譬如"至"大也. ○正義曰: 此明孔子之德與天地日月相似, 與天子·諸侯德化無異.

번역 ●經文: "譬如"至"大也. ○이곳 문단은 공자의 덕이 천지 및 해·달과 서로 유사하다는 사실과 천자 및 제후의 덕과 교화에는 차이가 없음을 나타내고 있다.

孔疏 ●"小德川流, 大德敦化"者, 言孔子所作春秋, 若以諸侯"小德"言之, 如川水之流, 浸潤萌芽. 若以天子"大德"言之, 則仁愛敦厚, 化生萬物也.

번역 ●經文: "小德川流, 大德敦化". ○공자가 정리한 『춘추』를 뜻하는데, 만약 제후가 가진 작은 덕으로 말을 한다면, 하천이 흘러 싹에 젖어 들어가는 것과 같다. 반면 천자가 가진 큰 덕으로 말을 한다면, 인자함과 친애함이 두터워서 만물을 변화시키고 태어나게 한다는 뜻이다.

孔疏 ●"此天地之所以爲大也", 言夫子之德比並天地, 所以爲大不可測也.

번역 ●經文: "此天地之所以爲大也". ○공자의 덕은 천지와 비견되어, 그 큼에 대해서는 헤아릴 수 없다는 뜻이다.

集註 錯, 猶迭也. 此言聖人之德.

번역 '착(錯)'자는 번갈아[迭]라는 뜻이다. 이 문장은 성인의 덕을 나타낸다.

集註 悖, 猶背也. 天覆地載, 萬物並育於其間而不相害; 四時日月, 錯行代明而不相悖. 所以不害不悖者, 小德之川流; 所以並育並行者, 大德之敦化. 小德者, 全體之分; 大德者, 萬殊之本. 川流者, 如川之流, 脈絡分明而往不息也. 敦化者, 敦厚其化, 根本盛大而出無窮也. 此言天地之道, 以見上文取辟之意也.

번역 '패(悖)'자는 "배반하다[背]."는 뜻이다. 하늘은 덮어주고 땅은 실어주는데, 만물은 그 사이에서 모두 생장하면서도 서로에게 해를 끼치지 않고, 사계절과 해·달은 번갈아 운행하고 교대로 밝혀주는데 서로 어긋나지 않는다. 해를 끼치지 않고 어긋나지 않는 것은 작은 덕이 하천처럼 흐르는 것에 해당하고, 모두 생장하고 모두 시행되는 것은 큰 덕의 두터운 교화에 해당한다. 작은 덕은 전체 중에서도 한 부분이며, 큰 덕은 온갖 다름 중에서도 그것의 근본이 된다. '천류(川流)'는 하천의 흐름과 같아서, 서로 이어짐이 분명하면서도 감에 그치지 않는 것을 뜻한다. '돈화(敦化)'는 교화를 돈독히 한다는 뜻으로, 근본이 성대하여 밖으로 나옴에 끝이 없다는 의미이다. 이 문장은 천지의 도를 말하여, 앞 문장에서 비유를 든 의미를 드러내고 있다.

集註 右第三十章. 言天道也.

번역 여기까지는 제 30장이다. 천도를 말하고 있다.

제 31 장

【1704下】

唯天下至聖, 爲能聰明睿知, 足以有臨也, 寬裕溫柔, 足以有容也, 發强剛毅, 足以有執也, 齊莊中正, 足以有敬也, 文理密察, 足以有別也.

직역 唯히 天下의 至聖이라야, 能히 聰明하고 睿知하여, 足히 臨이 有하고, 寬裕하고 溫柔하여, 足히 容이 有하며, 發强하고 剛毅하여, 足히 執이 有하고, 齊莊하고 中正하여, 足히 敬이 有하며, 文理하고 密察하여, 足히 別이 有함이 爲하다.

의역 오직 공자처럼 천하의 지극한 성인이라야만 총명하고 슬기로워서 어떤 사안에 임할 수 있고, 관대하고 온화하여 포용할 수 있으며, 뜻을 드러내고 강직하여 결단할 수 있고, 장엄하고 알맞아서 공경할 수 있으며, 조리가 있고 세밀하며 명확하여 구별할 수 있다.

鄭注 言德不如此, 不可以君天下也. 蓋傷孔子有其德而無其命.

번역 덕이 이와 같지 않으면 천하를 통치할 수 없다는 뜻이다. 무릇 공자가 그에 걸맞은 덕을 갖추고 있었음에도 천명을 받지 못했음을 한탄한 것이다.

釋文 睿音銳. 知音智, 下"聖知"同. 齊, 側皆反. 別, 彼列反.

번역 '睿'자의 음은 '銳(예)'이다. '知'자의 음은 '智(지)'이며, 아래문장에 나오는 '聖知'에서의 '知'자도 그 음이 이와 같다. '齊'자는 '側(측)'자와 '皆(개)'자의 반절음이다. '別'자는 '彼(피)'자와 '列(렬)'자의 반절음이다.

孔疏 ●“唯天”至“別也”. ○此又申明夫子之德聰明寬裕, 足以容養天下, 傷其有聖德而無位也.

번역 ●經文: “唯天”~“別也”. ○이곳 문단은 또한 공자의 덕은 총명하고 관대하여 천하를 포용하고 양육할 수 있다는 뜻을 거듭 밝히고 있는데, 성인다운 덕을 갖췄음에도 지위를 얻지 못한 것을 한탄한 것이다.

孔疏 ●“寬裕溫柔, 足以有容也”, 言夫子寬弘性善, 溫克和柔, 足以包容也.

번역 ●經文: “寬裕溫柔, 足以有容也”. ○공자는 관대하고 성품이 선하며 온화하고 부드러워서 포용할 수 있음을 뜻한다.

孔疏 ●“發强剛毅, 足以有執也”, 發, 起也; 執, 猶斷也. 言孔子發起志意, 堅强剛毅, 足以斷決事物也.

번역 ●經文: “發强剛毅, 足以有執也”. ○‘발(發)’자는 “일어나다[起].”는 뜻이며, ‘집(執)’자는 “결단하다[斷].”는 뜻이다. 즉 공자는 자신의 뜻을 발산하고, 굳세고 강직하여 사물에 대해서 결단하고 판결할 수 있다는 뜻이다.

集註 聰明睿知, 生知之質. 臨, 謂居上而臨下也. 其下四者, 乃仁義禮知之德. 文, 文章也. 理, 條理也. 密, 詳細也. 察, 明辯也.

번역 ‘총명예지(聰明睿知)’는 태어나면서부터 안다는 자의 자질에 해당한다. ‘임(臨)’자는 윗자리에 있으며 아랫사람에게 임한다는 뜻이다. 그 뒤의 네 사안은 곧 인(仁)·의(義)·예(禮)·지(知)의 덕에 해당한다. ‘문(文)’자는 화려하게 드러남을 뜻한다. ‘이(理)’자는 조리가 있음을 뜻한다. ‘밀(密)’자는 자세하고 세밀하다는 뜻이다. ‘찰(察)’자는 명확히 변별한다는 뜻이다.

【1704下】

溥博淵泉, 而時出之.

직역 溥博함이 淵泉이나 時로 出한다.

의역 넓고 광대함이 마치 큰 못과 같지만 그 뜻은 때에 맞게 내놓는다.

鄭注 言其臨下普徧, 思慮深重, 非得其時不出政敎.

번역 아랫사람에게 임하면서도 골고루 하고, 생각이 깊고 신중하지만, 그 때를 얻지 못했다면 정치나 교화를 내놓지 않는다는 뜻이다.

釋文 溥音普. 徧音遍. 思, 息嗣反, 又如字.

번역 '溥'자의 음은 '普(보)'이다. '徧'자의 음은 '遍(편)'이다. '思'자는 '息(식)'자와 '嗣(사)'자의 반절음이며, 또한 글자대로 읽기도 한다.

孔疏 ●"溥博"至"配天. ○此節更申明夫子蘊蓄聖德, 俟時而出, 日月所照之處, 無不尊仰.

번역 ●經文: "溥博"~"配天. ○이곳 문단은 공자는 성인의 덕을 온축하고 있어서 때를 기다려서 나타내려고 하니, 해와 달이 빛을 비춰주는 곳에서 그를 존경하지 않는 자가 없다는 뜻을 거듭 나타내고 있다.

孔疏 ●"溥博淵泉"者, 溥, 謂無不周徧; 博, 謂所及廣遠. 以其浸潤之澤, 如似淵泉溥大也. 旣思慮深重, 非得其時不出政敎, 必以俟時而出.

번역 ●經文: "溥博淵泉". ○'부(溥)'자는 두루하지 않음이 없다는 뜻이며, '박(博)'자는 넓고도 멀리 미친다는 뜻이다. 점차 젖어 들어가는 은택이 마치 못이 넓고도 큰 것과 같다. 이미 생각을 깊고 신중히 했지만, 그 때를 얻지 못했다면 정치나 교화를 내놓지 않으니, 반드시 때를 기다려서 내놓는다.

集註 溥博, 周徧而廣闊也. 淵泉, 靜深而有本也. 出, 發見也. 言五者之德, 充積於中, 而以時發見於外也.

번역 '부박(溥博)'은 두루하고 광활하다는 뜻이다. '연천(淵泉)'은 맑고 깊으며 근본을 갖추고 있다는 뜻이다. '출(出)'자는 나타낸다는 뜻이다. 즉 다섯 가지 덕이 그 내면에 충만하게 쌓여 있고, 때에 알맞게 밖으로 나타낸다는 의미이다.

【1704下~1705上】

溥博如天, 淵泉如淵, 見而民莫不敬, 言而民莫不信, 行而民莫不說. 是以聲名洋溢乎中國, 施及蠻貊, 舟車所至, 人力所通, 天之所覆, 地之所載, 日月所照, 霜露所隊, 凡有血氣者, 莫不尊親, 故曰配天.

직역 溥博은 天과 如하고, 淵泉은 淵과 如하니, 見하면 民에 不敬함이 莫하고, 言하면 民에 不信함이 莫하며, 行하면 民에 不說함이 莫한다. 是以로 聲名이 中國에 洋溢하고, 蠻貊에 施及하니, 舟車가 至한 所와 人力이 通한 所와 天이 覆한 所와 地가 載한 所와 日月이 照한 所와 霜露이 隊한 所에, 凡히 血氣를 有한 者에, 尊親을 不함이 莫이라, 故로 曰 天에 配라.

의역 공자의 넓고 광대함은 하늘과 같고, 젖어 드는 은택은 못과 같으니, 나타나면 백성들 중 공경하지 않는 자가 없고, 말하면 백성들 중 믿지 않는 자가 없으며, 행동하면 백성들 중 기뻐하지 않는 자가 없다. 이러한 까닭으로 그 명성이 중국에 가득 퍼져서 오랑캐에게까지 미쳤으니, 배와 수레가 도달하는 곳, 사람의 힘이 미치는 곳, 하늘이 덮어주고 땅이 실어주며 해와 달이 비추고 서리와 이슬이 내리는 모든 곳에 있어서 혈기를 가지고 있는 자는 공자를 존경하고 친애하지 않는 자가 없다. 그렇기 때문에 "하늘에 짝하다."라고 부른다.

鄭注 如天, 取其運照不已也, 如淵, 取其淸深不測也. "尊親", 尊而親之.

번역 하늘과 같다는 말은 운행하며 비춰주기를 그치지 않는다는 뜻을 취한 것이며, 못과 같다는 말은 맑고 깊어서 헤아릴 수 없다는 뜻을 취한 것이다. '존친(尊親)'은 존경하면서도 친애한다는 뜻이다.

釋文 見, 賢遍反. 說音悅. 施, 以豉反. 貉, 本又作"貊", 武伯反, 說文云: "北方人也." 隊, 直類反.

번역 '見'자는 '賢(현)'자와 '遍(편)'자의 반절음이다. '說'자의 음은 '悅(열)'이다. '施'자는 '以(이)'자와 '豉(시)'자의 반절음이다. '貉'자는 판본에 따라서 또한 '貊'자로도 기록하는데, '武(무)'자와 '伯(백)'자의 반절음이며, 『설문』에서는 "북방 민족이다."라고 했다. '隊'자는 '直(직)'자와 '類(류)'자의 반절음이다.

孔疏 ●"溥博如天"者, 言似天"無不覆幬".

번역 ●經文: "溥博如天". ○하늘의 "덮어주지 않음이 없다."는 것과 유사하다는 의미이다.

孔疏 ●"淵泉如淵", 言潤澤深厚, 如川水之流.

번역 ●經文: "淵泉如淵". ○젖어 들어가는 은택이 깊고도 두터운데, 마치 하천이 흐르는 것과 같다는 의미이다.

集註 言其充積極其盛, 而發見當其可也.

번역 충만하게 쌓인 것이 융성함을 지극히 하고 나타남이 옳음에 마땅하다는 뜻이다.

集註 舟車所至以下, 蓋極言之. 配天, 言其德之所及, 廣大如天也.

번역 배와 수레가 도달한 곳이라는 말로부터 그 이하의 내용들은 극진하게 말한 것이다. '배천(配天)'은 그의 덕이 미치는 곳은 광대하여 마치 하늘과 같다는 뜻이다.

集註 右第三十一章. 承上章而言小德之川流, 亦天道也.

번역 여기까지는 제 31장이다. 앞 장의 뜻을 이어서 작은 덕이 하천처럼 흐르는 것을 말하였으니, 이 또한 천도에 해당한다.

제 32 장

【1705上】

唯天下至誠, 爲能經綸天下之大經, 立天下之大本, 知天地之化育.

직역 唯히 天下의 至誠이라야, 能히 天下의 大經을 經綸하고, 天下의 大本을 立하며, 天地의 化育을 知함을 爲한다.

의역 오직 공자와 같은 천하의 지극히 성실한 자여야만 천하의 큰 기준인 육예(六藝)와 『춘추』를 정리하여 기술할 수 있고, 천하의 큰 근본인 『효경』을 저술할 수 있으며, 천지의 조화로운 생육작용을 알 수 있다.

鄭注 "至誠", 性至誠, 謂孔子也. "大經", 謂六藝, 而指春秋也. "大本", 孝經也.

번역 '지성(至誠)'은 본성이 지극히 성실하다는 뜻으로, 공자를 가리킨다. '대경(大經)'은 육예(六藝)[1]를 뜻하고, 『춘추』를 가리킨다. '대본(大本)'은 『효경』을 가리킨다.

釋文 論, 本又作"綸", 同音倫.

번역 '論'자는 판본에 따라서 또한 '綸'자로도 기록하는데, 두 글자의 음은 모두 '倫(륜)'이다.

---

1) 육예(六藝)는 기본적으로 갖춰야 하는 여섯 가지 과목을 뜻한다. 여섯 가지 과목은 예(禮), 음악[樂], 활쏘기[射], 수레몰기[御], 글쓰기[書], 셈하기[數]이며, 구체적으로 말하자면 오례(五禮), 육악(六樂), 오사(五射), 오어(五馭: =五御), 육서(六書), 구수(九數)를 가리킨다.

集註 經·綸, 皆治絲之事. 經者, 理其緒而分之; 綸者, 比其類而合之也. 經, 常也. 大經者, 五品之人倫. 大本者, 所性之全體也. 惟聖人之德極誠無妄, 故於人倫各盡其當然之實, 而皆可以爲天下後世法, 所謂經綸之也. 其於所性之全體, 無一毫人欲之僞以雜之, 而天下之道千變萬化皆由此出, 所謂立之也. 其於天地之化育, 則亦其極誠無妄者有默契焉, 非但聞見之知而已.

번역 '경(經)'자와 '윤(綸)'자는 모두 실을 직조하는 일에 해당한다. '경(經)'은 그 실마리를 다듬어서 나누는 것을 뜻하며, '윤(綸)'은 그 부류를 나란히 두어 합치는 것을 뜻한다. '경(經)'은 항상됨[常]을 뜻한다. '대경(大經)'은 오품(五品)²⁾에 해당하는 인륜이다. '대본(大本)'은 부여받은 본성의 전체를 뜻한다. 오직 성인의 덕만이 지극히 성실하고 망령됨이 없기 때문에 인륜에 있어서 각각 그 마땅한 실리를 다하여, 모두 천하와 후세의 법도로 삼기에 충분하니, 이른바 경륜(經綸)한다는 뜻이다. 부여받은 본성의 전체에 대해서 한 터럭만한 인욕의 거짓됨이 뒤섞여 있지 않아서, 천하의 도가 무수히 변화하는 것들이 모두 여기에서 비롯되어 나타나니, 이른바 입(立)한다는 뜻이다. 천지의 화육에 대해서도 지극히 성실하고 망령됨이 없는 자는 묵묵히 서로 들어맞음이 있는 것이지, 단지 듣거나 보아서 아는 것뿐만이 아니다.

---

2) 오품(五品)은 오상(五常)과 같은 말이며, 다섯 종류의 인륜(人倫)을 뜻한다. '오품'에서의 '품(品)'자는 품질(品秩)을 뜻한다. 한 가정 내에서는 서열에 따라 부·모·형·동생·자식의 다섯 등급으로 나뉘는데, 이러한 관계는 '품'에 해당하며, 이러한 관계 속에서 지켜야 하는 인륜은 의로움[義], 자애[慈], 우애[友], 공손함[恭], 효(孝)에 해당한다. 따라서 이러한 다섯 종류의 인륜을 '오품'이라고 부르는 것이다. 또한 이러한 다섯 종류의 인륜은 고정불변의 것으로, 항상 실천해야 하는 것이다. 따라서 '상(常)'자를 붙여서 '오상'이라고도 부르는 것이다. 『서』「우서(虞書)·순전(舜典)」편에는 "帝曰, 契, 百姓不親, 五品不遜."이라는 기록이 있고, 이에 대한 공안국(孔安國)의 전(傳)에서는 "五品謂五常."이라고 풀이했고, 공영달(孔穎達)의 소(疏)에서는 "品謂品秩, 一家之內尊卑之差, 卽父母兄弟子是也. 敎之義·慈·友·恭·孝, 此事可常行, 乃爲五常耳."라고 풀이했다.

【1705上】

夫焉有所倚? 肫肫其仁, 淵淵其淵, 浩浩其天.

직역 夫히 焉히 倚한 所가 有리오? 肫肫한 그 仁이며, 淵淵한 그 淵이고, 浩浩한 그 天이다.

의역 공자가 덕을 베풂에 있어서 어찌 치우친 점이 있었겠는가? 인(仁)을 시행할 때에는 간절하고 정성스러웠으며, 그 덕은 깊은 못과 같았고, 덕의 광대함은 하늘과 같았다.

鄭注 安無所倚, 言無所偏倚也. 故人人自以被德尤厚, 似偏頗者. 肫肫讀如"誨爾忳忳"之"忳". 忳忳, 懇誠貌也. 肫肫, 或爲"純純".

번역 "어찌 치우친 것이 없는가?"라는 말은 치우친 것이 없다는 뜻이다. 그렇기 때문에 사람들은 각자 그의 덕에 힘입어 더욱 두텁게 되는데, 이것은 마치 자신에게만 은택을 베푸는 것처럼 느껴지는 것이다. '준준(肫肫)'은 "너를 가르치길 간절히 한다."3)라고 했을 때의 '준(忳)'자로 풀이한다. '준준(忳忳)'은 간절하고 정성스러운 모습을 뜻한다. '준준(肫肫)'을 다른 판본에서는 '순순(純純)'으로 기록하기도 한다.

釋文 焉, 於虔反. 倚, 依綺·於寄二反, 注同. 肫肫, 依注音之淳反. 浩, 胡老反. 被, 皮義反. 頗, 破河反. 懇, 苦很反. 純音淳, 又之淳反.

번역 '焉'자는 '於(어)'자와 '虔(건)'자의 반절음이다. '倚'자는 '依(의)'자와 '綺(기)'자의 반절음이며 또한 '於(어)'자와 '寄(기)'자의 반절음도 되는데, 정현의 주에 나오는 글자도 그 음이 이와 같다. '肫肫'에서의 '肫'자는 정현의 주에 따르면 그 음이 '之(지)'자와 '淳(순)'자의 반절음이다. '浩'자는

---

3) 『시』「대아(大雅)·억(抑)」: 昊天孔昭, 我生靡樂. 視爾夢夢, 我心慘慘. 誨爾諄諄, 聽我藐藐. 匪用爲敎, 覆用爲虐. 借曰未知, 亦聿旣耄.

'胡(호)'자와 '老(로)'자의 반절음이다. '被'자는 '皮(피)'자와 '義(의)'자의 반절음이다. '頗'자는 '破(파)'자와 '河(하)'자의 반절음이다. '懇'자는 '苦(고)'자와 '很(흔)'자의 반절음이다. '純'자의 음은 '淳(순)'이며, 또한 '之(지)'자와 '淳(순)'자의 반절음도 된다.

孔疏 ●"夫焉有所倚"至"浩浩其天", 以前經贊明夫子之德, 此又云夫子無所偏倚, 而仁德自然盛大也. 倚, 謂偏有所倚近, 言夫子之德, 普被於人, 何有獨倚近於一人, 言不特有偏頗也.

번역 ●經文: "夫焉有所倚"~"浩浩其天". ○앞의 경문에서는 공자의 덕에 대해서 드러냈는데, 이곳에서는 또한 공자에게는 치우친 점이 없고 인자한 덕이 자연적으로 성대했다고 말하고 있다. '의(倚)'자는 한편으로 치우친 점이 있다는 뜻이니, 공자의 덕은 사람들에게 두루 미쳤는데, 어찌 유독한 사람에게만 치우침이 있겠느냐는 의미로, 단지 치우치지만은 않았다는 뜻이다.

孔疏 ●"肫肫其仁", 肫肫, 懇誠之貌. 仁, 謂施惠仁厚. 言又能肫肫然懇誠行此仁厚爾.

번역 ●經文: "肫肫其仁". ○'준준(肫肫)'은 간절하고 성실한 모습을 뜻한다. '인(仁)'은 은택을 베풀고 인자하며 두텁다는 뜻이다. 즉 또한 간절하고 성실하게 이러한 인자함을 시행하길 두텁게 했다는 뜻이다.

孔疏 ●"淵淵其淵", 淵水深之貌也, 言夫子之德, 淵淵然若水之深也.

번역 ●經文: "淵淵其淵". ○물이 깊은 모습을 뜻한다. 즉 공자의 덕은 못처럼 물이 깊은 것과 같다는 뜻이다.

孔疏 ●"浩浩其天", 言夫子之德, 浩浩盛大, 其若如天也.

번역 ●經文: "浩浩其天". ○공자의 덕은 광대하여 마치 하늘과도 같다는 뜻이다.

孔疏 ◎注"肫肫讀如誨爾忳忳之忳". ○正義曰: 此大雅·抑之篇, 刺厲王之詩. 言詩人誨爾厲王忳忳然懇誠不已, 厲王聽我藐藐然而不入也.

번역 ◎鄭注: "肫肫讀如誨爾忳忳之忳". ○이것은 『시』「대아(大雅)·억(抑)」편에 나오는 말인데, 여왕(厲王)을 풍자한 시이다. 즉 이 시를 지은 자는 너 여왕에게 간절하고 성실하게 가르치길 그치지 않았는데, 여왕은 내 말을 듣기를 아득하게만 여겨서 받아들이지 않았다고 말한 것이다.

集註 此皆至誠無妄, 自然之功用, 夫豈有所倚著於物而後能哉?

번역 이러한 것들은 모두 지극히 성실하고 망령됨이 없어서 자연적으로 나타나는 공덕과 작용인데, 어찌 다른 사물에 의지한 뒤에야 잘하는 면이 있겠는가?

集註 肫肫, 懇至貌, 以經綸而言也. 淵淵, 靜深貌, 以立本而言也. 浩浩, 廣大貌, 以知化而言也. 其淵其天, 則非特如之而已.

번역 '준준(肫肫)'은 간절함이 지극한 모습을 뜻하니, 경륜(經綸)으로 한 말이다. '연연(淵淵)'은 고요하고 깊은 모습을 뜻하니, 입본(立本)으로 한 말이다. '호호(浩浩)'는 광대한 모습을 뜻하니, 지화(知化)로 한 말이다. 기연(其淵)과 기천(其天)이라고 했으니, 단지 그것들과 같기만 할 따름이 아니라는 의미이다.

【1705上】

苟不固聰明聖知達天德者, 其孰能知之.

직역 苟히 固하며 聰明하고 聖知하여 天德에 達한 者가 不이라면, 그 孰히 能히 知리오.

의역 진실로 견고하고 총명하며 성인과 같은 지혜를 갖춰서 하늘의 덕에 두루 통한 자가 아니라면, 그 누가 공자의 덕을 알아볼 수 있겠는가.

鄭注 言唯聖人乃能知聖人也. 春秋傳曰"末不亦樂乎堯舜之知君子", 明凡人不知.

번역 오직 성인이라야만 성인을 알아볼 수 있다는 뜻이다. 『춘추전』에서는 "후대의 성인인 공자 또한 요와 순임금이 후대에 군자가 나타날 것을 알아보았던 것을 좋아하지 않았겠는가?"[4]라고 했으니, 일반인들은 알아보지 못한다는 뜻을 나타낸다.

孔疏 ●"苟不固聰明聖知達天德者, 其孰能知之"者, 上經論夫子之德大如天, 此經論唯至聖乃知夫子之德. 苟, 誠也. 固, 堅固也. 言帝誠不堅固聰明睿聖通知曉達天德者, 其誰能識知夫子之德? 故注引公羊傳云"堯舜之知君子"者, 言有堯·舜之德乃知夫子, 明凡人不知也.

번역 ●經文: "苟不固聰明聖知達天德者, 其孰能知之". ○앞의 경문에서는 공자의 덕이 광대하여 마치 하늘과 같았음을 논의하였다. 이곳 경문에서는 오직 지극한 성인만이 공자의 덕을 알아볼 수 있음을 논의하였다. '구(苟)'자는 진실로[誠]라는 뜻이다. '고(固)'자는 견고하다는 뜻이다. 즉 제왕

---

4) 『춘추공양전』「애공(哀公) 14년」: 君子曷爲爲春秋. 撥亂世. 反諸正, 莫近諸春秋. 則未知其爲是與, 其諸君子樂道堯舜之道與. 末不亦樂乎堯舜之知君子也. 制春秋之義, 以俟後聖. 以君子之爲, 亦有樂乎此也.

중 진실로 견고하고 총명하며 성인과 같은 슬기로움을 갖추고 하늘의 덕에 두루 통해서 알고 있는 자가 아니라면, 그 누가 공자의 덕을 알아볼 수 있겠느냐는 의미이다. 그래서 정현의 주에서는『공양전』의 문장을 인용하여, "요와 순임금이 군자가 나타날 것을 알아보았다."라고 했는데, 이것은 요와 순임금의 덕을 갖추고 있어야만 공자를 알아볼 수 있다는 뜻으로, 일반인들은 알아볼 수 없음을 나타낸다.

集註 固, 猶實也. 鄭氏曰, "惟聖人能知聖人也."

번역 '고(固)'자는 실제[實]라는 뜻이다. 정현은 "오직 성인만이 성인을 알아볼 수 있다."라고 했다.

集註 右第三十二章. 承上章而言大德之敦化, 亦天道也. 前章言至聖之德, 此章言至誠之道. 然至誠之道, 非至聖不能知; 至聖之德, 非至誠不能爲, 則亦非二物矣. 此篇言聖人天道之極致, 至此而無以加矣.

번역 여기까지는 제 32장이다. 앞 장을 이어서 큰 덕의 두터운 교화를 말한 것이니 또한 천도에 해당한다. 앞 장에서는 지극한 성인의 덕을 말했고, 이곳에서는 지극한 성실함의 도를 말했다. 그러나 지극한 성실함의 도는 지극한 성인이 아니라면 알아볼 수 없고, 지극한 성인의 덕은 지극한 성실함이 아니라면 시행할 수 없으니, 이 또한 별개의 두 대상이 아니다. 「중용」편에서 성인과 천도의 지극함을 말한 것 중에 이 문장에 있어서는 더할 것이 없다.

• 제 33 장 •

詩曰, "衣錦尙絅", 惡其文之著也. 故君子之道, 闇然而日章; 小人之道, 的然而日亡.

직역 詩에서 曰, "錦을 衣하고 絅을 尙이라", 그 文의 著함을 惡함이다. 故로 君子의 道는 闇然이나 日로 章하고; 小人의 道는 的然이나 日로 亡한다.

의역 『시』에서는 "비단옷을 입고 그 위에 홑옷을 껴입는다."라고 했는데, 문채가 화려하게 드러남을 싫어했기 때문이다. 그래서 군자의 도는 어두운 것 같지만 날마다 드러나고, 소인의 도는 확연한 것 같지만 날마다 없어진다.

鄭注 言君子深遠難知, 小人淺近易知. 人所以不知孔子, 以其深遠. 禪爲絅. 錦衣之美而君子以絅表之, 爲其文章露見, 似小人也.

번역 군자는 심원하여 알아보기 어렵고, 소인은 천근하여 알아보기 쉽다는 뜻이다. 사람들이 공자를 알아보지 못하는 이유는 그의 덕이 심원하기 때문이다. 홑겹으로 지은 옷은 경(絅)이 된다. 비단옷은 아름답지만 군자는 홑옷으로 그 겉을 가리니, 문채를 화려하게 드러나게 하는 것은 소인과 같은 것이다.

釋文 絅, 本又作"穎", 詩作"褧", 同口迥反, 徐口定反, 一音口潁反. 惡, 烏路反. 著, 張慮反. 闇, 於感反, 又如字. 日, 而一反, 下同. 的, 丁歷反. 易, 以豉反, 下"易擧"同. 禪爲音丹. 爲其, 于僞反. 見, 賢遍反.

번역 '絅'자는 판본에 따라서 또한 '穎'자로도 기록하고, 『시』에서는 '褧'

자로도 기록했는데, 세 글자는 모두 ‘口(구)’자와 ‘逈(형)’자의 반절음이며, 서음(徐音)은 ‘口(구)’자와 ‘定(정)’자의 반절음이고, 다른 음은 ‘口(구)’자와 ‘穎(영)’자의 반절음이다. ‘惡’자는 ‘烏(오)’자와 ‘路(로)’자의 반절음이다. ‘著’자는 ‘張(장)’자와 ‘慮(려)’자의 반절음이다. ‘闇’자는 ‘於(어)’자와 ‘感(감)’자의 반절음이며, 또한 글자대로 읽기도 한다. ‘日’자는 ‘而(이)’자와 ‘一(일)’자의 반절음이며, 아래문장에 나오는 글자도 그 음이 이와 같다. ‘的’자는 ‘丁(정)’자와 ‘歷(력)’자의 반절음이다. ‘易’자는 ‘以(이)’자와 ‘豉(시)’자의 반절음이며, 아래문장에 나오는 ‘易擧’에서의 ‘易’자도 그 음이 이와 같다. ‘禪爲’에서의 ‘禪’자는 그 음이 ‘丹(단)’이다. ‘爲其’에서의 ‘爲’자는 ‘于(우)’자와 ‘僞(위)’자의 반절음이다. ‘見’자는 ‘賢(현)’자와 ‘遍(편)’자의 반절음이다.

孔疏　●“詩曰衣錦尙褧, 惡其文之著也”, 以前經論夫子之德難知, 故此經因明君子·小人隱顯不同之事. 此詩·衛風·碩人之篇, 美莊姜之詩. 言莊姜初嫁在塗, 衣著錦衣, 爲其文之大著, 尙著禪絅加於錦衣之上. 絅, 禪也, 以單縠爲衣, 尙以覆錦衣也. 按詩本文云“衣錦褧衣”, 此云“尙絅”者, 斷截詩文也. 又俗本云“衣錦褧裳”, 又與定本不同者. 記人欲明君子謙退, 惡其文之彰著, 故引詩以結之.

번역　●經文: “詩曰衣錦尙褧, 惡其文之著也”. ○앞의 경문에서는 공자의 덕은 알아보기 어렵다고 논의했다. 그렇기 때문에 이곳 경문에서는 그에 따라 군자와 소인의 은미하고 드러남이 다르다는 사안을 나타내고 있다. 이 시는 『시』「위풍(衛風)·석인(碩人)」편으로,[1] 장강을 찬미한 시이다. 즉 장강은 처음 시집을 올 때 길가에 머문 적이 있었고 비단옷을 입고 있었는데, 그 문채가 성대하게 드러나기 때문에, 그 위에 홑옷을 껴입어 비단옷 위를 가렸다는 뜻이다. ‘경(絅)’자는 홑옷[禪]을 뜻하니, 홑겹으로 만든 옷인데, 이것을 겉에 입어 비단옷을 덮은 것이다. 『시』의 본문을 살펴보면 ‘의금경의(衣錦褧衣)’라고 기록되어 있는데, 이곳에서는 ‘상경(尙絅)’이라고 했

---

1) 『시』「위풍(衛風)·석인(碩人)」: 碩人其頎, <u>衣錦褧衣</u>. 齊侯之子, 衛侯之妻, 東宮之妹, 邢侯之姨, 譚公維私.

다. 그 이유는 『시』의 본문을 끊어서 인용했기 때문이다. 또 세속본에는
'의금경상(衣錦褧裳)'이라고 기록하여 『정본』과 차이를 보이는 기록도 있
다. 『예기』를 기록한 자는 군자는 겸손하게 자신을 물리고, 문채가 화려하
게 드러나는 것을 싫어한다는 사실을 나타내고자 했기 때문에, 『시』를 인
용해서 결론을 맺은 것이다.

孔疏 ●"故君子之道, 闇然而日章"者, 章, 明也. 言君子以其道德深遠謙
退, 初視未見, 故曰"闇然". 其後明著, 故曰日章明也.

번역 ●經文: "故君子之道, 闇然而日章". ○'장(章)'자는 "드러난다[明]."
는 뜻이다. 즉 군자는 도와 덕이 심원하며 겸손하게 자신을 물리기 때문에
처음에는 보아도 보이지 않는다. 그렇기 때문에 "어둡다."라고 했다. 그러
나 그 이후에는 밝게 드러나기 때문에 "날마다 밝게 드러난다."라고 했다는
뜻이다.

孔疏 ●"小人之道, 的然而日亡"者, 若小人好自矜大, 故初視時"的然". 以
其才藝淺近, 後無所取, 故曰日益亡.

번역 ●經文: "小人之道, 的然而日亡". ○소인처럼 스스로 과시하는 것
을 좋아하기 때문에 처음에 바라볼 때에는 확연하게 된다. 그러나 그의 재
주와 기예가 천근하므로, 이후에는 취할 것이 없다. 그렇기 때문에 "날마다
없어진다."라고 했다.

참고 『시』「위풍(衛風)·석인(碩人)」

碩人其頎, (석인기기) : 미려하고 장엄하며 큰 사람이여,
衣錦褧衣. (의금경의) : 비단옷을 입고 홑옷을 껴입었구나.
齊侯之子, (제후지자) : 제(齊)나라 후작의 자식이며,

衛侯之妻, (위후지처) : 위(衛)나라 후작의 처이고,

東宮之妹, (동궁지매) : 제나라 세자의 여동생이며,

邢侯之姨, (형후지이) : 형(邢)나라 후작 부인의 형제이고,

譚公維私. (담공유사) : 담(譚)나라 공작 부인의 형제로다.

手如柔荑, (수여유제) : 손은 부드러운 싹과 같고,

膚如凝脂. (부여응지) : 피부는 엉긴 기름처럼 부드럽구나.

領如蝤蠐, (영여추제) : 목은 나무굼벵이와 같고,

齒如瓠犀. (치여호서) : 치아는 박씨와 같구나.

螓首蛾眉. (진수아미) : 털매미의 이마에 나방의 눈썹이로다.

巧笑倩兮. (교소천혜) : 어여쁜 미소에 보조개가 보이며,

美目盼兮. (미목반혜) : 어여쁜 눈에 눈동자가 또렷하구나.

碩人敖敖, (석인오오) : 미려하고 장엄하여 키가 크나니,

說于農郊. (세우농교) : 위나라 근교에 잠시 머물도다.

四牡有驕, (사모유교) : 네 마리의 수말이 건장도 한데,

朱幩鑣鑣, (주분표표) : 주색으로 장식한 재갈이 성대하고도 아름다우며,

翟茀以朝. (적불이조) : 꿩의 깃털로 가리개를 덮고서 조회를 하러 가는구나.

大夫夙退, (대부숙퇴) : 대부들이 일찍 퇴조하여,

無使君勞. (무사군로) : 군주를 수고롭게 하지 않는구나.

河水洋洋, (하수양양) : 황하가 성대하게 흘러,

北流活活. (북류활활) : 북쪽으로 콸콸 흐르는구나.

施罛濊濊, (시고예예) : 그물을 물속에 던지니,

鱣鮪發發, (전유발발) : 잉어들이 많고도 많으며,

葭菼揭揭. (가담게게) : 갈대들이 길쭉하구나.

庶姜孽孽, (서강얼얼) : 여러 잉첩들은 장식을 화려히 하고,

庶士有朅. (서사유걸) : 여자를 전송하는 무리들은 건장도 하구나.

毛序 碩人, 閔莊姜也. 莊公, 惑於嬖妾, 使驕上僭, 莊姜賢而不荅, 終以無子. 國人閔而憂之.

모서 「석인(碩人)」편은 장강(莊姜)을 가엾게 여긴 시이다. 장공(莊公)은 애첩에게 미혹되어, 그녀로 하여금 교만하게 만들어 위로 참람하게 굴었으니, 장강은 현명하였음에도 응답을 하지 않아 끝내 자식이 없었다. 그렇기 때문에 나라 사람들이 그녀를 가엾게 여기며 걱정했던 것이다.

【1705下~1706上】

君子之道, 淡而不厭, 簡而文, 溫而理, 知遠之近, 知風之自, 知微之顯, 可與入德矣.

직역 君子의 道는 淡하되 不厭하고, 簡하되 文하며, 溫하되 理하니, 遠의 近을 知하고, 風의 自를 知하며, 微의 顯를 知하면, 可히 德에 入함에 與한다.

의역 군자의 도는 담백하되 싫어할만한 것이 없고, 간략하되 날마다 화려해지며, 온화하되 외부 대상을 다스릴 수 있으니, 먼 곳이 가까운 곳으로부터 시작됨을 알고, 바람이 불어오기 시작하는 곳을 알며, 은미한 것이 드러날 것임을 알면, 성인의 덕으로 진입할 수 있다.

鄭注 淡其味似薄也. 簡而文, 溫而理, 猶簡而辨, 直而溫也. "自", 謂所從來也. 三知者, 皆言其睹末察本, 探端知緒也. 入德, 入聖人之德.

번역 그 맛을 담박하게 하여 엷은 것처럼 보인다. 간략하되 문채가 나고, 온화하되 조리가 있다는 말은 "간략하되 변별하고, 곧되 온화하다."[2]는

---

2) 『서』「우서(虞書)·고요모(皐陶謨)」: 皐陶曰, 寬而栗, 柔而立, 愿而恭, 亂而敬, 擾而毅, <u>直而溫, 簡而廉</u>, 剛而塞, 彊而義, 彰厥有常, 吉哉.

말과 같다. '자(自)'자는 비롯되는 곳을 뜻한다. 세 개의 '지(知)'자는 모두 그 말단을 보고 근본을 살피며, 끝을 찾아 시초를 안다는 뜻이다.

釋文 淡, 徒暫反, 又大敢反, 下注同. 厭, 於豔反. 睹音覩. 探音貪.

번역 '淡'자는 '徒(도)'자와 '暫(잠)'자의 반절음이며, 또한 '大(대)'자와 '敢(감)'자의 반절음도 되고, 아래 정현의 주에 나오는 글자도 그 음이 이와 같다. '厭'자는 '於(어)'자와 '豔(염)'자의 반절음이다. '睹'자의 음은 '覩(도)'이다. '探'자의 음은 '貪(탐)'이다.

孔疏 ●"君子"至"德矣". ○此一經明君子之道, 察微知著, 故能入德.

번역 ●經文: "君子"~"德矣". ○이곳 경문은 군자의 도를 나타내고 있으니, 은미한 것을 살펴서 드러나는 것을 알기 때문에 덕으로 들어갈 수 있다.

孔疏 ●"淡而不厭"者, 言不媚悅於人, 初似淡薄, 久而愈敬, 無惡可厭也.

번역 ●經文: "淡而不厭". ○남을 기쁘게 만들려고 아첨하지 않아서, 처음에는 마치 담백하고 엷은 것 같지만, 오래되면 더욱 공경하니, 싫어할 만한 것이 없다는 뜻이다.

孔疏 ●"簡而文"者, 性無嗜欲, 故簡靜, 才藝明辨, 故有文也.

번역 ●經文: "簡而文". ○본성에 탐내고 욕심을 내는 것이 없기 때문에 간결하고 고요한데, 재예가 명확하고 구별되므로 문채가 나게 된다.

孔疏 ●"溫而理", 氣性和潤, 故溫也. 正直不違, 故修理也.

번역 ●經文: "溫而理". ○기질과 성품이 조화롭기 때문에 온화하다. 정직하여 어긋나지 않기 때문에 다스려진다.

孔疏 ●"知遠之近", 言欲知遠處, 必先之適於近, 乃後及遠.

번역 ●經文: "知遠之近". ○멀리 있는 것을 알고자 한다면 반드시 우선적으로 가까운 곳으로 나아가야 하고, 그 이후에야 멀리 도달할 수 있다는 뜻이다.

孔疏 ●"知風之自", 自, 謂所從來處, 言見目前之風則知之適所從來處, 故鄭注云"睹末察本". 遠是近之末, 風是所從來之末也.

번역 ●經文: "知風之自". ○'자(自)'자는 비롯되는 곳을 뜻하니, 눈앞의 바람을 보게 되면, 그것이 어디로부터 비롯되었는지를 안다는 의미이다. 그렇기 때문에 정현의 주에서는 "그 말단을 보고 근본을 살핀다."라고 했다. 멀다는 것은 가까움의 말단이 되고, 바람은 비롯되어 나온 것의 말단이 된다.

孔疏 ●"知微之顯", 此初時所微之事, 久乃適於顯明, 微是初端, 顯是縱緒, 故鄭注云"探端知緒".

번역 ●經文: "知微之顯". ○이것은 초기에는 미미하게 여겨지는 사안이지만, 오래도록 지속된다면 밝게 드러나는 것이니, 미미한 것은 처음의 단서가 되고, 현격하게 드러나는 것은 시초에 해당한다. 그렇기 때문에 정현의 주에서는 "끝을 찾아 시초를 안다."라고 했다.

孔疏 ●"可與入德矣", 言君子或探末以知本, 或睹本而知末, 察微知著, 終始皆知, 故可以入聖人之德矣.

번역 ●經文: "可與入德矣". ○군자는 말단을 찾아 근본을 알거나 근본을 보고 말단을 아니, 은미한 것을 살펴서 드러나는 것을 아는 것으로, 끝과 시작을 모두 아는 것이다. 그렇기 때문에 성인의 덕으로 진입할 수 있다.

集註 前章言聖人之德, 極其盛矣. 此復自下學立心之始言之, 而下文又推之以至其極也. 詩國風衛碩人·鄭之丰, 皆作“衣錦褧衣”. 褧·絅同, 禪衣也. 尙, 加也. 古之學者爲己, 故其立心如此. 尙絅故闇然, 衣錦故有日章之實. 淡·簡·溫, 絅之襲於外也; 不厭而文且理焉, 錦之美在中也. 小人反是, 則暴於外而無實以繼之, 是以的然而日亡也. 遠之近, 見於彼者由於此也. 風之自, 著乎外者本乎內也. 微之顯, 有諸內者形諸外也. 有爲己之心, 而又知此三者, 則知所謹而可入德矣. 故下文引詩言謹獨之事.

번역 앞 장에서는 성인의 덕이 지극함을 다한다고 말했다. 이곳에서는 재차 하학(下學)에 해당하는 자가 마음을 세우는 시초로부터 말한 것이고, 아래문장에서는 또한 이것을 미루어서 지극함을 다하였다. 『시』의 국풍(國風)에 해당하는 「위풍(衛風)·석인(碩人)」편과 「정풍(鄭風)·봉(丰)」편3)에는 모두 '의금경의(衣錦褧衣)'라고 기록되어 있다. '경(褧)'자와 '경(絅)'자는 동일하니, 홑옷을 뜻한다. '상(尙)'자는 "더한다[加]."는 뜻이다. 고대의 학문을 하는 자들은 자신을 위한 학문을 했기 때문에 마음을 세우는 것이 이와 같았다. 홑옷을 껴입었기 때문에 어둡고, 비단옷을 입었기 때문에 날마다 드러나는 실질을 가지고 있다. 담백하고 간략하며 온화하다는 것은 그 겉에 홑옷을 껴입은 것을 뜻하며, 싫어하지 않고 문채가 나며 조리가 있다는 것은 그 안에 비단옷의 화려함이 있다는 뜻이다. 소인은 이와 반대로 하니, 겉으로 드러나되 실질을 갖춰 연속함이 없으니, 이러한 까닭으로 확연한 것 같지만 날마다 없어지는 것이다. '원지근(遠之近)'은 저기에서 나타난 것은 여기에서 비롯되었다는 뜻이다. '풍지자(風之自)'는 겉으로 드러난 것은 내면에 근본을 두고 있다는 뜻이다. '미지현(微之顯)'은 내적으로 갖춘 것이 외적으로 드러난다는 뜻이다. 자신을 위하는 마음을 갖추고 있고, 또 이러한 세 가지 것들을 안다면, 삼가야 할 점을 알아서 덕으로 들어갈 수

---

3) 『시』「정풍(鄭風)·봉(丰)」 : <u>衣錦褧衣</u>, 裳錦褧裳. 叔兮伯兮, 駕予與行.

있다. 그렇기 때문에 아래문장에서는 『시』를 인용해서 홀로 있을 때 삼가는 일을 언급한 것이다.

참고 『시』「정풍(鄭風)·봉(丰)」

子之丰兮, (자지봉혜) : 풍채가 좋은 선인이여,

俟我乎巷兮, (사아호항혜) : 나를 문밖에서 기다리거늘,

悔予不送兮. (회여불송혜) : 내 그대를 전송하지 못함을 후회하노라.

子之昌兮, (자지창혜) : 장성하고 건장한 선인이여,

俟我乎堂兮, (사아호당혜) : 나를 문지방에서 기다리거늘,

悔予不將兮. (회여불장혜) : 내 그대를 전송하지 못함을 후회하노라.

衣錦褧衣, (의금경의) : 비단 옷을 입고 홑옷을 껴입으며,

裳錦褧裳. (상금경상) : 비단 치마를 입고 홑치마를 껴입었도다.

叔兮伯兮, (숙혜백혜) : 나를 맞이하러 온 자들이여,

駕予與行. (가여여행) : 내 수레에 멍에를 메어 길을 떠나라.

裳錦褧裳, (상금경상) : 비단 치마를 입고 홑치마를 껴입으며,

衣錦褧衣. (의금경의) : 비단 옷을 입고 홑옷을 껴입었도다.

叔兮伯兮, (숙혜백혜) : 나를 맞이하러 온 자들이여,

駕予與歸. (가여여귀) : 내 수레에 멍에를 메어 나를 데려가라.

毛序 丰, 刺亂也, 婚姻之道缺, 陽倡而陰不和, 男行而女不隨.

모서 「봉(丰)」편은 문란함을 풍자한 시이니, 혼인의 도가 폐지되어 남자가 선창하는데도 여자가 화답하지 않아, 남자가 떠나는데도 여자가 따라가지 않는 것이다.

【1706上】

詩云, "潛雖伏矣, 亦孔之昭." 故君子內省不疚, 無惡於志.

직역 詩에서 云, "潛하여 雖히 伏이나, 亦히 孔이 昭라." 故로 君子는 內로 省하여 不疚하여, 志에 惡이 無라.

의역 『시』에서는 "물고기가 물속에 있어 비록 숨어 있지만, 또한 매우 밝게 드러난다."라고 했다. 그러므로 군자는 내적으로 자신을 성찰하여 병폐가 될 만한 것을 만들지 않으니, 뜻에 해악을 끼칠 것이 없게 된다.

鄭注 孔, 甚也. 昭, 明也. 言聖人雖隱遯, 其德亦甚明矣. 疚, 病也. 君子自省, 身無愆病, 雖不遇世, 亦無損害於己志.

번역 '공(孔)'자는 매우[甚]라는 뜻이다. '소(昭)'자는 "밝다[明]."는 뜻이다. 즉 성인은 비록 은둔해 있더라도 그의 덕은 또한 매우 밝다는 의미이다. '구(疚)'자는 병폐[病]를 뜻한다. 군자는 스스로 성찰하여, 본인에게 병폐가 없으니, 비록 좋은 세상을 만나지 못하더라도 자신의 뜻에 손해를 입힐 것이 없다.

釋文 昭, 本又作炤, 同之召反, 又章遙反. 疚, 九又反. 遯, 大困反, 本又作 "遁", 字亦同. 愆, 起虔反.

번역 '昭'자는 판본에 따라서 또한 '炤'자로도 기록하는데, 두 글자 모두 '之(지)'자와 '召(소)'자의 반절음이며, 또한 '章(장)'자와 '遙(요)'자의 반절음도 된다. '疚'자는 '九(구)'자와 '又(우)'자의 반절음이다. '遯'자는 '大(대)'자와 '困(곤)'자의 반절음이며, 판본에 따라서는 또한 '遁'자로도 기록하는데, 그 글자 또한 이와 같다. '愆'자는 '起(기)'자와 '虔(건)'자의 반절음이다.

孔疏 ●"詩曰: 潛雖伏矣, 亦孔之昭", 此明君子其身雖隱, 其德昭著. 所引者小雅·正月之篇, 刺幽王之詩. 詩之本文以幽王無道, 喩賢人君子雖隱其身, 德亦甚明著, 不能免禍害, 猶如魚伏於水, 亦甚著見, 被人採捕. 記者斷章取義, 言賢人君子身雖藏隱, 猶如魚伏於水, 其道德亦甚彰矣.

번역 ●經文: "詩曰: 潛雖伏矣, 亦孔之昭". ○이 문장은 군자 본인이 비록 은둔해 있더라도 그의 덕은 밝게 드러남을 나타내고 있다. 인용한 시는 『시』「소아(小雅)·정월(正月)」편으로,4) 유왕(幽王)을 풍자한 시이다. 『시』의 본문은 유왕이 무도하여 현자와 군자가 비록 자신을 숨기고 있지만 그들의 덕은 또한 매우 밝게 드러나서 재앙을 면할 수 없었는데, 이것은 마치 물고기가 물속에 숨어 있지만 또한 매우 잘 드러나서 사람에게 잡히는 것과 같음을 비유하였다. 『예기』를 기록한 자는 단장취의를 하여, 현자와 군자가 비록 숨어 있는 것은 마치 물고기가 물속에 숨어 있는 것과 같은데, 그의 도와 덕은 또한 밝게 빛난다고 말한 것이다.

孔疏 ●"故君子內省不疚, 無惡於志"者, 疚, 病也. 言君子雖不遇世, 內自省身, 不有愆病, 則亦不損害於己志. 言守志彌堅固也.

번역 ●經文: "故君子內省不疚, 無惡於志". ○'구(疚)'자는 병폐[病]를 뜻한다. 즉 군자가 비록 좋은 세상을 만나지 못했더라도, 내적으로 스스로를 성찰하여 병폐가 될 것이 없으니, 또한 자신의 뜻에 해를 끼치지 않는다는 뜻이다. 이것은 뜻을 지킴이 더욱 견고하게 됨을 의미한다.

孔疏 ◎注"孔, 甚也". ○正義曰: 爾雅·釋言文.

번역 ◎鄭注: "孔, 甚也". ○『이아』「석언(釋言)」편의 문장이다.5)

---

4) 『시』「소아(小雅)·정월(正月)」: 魚在于沼, 亦匪克樂. <u>潛雖伏矣, 亦孔之炤</u>. 憂心慘慘, 念國之爲虐.
5) 『이아』「석언(釋言)」: 孔, 甚也.

集註 詩小雅正月之篇. 承上文言"莫見乎隱·莫顯乎微"也. 疚, 病也. 無惡 於志, 猶言無愧於心, 此君子謹獨之事也.

번역 이 시는 『시』「소아(小雅)·정월(正月)」편이다. 앞 문장에서 "은미 한 것보다 드러난 것이 없고, 미미한 것보다 나타난 것이 없다."라고 한 말을 이어서 설명한 것이다. '구(疚)'자는 병폐[病]를 뜻한다. "뜻에 미움이 없다."는 말은 "마음에 부끄러울 것이 없다."고 한 말과 같으니, 군자가 홀 로 있을 때 삼가는 일에 해당한다.

참고 『시』「소아(小雅)·정월(正月)」

正月繁霜, (정월번상) : 하(夏)나라 4월에 서리가 빈번히 내리니,
我心憂傷. (아심우상) : 내 마음이 근심스럽구나.
民之訛言, (민지와언) : 백성들의 유언비어가,
亦孔之將. (역공지장) : 또한 매우 크도다.
念我獨兮, (염아독혜) : 나 홀로 나라의 정사를 걱정하니,
憂心京京. (우심경경) : 근심스러운 마음이 떠나지 않는구나.
哀我小心, (애아소심) : 슬프구나 나의 소심함이여,
癙憂以痒. (서우이양) : 이러한 근심을 접해 병이 생겼구나.

父母生我, (부모생아) : 하늘이 부모로 나를 낳게 하였는데,
胡俾我瘉. (호비아유) : 어찌하여 나로 하여금 이러한 병을 겪게 하는가.
不自我先, (부자아선) : 어찌하여 나보다 앞서서 일어나지 않았는가,
不自我後. (부자아후) : 어찌하여 나보다 뒤에 일어나지 않았는가.
好言自口, (호언자구) : 선한 말도 너의 입에서 나오고,
莠言自口. (유언자구) : 나쁜 말도 너의 입에서 나오는지라.
憂心愈愈, (우심유유) : 나라의 정사를 걱정하는 마음이 끊이지 않는데,
是以有侮. (시이유모) : 이로 인해 업신여김을 당하는구나.

憂心惸惸, (우심경경) : 근심스러운 마음에 더욱 우울한데,

念我無祿. (염아무록) : 나에게 하늘의 복이 없음을 생각하노라.

民之無辜, (민지무고) : 백성들 중 죄가 없는 자라도,

幷其臣僕. (병기신복) : 모두 노예로 전락하는구나.

哀我人斯, (애아인사) : 슬프구나 우리가 이처럼 부당함을 당함이여,

于何從祿. (우하종록) : 어디로부터 하늘의 복을 받을 수 있단 말인가.

瞻烏爰止, (첨오원지) : 저 까마귀가 모여드는 곳을 살피니,

于誰之屋. (우수지옥) : 누구의 지붕에 모일런가.

瞻彼中林, (첨피중림) : 저 숲을 보건데,

侯薪侯蒸. (후신후증) : 섶나무와 가는 섶나무만 있노라.

民今方殆, (민금방태) : 백성들은 현재 위태롭게 되었는데,

視天夢夢. (시천몽몽) : 천자를 살펴보니 정사에 몽매하구나.

旣克有定, (기극유정) : 이미 정함이 있다면,

靡人弗勝. (미인불승) : 사람이 막을 수 있는 것이 아니로다.

有皇上帝, (유황상제) : 하늘에 계신 상제께서는

伊誰云憎. (이수운증) : 대체 누구를 미워하신단 말인가.

謂山蓋卑, (위산개비) : 산을 오히려 낮다고 하는데,

爲岡爲陵. (위강위릉) : 등성이나 언덕에 대해서는 어찌하리오.

民之訛言, (민지와언) : 백성들의 유언비어를

寧莫之懲. (영막지징) : 덕으로 그만두려고 하지 않는구나.

召彼故老, (소피고노) : 저 원로대신들을 불러다가,

訊之占夢. (신지점몽) : 꿈에 대한 해몽만 묻고 있구나.

具曰予聖, (구왈여성) : 모두들 스스로가 성인이라 하거늘,

誰知烏之雌雄. (수지오지자웅) : 그 누가 까마귀의 자웅을 가릴 수 있겠는가.

謂天蓋高, (위천개고) : 하늘이 높다고들 하는데,

不敢不局. (불감불국) : 감히 허리를 굽히지 않을 수가 없구나.

謂地蓋厚, (위지개후) : 땅이 두텁다고들 하는데,

不敢不蹐. (불감불척) : 감히 발을 조심스럽게 놀리지 않을 수가 없구나.

維號斯言, (유호사언) : 백성들이 부르짖으며 이러한 말을 하는 데에는

有倫有脊. (유륜유척) : 도리가 있고 이치가 있노라.

哀今之人, (애금지인) : 슬프구나 지금의 사람들이여,

胡爲虺蜴. (호위훼척) : 어찌하여 독충처럼 행동하는가.

瞻彼阪田, (첨피판전) : 저 비탈진 곳의 밭을 살펴보니,

有菀其特. (유울기특) : 홀로 자라나는 싹이 있구나.

天之扤我, (천지올아) : 하늘이 나를 요동치게 하니,

如不我克. (여불아극) : 마치 내가 이겨낼 수 없을 것처럼 하는구나.

彼求我則, (피구아칙) : 저 왕은 처음 나를 초빙해서 얻고자 함에는,

如不我得. (여불아득) : 마치 나를 얻지 못할 것처럼 근심하도다.

執我仇仇, (집아구구) : 나를 얻자 억류하며 헐뜯으니,

亦不我力. (역불아력) : 또한 내 역량을 따지지도 않는구나.

心之憂矣, (심지우의) : 마음의 근심스러움이여,

如或結之. (여혹결지) : 마치 맺혀 있는 것 같구나.

今茲之正, (금자지정) : 지금의 군주와 신하들은,

胡然厲矣. (호연려의) : 어찌하여 한결같이 악행을 저지르는가.

燎之方揚, (요지방양) : 불길이 확 타오를 때,

寧或滅之. (영혹멸지) : 그 누가 끌 수가 있겠는가.

赫赫宗周, (혁혁종주) : 성대하고 성대한 주나라를,

襃姒威之. (포사혈지) : 포사가 멸망시키는구나.

終其永懷, (종기영회) : 천자의 소행을 따져보니 매우 근심스러운데,

又窘陰雨. (우군음우) : 또한 환란을 겪게 되리라.

其車旣載, (기거기재) : 그 수레에 이미 많은 짐을 싣고 있음에도,

乃棄爾輔. (내기이보) : 너의 현명한 신하들을 버리는구나.

載輸爾載, (재수이재) : 너의 짐을 버리고서야,

將伯助予. (장백조여) : 현명한 자를 찾아 도움을 구하리라.

無棄爾輔, (무기이보) : 너의 현명한 신하를 버리지 말지어다,

員于爾輻. (원우이폭) : 네 수레가 굴러가는데 도움이 되리라.

屢顧爾僕, (누고이복) : 네 수레 모는 자를 자주 살펴보아,

不輸爾載. (불수이재) : 네 짐을 떨어트리지 말지어다.

終踰絶險, (종유절험) : 마침내 험준한 곳을 건너리니,

曾是不意. (증시불의) : 일찍이 이것을 뜻하지 않았던가.

魚在于沼, (어재우소) : 물고기가 못에 있거늘,

亦匪克樂. (역비극락) : 또한 즐겁지 못하도다.

潛雖伏矣, (잠수복의) : 침잠하여 비록 숨어 있으나,

亦孔之炤. (역공지소) : 또한 매우 쉽게 드러나는구나.

憂心慘慘, (우심참참) : 근심스러운 마음이 매우 커서,

念國之爲虐. (염국지위학) : 국정이 포악해짐을 근심하노라.

彼有旨酒, (피유지주) : 저 태사(太師) 윤씨(尹氏)는 맛있는 술을 두고,

又有嘉殽. (우유가효) : 또 맛있는 술안주를 마련하는구나.

洽比其鄰, (흡비기린) : 형제와 친족들을 불러 모아 편당을 짓고,

昏姻孔云. (혼인공운) : 혼인으로 맺어진 자들과 우호를 크게 다지는구나.

念我獨兮, (염아독혜) : 나 홀로 나라의 정사를 걱정하니,

憂心慇慇. (우심은은) : 근심스러운 마음이 뼈아프구나.

佌佌彼有屋, (차차피유옥) : 저 소소한 소인들이 가옥을 소유하고,

蔌蔌方有穀. (속속방유곡) : 누추한 자들이 존귀한 작위와 녹봉을 받는구나.

民今之無祿, (민금지무록) : 백성들은 현재 녹봉이 없거늘,

天夭是椓. (천요시탁) : 천자가 재앙을 내려 해치는구나.

哿矣富人, (가의부인) : 부자들은 괜찮거니와,

哀此惸獨. (애차경독) : 슬프구나 홀로 근심함이여.

毛序 正月, 大夫刺幽王也.

모서 「정월(正月)」편은 대부가 유왕(幽王)을 풍자한 시이다.

【1706上】

君子所不可及者, 其唯人之所不見乎. 詩云, "相在爾室, 尚不愧于屋漏."

직역 君子의 及이 不可한 所의 者는 그 唯히 人이 不見한 所라. 詩에서 云, "爾의 室에 在함을 相한데, 尚히 屋漏에 不愧로다."

의역 군자에 대해서 사람들이 따르지 못하는 점은 군자가 남이 보지 못하는 곳에서도 홀로 삼가함이다. 『시』에서는 "네가 방안에 있는 것을 보니, 오히려 옥루(屋漏)의 신에게 부끄럽지 않게 하는구나."라고 했다.

鄭注 言君子雖隱居, 不失其君子之容德也. 相, 視也. 室西北隅謂之"屋漏". 視女在室獨居者, 猶不愧于屋漏. 屋漏非有人也, 況有人乎?

번역 군자는 비록 은둔해 있더라도 군자다운 자태와 덕을 잃지 않는다는 뜻이다. '상(相)'자는 "보다[視]."는 뜻이다. 방의 서북쪽 모퉁이를 '옥루(屋漏)'라고 부른다. 네가 방안에 홀로 있는 것을 보니, 오히려 옥루에 대해 부끄럽지 않다는 뜻이다. 옥루에 사람이 있는 것이 아닌데, 하물며 사람이 있을 때는 어떻겠는가?

釋文 相, 息亮反, 注同. 愧, 本又作媿, 同九位反. 女音汝.

번역 '相'자는 '息(식)'자와 '亮(량)'자의 반절음이며, 정현의 주에 나오는 글자도 그 음이 이와 같다. '愧'자는 판본에 따라서 또한 '媿'자로도 기록하는데, 두 글자 모두 '九(구)'자와 '位(위)'자의 반절음이다. '女'자의 음은 '汝(여)'이다.

孔疏 ●"君子"至"屋漏". ○此明君子之閒居獨處, 不敢爲非, 故云"君子所不可及者, 其唯人之所不見乎".

번역 ●經文: "君子"~"屋漏". ○이곳 문단은 군자가 한가롭게 머물며 홀로 있을 때 감히 그릇된 행동을 하지 않음을 나타내고 있다. 그렇기 때문에 "군자에 대해서 미칠 수 없는 점은 남이 보지 않는 곳에서 삼가는데 있다."라고 했다.

孔疏 ●"詩云: 相在爾室, 尚不愧于屋漏", 此大雅·抑之篇, 刺厲王之詩. 詩人意稱王朝小人不敬鬼神, 瞻視女在廟堂之中, 猶尚不愧畏於屋漏之神. 記者引之斷章取義, 言君子之人在室之中, 屋漏雖無人之處不敢爲非, 猶愧懼于屋漏之神, 況有人之處君子愧懼可知也. 言君子雖獨居, 常能恭敬.

번역 ●經文: "詩云: 相在爾室, 尚不愧于屋漏". ○이 시는 『시』「대아(大雅)·억(抑)」편으로,6) 여왕(厲王)을 풍자한 시이다. 이 시를 기록한 자의 의도는 천자의 조정에 있는 소인들이 귀신을 공경하지 않아서, 그 본인이 자신의 종묘 당상에 있을 때를 살펴보면, 오히려 옥루(屋漏)의 신을 어려워하거나 외경하지 않는다고 한 것이다. 『예기』를 기록한 자는 이 시를 인용하며 단장취의를 했으니, 군자가 자신의 방에 있을 때, 옥루는 비록 사람이 없는 곳이지만 감히 그릇된 행동을 하지 않아서, 오히려 옥루의 신을 두려

---

6) 『시』「대아(大雅)·억(抑)」: 視爾友君子, 輯柔爾顏, 不遐有愆. 相在爾室, 尚不愧于屋漏. 無曰不顯, 莫予云覯. 神之格思, 不可度思, 矧可射思.

워하는데, 하물며 사람이 있는 곳이라면 군자는 마땅히 두려워하고 조심하게 됨을 알 수 있다고 말한 것이다. 즉 군자는 비록 홀로 있더라도 항상 공손하고 공경할 수 있다는 의미이다.

孔疏 ◎注“言君”至“人乎”. ○正義曰: 言“君子雖隱居, 不失其君子之容德也”者, 隱居, 謂在室獨居猶不愧畏, 無人之處又常能恭敬, 是“不失其君子之容德也”. 云“西北隅謂之屋漏”者, 爾雅·釋宮文. 以戶明漏照其處, 故稱“屋漏”. “屋漏非有人”者, 言人之所居, 多近於戶, 屋漏深邃之處, 非人所居, 故云無有人也. 云“況有人乎”者, 言無人之處尚不愧之, 況有人之處不愧之可知也. 言君子無問有人無人, 恒能畏懼也.

번역 ◎鄭注: “言君”~“人乎”. ○정현이 “군자는 비록 은둔해 있더라도 군자다운 자태와 덕을 잃지 않는다는 뜻이다.”라고 했는데, ‘은거(隱居)’는 방안에 홀로 머물면서도 오히려 부끄럽지 않게 하니, 사람이 없는 곳에서도 항상 공손하고 공경할 수 있다는 뜻으로, 이것은 “군자다운 자태와 덕을 잃지 않는다.”는 뜻에 해당한다. 정현이 “방의 서북쪽 모퉁이를 ‘옥루(屋漏)’라고 부른다.”라고 했는데, 이것은 『이아』「석궁(釋宮)」편의 문장이다.7) 방문의 빛이 새어 들어와 그 장소를 비추기 때문에, ‘옥루(屋漏)’라고 부른다. “옥루에 사람이 있는 것이 아니다.”라고 했는데, 사람이 머무는 곳은 대체로 방문 쪽에 가깝고, 옥루는 깊숙하고 그윽한 장소이니, 사람이 머무는 곳이 아니다. 그렇기 때문에 “사람이 있는 것이 아니다.”라고 했다. 정현이 “하물며 사람이 있을 때는 어떻겠는가?”라고 했는데, 사람이 없는 곳에서도 오히려 부끄럽지 않게 행동하는데, 하물며 사람이 있는 장소에서라면 당연히 부끄럽지 않게 행동하게 됨을 알 수 있다는 뜻이다. 즉 군자는 사람이 있거나 없는 것을 따지지 않고 항상 조심할 수 있다는 의미이다.

---

7) 『이아』「석궁(釋宮)」: 西南隅謂之奧, 西北隅謂之屋漏, 東北隅謂之宧, 東南隅謂之窔.

集註 詩大雅抑之篇. 相, 視也. 屋漏, 室西北隅也.

번역 이 시는 『시』「대아(大雅)·억(抑)」편이다. '상(相)'자는 "보다[視]." 는 뜻이다. '옥루(屋漏)'는 방의 서북쪽 모퉁이를 뜻한다.

【1706上】

故君子不動而敬, 不言而信. 詩曰, "奏假無言, 時靡有爭."

직역 故로 君子는 不動이라도 敬하고, 不言이라도 信한다. 詩에서 曰, "假를 奏한데 言이 無하니, 時에 爭이 有함이 靡라."

의역 그러므로 군자는 움직이지 않아도 백성들이 공경하고, 말을 하지 않아도 백성들이 믿는다. 『시』에서는 "종묘 안에서 성대한 음악을 연주하는데 대중들이 제멋대로 지껄이는 말이 없으니, 당시에 다투는 일이 없었기 때문이로다."라고 했다.

鄭注 假, 大也. 此頌也. 言奏大樂於宗廟之中, 人皆肅敬. 金聲玉色, 無有言者, 以時太平, 和合無所爭也.

번역 '가(假)'자는 "크다[大]."는 뜻이다. 이 시는 송(頌)에 해당한다.[8] 즉 종묘 안에서 성대한 음악을 연주하여 사람들이 모두 엄숙하고 공경스러운 태도를 취한다는 뜻이다. 쇠의 악기 소리나 옥의 색깔과 같이 강직하고 온화하며 시끄러운 말들이 없는 것은 당시 세상이 태평하고 화합하여 다툼이 없기 때문이다.

---

8) 『시』「상송(商頌)·열조(烈祖)」: 嗟嗟烈祖, 有秩斯祜. 申錫無疆, 及爾斯所. 旣載清酤, 賚我思成. 亦有和羹, 旣戒旣平. 鬷假無言, 時靡有爭. 綏我眉壽, 黃耇無疆. 約軝錯衡, 八鸞鶬鶬. 以假以享, 我受命溥將. 自天降康, 豐年穰穰. 來假來饗, 降福無疆. 顧予烝嘗, 湯孫之將.

釋文 奏如字, 詩作鬷, 子公反. 假, 古雅反. 爭, 爭鬪之爭, 注同. 大平音泰.

번역 '奏'자는 글자대로 읽으며, 『시』에서는 '鬷'자로 기록했는데, 그 음은 '子(자)'자와 '公(공)'자의 반절음이다. '假'자는 '古(고)'자와 '雅(아)'자의 반절음이다. '爭'자는 '쟁투(爭鬪)'라고 할 때의 '爭'이며, 정현의 주에 나오는 글자도 그 음이 이와 같다. '大平'에서의 '大'자는 그 음이 '泰(태)'이다.

孔疏 ●"故君子不動而敬, 不言而信"者, 以君子敬懼如是, 故不動而民敬之, 不言而民信之.

번역 ●經文: "故君子不動而敬, 不言而信". ○군자는 공경하고 조심함이 이와 같기 때문에 움직이지 않아도 백성들이 공경하고 말을 하지 않아도 백성들이 믿는다.

孔疏 ●"詩曰: 奏假無言, 時靡有爭", 此商頌·烈祖之篇, 美成湯之詩. 詩本文云"鬷假無言", 此云"奏假"者, 與詩反異也. 假, 大也. 言祭成湯之時, 奏此大樂於宗廟之中, 人皆肅敬, 無有誼譁之言. 所以然者, 時旣太平, 無有爭訟之事, 故"無言"也. 引證君子不言而民信.

번역 ●經文: "詩曰: 奏假無言, 時靡有爭". ○이 시는 『시』「상송(商頌)·열조(烈祖)」편으로, 탕임금을 찬미한 시이다. 『시』의 본문에서는 "대중들을 모았는데도 말이 없다[鬷假無言]."라고 기록했는데, 이곳에서는 '주가(奏假)'라고 기록하여, 『시』와 의미가 달라졌다. '가(假)'자는 "크다[大]."는 뜻이다. 즉 성탕에게 제사를 지낼 때, 종묘 안에서 성대한 음악을 연주하면, 사람들이 모두 엄숙하고 공경하게 되어, 제멋대로 지껄이는 말이 없게 된다는 뜻이다. 이처럼 되는 이유는 당시 세상이 이미 태평하여, 다투는 일이 발생하지 않았기 때문이다. 그래서 "말이 없다."라고 했다. 이 시를 인용하여 군자는 말을 하지 않아도 백성들이 믿는다는 사실을 증명하였다.

孔疏 ◎注"假, 大也". ○正義曰: 爾雅·釋詁文.

번역 ◎鄭注: "假, 大也". ○『이아』「석고(釋詁)」편의 문장이다.[9]

集註 承上文又言君子之戒謹恐懼, 無時不然, 不待言動而後敬信, 則其爲己之功益加密矣. 故下文引詩幷言其效.

번역 앞 문장의 뜻을 이어서 또한 군자가 조심하고 두려워함에는 그렇지 않을 때가 없고, 말이나 행동을 한 이후에야 공경하거나 믿는 것이 아니라고 말했으니, 자신을 위한 공부가 더욱 정밀히 나타난다. 그러므로 아래 문장에서는 『시』를 인용하여 그 효과에 대해서도 함께 말한 것이다.

集註 詩商頌烈祖之篇. 奏, 進也. 承上文而遂及其效, 言進而感格於神明之際, 極其誠敬, 無有言說而人自化之也.

번역 이 시는 『시』「상송(商頌)·열조(烈祖)」편이다. '주(奏)'자는 "나아간다[進]."는 뜻이다. 앞 문장을 이어서 마침내 그 효과에 대해서 언급한 것이니, 즉 나아가 신명을 이르게 할 때, 정성과 공경을 지극히 하여 말을 하지 않아도 사람들이 저절로 교화된다는 뜻이다.

참고 『시』「상송(商頌)·열조(烈祖)」

嗟嗟烈祖, (차차열조) : 아, 공적과 업적을 쌓으신 우리 조상 탕임금이시여,
有秩斯祜. (유질사호) : 천하를 통치하는 항상된 복을 누리셨도다.
申錫無疆, (신석무강) : 하늘이 거듭 경계가 없는 복을 내리신지라,
及爾斯所. (급이사소) : 너 중종(中宗)이 있는 곳에도 미쳤구나.
旣載淸酤, (기재청고) : 청주(淸酒)를 술동이에 담고 관(祼)[10]을 한데,

---

9) 『이아』「석고(釋詁)」 : 弘·廓·宏·溥·介·純·夏·幠·厖·墳·嘏·丕·弈·洪·誕·戎·駿·假·京·碩·濯·訏·宇·穹·壬·路·淫·甫·景·廢·壯·冢·簡·箌·昄·晊·將·業·席, <u>大也</u>.

賚我思成. (뇌아사성) : 신령이 이르러 내 바람이 이루어지는구나.

亦有和羹, (역유화갱) : 또한 조화로운 맛의 국이 차려지니,

旣戒旣平. (기계기평) : 찾아와 제사를 돕는 제후들이 공손히 자리를 맞춰서 있구나.

鬷假無言, (종가무언) : 모여 있는 자들은 말이 없으니,

時靡有爭. (시미유쟁) : 그 때에 다툼이 없어서이리라.

綏我眉壽, (수아미수) : 장수하는 복을 내려 나를 편안케 하니,

黃耉無疆. (황구무강) : 늙어도 다함이 없어라.

約軧錯衡, (약저착형) : 수레바퀴의 장식이여 금으로 장식한 수레 가로대여,

八鸞鶬鶬. (팔란창창) : 여덟 개의 방울이 창창히 울리는구나.

以假以享, (이가이향) : 찾아와 당상에 올라 나에게 선물을 바치니,

我受命溥將. (아수명부장) : 나로부터 정교의 명령을 받고 제사를 돕는구나.

自天降康, (자천강강) : 하늘로부터 편안한 복이 내려오니,

豐年穰穰. (풍년양양) : 풍년이 들게 하는구나.

來假來饗, (내가래향) : 찾아와 당상에 올라 연회를 하니,

降福無疆. (강복무강) : 하늘도 무강한 복을 내려주는구나.

顧予烝嘗, (고여증상) : 나의 증상(烝嘗)11)을 볼지니,

湯孫之將. (탕손지장) : 탕임금의 후손인 중종이 흠향하리라.

---

10) 관(祼)은 본래 향기로운 술을 땅에 부어서 신을 강림시키는 의식인데, 조회를 온 제후 등을 대면하며 관(祼)을 시행하면, 술잔에 향기로운 술을 따라서 빈객을 공경한다는 뜻을 나타내기도 했다. 즉 본래는 제사의 절차였지만, 이러한 절차에 기인하여 빈객에게 따라준 술을 빈객이 마시는 것 까지도 관(祼)이라고 불렀다.

11) 증상('烝嘗)은 종묘(宗廟)에서 지내는 가을 제사와 겨울 제사를 가리킨다. 또한 '증상'은 종묘에 대한 제사를 총칭하는 용어로도 사용된다. 사계절마다 큰 제사를 지내게 되는데, 계절별 제사 명칭이 다르며, 문헌마다 조금씩 차이를 보인다. 예를 들어『춘추번로(春秋繁露)』「사제(四祭)」편에는 "四祭者, 因四時之所生孰而祭其先祖父母也. 故春曰祠, 夏曰礿, 秋曰嘗, 冬曰蒸."이라고 하여, 봄 제사를 사(祠), 여름 제사를 약(礿), 가을 제사를 상(嘗), 겨울 제사를 증(蒸)이라고 설명했다. 한편『예기』「왕제(王制)」편에는 "天子諸侯宗廟之祭, 春曰礿, 夏曰禘, 秋曰嘗, 冬曰烝."이라고 하여, 봄 제사를 약(礿), 여름 제사를 체(禘), 가을 제사를 상(嘗), 겨울 제사를 증(烝)이라고 설명했다.

毛序 烈祖, 祀中宗也.

모서 「열조(烈祖)」편은 중종에게 제사를 지내며 읊는 시이다.

【1706下】

> 是故君子不賞而民勸, 不怒而民威於鈇鉞. 詩曰, "不顯惟德,
> 百辟其刑之."

직역 是故로 君子는 不賞이라도 民이 勸하며, 不怒라도 民이 鈇鉞보다 威한다. 詩에서 曰, "惟히 德이 不顯호아, 百辟이 그 刑이라."

의역 이러한 까닭으로 군자는 상을 주지 않아도 백성들이 권면하며, 성내지 않아도 백성들은 도끼보다도 더 두려워한다. 『시』에서는 "문왕의 덕이 드러나지 않는가? 모든 제후들이 그것을 본받는구나."라고 했다.

鄭注 不顯, 言顯也. 辟, 君也. 此頌也. 言不顯乎文王之德, 百君盡刑之, 謂12)諸侯法之也.

번역 '불현(不顯)'은 드러난다는 뜻이다. '벽(辟)'은 제후를 뜻한다. 이 시는 송(頌)에 해당한다.13) "문왕의 덕이 드러나지 않는가? 모든 제후들이

---

12) '위(謂)'자에 대하여. '위'자는 본래 없던 글자인데, 완원(阮元)의 『교감기(校勘記)』에서는 "혜동(惠棟)의 『교송본(校宋本)』에는 '위'자가 기록되어 있고, 『송감본(宋監本)』·『악본(岳本)』·『가정본(嘉靖本)』에도 동일하게 기록되어 있다. 『고문(考文)』에서 인용하고 있는 『고본(古本)』과 『족리본(足利本)』에서도 동일하게 기록하고 있다. 따라서 이곳 판본에는 '위'자가 누락된 것이다."라고 했다.

13) 『시』「주송(周頌)·열문(烈文)」: 烈文辟公, 錫茲祉福. 惠我無疆, 子孫保之. 無封靡于爾邦, 維王其崇之. 念茲戎功, 繼序其皇之. 無競維人, 四方其訓之. <u>不顯維德, 百辟其刑之</u>. 於乎前王不忘.

본받는다."는 뜻이니, 제후들이 법도로 삼는다는 의미이다.

釋文 鈇, 方于反, 又音斧. 鉞音越. 辟音璧, 注同.

번역 '鈇'자는 '方(방)'자와 '于(우)'자의 반절음이며, 또한 그 음은 '斧 (부)'도 된다. '鉞'자의 음은 '越(월)'이다. '辟'자의 음은 '璧(벽)'이며, 정현의 주에 나오는 글자도 그 음이 이와 같다.

孔疏 ●"詩曰: 不顯惟德, 百辟其刑之", 此周頌·烈文之篇, 美文王之德. 不 顯乎文王之德, 言其顯矣. 以道德顯著, 故天下百辟諸侯皆刑法之. 引之者, 證 君子之德猶若文王, 其德顯明在外, 明衆人皆刑法之.

번역 ●經文: "詩曰: 不顯惟德, 百辟其刑之". ○이 시는『시』「주송(周 頌)·열문(烈文)」편이니, 문왕(文王)을 찬미한 시이다. "문왕의 덕이 드러나 지 않는가?"라는 말은 드러난다는 뜻이다. 그의 도와 덕이 현격하게 드러나 기 때문에 천하의 모든 제후들이 모두 그것을 본받게 된다. 이 시를 인용한 것은 군자의 덕이 문왕과 같으면 그의 덕은 겉으로 현격하게 드러나게 됨 을 증명하기 위한 것이니, 모든 사람들이 본받게 됨을 나타낸다.

孔疏 ◎注"辟, 君也". ○正義曰: 爾雅·釋詁文.

번역 ◎鄭注: "辟, 君也". ○『이아』「석고(釋詁)」편의 문장이다.14)

集註 威, 畏也. 鈇, 莝斫刀也. 鉞, 斧也.

번역 '위(威)'자는 "두려워하다[畏]."는 뜻이다. '부(鈇)'자는 여물을 써 는 작은 칼이다. '월(鉞)'은 도끼이다.

---

14)『이아』「석고(釋詁)」: 林·烝·天·帝·皇·王·后·辟·公·侯, 君也.

集註 詩周頌烈文之篇. 不顯, 說見二十六章, 此借引以爲幽深玄遠之意. 承上文言天子有不顯之德, 而諸侯法之, 則其德愈深而效愈遠矣.

번역 이 시는 『시』 「주송(周頌)·열문(烈文)」편이다. '불현(不顯)'에 대해서는 그 설명이 제26장에 나오는데, 이곳에서는 이 시를 인용하여 그윽하고 깊으며 현묘하고 원대한 뜻으로 삼은 것이다. 앞 문장의 뜻을 이어서 천자에게는 드러나지 않는 덕이 있어서 제후들이 본받으니, 그 덕은 매우 깊고 그 효과가 매우 원대함을 설명하였다.

참고 『시』 「주송(周頌)·열문(烈文)」

烈文辟公, (열문벽공) : 빛나는 문채의 신하와 제후들에게,
錫玆祉福. (석자지복) : 하늘이 이러한 복을 내리셨구나.
惠我無疆, (혜아무강) : 나를 사랑하심에 한이 없어,
子孫保之. (자손보지) : 자손들까지 천하를 보존케 하셨구나.
無封靡于爾邦, (무봉미우이방) : 너희 제후국에서 큰 죄를 짓지 않는다면,
維王其崇之. (유왕기숭지) : 천자가 땅과 작위를 늘려 주리라.
念玆戎功, (염자융공) : 이러한 큰 공적을 유념하리니,
繼序其皇之. (계서기황지) : 대를 이어 지위를 계승하고 큰 공을 세우면 분봉을 받으리라.
無競維人, (무경유인) : 현명한 자를 얻는데 한계를 두지 않으면,
四方其訓之. (사방기훈지) : 사방의 제후들이 순종하리라.
不顯維德, (불현유덕) : 덕을 드러내는데 삼가지 않을 수 있으리오,
百辟其刑之. (백벽기형지) : 모든 제후들이 본받으리라.
於乎前王不忘. (오호전왕불망) : 오호라 문왕과 무왕을 잊지 못하도다.

毛序 烈文, 成王卽政, 諸侯助祭也.

모서 「열문(烈文)」편은 성왕(成王)이 정사를 돌보고 제후들이 제사를

도왔던 일을 읊은 시이다.

【1707上】

是故君子篤恭而天下平. 詩曰, "予懷明德, 不大聲以色."

직역　是故로 君子는 篤恭하여 天下가 平이라. 詩에서 曰, "予懷明德, 不大聲以色."

의역　이러한 까닭으로 군자는 독실하고 공손하게 행동하여 천하가 태평하게 된다. 『시』에서는 "내가 너의 밝은 덕으로 귀의함은 큰 소리를 질러서 매서운 표정을 짓지 않았기 때문이다."라고 했다.

鄭注　予, 我也. 懷, 歸也. 言我歸有明德者, 以其不大聲爲嚴厲之色以威我也.

번역　'여(予)'자는 나[我]를 뜻한다. '회(懷)'자는 "귀의하다[歸]."는 뜻이다. 즉 내가 밝은 덕을 갖춘 자에게 귀의한 것은 큰 소리를 질러서 매서운 표정을 지어 나를 두렵게 만들지 않았기 때문이라는 뜻이다.

孔疏　●"詩云: 予懷明德, 不大聲以色", 此大雅·皇矣之篇, 美文王之詩. 予, 我也. 懷, 歸也. 言天謂文王曰, 我歸就爾之明德, 所以歸之者, 以文王不大作音聲以爲嚴厲之色, 故歸之. 記者引之, 證君子亦不作大音聲以爲嚴厲之色, 與文王同也.

번역　●經文: "詩云: 予懷明德, 不大聲以色". ○이 시는 『시』「대아(大雅)·황의(皇矣)」편으로,15) 문왕(文王)을 찬미한 시이다. '여(予)'자는 나[我]

---

15) 『시』「대아(大雅)·황의(皇矣)」 : 帝謂文王, <u>予懷明德, 不大聲以色</u>, 不長夏以革.

를 뜻한다. '회(懷)'자는 "귀의하다[歸]."는 뜻이다. 즉 하늘이 문왕에 대해
서 "내가 너의 밝은 덕으로 귀의했는데, 귀의한 이유는 문왕은 큰 소리를
질러서 매서운 표정을 짓지 않았기 때문에 귀의한다."는 뜻이다.『예기』를
기록한 자는 이 시를 인용하여, 군자는 또한 큰 소리를 질러서 매서운 표정
을 짓지 않으니, 이것은 문왕의 경우와 동일함을 증명한 것이다.

集註 篤, 厚也. 篤恭, 言不顯其敬也. 篤恭而天下平, 乃聖人至德淵微, 自
然之應, 中庸之極功也.

번역 '독(篤)'자는 "두텁다[厚]."는 뜻이다. '독공(篤恭)'은 공경함을 드
러내지 않는다는 뜻이다. 공손함을 독실하게 해서 천하가 태평하게 되었다
는 것은 성인의 지극한 덕은 깊고 은미하여 자연히 그에 호응하니, 중용에
따른 지극한 효과이다.

集註 詩大雅皇矣之篇. 引之以明上文所謂不顯之德者, 正以其不大聲與
色也.

번역 이 시는『시』「대아(大雅)·황의(皇矣)」편이다. 이 시를 인용하여 앞
문장에서 드러나지 않는다고 했던 덕은 바로 큰 소리와 표정을 대단하게
여기지 않음에 해당함을 나타내었다.

참고 『시』「대아(大雅)·항의(皇矣)」

皇矣上帝, (황의상제) : 위대하신 상제께서,
臨下有赫. (임하유혁) : 아래를 굽어보심에 매우 밝구나.
監觀四方, (감관사방) : 천하의 모든 나라를 살피셔서,

不識不知, 順帝之則. 帝謂文王, 詢爾仇方, 同爾兄弟, 以爾鉤援, 與爾臨衝, 以
伐崇墉.

求民之莫. (구민지막) : 백성들이 안정되길 구하시는구나.

維此二國, (유차이국) : 하나라와 은나라가 있어,

其政不獲. (기정불획) : 그 정치가 도리에 맞지 않구나.

維彼四國, (유피사국) : 저 사방의 나라들에서

爰究爰度. (원구원탁) : 이에 찾고 도모를 하시는구나.

上帝耆之, (상제기지) : 상제께서 싫어하시니,

憎其式廓. (증기식곽) : 그들의 악함이 커지는 것을 미워하시는구나.

乃眷西顧, (내권서고) : 이에 서쪽 땅을 살펴보시어,

此維與宅. (차유여택) : 이곳에 거처하도록 하셨구나.

作之屛之, (작지병지) : 일을 일으켜 제거하니,

其菑其翳. (기치기예) : 그 상태로 죽은 나무며 말라죽은 나무며.

脩之平之, (수지평지) : 다듬고 평평히 하니,

其灌其栵. (기관기렬) : 울창한 나무며 빽빽한 가지며.

啓之辟之, (계지벽지) : 계간을 하고 치우니,

其檉其椐. (기정기거) : 능수버들이며 느티나무며.

攘之剔之, (양지척지) : 물리치고 베니,

其檿其柘. (기염기자) : 산뽕나무며 적산뽕나무며.

帝遷明德, (제천명덕) : 상제께서 명덕을 옮기시니,

串夷載路. (관이재로) : 상도를 읽히는 자가 길에 가득하구나.

天立厥配, (천입궐배) : 하늘이 그의 배필을 세워주시니,

受命旣固. (수명기고) : 천명을 받음이 이미 견고하게 되었구나.

帝省其山, (제성기산) : 상제께서 그 산을 보살펴주시니,

柞棫斯拔, (작역사발) : 떡갈나무와 상수리나무가 이에 우뚝 솟아나고,

松柏斯兌. (송백사태) : 소나무와 잣나무가 이에 무성하게 되는구나.

帝作邦作對, (제작방작대) : 상제께서 나라를 만드시고 배필을 세워주시니,

自大伯王季. (자대백왕계) : 태백과 왕계로부터 시작되었구나.

維此王季, (유차왕계) : 이 왕계가,

因心則友. (인심즉우) : 마음을 친애롭게 하니 우애롭게 되었구나.

則友其兄, (즉우기형) : 형에게 우애롭게 하여,

則篤其慶, (즉독기경) : 선함을 돈독히 하였으니,

載錫之光. (재석지광) : 비로소 그것을 밝게 드러내었구나.

受祿無喪, (수록무상) : 대대로 봉록을 받음에 잃지 않으니,

奄有四方. (엄유사방) : 사방을 두루 덮었구나.

維此王季, (유차왕계) : 이 왕계를,

帝度其心. (제탁기심) : 상제께서 그 마음을 헤아리시는구나.

貊其德音, (맥기덕음) : 그 덕음을 고요히 하시니,

其德克明. (기덕극명) : 그 덕이 밝아졌구나.

克明克類, (극명극류) : 밝힐 수 있고 선하게 할 수 있으니,

克長克君. (극장극군) : 어른이 될 수 있고 군주가 될 수 있구나.

王此大邦, (왕차대방) : 이 큰 나라에 군주노릇을 하니,

克順克比. (극순극비) : 순종할 수 있고 선함을 택할 수 있구나.

比于文王, (비우문왕) : 문왕에 비교해보면,

其德靡悔. (기덕미회) : 그 덕에 후회할 것이 없구나.

旣受帝祉, (기수제지) : 이미 상제의 복을 받음에,

施于孫子. (시우손자) : 자손들에게까지 이르렀구나.

帝謂文王, (제위문왕) : 상제께서 문왕에게 일러,

無然畔援, (무연반원) : 도리를 위배하지 말고,

無然歆羨, (무연흠선) : 부러워하지 말며,

誕先登于岸. (탄선등우안) : 우선적으로 송사를 크게 안정시켜라.

密人不恭, (밀인불공) : 밀 땅의 사람들이 공손치 못하여,

敢距大邦, (감거대방) : 감히 큰 나라에 항거해서,

侵阮徂共. (침원조공) : 원 땅을 침범하고 공 땅으로 가는구나.

王赫斯怒, (왕혁사노) : 문왕이 이에 크게 노하여,

爰整其旅, (원정기려) : 군대를 이끌고서,

以按徂旅. (이안조려) : 공 땅으로 가는 무리들을 저지하였다.

以篤于周祜, (이독우주호) : 주나라의 복을 돈독히 하고,

以對于天下. (이대우천하) : 천하의 기대에 부응하였도다.

依其在京, (의기재경) : 수도에 머물러 있거늘,

侵自阮疆. (침자원강) : 원 땅으로부터 침략하거늘.

陟我高岡, (척아고강) : 우리 높은 언덕에 오르시니,

無矢我陵, (무시아릉) : 우리 언덕에 진 치는 자가 없거늘,

我陵我阿. (아릉아아) : 우리 언덕이며 우리 큰 언덕이라.

無飮我泉, (무음아천) : 우리 샘물을 마시는 자가 없거늘,

我泉我池. (아천아지) : 우리 샘이며 우리 연못이라.

度其鮮原, (탁기선원) : 좋은 언덕을 헤아려서,

居岐之陽, (거기지양) : 기산의 남쪽에 머물며,

在渭之將. (재위지장) : 위수를 곁에 두었구나.

萬邦之方, (만방지방) : 모든 나라가 향하는 곳이며,

下民之王. (하민지왕) : 모든 백성의 왕이로다.

帝謂文王, (제위문왕) : 상제께서 문왕에게 일러,

予懷明德. (여회명덕) : 나는 명덕으로 회귀하였도다.

不大聲以色, (불대성이색) : 얼굴빛으로 큰 소리를 내지 않고,

不長夏以革. (부장하이혁) : 군대로 제후국들을 억지로 따르도록 하지 않았
　　　　　　　도다.

不識不知, (불식부지) : 억지로 도모하지 않으니,

順帝之則. (순제지칙) : 상제의 법칙에 따르는구나.

帝謂文王, (제위문왕) : 상제께서 문왕에게 일러,

詢爾仇方, (순이구방) : 너의 배필에게 묻고,

同爾兄弟, (동이형제) : 너의 형제들과 같이 하여,

以爾鉤援. (이이구원) : 너의 갈고리로 당기도다.

與爾臨衝, (여이임충) : 너에게 임거와 충거를 주어,

以伐崇墉. (이벌숭용) : 높은 성을 벌하게 하도다.

臨衝閑閑, (임충한한) : 임거와 충거가 요동치니,

崇墉言言. (숭용언언) : 높은 성 높고도 크구나.

執訊連連, (집신연연) : 포로를 잡음에 천천히 하니,

攸馘安安. (유괵안안) : 포획된 자들이 안심하구나.

是類是禡, (시류시마) : 류제사를 지내고 마제사를 지내니,

是致是附, (시치시부) : 사직의 뭇 신하들을 이르게 하고 선조에게 돌리니,

四方以無侮. (사방이무모) : 사방에 업신여기는 자가 없구나.

臨衝茀茀, (임충불불) : 임거와 충거가 융성하고 굳세니,

崇墉仡仡. (숭용흘흘) : 높은 성 높고도 크구나.

是伐是肆, (시벌시사) : 신속히 내달려서 늘어놓으니,

是絶是忽, (시절시홀) : 끊고 섬멸하여,

四方以無拂. (사방이무불) : 사방에 어기는 자가 없구나.

毛序 皇矣, 美周也. 天監代殷, 莫若周, 周世世脩德, 莫若文王.

모서 「황의」편은 주나라를 찬미한 시이다. 하늘이 은나라를 대신할 만한 나라를 살펴보니, 주나라만한 곳이 없었고, 주나라는 대대로 덕을 쌓았지만, 문왕만한 자가 없었다는 뜻이다.

【1711下】

子曰, "聲色之於以化民, 末也. 詩曰, '德輶如毛.'"

직역 子가 曰, "聲色은 이로써 民을 化함에 있어서, 末이다. 詩에서 曰, '德의 輶는 毛와 如하다.'"

의역 공자가 말하길, "큰 소리를 지르거나 매서운 표정을 짓는 것을 백성들을 교화함에 있어서 말단에 해당한다. 『시』에서는 '덕을 사용하여 교화하기는 매우 쉬우니 그 가볍기가 털과도 같다.'"라고 했다.

鄭注 輶, 輕也. 言化民常以德, 德之易擧而用, 其輕如毛耳.

번역 '유(輶)'자는 "가볍다[輕]."는 뜻이다. 즉 백성들을 교화할 때에는 항상 덕으로써 하니, 덕은 쉽게 들어서 사용할 수 있는데, 그 가벼움이 마치 털과 같다는 뜻이다.

釋文 末, 下葛反. 輶音酉, 一音由, 注同. 易, 以豉反.

번역 '末'자는 '下(하)'자와 '葛(갈)'자의 반절음이다. '輶'자의 음은 '酉(유)'이며, 다른 음은 '由(유)'이고, 정현의 주에 나오는 글자도 그 음이 이와 같다. '易'자는 '以(이)'자와 '豉(시)'자의 반절음이다.

孔疏 ●"子曰"至"至矣". ○正義曰: 此一節是夫子之言. 子思旣說君子之德不大聲以色, 引夫子舊語聲色之事以接之, 言化民之法當以德爲本, 不用聲色以化民也. 若用聲色化民, 是其末事, 故云"化民末也".

번역 ●經文: "子曰"~"至矣". ○이곳 문단은 공자의 말에 해당한다. 자사는 이미 군자의 덕은 큰 소리를 질러서 매서운 표정을 짓지 않는다고 설명하였고, 다시 공자가 소리와 표정에 대해 예전에 언급했던 사안을 인용하여 관련을 시켰으니, 백성들을 교화하는 법도는 마땅히 덕을 근본으로 삼아야 하며, 큰 소리나 매서운 표정으로 백성들을 교화해서는 안 된다고 한 것이다. 만약 큰 소리를 지르고 매서운 표정을 지어서 백성들을 교화한다면, 이것은 말단에 해당한다. 그렇기 때문에 "백성들을 교화하는 말단이다."라고 했다.

孔疏 ●"詩曰: 德輶如毛"者, 此大雅·烝民之篇, 美宣王之詩. 輶, 輕也. 言用德化民, 擧行甚易, 其輕如毛也.

번역 ●經文: "詩曰: 德輶如毛". ○이 시는 『시』「대아(大雅)·증민(烝民)」편으로,16) 선왕(宣王)을 찬미한 시이다. '유(輶)'자는 "가볍다[輕]."는 뜻이다. 즉 덕을 사용하여 백성들을 교화하는 것은 그것을 시행하기가 매우 쉬워서, 가볍기가 털과 같다는 뜻이다.

【1711下】

"毛猶有倫. '上天之載, 無聲無臭.' 至矣."

직역 "毛는 猶히 倫이 有하다. '上天이 載함에, 聲이 無하고 臭가 無하다.' 至라."

의역 공자가 계속하여 말하길, "그러나 털은 여전히 형체를 가지고 있어서 비견될 수 있다. 『시』에서 '하늘이 만물을 낳음에 소리도 없고 냄새도 없다.'라고 했으니, 이것은 군자가 덕에 따라 백성들을 교화함을 비유하기에 매우 적합하다."라고 했다.

鄭注 倫, 猶比也. 載讀曰"栽", 謂生物也. 言毛雖輕, 尙有所比; 有所比, 則有重. 上天之造生萬物, 人無聞其聲音, 亦無知其臭氣者. 化民之德, 淸明如神, 淵淵浩浩然後善.

번역 '윤(倫)'자는 "비교하다[比]."는 뜻이다. '재(載)'자는 재(栽)자로 풀이하니, 만물을 낳는다는 뜻이다. 즉 털은 비록 가볍더라도 오히려 비견될

---

16) 『시』「대아(大雅)·증민(烝民)」: 人亦有言, 德輶如毛, 民鮮克擧之. 我儀圖之. 維仲山甫擧之, 愛莫助之. 袞職有闕, 維仲山甫補之.

것이 있으니, 비견됨이 있다면 무게가 있는 것이다. 그러나 하늘이 만물을 조화롭게 낳고 기름에 있어서는 사람은 그 소리를 들을 수 없고 또한 그 냄새도 맡을 수 없다. 백성들을 교화하는 덕은 맑고 밝음이 신과도 같으니, 심원하고 광대하게 된 뒤에야 선하게 된다는 뜻이다.

釋文 載, 依注讀曰栽, 音災, 生也. 詩音再. 比, 必覆反, 下同; 或音毗志反, 又必利反, 皆非也. 重, 直勇反, 又直容反.

번역 '載'자는 정현의 주에 따르면 '栽'자로 풀이하니, 그 음은 '災(재)'이 며, 낳는다는 뜻이다. 『시』에서는 그 음이 '再(재)'이다. '比'자는 '必(필)'자 와 '覆(복)'자의 반절음이며, 아래문장에 나오는 글자도 그 음이 이와 같은 데, 혹자는 그 음이 '毗(비)'자와 '志(지)'자의 반절음이 된다고 하고, 또 '必 (필)'자와 '利(리)'자의 반절음도 된다고 하는데, 이 모두는 잘못된 주장이 다. '重'자는 '直(직)'자와 '勇(용)'자의 반절음이며, 또한 '直(직)'자와 '容 (용)'자의 반절음도 된다.

孔疏 ●"毛猶有倫", 倫, 比也. 旣引詩文"德輶如毛", 又言德之至極本自無 體, 何直如毛? 毛雖細物, 猶有形體可比並, 故云"毛猶有倫"也.

번역 ●經文: "毛猶有倫". ○'윤(倫)'자는 "비교하다[比]."는 뜻이다. 이 미『시』의 문장인 "덕의 가볍기는 털과 같다."라는 말을 인용했는데, 재차 덕의 지극함은 본래부터 본체가 없는데, 어찌 털과 같기만 하겠냐고 말한 것이다. 즉 털은 비록 미미한 사물이지만, 여전히 형체를 가지고 있어서 비견할 수 있다. 그렇기 때문에 "털은 오히려 비견됨이 있다."라고 했다.

孔疏 ●"上天之載, 無聲無臭. 至矣", 載, 生也, 言天之生物無音聲無臭氣, 寂然無象而物自生. 言聖人用德化民, 亦無音聲, 亦無臭氣而人自化. 是聖人 之德至極, 與天地同. 此二句是大雅·文王之詩, 美文王之德. 不言"詩云"者, 孔子略而不言, 直取詩之文爾. 此亦斷章取義.

번역 ●經文: "上天之載, 無聲無臭. 至矣". ○'재(載)'자는 "낳다[生].")는 뜻이니, 하늘이 만물을 낳을 때에는 소리도 없고 냄새도 없어서, 고요하여 형상이 없는데도 만물은 저절로 생겨난다는 뜻이다. 즉 성인이 덕을 사용하여 백성들을 교화하는 것 또한 소리가 없고 냄새도 없는데, 사람들이 저절로 교화가 된다는 의미이다. 이것은 성인의 덕이 지극하여 천지와 동일하게 됨을 의미한다. 이 두 구문은 『시』「대아(大雅)·문왕(文王)」편의 시이니,17) 문왕의 덕을 찬미한 것이다. '시운(詩云)'이라고 기록하지 않은 것은 공자가 간략히 말하여 언급하지 않고, 직접적으로 『시』의 본문을 가져다가 말한 것일 뿐이다. 이 또한 단장취의를 한 것이다.

孔疏 ◎注"載讀"至"後善". ○正義曰: 按文以"載"爲事, 此讀爲"栽"者, 言其生物, 故讀"載"爲"栽"也. 云"毛雖輕, 尚有所比, 有所比18), 則有重", 言毛雖輕物, 尚有形體, 以他物來比, 有可比之形, 則是有重. 毛在虛中猶得隊下, 是有重也. 云"化民之德, 清明如神, 淵淵浩浩", 則上文"淵淵其淵, 浩浩其天", 是也.

번역 ◎鄭注: "載讀"~"後善". ○문장을 살펴보면 '재(載)'자는 일[事]이 되는데, 이곳에서는 '재(栽)'자로 풀이했다. 즉 하늘은 만물을 낳기 때문에 '재(載)'자를 '재(栽)'자로 풀이한 것이다. 정현이 "털은 비록 가볍더라도 오히려 비견될 것이 있으니, 비견됨이 있다면 무게가 있는 것이다."라고 했는데, 털은 비록 가벼운 물건이긴 하지만, 여전히 형체를 가지고 있어서 다른 사물을 가져다가 견줄 수 있는데, 견줄 수 있는 형체가 있다면 이것은 무게를 가진 것이 된다. 털은 허공에 날리면 여전히 밑으로 떨어지니, 이것은 무게를 가지고 있다는 증거가 된다. 정현이 "백성들을 교화하는 덕은 맑고

---

17) 『시』「대아(大雅)·문왕(文王)」: 命之不易, 無遏爾躬. 宣昭義問, 有虞殷自天. 上天之載, 無聲無臭. 儀刑文王, 萬邦作孚.

18) '유소비(有所比)'에 대하여. 이 세 글자는 본래 없던 글자인데, 완원(阮元)의 『교감기(校勘記)』에서는 "혜동(惠棟)의 『교송본(校宋本)』에는 '유소비'라는 세 글자가 기록되어 있으니, 이곳 판본에는 누락된 것이다."라고 했다.

밝음이 신과도 같으니, 심원하고 광대하다."라고 했는데, 앞의 문장에서 "그 덕은 깊은 못과 같았고, 덕의 광대함은 하늘과 같았다."라고 한 말에 해당한다.

集註 又引孔子之言, 以爲聲色乃化民之末務, 今但言不大之而已, 則猶有 聲色者存, 是未足以形容不顯之妙. 不若烝民之詩所言"德輶如毛", 則庶乎可 以形容矣, 而又自以爲謂之毛, 則猶有可比者, 是亦未盡其妙. 不若文王之詩 所言"上天之事, 無聲無臭", 然後乃爲不顯之至耳. 蓋聲臭有氣無形, 在物最 爲微妙, 而猶曰無之, 故惟此可以形容不顯篤恭之妙. 非此德之外, 又別有是 三等, 然後爲至也.

번역 또한 공자의 말을 인용하여, 소리와 표정을 지어서 백성들을 교화 하는 것은 말단에 해당한다고 했는데, 이곳에서는 단지 "대단하게 여기지 않는다."라고만 말하였으니, 여전히 소리와 표정을 짓는 일이 남아있는 것 으로, 드러나지 않는 오묘함에 대해서 형용하기에는 부족하다. 이것은 『시』 「증민(烝民)」편에서 "덕의 가볍기는 털과 같다."라고 한 말만 못하니, 이처 럼 말한다면 거의 형용할 수 있다고 평할 수 있다. 그러나 또한 이것을 털이 라고 한다면, 여전히 비교할 것이 있으니, 이 또한 그 오묘함을 다 드러내지 못한다. 이것은 『시』 「문왕(文王)」편에서 "하늘의 일은 소리도 없고 냄새도 없다."라고 한 말만 못하니, 이처럼 표현한 뒤에야 드러나지 않는 것을 표현 하기에 지극하게 될 따름이다. 무릇 소리와 냄새는 기는 있지만 형체가 없 으니 사물에 있어서는 가장 은미하고 오묘한 것이 되는데도 오히려 없다고 했다. 그러므로 이 말만이 드러나지 않고 공손함에 독실하다는 오묘함을 드러내기에 충분한 것이다. 이것은 이러한 덕 이외에 별도로 이러한 세 가 지 등급을 갖춘 뒤에야 지극해진다는 뜻이 아니다.

集註 右第三十三章. 子思因前章極致之言, 反求其本, 復自下學爲己謹獨 之事, 推而言之, 以馴致乎篤恭而天下平之盛. 又贊其妙, 至於無聲無臭而後 已焉. 蓋擧一篇之要而約言之, 其反復丁寧示人之意, 至深切矣, 學者其可不盡心乎!

번역 여기까지는 제 33장이다. 자사가 앞장에서 지극히 말한 것에 따라서 돌이켜 그 근본을 구하고, 재차 하학(下學)이 자신을 위한 학문을 하고 홀로 됨을 삼가는 일로부터 미루어서 말하여, 공손함을 독실하게 해서 천하가 태평하게 되는 융성함을 점진적으로 지극히 나타낸 것이다. 또한 그 오묘함을 찬미함에 있어서는 소리도 없고 냄새도 없다는 데에 이르러서야 그쳤다. 무릇 이것은 「중용」편의 요점을 들어 요약해서 말한 것이니, 반복하고 간곡하게 기술하여 사람들에게 보여주려는 뜻이 지극하고 간절한 것으로, 배우는 자가 자신의 마음을 다하지 않을 수 있겠는가!

참고 『시』「대아(大雅)·문왕(文王)」

文王在上, (문왕재상) : 문왕께서 백성들을 다스리니,

於昭于天. (오소우천) : 오호라! 하늘에 그 덕을 드러내셨구나.

周雖舊邦, (주수구방) : 주나라는 비록 오래된 나라이지만,

其命維新. (기명유신) : 문왕께서 받으신 천명은 새롭구나.

有周不顯, (유주불현) : 주나라의 덕이 드러나지 않겠는가,

帝命不時. (제명불시) : 상제께서 내리신 천명이 옳지 않단 말인가.

文王陟降, (문왕척강) : 문왕께서 위로 하늘에 맞닿고 아래로 백성들을 임하심에,

在帝左右. (재제좌우) : 상제의 뜻을 잘 살펴 그에 따라 시행하시는구나.

亹亹文王, (미미문왕) : 힘쓰고 노력하신 문왕은,

令聞不已. (영문불이) : 그 아름다운 명성이 끊이지 않는구나.

陳錫哉周, (진석재주) : 은혜가 베풀어져 주왕조를 세우시니,

侯文王孫子. (후문왕손자) : 문왕의 자손들까지도 천자로 만드셨구나.

文王孫子, (문왕손자) : 문왕의 자손들은,

本支百世. (본지백세) : 적자는 천자가 되고 서자는 제후가 되어 백세대에

이르는구나.

凡周之士, (범주지사) : 주나라의 선비들도,

不顯亦世. (불현역세) : 대대로 덕을 드러내지 않겠는가.

世之不顯, (세지불현) : 대대로 드러나지 않겠는가,

厥猶翼翼. (궐유익익) : 신하들의 계책은 공손하고도 공경스럽구나.

思皇多士, (사황다사) : 하늘에게 많은 선비들이 출현하기를 바라니,

生此王國. (생차왕국) : 이 나라에 태어났구나.

王國克生, (왕국극생) : 주나라가 그들을 잘 키워내니,

維周之楨. (유주지정) : 주나라의 근간이 되었구나.

濟濟多士, (제제다사) : 위엄스러운 거동을 갖춘 많은 선비들이여,

文王以寧. (문왕이녕) : 문왕께서 이에 편안하게 되었도다.

穆穆文王, (목목문왕) : 아름답고 아름다운 문왕의 자태여,

於緝熙敬止. (오즙희경지) : 오호라 빛나는 덕을 공경할 수 있구나.

假哉天命, (가재천명) : 굳건하구나 하늘이 명하신 것이,

有商孫子. (유상손자) : 은나라의 자손들을 신하로 삼게 하셨구나.

商之孫子, (상지손자) : 은나라의 자손들은,

其麗不億. (기려불억) : 그 수가 수억에 이르건만.

上帝旣命, (상제기명) : 상제께서 이미 명하시여,

侯于周服. (후우주복) : 주나라의 제후가 되라고 하셨도다.

侯服于周, (후복우주) : 주나라의 제후가 되어 복종한데,

天命靡常. (천명미상) : 하늘의 명은 일정치 않구나.

殷士膚敏, (은사부민) : 은나라 출신 제후가 미덕을 갖추고 민첩하여,

祼將于京. (관장우경) : 찾아와 주나라 왕실의 제사를 돕는구나.

厥作祼將, (궐작관장) : 그들이 찾아와 제사를 도울 때,

常服黼哻. (상복보한) : 항상 은나라 때의 복장을 착용하는구나.

王之藎臣, (왕지신신) : 성왕(成王)이 신하를 등용함이여,

無念爾祖. (무념이조) : 네 조부인 문왕을 생각함이 없겠는가.

無念爾祖, (무념이조) : 네 조부인 문왕을 생각함이 없겠는가,

聿脩厥德. (율수궐덕) : 그 덕을 조술하고 닦을 따름이라.

永言配命, (영언배명) : 항상 그 말을 천명에 짝하여 시행하여,

自求多福. (자구다복) : 스스로 많은 복을 구할지어다.

殷之未喪師, (은지미상사) : 은나라가 백성의 마음을 잃지 않았을 때에는

克配上帝. (극배상제) : 상제의 뜻에 짝할 수 있었도다.

宜鑒于殷, (의감우은) : 마땅히 은나라를 거울로 삼아야 하니,

駿命不易. (준명불역) : 큰 천명은 바꿀 수 없는 것이다.

命之不易, (명지불역) : 천명은 바꿀 수 없으니,

無遏爾躬. (무알이궁) : 너의 세대에서 끊어짐이 없어야 한다.

宣昭義問, (선소의문) : 아름다운 명성을 밝게 드러내어,

有虞殷自天. (유우은자천) : 은나라의 일을 헤아려 하늘의 명령에 따라라.

上天之載, (상천지재) : 상천의 일이란,

無聲無臭. (무성무취) : 소리도 없고 냄새도 없구나.

儀刑文王, (의형문왕) : 문왕을 본받아 따른다면,

萬邦作孚. (만방작부) : 모든 나라가 믿어줄 것이다.

毛序 文王, 文王受命作周也.

모서 「문왕(文王)」편은 문왕이 천명을 받아 주나라를 건국한 일을 노래한 시이다.

中庸 人名 및 用語 辭典

◎ 가규(賈逵, A.D.30~A.D.101) : 후한(後漢) 때의 경학자이다. 자(字)는 경백(景伯)이다. 『춘추좌씨전해고(春秋左氏傳解詁)』를 지었지만, 현재 일실되어 존재하지 않는다. 청대(淸代) 마국한(馬國翰)의 『옥함산방집일서(玉函山房輯佚書)』와 황석(黃奭)의 『한학당총서(漢學堂叢書)』에 일집본(佚輯本)이 남아 있다.

◎ 가정본(嘉靖本) : 『가정본(嘉靖本)』에는 간행한 자의 정보가 기록되어 있지 않다. 『십삼경주소(十三經注疏)』의 판본이다. 20권으로 구성되어 있으며, 각 권의 뒤편에는 경문(經文)과 그에 따른 주(注)를 간략히 기록하고 있다. 단옥재(段玉裁)는 이 판본이 가정(嘉靖) 연간에 송본(宋本)을 모방하여 간행된 것이라고 여겼다.

◎ 감본(監本) : 『감본(監本)』은 명(明)나라 국자감(國子監)에서 간행한 『십삼경주소(十三經注疏)』의 판본이다.

◎ 개성석경(開成石經) : 『개성석경(開成石經)』은 당(唐)나라 만들어진 석경(石經)을 뜻한다. 돌에 경문(經文)을 새겼기 때문에, '석경'이라고 부른다. 당나라 때 만들어진 '석경'은 대화(大和) 7년(A.D.833)에 만들기 시작하여, 개성(開成) 2년(A.D.837)에 완성되었기 때문에, '개성석경'이라고도 부르는 것이다.

◎ 경사(卿士) : '경사'는 주(周)나라 때 주왕조의 정사(政事)를 총감독했던

직위이다. 육경(六卿)과 별도로 설치되었으며, 육관(六官)의 일들을 총
감독했다. 『시』「소아(小雅)·십월지교(十月之交)」편에는 "皇父卿士, 番
維司徒."라는 기록이 있는데, 이에 대한 주희(朱熹)의 『집주(集注)』에
서는 "卿士, 六卿之外, 更爲都官, 以總六官之事也."라고 풀이하였으며,
『춘추좌씨전』「은공(隱公) 3년」편에는 "鄭武公莊公爲平王卿士."라는
기록이 있는데, 이에 대한 두예(杜預)의 주에서는 "卿士, 王卿之執政
者."라고 풀이하였다.

◎ 고문송판(考文宋板) : 『고문송판(考文宋板)』은 일본 학자 산정정(山井鼎)
등이 출간한 『칠경맹자고문보유(七經孟子考文補遺)』에 수록된 『예기
정의(禮記正義)』를 뜻한다. 산정정은 『예기정의』를 수록할 때, 송(宋)
나라 때의 판본을 저본으로 삼았다.

◎ 곤면(袞冕) : '곤면'은 곤룡포와 면류관을 뜻한다. 본래 천자의 제사복장
으로, 비교적 중요한 제사 때 입는다. 윗옷과 아랫도리에 새겨진 무늬
등은 9가지이다. 『주례』「춘관(春官)·사복(司服)」편에는 "享先王則袞
冕."이라는 기록이 있다. 이에 대한 정현의 주에서는 "冕服九章, 登龍
於山, 登火於宗彝, 尊其神明也. 九章, 初一曰龍, 次二曰山, 次三曰華蟲,
次四曰火, 次五曰宗彝, 皆畫以爲績. 次六曰藻, 次七曰粉米, 次八曰黼,
次九曰黻, 皆希以爲繡. 則袞之衣五章, 裳四章, 凡九也."라고 풀이했다.
즉 '곤면'의 윗옷에는 용(龍), 산(山), 화충(華蟲), 화(火), 종이(宗彝) 등
5가지 무늬를 그려놓고, 아랫도리에는 조(藻), 분미(粉米), 보(黼), 불
(黻) 등 4가지를 수놓았다.

◎ 관(祼) : '관'은 본래 향기로운 술을 땅에 부어서 신을 강림시키는 의식
인데, 조회를 온 제후 등을 대면하며 관(祼)을 시행하면, 술잔에 향기
로운 술을 따라서 빈객을 공경한다는 뜻을 나타내기도 했다. 즉 본래
는 제사의 절차였지만, 이러한 절차에 기인하여 빈객에게 따라준 술을
빈객이 마시는 것 까지도 관(祼)이라고 불렀다.

◎ 관사(官師) : '관사'는 하급 관리들을 부르는 말이다. 『서』「하서(夏書)·
윤정(胤征)」편에는 "每歲孟春, 遒人以木鐸徇于路, 官師相規, 工執藝事
以諫."이라는 기록이 있는데, 이에 대한 공안국(孔安國)의 전(傳)에서
는 "官師, 衆官."이라고 풀이했다. 또한 『예기』「제법(祭法)」편에는 "官
師一廟, 曰考廟. 王考無廟而祭之. 去王考爲鬼."라는 기록이 있는데, 이
에 대한 정현의 주에서는 "官師, 中士下士庶士府史之屬."이라고 풀이

하여, '관사'의 대상을 구체적으로 중사(中士), 하사(下士), 서사(庶士), 부사(府史)의 부류라고 설명한다.

◎ 광평유씨(廣平游氏) : =유초(游酢)

◎ 교감기(校勘記) :『교감기(校勘記)』는 완원(阮元)이 학자들을 모아서 편찬했던『십삼경주소교감기(十三經註疏校勘記)』를 뜻한다.

◎ 교기(校記) :『교기(校記)』는 손이양(孫詒讓)이 지은『십삼경주소교기(十三經注疏校記)』를 뜻한다.

◎ 교사(郊社) : '교사'는 본래 천지(天地)에 대한 제사를 뜻한다. 교(郊)는 천(天)에 대한 제사를 뜻하고, 사(社)는 지(地)에 대한 제사를 뜻한다. '교사(郊祀)'라고도 부르고, '교제(郊祭)'라고도 부른다. 또한 하늘에 대한 제사만을 지칭하기도 한다.

◎ 구등(九等) : '구등'은 사람을 아홉 등급으로 구분한 것이다. 상상(上上)은 성인(聖人)이고, 상중(上中)은 인인(仁人)이며, 상하(上下)는 지인(智人)이다. 이후 일반인들은 중상(中上)·중중(中中)·중하(中下)·하상(下上)·하중(下中)·하하(下下)로 분류되며, 하하(下下)는 우인(愚人)으로 지칭되기도 한다.

◎ 구산양씨(龜山楊氏) : =양시(楊時)

◎ 기년복(期年服) : '기년복'은 1년 동안 상복(喪服)을 입는다는 뜻이다. 또는 그 기간 동안 입게 되는 상복을 뜻하기도 하는데, 일반적으로 자최복(齊衰服)을 가리키는 용어로 사용된다. '기년복'이라고 할 때의 '기년(期年)'은 1년을 뜻하는데, '자최복'은 일반적으로 1년 동안 입게 되는 상복이 되기 때문이다.

◎ 기년상(期年喪) : '기년상'은 1년 동안 치르는 상을 뜻한다. 일반적으로 자최복(齊衰服)을 입고 치르는 상을 뜻한다. '기년(期年)'은 1년을 뜻하는데, '자최복'은 일반적으로 1년 동안 입게 되는 상복이기 때문이다.

◎ 남송석경(南宋石經) :『남송석경(南宋石經)』은 송(宋)나라 고종(高宗) 때 돌에 새긴『십삼경주소(十三經注疏)』의 판본이다. 그러나『예기(禮記)』에 대해서는 「중용(中庸)」 1편만을 기록하고 있다.

◎ **남전여씨(藍田呂氏, A.D.1040~A.D.1092)** : =여대림(呂大臨)·여씨(呂氏)·여
여숙(呂與叔). 북송(北宋) 때의 학자이다. 이름은 대림(大臨)이고, 자
(字)는 여숙(與叔)이며, 호(號)는 남전(藍田)이다. 장재(張載) 및 이정
(二程)형제에게서 수학하였다. 저서로는 『남전문집(藍田文集)』 등이
있다.

◎ **내사(內史)** : '내사'는 천자가 신하들의 작위, 녹봉, 등용 등에 대해 관리
할 때, 그 일을 도왔던 관리이다.

◎ **내제후(內諸侯)** : '내제후'는 천자의 조정에서 일하는 상급신하들을 뜻한다.

ㄷ

◎ **대공복(大功服)** : '대공복'은 상복(喪服) 중 하나로, 오복(五服)에 속한다.
조밀한 삼베를 사용해서 만들지만, 소공복(小功服)에 비해서는 삼베의
재질이 거칠기 때문에, '대공복'이라고 부른다. 이 복장을 입게 되는
기간은 상황에 따라 차이가 생기지만, 일반적으로 9개월이다. 당형제
(堂兄弟) 및 미혼인 당자매(堂姉妹), 또는 혼인을 한 자매(姉妹) 등을
위해서 입는다.

◎ **대빙(大聘)** : '대빙'은 본래 제후가 경(卿)을 시켜서 매해 천자를 찾아뵙
는 것을 뜻한다. 제후는 천자에 대해서, 매년 소빙(小聘)을 하고, 3년
에 1번 '대빙(大聘)'을 하며, 5년에 1번 조(朝)를 한다. 소빙을 할 때에
는 대부(大夫)를 시키고, 조를 할 때에는 제후가 직접 찾아간다. 『예기』
「왕제(王制)」편에는 "諸侯之於天子也, 比年一小聘, 三年一大聘, 五年
一朝."라는 기록이 있고, 이에 대한 정현의 주에서는 "比年, 每歲也. 小
聘使大夫, 大聘使卿, 朝則君自行."이라고 했다.

◎ **대사례(大射禮)** : '대사례'는 제사를 지낼 때, 제사를 돕는 자들을 채택하
기 위해 시행하는 활쏘기 대회이다. 천자의 경우에는 '교외 및 종묘[郊
廟]'에서 제사를 지낼 때, 제후 및 군신(群臣)들과 미리 활쏘기를 하여,
적중함이 많은 자를 채택하고, 채택된 자로 하여금 천자가 주관하는
제사에 참여하도록 하는 의례(儀禮)이다. 『주례』 「천관(天官)·사구(司
裘)」편에는 "王大射, 則共虎侯, 熊侯, 豹侯, 設其鵠."이라는 기록이 있
는데, 이에 대한 정현의 주에서는 "大射者, 爲祭祀射. 王將有郊廟之事,

以射擇諸侯及群臣與邦國所貢之士可以與祭者. …… 而中多者得與於祭.”
라고 풀이하였다. 한편 각 계급에 따라 '대사례'의 예법에는 차등이 있
었는데, 예를 들어 천자가 시행하는 '대사례'에서는 표적으로 호후(虎
侯), 웅후(熊侯), 표후(豹侯)가 사용되었고, 표적지에는 곡(鵠)을 설치
했다. 그리고 제후가 시행하는 '대사례'에서는 웅후(熊侯), 표후(豹侯)
가 사용되었고, 표적지에 곡(鵠)을 설치했다. 경(卿)과 대부(大夫)의
경우에는 미후(麋侯)를 사용하였고, 표적지에 곡(鵠)을 설치했다.

◎ 대제(大祭) : '대제'는 큰 제사라는 뜻이며, 천지(天地)에 대한 제사 및
   체협(禘祫) 등을 일컫는다. 『주례』「천관(天官)·주정(酒正)」에 “凡祭祀,
   以法共五齊三酒, 以實八尊. 大祭三貳, 中祭再貳, 小祭壹貳, 皆有酌數.”
   라는 기록이 있다. 이에 대한 정현의 주에서는 “大祭, 天地. 中祭, 宗
   廟. 小祭, 五祀.”라고 풀이하여, '대제'는 천지에 대한 제사를 뜻한다고
   설명한다. 그리고 『주례』「춘관(春官)·천부(天府)」편에는 “凡國之玉鎭
   大寶器藏焉, 若有大祭大喪, 則出而陳之, 旣事藏之.”라는 기록이 있다.
   이에 대한 정현의 주에서는 “禘祫及大喪陳之, 以華國也.”라고 풀이하
   여, '대제'를 '체협'으로 설명한다. 그리고 '체(禘)'제사와 '대제'의 직접
   적 관계에 대해서는 『이아』「석천(釋天)」편에서 “禘, 大祭也.”라고 풀
   이하고, 이에 대한 곽박(郭璞)의 주에서는 “五年一大祭.”라고 풀이하
   여, '대제'로써의 '체'제사는 5년마다 지내는 제사로 설명한다.

◎ 동중서(董仲舒, B.C.179~B.C.104) : 전한(前漢) 때의 유학자이다. 호(號)는
   계암자(桂巖子)이다. 『공양전(公羊傳)』을 공부하여, 박사(博士)를 지냈
   으며, 유학의 관학화에 기여를 하였다. 저서로는 『춘추번로(春秋繁露)』,
   『동자문집(董子文集)』 등이 있다.

◎ 두예(杜預, A.D.222~A.D.284) : =두원개(杜元凱). 서진(西晉) 때의 유학
   자이다. 경조(京兆) 두릉(杜陵) 출신이다. 자(字)는 원개(元凱)이다. 『춘
   추경전집해(春秋經典集解)』를 저술하였는데, 이 책은 현존하는 『춘추
   (春秋)』의 주석서 중 가장 오래된 것이며, 『십삼경주소(十三經注疏)』
   의 『춘추좌씨전정의(春秋左氏傳正義)』에도 채택되어 수록되었다.

◎ 두원개(杜元凱) : =두예(杜預)

ㅁ

◎ 모본(毛本) : 『모본(毛本)』은 명(明)나라 말기 급고각(汲古閣)에서 간행된 『십삼경주소(十三經注疏)』의 판본이다. 급고각은 모진(毛晉)이 지은 장서각이었으므로, 이러한 명칭이 생겼다.

◎ 목록(目錄) : 『목록(目錄)』은 정현이 찬술했다고 전해지는 『삼례목록(三禮目錄)』을 가리킨다. 『십삼경주소(十三經注疏)』에서 인용되고 있지만, 이 책은 『수서(隋書)』가 편찬될 당시에 이미 일실되어 존재하지 않았다. 『수서』「경적지(經籍志)」편에는 "三禮目錄一卷, 鄭玄撰, 梁有陶弘景注一卷, 亡."이라는 기록이 있다.

◎ 민본(閩本) : 『민본(閩本)』은 명(明)나라 가정(嘉靖) 연간 때 이원양(李元陽)이 간행한 『십삼경주소(十三經注疏)』 판본이다. 한편 『칠경맹자고문보유(七經孟子考文補遺)』에서는 이 판본을 『가정본(嘉靖本)』으로 지칭하고 있다.

ㅂ

◎ 백공(百工) : '백공'은 각종 장인(匠人)들을 총칭하는 말이다. 『묵자(墨子)』「절용중(節用中)」편에는 "凡天下群百工, 輪車鞼匏, 陶冶梓匠, 使各從事其所能."이라는 용례가 있다. 또한 '백공'은 모든 관리들을 뜻하는 백관(百官)의 뜻으로도 사용된다. 『서』「우서(虞書)·요전(堯典)」편에도 "允釐百工, 庶績咸熙."이라는 기록이 나오고, 『춘추좌씨전』「소공(昭公) 5년」편에도 "王子朝因舊官百工之喪職秩者, 與靈景之族以作亂."이라는 기록이 나온다.

◎ 번국(蕃國) : '번국'은 본래 주(周)나라 때의 구주(九州) 밖의 나라들을 지칭하는 말이다. 후대에는 오랑캐 나라들을 범칭하는 용어로도 사용되었다. 주나라 때에는 구복(九服)으로 천하의 땅을 구획하였는데, 구복 중 육복(六服)까지는 중원 지역으로 구분되며, 육복 이외의 세 개의 지역은 오랑캐 땅으로 분류하였다. 이 세 개의 지역은 이복(夷服)·진복(鎭服)·번복(藩服)이며, 이 지역에 세운 나라를 '번국'이라고 부른다. 『주례』「추관(秋官)·대행인(大行人)」편에는 "九州之外, 謂之蕃國."

이라는 기록이 있는데, 이에 대한 손이양(孫詒讓)의『정의(正義)』에서
는 "職方氏九服, 蠻服以外, 有夷·鎭·藩三服. …… 是此蕃國卽職方外三
服也."라고 풀이했다.

◎ 별록(別錄) :『별록(別錄)』은 후한(後漢) 때 유향(劉向)이 찬(撰)했다고
전해지는 책이다. 현재는 일실되어 존재하지 않으며,『한서(漢書)』「예
문지(藝文志)」편을 통해서 대략적인 내용만을 추측해볼 수 있다.

◎ 별면(鷩冕) : '별면'은 별의(鷩衣)와 면류관을 뜻한다. 천자 및 제후가
입던 복장으로, 선공(先公)에 대한 제사 및 향사례(饗射禮)를 시행할
때 착용했다. '별의'에는 꿩의 무늬를 수놓게 되는데, 이 무늬를 화충
(華蟲)이라고도 부른다. 상의에는 3종류의 무늬를 수놓고, 하의에는 4
종류의 무늬를 수놓게 되어, 총 7가지의 무늬가 들어가게 된다.『주례
(周禮)』「춘관(春官)·사복(司服)」편에는 "享先公, 饗射則鷩冕."이라는
기록이 있고, 이에 대한 정현의 주에서는 "鷩, 畫以雉, 謂華蟲也. 其衣
三章, 裳四章, 凡七也."라고 풀이했다.

◎ 복건(服虔, ?~?) : 후한대(後漢代)의 유학자이다. 자(字)는 자신(子愼)이
다. 초명은 중(重)이었으며, 기(祇)라고도 불렀다. 후에 이름을 건(虔)
으로 고쳤다.『춘추좌씨전(春秋左氏傳)』에 주석을 남겼지만, 산일되어
전해지지 않는다. 현재는『좌전가복주집술(左傳賈服注輯述)』로 일집
본이 편찬되었다.

◎ 빈사례(賓射禮) : '빈사례'는 천자가 오랜 벗과 함께 연회를 한 후 시행
하는 활쏘기를 뜻한다. 또한 제후들이 천자를 찾아뵙거나 또는 제후들
끼리 서로 회동을 할 때, 활쏘기를 하며 연회를 베푸는 것을 뜻하기도
한다.

ᐱ

◎ 사(祠) : '사'는 봄에 종묘(宗廟)에서 지내는 제사를 뜻한다. '사'자는 음
식[食]을 뜻하는 글자로, 선왕(先王)들에게 음식을 대접한다는 의미에
서, 봄의 제사를 '사'라고 부르는 것이다.『이아』「석천(釋天)」편에는
"春祭曰祠."라는 기록이 있는데, 이에 대한 곽박(郭璞)의 주에서는 "祠
之言食."이라고 풀이했다. 한편『예기』「왕제(王制)」편에는 "天子諸侯

宗廟之祭, 春曰祠, 夏曰禘, 秋曰嘗, 冬曰烝."이라는 기록이 있고, 이에
대한 정현의 주에서는 "此蓋夏殷之祭名. 周則春曰祠, 夏曰礿, 以禘爲
殷祭."라고 풀이했다. 즉 하(夏)나라와 은(殷)나라에서는 봄에 종묘에
서 지내는 제사를 약(礿)이라고 불렀는데, 주(周)나라에 이르러, '약'이
라는 명칭을 '사'로 고치게 되었다는 뜻이다.

◎ 사도(司徒) : '사도'는 본래 주(周)나라 때의 관리로, 국가의 토지 및 백
성들에 대한 교화(敎化)를 담당했다. 전설상으로는 소호(少昊) 시대
때부터 설치되었다고 전해진다. 주나라의 육경(六卿) 중 하나였으며,
전한(前漢) 애제(哀帝) 원수(元壽) 2년(B.C. 1)에는 승상(丞相)의 관직
명을 고쳐서, 대사도(大司徒)라고 불렀고, 대사마(大司馬), 대사공(大
司空)과 함께 삼공(三公)의 반열에 있었다. 후한(後漢) 때에는 다시
'사도'로 명칭을 고쳤고, 그 이후로는 이 명칭을 계속 사용하다가 명
(明)나라 때 폐지되었다. 명나라 이후로는 호부상서(戶部尙書)를 '대사
도'라고 불렀다.

◎ 사마(司馬) : '사마'라는 관직은 전설상으로는 소호(少昊) 시대부터 설
치되었다고 전해진다. 주(周)나라 때에는 육경(六卿) 중 하나였으며,
하관(夏官)의 수장이며, 대사마(大司馬)라고도 불렀다. 군대와 관련된
일을 담당했다. 한(漢)나라 무제(武帝) 때에는 태위(太尉)라는 관직명
을 고쳐서 대사마(大司馬)라고 불렀고, 후한(後漢) 때에는 다시 태위
(太尉)로 고쳐 불렀다. 남북조시대(南北朝時代)에는 대장군(大將軍)과
함께 이대(二大)로 칭해지기도 했으나, 청(淸)나라 때 폐지되었다. 후
세에서는 병부상서(兵部尙書)의 별칭으로 사용하기도 했고, 시랑(侍
郞)을 소사마(少司馬)로 칭하기도 하였다.

◎ 사흉(四凶) : '사흉'은 요순(堯舜)시대 때 악명(惡名)을 떨쳤던 네 부족
의 수장들을 뜻한다. 다만 네 명의 수장들에 대해서는 이견(異見)이
있는데, 『춘추좌씨전』「문공(文公) 18년」편에서는 "舜臣堯, 賓于四門,
流四凶族, 渾敦·窮奇·檮杌·饕餮, 投諸四裔, 以禦螭魅."라고 하여, '사흉'
을 혼돈(渾敦)·궁기(窮奇)·도올(檮杌)·도철(饕餮)이라고 하였다. 한편
『서』「우서(虞書)·순전(舜典)」편에서는 "流共工于幽洲, 放驩兜于崇山,
竄三苗于三危, 殛鯀于羽山. 四罪而天下咸服."이라고 하여, '사흉'을 공
공(共工)·환두(驩兜)·삼묘(三苗)·곤(鯀)이라고 하였다. 이 문제에 대해
채침(蔡沈)의 『집전(集傳)』에서는 "春秋傳所記四凶之名與此不同, 說

者以窮奇爲共工, 渾敦爲驩兜, 饕餮爲三苗, 檮杌爲鯀, 不知其果然否也."
라고 하였다. 즉『춘추좌씨전』과『서』에서 설명하는 '사흉'의 이름이
다른데, 어떤 자들은 궁기(窮奇)를 공공(共工)으로 여기고, 혼돈(渾敦)
을 환두(驩兜)라고 여기며, 도철(饕餮)을 삼묘(三苗)라고 여기고, 도올
(檮杌)을 곤(鯀)으로 여기기도 하는데, 이 말이 맞는지에 대해서는 확
신할 수 없다는 뜻이다.

◎ 삼왕(三王) : '삼왕'은 하(夏), 은(殷), 주(周) 삼대(三代)의 왕을 뜻한다.
『춘추곡량전』「은공(隱公) 8年」편에는 "盟詛不及三王."이라는 기록이
있고, 이에 대한 범녕(範寧)의 주에서는 '삼왕'을 하나라의 우(禹), 은
나라의 탕(湯), 주나라의 무왕(武王)을 지칭한다고 풀이했다. 그리고
『맹자』「고자하(告子下)」편에는 "五覇者, 三王之罪人也."라는 기록이
있고, 이에 대한 조기(趙岐)의 주에서는 '삼왕'을 범녕의 주장과 달리,
주나라의 무왕 대신 문왕(文王)을 지칭한다고 풀이했다.

◎ 상(嘗) : '상'은 가을에 종묘(宗廟)에서 지내는 제사를 뜻한다.『이아』「석
천(釋天)」편에는 "春祭曰祠, 夏祭曰礿, 秋祭曰嘗, 冬祭曰烝."이라는 기
록이 있다. 즉 봄에 지내는 제사를 '사(祠)'라고 부르며, 여름에 지내는
제사를 '약(礿)'이라고 부르고, 가을에 지내는 제사를 '상(嘗)'이라고
부르며, 겨울에 지내는 제사를 '증(烝)'이라고 부른다. 한편 '상'제사는
성대한 규모로 거행하였기 때문에, '대상(大嘗)'이라고도 불렸으며, 가
을에 지낸다는 뜻에서, '추상(秋嘗)'이라고도 불렸다. 또한『춘추번로
(春秋繁露)』「사제(四祭)」편에서는 "四祭者, 因四時之所生孰而祭其先
祖父母也. 故春曰祠, 夏曰礿, 秋曰嘗, 冬曰烝. …… 嘗者, 以七月嘗黍
稷也."이라고 하여, 가을 제사인 상(嘗)제사는 7월에 시행하며, 서직
(黍稷)을 흠향하도록 지낸다는 뜻에서 맛본다는 뜻의 '상'자를 붙였다
고 설명한다.

◎ 석경(石經) :『석경(石經)』은 당(唐)나라 개성(開成) 2년(A.D.714)에 돌
에 새긴『십삼경주소(十三經注疏)』의 판본이다. 당나라 국자학(國子
學)의 비석에 새겨졌다는 판본이 바로 이것을 가리킨다.

◎ 선공(先公) : '선공'은 본래 천자 및 제후의 선조들을 존귀하게 높여 부
르는 말이다. 따라서 '선왕(先王)'이라는 말과 동일하게 사용된다. 그
러나 주(周)나라에 대해 선왕과 대비해서 사용하게 되면, 후직(后稷)
의 후손 중 태왕(太王) 이전의 선조를 지칭한다. 주나라는 건립 이후

자신의 선조에 대해 추왕(追王)을 하여 왕(王)자를 붙였는데, 태왕인 고공단보(古公亶父)까지 왕(王)자를 붙였기 때문이다.

◎ 성복(盛服) : '성복'은 격식에 맞게 갖춰 입는 옷들을 가리킨다. 주로 제례(祭禮) 및 정식 의례(儀禮)에 참여할 때 착용하는 복장들을 가리킨다. 참가자들은 이 복장을 갖춤으로써, 엄숙함과 단정함을 나타내게 된다. 『중용』「16장」에는 "使天下之人齊明盛服, 以承祭祀."라는 기록이 있고, 이에 대한 공영달(孔穎達)의 소(疏)에서는 "盛飾衣服, 以承祭祀."라고 풀이했다. 한편 '성복'은 치장을 화려하게 한 옷을 가리키기도 한다. 『순자(荀子)』「자도(子道)」편에는 "子路盛服見孔子. 孔子曰, 由! 是裾裾何也?"라는 기록이 있다.

◎ 소공복(小功服) : '소공복'은 상복(喪服) 중 하나로, 오복(五服)에 속한다. 조밀한 삼베를 사용해서 만들며, 대공복(大功服)에 비해서 삼베의 재질이 조밀하기 때문에, '소공복'이라고 부른다. 이 복장을 입게 되는 기간은 상황에 따라 차이가 생기지만, 일반적으로 5개월이 된다. 백숙(伯叔)의 조부모나 당백숙(堂伯叔)의 조부모, 혼인하지 않은 당(堂)의 자매(姊妹), 형제(兄弟)의 처 등을 위해서 입는다.

◎ 소빙(小聘) : '소빙'은 본래 제후가 대부(大夫)를 시켜서 매해 천자를 찾아뵙는 것을 뜻한다. 제후는 천자에 대해서, 매년 '소빙'을 하고, 3년에 1번 대빙(大聘)을 하며, 5년에 1번 조(朝)를 한다. 대빙을 할 때에는 경(卿)을 시키고, 조를 할 때에는 제후가 직접 찾아간다. 『예기』「왕제(王制)」편에는 "諸侯之於天子也, 比年一小聘, 三年一大聘, 五年一朝."라는 기록이 있고, 이에 대한 정현의 주에서는 "比年, 每歲也. 小聘使大夫, 大聘使卿, 朝則君自行."이라고 했다.

◎ 시마복(緦麻服) : '시마복'은 상복(喪服) 중 하나로, 오복(五服)에 속한다. 가장 조밀한 삼베를 사용해서 만든다. 이 복장을 입게 되는 기간은 상황에 따라서 차이가 있지만, 일반적으로 3개월이 된다. 친족의 백숙부모(伯叔父母)나 친족의 형제(兄弟)들 및 혼인하지 않은 친족의 자매(姊妹) 등을 위해서 입는다.

◎ 시삭(視朔) : '시삭'은 천자 및 제후가 매월 초하루에, 종묘(宗廟)에 고하여 해당 월의 달력을 받고, 그곳에서 해당 월에 시행해야 할 정무를 처리하였던 것을 뜻한다. 『춘추좌씨전』「희공(僖公) 5년」편에는 "公既視朔, 遂登觀臺以望, 而書, 禮也."라는 기록이 있고, 이에 대한 공영달

(孔穎達)의 소(疏)에서는 "視朔者, 公旣告廟受朔, 卽聽視此朔之政, 是其親告朔也."라고 풀이했다.

◎ 심괄(沈括, A.D.1031~A.D.1095) : 송대(宋代) 때의 과학자이자 학자이다. 자(字)는 존중(存中)이다. 천문(天文), 역법(曆法) 등에 해박하였다. 저서로는 『악론(樂論)』, 『봉원력(奉元曆)』 등이 있다.

◎ 악본(岳本) : 『악본(岳本)』은 송(頌)나라 악가(岳珂)가 간행한 『십삼경주소(十三經注疏)』의 판본이다.

◎ 안사고(顏師古, A.D.581~A.D.645) : 당(唐)나라 때의 학자이다. 자(字)는 주(籌)이다. 안지추(顏之推)의 손자이다. 훈고학(訓詁學)에 뛰어났다. 오경(五經)의 문자를 교정하여, 『오경정본(五經定本)』을 찬술하기도 하였다.

◎ 약(礿) : '약'은 약(禴)이라고도 부른다. 하(夏)나라와 은(殷)나라 때에는 봄에 종묘(宗廟)에서 지내는 제사를 뜻하는 용어로 사용하였지만, 주(周)나라 때에는 명칭을 고쳐서, 여름에 지내는 제사의 명칭으로 삼았다. '약(礿)'이 봄 제사를 뜻하는 용어로 사용될 때에는 적다[薄]라는 뜻으로, 봄에는 만물이 아직 성숙하지 않았으므로, 제사 때 차려내는 제수(祭需)들이 적게 된다. 그렇기 때문에 그 제사를 '약(礿)'이라고 부르는 것이다. 『예기』「왕제(王制)」편에는 "天子諸侯宗廟之祭, 春曰礿, 夏曰禘, 秋曰嘗, 冬曰烝."이라는 기록이 있고, 이에 대한 정현의 주에서는 "此蓋夏殷之祭名. 周則春曰祠, 夏曰礿, 以禘爲殷祭."라고 풀이했고, 진호(陳澔)의 『집설(集說)』에서는 "礿, 薄也. 春物未成, 祭品鮮薄也."라고 풀이했다. 한편 '약(礿)'자가 여름 제사를 뜻하는 용어로 사용될 때에는 삶다[汋=礿]의 뜻으로, 여름 4월에는 보리가 익어서, 삶아서 밥을 지을 수가 있다. 여름 제사 때에는 이처럼 보리밥을 헌상하기 때문에, 그 제사를 '약(礿)'이라고 부르는 것이다. 『춘추공양전』「환공(桓公) 8년」편에는 "夏曰礿."이라는 기록이 있는데, 이에 대한 하휴(何休)의 주에서는 "薦尚麥苗, 麥始熟可礿, 故曰礿."이라고 풀이했다. 그리고 『주례』「춘관(春官)・사존이(司尊彝)」편에서는 "春祠夏禴, 祼用雞彝・鳥

彝, 皆有舟."라고 하여, 약(礿)을 '약(禴)'자로 기록하고 있다.

◎ 양시(楊時, A.D.1053~A.D.1135) : =구산양씨(龜山楊氏)·양씨(楊氏)·양중립(楊中立). 북송(北宋) 때의 학자이다. 자(字)는 중립(中立)이고, 호(號)는 구산(龜山)이다. 저서로는 『구산집(龜山集)』·『구산어록(龜山語錄)』·『이정수언(二程粹言)』 등이 있다.

◎ 양씨(楊氏) : =양시(楊時)

◎ 양중립(楊中立) : =양시(楊時)

◎ 어례(飫禮) : '어례'는 천자 및 제후가 전쟁이나 국가의 중대사를 의논하기 위해, 사람들을 불러 모아 시행하는 연회를 뜻한다.

◎ 여대림(呂大臨) : =남전여씨(藍田呂氏)

◎ 여수(旅酬) : '여수'는 제사가 끝난 후에, 제사에 참가했던 친족 및 빈객(賓客)들이 술잔을 들어 술을 마시고, 서로 공경의 예(禮)를 표하며, 잔을 권하는 의례(儀禮)이다.

◎ 여씨(呂氏) : =남전여씨(藍田呂氏)

◎ 여여숙(呂與叔) : =남전여씨(藍田呂氏)

◎ 오경이의(五經異義) : 『오경이의(五經異義)』는 후한(後漢) 때의 학자인 허신(許愼)이 지은 책이다. 유실되었는데, 송대(宋代) 때 학자들이 다시 모아서 엮었다. 오경(五經)에 관한 고금(古今)의 유설(遺說)과 이의(異義)를 싣고, 그에 대한 시비(是非)를 판별한 내용들이다.

◎ 오복(五服) : '오복'은 죽은 자와 친하고 소원한 관계에 따라 입게 되는 다섯 가지 상복(喪服)을 뜻한다. 참최복(斬衰服), 자최복(齊衰服), 대공복(大功服), 소공복(小功服), 시마복(緦麻服)을 가리킨다. 『예기』「학기(學記)」편에는 "師無當於五服, 五服弗得不親."이라는 기록이 있는데, 이에 대한 공영달(孔穎達)의 소(疏)에서는 "五服, 斬衰也, 齊衰也, 大功也, 小功也, 緦麻也."라고 풀이했다. 또한 '오복'에 있어서는 죽은 자와 가까운 관계일수록 중대한 상복을 입고, 복상(服喪) 기간도 늘어난다. 위의 '오복' 중 참최복이 가장 중대한 상복에 속하며, 그 다음은 자최복이고, 대공복, 소공복, 시마복 순으로 내려간다.

◎ 오성(五性) : '오성'은 인(仁)·의(義)·예(禮)·지(智)·신(信)을 뜻한다.

◎ 오시(五始) : '오시'는 『춘추』의 기록에 있어서, 각 공(公)들의 첫 해를 원년(元年), 춘(春), 왕(王), 정월(正月), 어느 공(公)이 즉위했다고 기록한다. 이러한 다섯 가지 사안을 '오시'라고 부른다.

◎ 오악(五岳) : '오악'은 오악(五嶽)이라고도 부르며, 다섯 방위에 따른 대표적인 산들을 뜻한다. 그러나 각 기록에 따라서 해당하는 산의 명칭에는 다소 차이가 있다. 첫 번째 주장은 동쪽의 태산(泰山), 남쪽의 형산(衡山), 서쪽의 화산(華山), 북쪽의 항산(恒山), 중앙의 숭산(嵩山:=嵩高山)을 '오악'으로 부른다.『주례』「춘관(春官)·대종백(大宗伯)」편에는 "以血祭祭社稷·五祀·五嶽."이라는 기록이 있는데, 이에 대한 정현의 주에서는 "五嶽, 東曰岱宗, 南曰衡山, 西曰華山, 北曰恒山, 中曰嵩高山."이라고 풀이했다. 두 번째 주장은 동쪽의 태산(泰山), 남쪽의 곽산(霍山), 서쪽의 화산(華山), 북쪽의 항산(恒山), 중앙의 숭산(嵩山)을 '오악'으로 부른다.『이아』「석산(釋山)」편에는 "泰山爲東嶽, 華山爲西嶽, 翟山爲南嶽, 恒山爲北嶽, 嵩高爲中嶽."이라는 기록이 있다. 세 번째 주장은 동쪽의 대산(岱山), 남쪽의 형산(衡山), 서쪽의 화산(華山), 북쪽의 항산(恒山), 중앙의 악산(嶽山: =吳嶽)을 '오악'으로 부른다.『주례』「춘관(春官)·대사악(大司樂)」편에는 "凡日月食, 四鎭·五嶽崩."이라는 기록이 있는데, 이에 대한 정현의 주에서는 "五嶽, 岱在袞州, 衡在荊州, 華在豫州, 嶽在雍州, 恒在幷州."라고 풀이했고,『이아』「석산(釋山)」편에는 "河南, 華; 河西, 嶽; 河東, 岱; 河北, 恒; 江南, 衡."이라고 풀이했다.

◎ 오악(五嶽) : =오악(五岳)

◎ 오전(五典) : '오전'은 다섯 종류의 윤리 덕목을 뜻한다.『서』「우서(虞書)·순전(舜典)」편에는 "愼徽五典, 五典克從."이라는 기록이 있는데, 이에 대한 공안국(孔安國)의 전(傳)에서는 "五典, 五常之敎. 父義·母慈·兄友·弟恭·子孝."라고 풀이했다. 즉 '오전'이란 오상(五常)에 따른 가르침으로, 부친의 의로움, 모친의 자애로움, 형의 우애로움, 동생의 공손함, 자식의 효성스러움을 뜻한다. 또 채침(蔡沈)의『집전(集傳)』에서는 "五典, 五常也. 父子有親, 君臣有義, 夫婦有別, 長幼有序, 朋友有信是也."라고 풀이했다. 즉 '오전'이란 오상(五常)으로, 부자관계에 친애함이 있고, 군신관계에 의로움이 있으며, 부부사이에 유별함이 있고, 장유관계에 질서가 있고, 붕우관계에 신의가 있음을 뜻한다.

◎ 오품(五品) : '오품'은 오상(五常)과 같은 말이며, 다섯 종류의 인륜(人倫)을 뜻한다. '오품'에서의 '품(品)'자는 품질(品秩)을 뜻한다. 한 가정 내에서는 서열에 따라 부·모·형·동생·자식의 다섯 등급으로 나뉘는데,

이러한 관계는 '품'에 해당하며, 이러한 관계 속에서 지켜야 하는 인륜은 의로움[義], 자애[慈], 우애[友], 공손함[恭], 효(孝)에 해당한다. 따라서 이러한 다섯 종류의 인륜을 '오품'이라고 부르는 것이다. 또한 이러한 다섯 종류의 인륜은 고정불변의 것으로, 항상 실천해야 하는 것이다. 따라서 '상(常)'자를 붙여서 '오상'이라고도 부르는 것이다.『서』「우서(虞書)·순전(舜典)」편에는 "帝曰, 契, 百姓不親, 五品不遜."이라는 기록이 있고, 이에 대한 공안국(孔安國)의 전(傳)에서는 "五品謂五常."이라고 풀이했고, 공영달(孔穎達)의 소(疏)에서는 "品謂品秩, 一家之內尊卑之差, 卽父母兄弟子是也. 敎之義·慈·友·恭·孝, 此事可常行, 乃爲五常耳."라고 풀이했다.

◎ 왕후(王后) : '왕후'는 천자의 본부인을 뜻한다. 후대에는 황후(皇后)라고 부르기도 하였다. 고대에는 천자(天子)를 왕(王)이라고 불렀기 때문에, 천자의 부인을 '왕후'라고 부른다. 또한 '왕'자를 생략하여 '후(后)'라고도 부른다.

◎ 웅씨(熊氏) : =웅안생(熊安生)

◎ 웅안생(熊安生, ?~A.D.578) : =웅씨(熊氏). 북조(北朝) 때의 경학자이다. 자(字)는 식지(植之)이다.『주례(周禮)』,『예기(禮記)』,『효경(孝經)』 등 많은 전적에 의소(義疏)를 남겼지만, 모두 산일되어 남아 있지 않다. 현재 마국한(馬國翰)의『옥함산방집일서(玉函山房輯佚書)』에『예기웅씨의소(禮記熊氏義疏)』4권이 남아 있다.

◎ 유사(有司) : '유사'는 관리를 뜻하는 용어이다. '사(司)'자는 담당한다는 뜻이다. 관리들은 각자 담당하고 있는 업무가 있었으므로, 관리를 '유사'라고 불렀던 것이다. 일반적으로 하위관료들을 지칭하여, 실무자를 뜻하는 용어로 많이 사용된다. 그러나 때로는 고위관료까지도 지칭하는 용어로 사용되기도 한다.

◎ 유씨(游氏) : =유초(游酢)

◎ 유씨(庾氏) : =유울지(庾蔚之)

◎ 유울지(庾蔚之, ?~?) : =유씨(庾氏). 남조(南朝) 때 송(宋)나라 학자이다. 저서로는『예기약해(禮記略解)』,『예론초(禮論鈔)』,『상복(喪服)』,『상복세요(喪服世要)』,『상복요기주(喪服要記注)』 등을 남겼다.

◎ 유정부(游定夫) : =유초(游酢)

◎ 유초(游酢, A.D.1053~A.D.1123) : =광평유씨(廣平游氏)·유씨(游氏)·유정

부(游定夫). 북송(北宋) 때의 학자이다. 자(字)는 정부(定夫)이고, 호(號)는 광평(廣平)이다. 저서로는 『논어맹자잡해(論語孟子雜解)』·『역설(易說)』·『중용의(中庸義)』 등이 있다.

◎ 육경(六卿) : '육경'은 여섯 명의 경(卿)을 가리키는데, 주로 여섯 명의 주요 관직자들을 뜻한다. 각 시대마다 해당하는 관직명과 담당하는 영역에는 차이가 있었다. 『서』「하서(夏書)·감서(甘誓)」편에는 "大戰于甘, 乃召六卿."이라는 기록이 있고, 이에 대한 공안국(孔安國)의 전(傳)에서는 "天子六軍, 其將皆命卿."이라고 풀이했다. 즉 천자는 6개의 군(軍)을 소유하고 있는데, 각 군의 장수를 '경(卿)'으로 임명하였기 때문에, 이들 육군(六軍)의 수장을 '육경'이라고 부른다는 뜻이다. 이 기록에 따르면 하(夏)나라 때에는 육군의 장수를 '육경'으로 불렀다는 결론이 도출된다. 한편 『주례(周禮)』의 체제에 따르면, 주(周)나라에서는 여섯 개의 관부를 설치하였고, 이들 관부의 수장을 '경'으로 임명하였다. 따라서 천관(天官)의 총재(冢宰), 지관(地官)의 사도(司徒), 춘관(春官)의 종백(宗伯), 하관(夏官)의 사마(司馬), 추관(秋官)의 사구(司寇), 동관(冬官)의 사공(司空)이 '육경'에 해당한다. 『한서(漢書)·백관공경표상(百官公卿表上)』편에는 "夏殷亡聞焉, 周官則備矣. 天官冢宰, 地官司徒, 春官宗伯, 夏官司馬, 秋官司寇, 冬官司空, 是爲六卿, 各有徒屬職分, 用於百事."라는 기록이 있다.

◎ 육기(六氣) : '육기'는 자연 기후의 변화 속에 나타나는 여섯 가지 주요 현상을 뜻한다. 음기(陰氣), 양기(陽氣), 바람[風], 비[雨], 어둠[晦], 밝음[明]을 뜻한다. 『춘추좌씨전』「소공(昭公) 1년」편에는 "六氣曰陰·陽·風·雨·晦·明也."라는 기록이 있고, 『장자(莊子)』「재유(在宥)」편에는 "天氣不和, 地氣鬱結, 六氣不調, 四時不節."이라는 기록이 있는데, 이에 대한 성현영(成玄英)의 소(疏)에서는 "陰·陽·風·雨·晦·明, 此六氣也."라고 풀이했으며, 또 『국어(國語)』「주어하(周語下)」편에 대한 위소(韋昭)의 주에서는 "六氣, 陰陽風雨晦明也."라고 풀이했다.

◎ 육덕명(陸德明, A.D.550~A.D.630) : =육원랑(陸元朗). 당대(唐代)의 경학자이다. 이름은 원랑(元朗)이고, 자(字)는 덕명(德明)이다. 훈고학에 뛰어났으며, 『경전석문(經典釋文)』 등을 남겼다.

◎ 육예(六藝) : '육예'는 기본적으로 갖춰야 하는 여섯 가지 과목을 뜻한다. 여섯 가지 과목은 예(禮), 음악[樂], 활쏘기[射], 수레몰기[御], 글쓰

기[書], 셈하기[數]이며, 구체적으로 말하자면 오례(五禮), 육악(六樂), 오사(五射), 오어(五馭: =五御), 육서(六書), 구수(九數)를 가리킨다.

◎ 육원랑(陸元朗) : =육덕명(陸德明)

◎ 육정(六情) : '육정'은 인간이 가지고 있는 기본적인 여섯 가지 감정을 뜻한다. 즉 기쁘고, 화나고, 슬퍼하고, 즐거워하고, 사랑하고, 싫어하는 희(喜), 노(怒), 애(哀), 낙(樂), 애(愛), 오(惡)를 뜻한다. 『백호통(白虎通)』「성정(性情)」편에는 "六情者, 何謂也? 喜·怒·哀·樂·愛·惡, 謂六情." 이라는 기록이 있다.

◎ 육합(六合) : '육합'은 천지(天地)와 사방(四方)을 뜻하는 용어이다. 우주처럼 거대한 공간을 비유하는 용어로 사용된다.

ㅈ

◎ 자림(字林) : 『자림(字林)』은 고대의 자서(字書)이다. 진(晉)나라 때 학자인 여침(呂忱)이 지었다. 원본은 일실되어 전해지지 않고, 다른 문헌들 속에 일부 기록들만 남아 있다.

◎ 장자(張子) : =장재(張載)

◎ 장재(張載, A.D.1020~A.D.1077) : =장자(張子)·장횡거(張橫渠). 북송(北宋) 때의 유학자이다. 북송오자(北宋五子) 중 한 사람으로 칭해진다. 자(字)는 자후(子厚)이다. 횡거진(橫渠鎮) 출신으로, 이곳에서 장기간 강학을 했기 때문에 횡거선생(橫渠先生)으로 일컬어지기도 한다.

◎ 적사(適士) : '적사'는 상사(上士)를 가리킨다. 사(士)라는 계급은 3단계로 세분되는데, 상사, 중사(中士), 하사(下士)가 그것이다. 『예기』「제법(祭法)」편의 경문에는 "適士二廟, 一壇, 曰考廟, 曰王考廟, 享嘗乃止." 라는 기록이 있다. 이에 대한 정현의 주에서는 "適士, 上士也."라고 풀이했다.

◎ 전제(奠祭) : '전제'는 죽은 자 및 귀신들에게 음식을 헌상하는 제사이다. 상례(喪禮)를 치를 때, 빈소를 차리고 나면, 매일 아침과 저녁에 음식을 바치며 제사를 지내게 되는데, '전제'는 주로 이러한 제사를 뜻한다.

◎ 정강성(鄭康成) : =정현(鄭玄)

◎ 정씨(鄭氏) : =정현(鄭玄)

◎ 정의(正義) : 『정의(正義)』는 『예기정의(禮記正義)』 또는 『예기주소(禮記注疏)』를 뜻한다. 당(唐)나라 때에는 태종(太宗)이 공영달(孔穎達) 등을 시켜서 『오경정의(五經正義)』를 편찬하였는데, 이때 『예기정의』에는 정현(鄭玄)의 주(注)와 공영달의 소(疏)가 수록되었다. 송대(宋代)에는 『오경정의』와 다른 경전(經典)에 대한 주석서를 포함한 『십삼경주소(十三經注疏)』가 편찬되어, 『예기주소』라는 명칭이 되었다.

◎ 정충(鄭沖, ?~A.D.274) : 서진(西晉) 때의 학자이다. 자(字)는 문화(文和)이고, 시호(諡號)는 성(成)이다. 저서로는 『논어집해(論語集解)』 등이 있다.

◎ 정현(鄭玄, A.D.127~A.D.200) : =정강성(鄭康成)·정씨(鄭氏). 한대(漢代)의 유학자이다. 자(字)는 강성(康成)이다. 『주역(周易)』, 『상서(尙書)』, 『모시(毛詩)』, 『주례(周禮)』, 『의례(儀禮)』, 『예기(禮記)』, 『논어(論語)』, 『효경(孝經)』 등에 주석을 하였다.

◎ 종백(宗伯) : '종백'은 대종백(大宗伯)이라고도 부른다. 주(周)나라 때에는 육경(六卿) 중 하나에 해당하는 고위 관직이었다. 『주례』의 체제 속에서는 춘관(春官)의 수장이 된다. 종묘(宗廟)에 대한 제사 등 주로 예제(禮制)와 관련된 일을 담당하였다. 후대의 관직체계에서는 예부(禮部)에 해당하기 때문에, 예부상서(禮部尙書)를 또한 '대종백' 혹은 '종백'이라고도 부른다. 『서』「주서(周書)·주관(周官)」편에는 "宗伯掌邦禮, 治神人, 和上下."라는 기록이 있다. 또 『주례』「춘관(春官)·종백(宗伯)」편에는 "乃立春官宗伯, 使帥其屬而掌邦禮, 以佐王和邦國."이라는 기록이 있는데, 이에 대한 정현의 주에서는 "宗伯, 主禮之官."이라고 풀이했다. 한(漢)나라 때에는 태재(太宰)라는 이름으로 관직명을 고치기도 했다. 한편 진(秦)나라 때에는 종실(宗室)의 일들을 담당하는 종정(宗正)이라는 관리가 있었는데, 한나라 때에는 이 관직명을 '종백'으로 고치기도 했다.

◎ 조빙(朝聘) : '조빙'은 본래 제후가 주기적으로 천자를 찾아뵙는 것을 뜻한다. 고대에는 제후가 천자에 대해서 매년 1번씩 소빙(小聘)을 했고, 3년에 1번씩 대빙(大聘)을 했으며, 5년에 1번씩 조(朝)를 했다. '소빙'은 제후가 직접 찾아가지 않았고, 대부(大夫)를 대신 파견하였으며, '대빙' 때에는 경(卿)을 파견하였다. '조'에서만 제후가 직접 찾아갔는데, 이것을 합쳐서 '조빙'이라고 부른다. 춘추시대(春秋時代) 때에는

진(晉)나라 문공(文公)과 같은 패주(霸主)에게 '조빙'을 하기도 하였다. 『예기』「왕제(王制)」편에는 "諸侯之於天子也, 比年一小聘, 三年一大聘, 五年一朝."라는 기록이 있고, 이에 대한 정현의 주에서는 "比年, 每歲也. 小聘, 使大夫, 大聘, 使卿, 朝, 則君自行. 然此大聘與朝, 晉文霸時所制也."라고 풀이했다. 후대에는 서로 찾아가서 만나보는 것을 '조빙'이라고 범칭하기도 했다.

◎ 조상(趙商, ?~?) : 정현(鄭玄)의 제자이다. 자(字)는 자성(子聲)이다. 하내(河內) 지역 출신이다.

◎ 종인(宗人) : '종인'은 고대 관직명이다. 소종백(小宗伯)으로 여기기도 하며, 일반적으로 제사 및 종묘(宗廟)에서 시행되는 예법을 담당하는 자로 여기기도 한다. 『서』「주서(周書)·고명(顧命)」편에는 "上宗曰饗, 太保受同, 降, 盥以異同, 秉璋以酢, 授宗人同, 拜, 王荅拜."라는 기록이 있고, 이에 대한 공안국(孔安國)의 전문(傳文)에서는 "宗人, 小宗伯."이라고 풀이했다. 또한 『의례』「사관례(士冠禮)」편에는 "徹筮席, 宗人告事畢, 主人戒賓, 賓禮辭許."라는 기록이 있고, 이에 대한 정현의 주에서는 "宗人, 有司主禮者."라고 풀이했다.

◎ 종축(宗祝) : '종축'은 종백(宗伯)과 태축(太祝)을 뜻한다. 둘 모두 제사를 주관하는 관리들인데, '종백'은 예법과 관련된 부서의 수장이며, '태축'은 제사를 시행할 때 일을 주도하는 관리이다. 『국어(國語)』「주어중(周語中)」편에는 "門尹除門, 宗祝執祀, 司里授館."이라는 기록이 있고, 이에 대한 위소(韋昭)의 주에서는 "宗, 宗伯, 祝, 太祝也."라고 풀이하였다.

◎ 증(烝) : '증'은 겨울에 종묘(宗廟)에서 지내는 제사를 뜻한다. '증'자는 중(衆)자의 뜻으로, 겨울에는 만물 중에 성숙한 것이 많다는 의미에서 붙여진 말이다. 『백호통(白虎通)』「종묘(宗廟)」편에는 "冬曰烝者, 烝之爲言衆也, 冬之物成者衆."이라는 기록이 있다.

◎ 증상(烝嘗) : '증상'은 종묘(宗廟)에서 지내는 가을 제사와 겨울 제사를 가리킨다. 또한 '증상'은 종묘에 대한 제사를 총칭하는 용어로도 사용된다. 사계절마다 큰 제사를 지내게 되는데, 계절별 제사 명칭이 다르며, 문헌마다 조금씩 차이를 보인다. 예를 들어 『춘추번로(春秋繁露)』「사제(四祭)」편에는 "四祭者, 因四時之所生孰而祭其先祖父母也. 故春曰祠, 夏曰礿, 秋曰嘗, 冬曰烝."이라고 하여, 봄 제사를 사(祠), 여름

제사를 약(礿), 가을 제사를 상(嘗), 겨울 제사를 증(蒸)이라고 설명했다. 한편 『예기』「왕제(王制)」편에는 "天子諸侯宗廟之祭, 春曰礿, 夏曰禘, 秋曰嘗, 冬曰烝."이라고 하여, 봄 제사를 약(礿), 여름 제사를 체(禘), 가을 제사를 상(嘗), 겨울 제사를 증(烝)이라고 설명했다.

◎ 청주(淸酒) : '청주'는 삼주(三酒) 중 하나이다. 제사에서 사용하는 술이며, 삼주 중 가장 맑은 술에 해당하므로 '청주'라고 부른다. '청주'는 중산(中山) 지역에서 겨울에 술을 담가서 여름쯤 다 익은 술을 뜻한다.

◎ 체상(禘嘗) : '체상'은 체(禘)제사와 상(嘗)제사를 뜻한다. 주(周)나라의 예법에 따르면, 여름에 종묘에서 지내는 제사를 '체(禘)'제사라고 불렀고, 가을에 종묘에서 지내는 제사를 '상(嘗)'제사라고 불렀다. 고대에는 '체상'이라는 용어를 이용하여, 군주가 조상에게 지내는 제사를 범칭하였다.

◎ 체제(禘祭) : '체제'는 천신(天神) 및 조상신(祖上神)에게 지내는 '큰 제사[大祭]'를 뜻한다. 『이아』「석천(釋天)」편에는 "禘, 大祭也."라는 기록이 있고, 이에 대한 곽박(郭璞)의 주에서는 "五年一大祭."라고 풀이하여, 대제(大祭)로써의 체제사는 5년마다 1번씩 지낸다고 설명한다. 그러나 『예기』「왕제(王制)」에 수록된 각종 제사들에 대한 기록을 살펴보면, 체제사는 큰 제사임에는 분명하나, 반드시 5년마다 1번씩 지내는 제사는 아니었다.

◎ 축융(祝融) : '축융'은 전설시대에 존재했다고 전해지는 고대 제왕 중한 명이다. 삼황(三皇) 중 한 명이다. '삼황'에 속한 인물들에 대해서 대부분 복희(伏羲)와 신농(神農)이 포함된다고 주장한다. 그러나 나머지 1명에 대해서는 이견(異見)이 많은데, 어떤 자들은 수인(燧人)을 포함시키기도 하고, 또 어떤 자들은 여왜(女媧)를 포함시키기도 하며, 또 어떤 자들은 '축융'을 포함시키기도 한다. 『잠부론(潛夫論)』「오덕지(五德志)」편에는 "世傳三皇五帝, 多以爲伏羲·神農爲二皇, 其一者或曰燧人, 或曰祝融, 或曰女媧, 其是與非未可知也."라는 기록이 있다. 한편 '축융'은 신(神)을 뜻하기도 한다. 고대인들은 '축융'을 전욱씨(顓頊氏)

의 후손이며, 노동(老童)의 아들인 오회(吳回)로 여겼다. 또한 생전에는 고신씨(高辛氏)의 화정(火正)이 되었으며, 죽어서는 화관(火官)의 신이 되었다고 생각했다. 즉 고대에는 오행설(五行說)이 유행하여, 오행마다 주관하는 신들이 있었다고 여겨졌다. 그중 신농(神農)은 화(火)를 주관한다고 여겨졌고, '축융'은 신농의 휘하에서 '화'의 운행을 돕는 신으로 여겨졌다. 『예기』「월령(月令)」편에는 "其日丙丁, 其帝炎帝, 其神祝融."이라는 기록이 있고, 『여씨춘추(呂氏春秋)』「맹하기(孟夏紀)」편에는 "其神祝融."이라는 기록이 있는데, 이에 대한 고유(高誘)의 주에서는 "祝融, 顓頊氏後, 老童之子吳回也, 爲高辛氏火正, 死爲火官之神."이라고 풀이했다. 또한 '축융'은 오방(五方) 중 남쪽을 다스리는 신으로 여겨졌다. 이러한 사유 또한 오행설에 근거한 것으로, 고대인들은 '오방'마다 각각의 방위를 주관하는 신들이 있었다고 여겼다. 그러나 해당하는 신들에 대해서는 이견(異見)이 존재한다. 이러한 기록들 중 『관자(管子)』「오행(五行)」편에는 "得奢龍而辯於東方, 得祝融而辯於南方."이라는 기록이 있고, 『한서(漢書)』「양웅전상(揚雄傳上)」편에는 "麗鉤芒與驂蓐收兮, 服玄冥及祝融."이라는 기록이 있는데, 이에 대한 안사고(顔師古)의 주에서는 "祝融, 南方神."이라고 풀이했다.

ㅌ

◎ 태사(太姒) : '태사'는 '대사(大姒)'라고도 부른다. 유신씨(有莘氏)의 딸이며, 문왕(文王)의 처이자 무왕(武王)의 모친이다.

ㅎ

◎ 하동후씨(河東侯氏) : =후중량(侯仲良)
◎ 하씨(何氏) : =하윤(何胤)
◎ 하윤(何胤, A.D.446~A.D.531) : =하평숙(何平叔)·하씨(何氏). 양(梁)나라 때의 학자이다. 자(字)는 자계(子季)이다. 유환(劉瓛)에게 수학하였다. 저서에는 『예기은의(禮記隱義)』, 『예문답(禮問答)』 등이 있다.

◎ 하창(賀瑒, A.D.452~A.D.510) : 남조(南朝) 때의 학자이다. 남조의 제(齊)나라와 양(梁)나라에서 각각 활동하였다. 자(字)는 덕연(德璉)이다. 『예기신의소(禮記新義疏)』 등을 찬술하였다.

◎ 하휴(何休, A.D.129~A.D.182) : 전한(前漢) 때의 금문경학자(今文經學者)이다. 자(字)는 소공(邵公)이다. 『춘추공양전해고(春秋公羊傳解詁)』를 지었으며, 『효경(孝經)』, 『논어(論語)』 등에 대해서도 주를 달았고, 『춘추한의(春秋漢議)』를 짓기도 하였다.

◎ 협제(祫祭) : '협제'는 협(祫)이라고도 부른다. 신주(神主)들을 태조(太祖)의 묘(廟)에 모두 모셔놓고 지내는 제사이다. 『춘추공양전』「문공(文公) 2년」에 "八月, 丁卯, 大事于大廟, 躋僖公, 大事者何. 大祫也. 大祫者何. 合祭也, 其合祭奈何. 毁廟之主, 陳于大祖."라는 기록이 있다.

◎ 호천상제(昊天上帝) : '호천상제'는 호천(昊天)과 상제(上帝)로 구분하여 해석하기도 하며, '호천상제'를 하나의 용어로 해석하기도 한다. 후자의 경우 '호천'이라는 말은 '상제'를 수식하는 말이다. 고대에는 축호(祝號)라는 것을 지어서 제사 때의 용어를 수식어로 꾸미게 되는데, '호천상제'의 경우는 '상제'에 대한 축호에 해당하며, 세분하여 설명하자면 신(神)의 명칭에 수식어를 붙이는 신호(神號)에 해당한다. 『예기』「예운(禮運)」편에는 "作其祝號, 玄酒以祭, 薦其血毛, 腥其俎, 孰其殽."라는 기록이 있고, 이에 대한 진호(陳澔)의 주에서는 "作其祝號者, 造爲鬼神及牲玉美號之辭. 神號, 如昊天上帝."라고 풀이했다. '호천'과 '상제'로 풀이할 경우, '상제'는 만물을 주재하는 자이며, '상천(上天)'이라고도 불렀다. 고대인들은 길흉(吉凶)과 화복(禍福)을 내릴 수 있는 능력을 갖추고 있었다고 생각하였다. 한편 '상제'는 오행(五行) 관념에 따라 동·서·남·북·중앙의 구분이 생기면서, 천상을 각각 나누어 다스리는 오제(五帝)로 설명되기도 한다. '호천'의 경우 천신(天神)을 뜻하는데, '상제'와 비슷한 개념이다. '호천'을 '상제'보다 상위의 개념으로 해석하여, 오제 위에서 군림하는 신으로 해석하는 경우도 있다.

◎ 황간(皇侃, A.D.488~A.D.545) : =황씨(皇氏). 남조(南朝) 때 양(梁)나라의 경학자이다. 『주례(周禮)』, 『의례(儀禮)』, 『예기(禮記)』 등에 해박하여, 『상복문구의소(喪服文句義疏)』, 『예기의소(禮記義疏)』, 『예기강소(禮記講疏)』 등을 지었지만, 현재는 전해지지 않는다. 그 일부가 마국한(馬國翰)의 『옥함산방집일서(玉函山房輯佚書)』에 수록되어 있다.

◎ 황씨(皇氏) : =황간(皇侃)

◎ 황천(皇天) : ‘황천’은 천신(天神)을 높여 부르는 말로, 황천상제(皇天上帝)를 뜻한다. ‘황천상제’는 또한 상제(上帝), 천제(天帝) 등으로 지칭되기도 한다. 한편 ‘황천’과 ‘상제’를 별개의 대상으로 풀이하기도 한다.

◎ 회록(回祿) : ‘회록’은 전설상의 화신(火神)이다. 『춘추좌씨전』「소공(昭公) 18년」편에는 “郊人助祝史除於國北, 禳火于玄冥·回祿.”이라는 기록이 있는데, 이에 대한 두예(杜預)의 주에서는 “回祿, 火神.”이라고 풀이했다.

◎ 후씨(侯氏) : =후중량(侯仲良)

◎ 후중량(侯仲良, ?~?) : =하동후씨(河東侯氏)·후씨(侯氏). 북송(北宋) 때의 학자이다. 자(字)는 사성(師聖)·성희(希聖)이고, 호(號)는 형문(荊門)이다. 저서로는 『논어설(論語說)』·『후자아언(侯子雅言)』 등이 있다.

◎ 후토(后土) : ‘후토’는 토지신을 뜻한다. 『주례』「춘관(春官)·대종백(大宗伯)」편에는 “王大封, 則先告后土.”라는 기록이 있고, 이에 대한 정현의 주에서는 “后土, 土神也.”라고 풀이했다.

번역 참고문헌

- 『禮記正義』 1~4(전4권, 『十三經注疏 整理本』 12~15), 北京 : 北京大學 出版社, 초판 2000 / 저본으로 삼은 책이다.
- 『經書』, 서울 : 成均館大學校出版部, 초판 1998 / 저본으로 삼은 책이다.
- 服部宇之吉 評點, 『禮記』, 東京 : 富山房, 초판 1913 (증보판 1984) / 鄭玄 注 번역에 대해 참고했던 서적이다.
- 竹內照夫 著, 『禮記』 上·中·下(전3권), 東京 : 明治書院, 초판 1975 (3판 1979) / 經文에 대한 이해에 참고했던 서적이다.
- 市原亨吉 외 2명 著, 『禮記』 上·中·下(전3권), 東京 : 集英社, 초판 1976 (3쇄 1982) / 經文에 대한 이해에 참고했던 서적이다.
- 陳澔 注, 『禮記集說』, 北京 : 中國書店, 초판 1994 / 『集說』에 대한 번역에 참고했던 서적이다.
- 王文錦 譯解, 『禮記譯解』 上·下(전2권), 北京 : 中華書局, 초판 2001 (4쇄 2007) / 經文 및 주석 번역에 참고했던 서적이다.
- 錢玄·錢興奇 編著, 『三禮辭典』, 南京 : 江蘇古籍出版社, 초판 1998 / 용어 및 器物 등에 대해 참고했던 서적이다.
- 張撝之 外 主編, 『中國歷代人名大辭典』 上·下권(전2권), 上海 : 上海古籍 出版社, 초판 1999 / 인명에 대해 참고했던 서적이다.
- 呂宗力 主編, 『中國歷代官制大辭典』, 北京 : 北京出版社, 초판 1994 (2쇄 1995) / 관직명에 대해 참고했던 서적이다.
- 中國歷史大辭典編纂委員會 編纂, 『中國歷史大辭典』 上·下(전2권), 上海 : 上海辭書出版社, 초판 2000 / 용어 및 인명에 대해 참고했던 서적이다.
- 羅竹風 主編, 『漢語大詞典』 1~12(전12권), 上海 : 漢語大詞典出版社, 초판 1988 (4쇄 1995) / 용어에 대해 참고했던 서적이다.
- 王思義 編集, 『三才圖會』 上·中·下(전3권), 上海 : 上海古籍出版社, 초판 1988 (4쇄 2005) / 器物 등에 대해 참고했던 서적이다.
- 聶崇義 撰, 『三禮圖集注』 (四庫全書 129책) / 器物 등에 대해 참고했던 서적이다.
- 劉績 撰, 『三禮圖』 (四庫全書 129책) / 器物 등에 대해 참고했던 서적이다.

역자 **정병섭(鄭秉燮)**

- 1979년 출생
- 2002년 성균관대학교 유교철학과 졸업
- 2004년 성균관대학교 대학원 유학과 석사
- 2013년 성균관대학교 대학원 유학과 철학박사
- 현재 『역주 예기집설대전』 완역을 위해 번역중이며,
  이후 『의례』, 『주례』, 『대대례기』 시리즈 번역과
  한국유학자들의 예학 관련 저작들의 번역을 계획 중이다.

예기집설대전 목록

譯註
禮記集說大全 中庸

編 陳澔(元)
附 正義 · 集註

초판 인쇄 2016년 2월 15일
초판 발행 2016년 2월 25일

역   자 | 정병섭
펴 낸 이 | 하운근
펴 낸 곳 | 學古房

주   소 | 경기도 고양시 덕양구 통일로 140 삼송테크노밸리 A동 B224
전   화 | (02)353-9908 편집부(02)356-9903
팩   스 | (02)6959-8234
홈페이지 | http://hakgobang.co.kr/
전자우편 | hakgobang@naver.com, hakgobang@chol.com
등록번호 | 제311-1994-000001호

ISBN   978-89-6071-568-4   94150
         978-89-6071-267-6   (세트)

값 : 35,000원